“十二五”职业教育国家规划配套教材

汽车结构及拆装

左效波　主编

電子工業出版社
Publishing House of Electronics Industry
北京 • BEIJING

内 容 简 介

本书的主要内容有：汽车拆装常用工具与设备、汽车拆装工基本技能、汽车 VIN 码解析与总体结构的基本知识、汽油发动机的结构与拆装、行驶系的结构与拆装、动力转向机构的结构与拆装、传动系的结构与拆装、汽车制动系的结构与拆装、桑塔纳轿车主要工作系统拆装综合实例。

本书主要供中等职业学校电子与信息技术、汽车运用与维修专业教学使用，也可作为相关行业岗位培训教材和汽车维修人员自学用书。

图书在版编目（CIP）数据

汽车结构及拆装/左效波主编. —北京：电子工业出版社，2015.5
ISBN 978-7-121-26115-2

Ⅰ. ①汽…　Ⅱ. ①左…　Ⅲ. ①汽车－结构－中等专业学校－教材②汽车－装配－中等专业学校－教材
Ⅳ. ①U463②U472

中国版本图书馆 CIP 数据核字（2015）第 109630 号

策划编辑：杨宏利　　投稿邮箱：yhl@phei.com.cn
责任编辑：杨宏利　　特约编辑：李淑寒
印　　刷：涿州市京南印刷厂
装　　订：涿州市京南印刷厂
出版发行：电子工业出版社
　　　　　北京市海淀区万寿路 173 信箱　邮编 100036
开　　本：787×1 092　1/16　印张：21　字数：537.6 千字
版　　次：2015 年 5 月第 1 版
印　　次：2015 年 5 月第 1 次印刷
定　　价：37.50 元

凡所购买电子工业出版社图书有缺损问题，请向购买书店调换。若书店售缺，请与本社发行部联系，联系及邮购电话：（010）88254888。

质量投诉请发邮件至 zlts@phei.com.cn，盗版侵权举报请发邮件至 dbqq@phei.com.cn。

服务热线：（010）88258888。

前　　言

本书以汽车的机械构造为基础，对全书的内容进行系统组合，使具体内容更加贴合企业岗位的需要，更加实用有效。本书注重培养学生的专业技能、职业素养和可持续发展的能力，非常符合企业对高技能人才的要求。

本书力图通过对汽车机械结构各部分的拆装，使学生掌握各部分总成的拆卸、装配、调整方法和步骤，学会正确使用拆装工具，同时具备对全车进行解体的操作技能。

本书编写具有以下特点：

1．实施理论与实践一体化教学，有利于增强教学的适应性，提高学生的学习热情和兴趣。

2．突出实践教学。

3．针对国家劳动主管部门规定施行的“双证制”，技工学校的学生必须通过相应的技术等级考核，取得技术等级证书后才能毕业；岗位工作人员必须通过上岗培训，取得上岗资格证后才能上岗工作。为此，本书教学内容的深度、广度与相应的技术等级考核相吻合。

4．本书图文并茂、通俗易懂、结构紧凑、叙述流畅，便于学生学习。

本书由左效波主编，马恩惠、葛剑青、单茜参加了资料收集与部分章节的编写。本书在编写中，参考了大量优秀文献，使书中内容更加丰富，知识范围更加全面，在此向有关作者及人员衷心表示谢意。

由于编者水平有限，书中难免会有错误和不足，诚望各位读者及朋友提出宝贵的意见。

编　者

2015 年 5 月

目　录

第1章　汽车拆装常用工具与设备

1.1　汽车拆装常用工具

1.1.1　通用工具

1．螺钉旋具

螺钉旋具又称起子、改锥和螺丝刀，它是一种紧固和拆卸螺钉的工具。螺钉旋具的式样和规格很多，按头部形状可分为一字形和十字形两种，如图 1-1 所示。

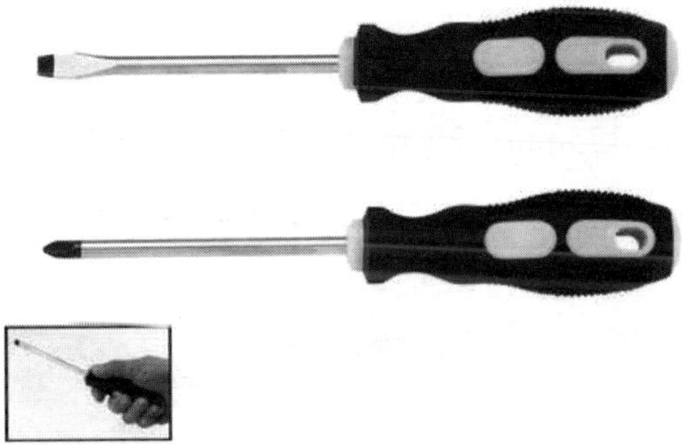

图 1-1　螺钉旋具

一字形螺钉旋具常用的有 50mm、100mm、150mm、200mm 等规格。十字形螺钉旋具专供紧固或拆卸有十字槽的螺钉使用，常用的有四种规格：Ⅰ号适用于直径为 2.0 ~ 2.5mm 的螺钉，Ⅱ号适用于直径为 3 ~ 5mm 的螺钉，Ⅲ号适用于直径为 6 ~ 8mm 的螺钉，Ⅳ号适用于直径为 10 ~ 12mm 的螺钉。

1）使用方法

（1）大螺钉旋具一般用来紧固较大的螺钉。使用时，除大拇指、食指和中指要夹住握柄外，手掌还要顶住柄的末端，这样就可防止旋具转动时滑脱。

（2）小螺钉旋具一般用来紧固电气装置界限桩头上的小螺钉，使用时可用手指顶住木柄的末端捻旋。

（3）较长螺钉旋具使用时可用右手压紧并转动手柄，左手握住螺钉旋具中间部分，以使螺钉旋具不滑脱。此时左手不得放在螺钉的周围，以免螺钉旋具滑出时将手划伤。

（4）维修电器时不可使用金属杆直通柄顶的螺钉旋具，否则很容易造成触电事故。

2）使用螺钉旋具的注意事项

（1）根据不同螺钉选用不同的螺钉旋具。旋具头部厚度应与螺钉尾部槽形相配合，斜度不宜太大，头部不应该有倒角，否则容易打滑。一般来说，电工不可使用金属杠直通柄顶的螺钉旋具，否则容易造成触电事故。

（2）使用旋具时，须将旋具头部放至螺钉槽口中，并用力推压螺钉，平稳旋转旋具，特别要注意用力均匀，不要在槽口中蹭，以免磨毛槽口。

（3）使用螺钉旋具紧固和拆卸带电的螺钉时，手不得触及旋具的金属杆，以免发生触电事故。

（4）不要将旋具当做锤子使用，以免损坏螺钉旋具。

（5）为了避免螺钉旋具的金属杆触及皮肤或邻近带电体，可在金属杆上套绝缘管。

（6）旋具在使用时应该使头部顶牢螺钉槽口，防止打滑而损坏槽口。同时注意，不要用小旋具去拧大螺钉。原因一是不容易旋紧，二是螺钉尾槽容易拧豁，三是旋具头部易受损。反之，如果用大旋具拧小螺钉，也容易因为力矩过大而导致小螺钉滑丝。

2. 钢丝钳

钢丝钳有绝缘柄和裸柄两种，如图 1-2 所示。绝缘柄钢丝钳为电工专用钳（简称电工钳），常用的有 150mm、175mm、200mm 三种规格。裸柄钢丝钳电工禁用。

图 1-2　钢丝钳

钢丝钳种类比较多，大致可以分为专业日式钢丝钳、VDE 耐高压钢丝钳（VDE 是钳类的一级德国专业认证）、镍铁合金欧式钢丝钳、精抛美式钢丝钳、镍铁合金德式钢丝钳等。

1）钢丝钳尺寸选择

常用的钢丝钳以 6″、7″、8″为主，1″（英寸）约等于 25mm，按照中国人平均身高 1.7m 左右计算，7″（175mm）的用起来比较合适；8″的力量比较大，但是略显笨重；6″的比较小巧，剪切稍微粗点的钢丝就比较费力；5″的就是精巧的钢丝钳了。

2）钢丝钳使用注意事项

（1）使用钢丝钳要量力而行，不可以超负荷使用。切忌在切不断的情况下扭动钢丝钳，这样容易造成崩牙与损坏。无论是钢丝、铁丝或者铜线，只要钢丝钳能留下咬痕，然后用钢线钳前口的齿夹紧钢丝，轻轻地上抬或者下压钢丝，就可以掰断钢丝，不但省力，而且对钢丝钳没有损坏，可以有效地延长钢丝钳使用寿命。

（2）钢丝钳分绝缘和不绝缘两种，在带电操作时应该注意区分，以免被强电伤到。

（3）在使用钢丝钳的过程中切勿将绝缘手柄碰伤、损伤或烧伤，并且要注意防潮。

（4）为防止生锈，钳轴要经常加油。

（5）带电操作时，手与钢丝钳的金属部分应保持2cm以上的距离。

（6）根据不同用途，选用不同规格的钢丝钳。

（7）钢丝钳不能当榔头使用。

3．尖嘴钳

尖嘴钳别名修口钳、尖头钳，它由尖头、刀口和钳柄组成，电工用尖嘴钳一般由45号钢制作，类别为中碳钢，含碳量为0.45%，韧性和硬度都合适。

尖嘴钳的头部尖细，如图1-3所示，适于在狭小的工作空间作业。尖嘴钳也有裸柄和绝缘柄两种。裸柄尖嘴钳电工禁用，绝缘柄的耐压强度为500V，常用的有130mm、160mm、180mm、200mm四种规格。握法与电工钳的握法相同。

图1-3　尖嘴钳

绝缘柄柄尖嘴钳的钳柄上套有额定电压为500V的绝缘套管，是一种常用的钳形工具。它主要用来剪切线径较小的单股与多股线，以及给单股导线接头弯圈、剥塑料绝缘层等，能在较狭小的工作空间操作，不带刃口者只能夹捏零件，带刃口者能剪切细小零件。它是电工（尤其是内线电工）、仪表及电信器材等装配及修理工作常用工具之一。

4．斜口钳

斜口钳如图1-4所示，主要用于剪切导线和元器件多余的引线，还常用来代替一般剪刀剪切绝缘套管、尼龙扎线卡等。

图1-4　斜口钳

斜口钳的功能以切断导线为主，2.5mm^{2}的单股铜线，剪切起来已经很费力，而且容易导致钳子损坏，所以斜口钳不宜剪切2.5mm^{2}以上的单股铜线和铁丝。在尺寸选择上以5″、6″、7″为主。普通电工布线时选择6″、7″，切断能力比较强，剪切不费力。线路板安装维修以5″、6″为主，使用起来方便灵活，长时间使用不易疲劳。4″的属于迷你型钳子，只适合做一些简单的工作。

斜口钳的刀口可用来剖切软电线的橡皮或塑料绝缘层，也可用来切剪电线、铁丝。剪8号镀锌铁丝时，应用刀刃绕表面来回割几下，然后只要轻轻一扳，铁丝即断。铡口也可以用来切断电线、钢丝等较硬的金属线。电工常用的有150mm、175mm、200mm及250mm等多种规格。

5．鲤鱼钳

鲤鱼钳也称鱼嘴钳，用于夹持扁形或圆柱形金属零件，如图 1-5 所示。使用鲤鱼钳时可用钳口夹紧或拉动，也可在颈部切断细导线。

图 1-5　鲤鱼钳

鲤鱼钳因外形酷似鲤鱼而得名，其特点是钳口的开口宽度有两级，可放大或缩小使用。它主要用于夹持圆形零件，也可代替扳手拧小螺母和小螺栓，钳口后部刃口可用于切断金属丝，在汽修行业中运用较多。

使用注意事项：

（1）塑料柄可以耐高压，使用过程中不要随意乱扔，以免损坏塑料管。

（2）在用鲤鱼钳夹持零件前，必须用防护布或其他防护罩遮盖易损坏件，防止锯齿状钳口对易损坏件造成伤害。

（3）严禁把鲤鱼钳当成扳手使用，因为锯齿状钳口会损坏螺栓或螺母的棱角。

6．弯头钳

弯头钳如图 1-6 所示，与尖嘴钳（不带刃口的）相似，适宜在狭窄或凹下的工作空间使用。

弯头钳分为柄部不带塑料套和带塑料套两种。长度有 140mm、160mm、180mm、200mm。

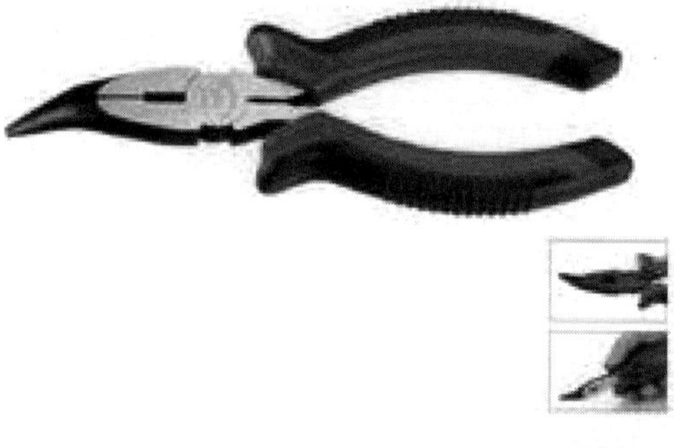

图 1-6　弯头钳

7．剥线钳

剥线钳是剥除小直径导线接头绝缘层的专用工具。使用时，将要剥除的导线绝缘层长度用标尺定好，右手握住钳柄，左手将导线放入相应的刃口槽中（比导线直径稍大，以免损伤导线），然后右手将钳柄向内一握，导线的绝缘层即被割破拉开自动弹出，如图 1-7 所示。

剥线钳为内线电工、电动机修理和仪器仪表电工常用的工具之一，专供电工剥除电线头部的表面绝缘层用。

剥线钳的规格有 140mm、160mm、180mm（都是全长）。

使用方法：

（1）根据缆线的粗细型号，选择相应的剥线刀口。

（2）将准备好的电缆放在剥线工具的刀刃中间，选择好要剥线的长度。

（3）握住剥线工具手柄，将电缆夹住，缓缓用力使电缆外表皮慢慢剥落。

（4）松开工具手柄，取出电缆，这时电缆金属整齐地露出，其余部分绝缘塑料完好无损。

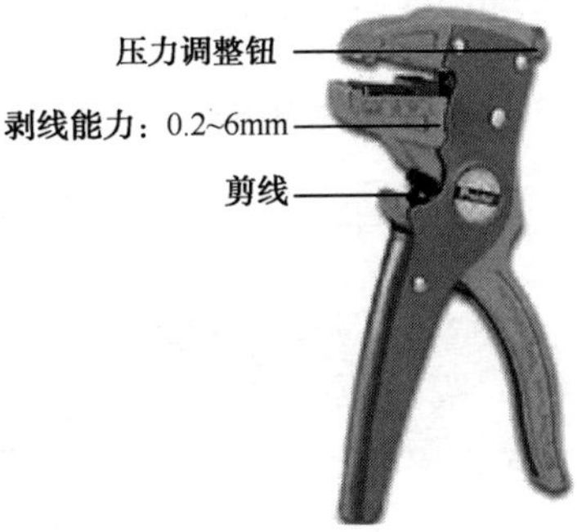

图 1-7　剥线钳

1.1.2　汽车拆装专用工具

1. 双头呆扳手

如图 1-8 所示为双头呆扳手，它是一种通用工具，是装配机床或备件及交通运输、农用机械维修必需的手工具。

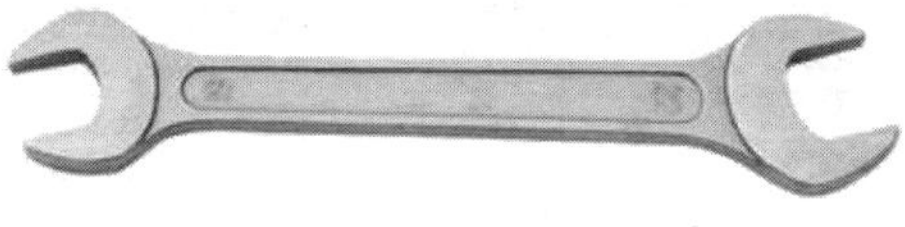

图 1-8　双头呆扳手

双头呆扳手规格：5.5mm、7mm、8mm、10mm、14mm、17mm、19mm、22mm、24mm、27mm、30mm、32mm、36mm、41mm、46mm、55mm、65mm。

对应的螺母规格：M3、M4、M5、M6、M8、M10、M12、M14、M16、M18、M20、M22、M24、M27、M30、M36、M42。

2. 单头呆扳手

如图 1-9 所示，单头呆扳手分为公制和英制两种。公制和英制的区别在于公制以米、厘米、毫米等为计量单位，而英制以英寸、英尺等为计量单位（1in=25.4mm）。单头呆扳手的制造材料一般采用 45 号中碳钢或 40Cr 合金钢。

图 1-9　单头呆扳手

单头呆扳手由优质中碳钢或优质合金钢整体锻造而成，具有设计合理，结构稳定，材质密度高，抗打击能力强，不折、不断、不弯曲，产品尺寸精度高，经久耐用等特点。

3. 敲击呆扳手

敲击呆扳手如图 1-20 所示，它是设备装配及设备检修、维修工作中的必备工具。敲击呆扳手分为公制和英制两种，一般采用 45 号中碳钢或 40Cr 合金钢整体锻造而成。敲击呆扳手是最普通的呆扳手样式，尾部是敲击端，另一端有固定尺寸的开口，用以拧转一定尺寸的螺母或螺栓。

图 1-10 敲击呆扳手

敲击呆扳手的规格：17mm、19mm、22mm、24mm、27mm、30mm、32mm、36mm、41mm、46mm、50mm、55mm、60mm、65mm、70mm、75mm、80mm、85mm。

4. 高颈呆扳手

高颈呆扳手如图 1-11 所示，一般采用工具钢或者 40Cr 合金钢整体锻造而成。

它主要适用于工作空间狭小，不能使用普通扳手的场合。转角较小，可用于只有较小摆角的地方（只需要转过扳手 1/2 的转角），且由于接解面大，可用于强力拧紧。

图 1-11 高颈呆扳手

5. 两用呆扳手

两用呆扳手如图 1-12 所示。两用呆扳手是设备安装、装配及设备检修、维修工作中的必备工具。两用呆扳手分为公制和英制两种。两用呆扳手一般采用 45 号中碳钢或 40Cr 合金钢整体锻造而成，方便易用且使用寿命较长。

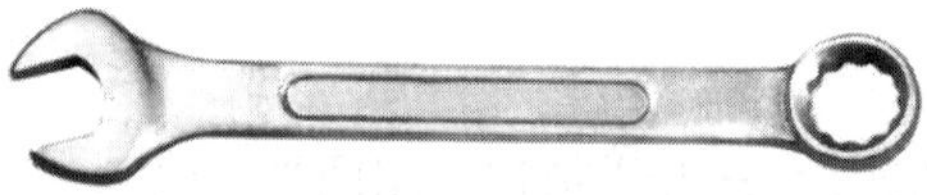

图 1-12 两用呆扳手

常用规格：7mm、8mm、10mm、14mm、17mm、19mm、22mm、24mm、27mm、30mm、32mm、36mm、41mm、46mm、55mm、65mm。

对应的螺母规格：M4、M5、M6、M8、M10、M12、M14、M16、M18、M20、M22、M24、M27、M30、M36、M42。

6. 活扳手

活扳手又叫络扳手，如图 1-13 所示。它是一种旋紧或拧松有角螺钉或螺母的工具，使用时应根据螺母的大小选配。

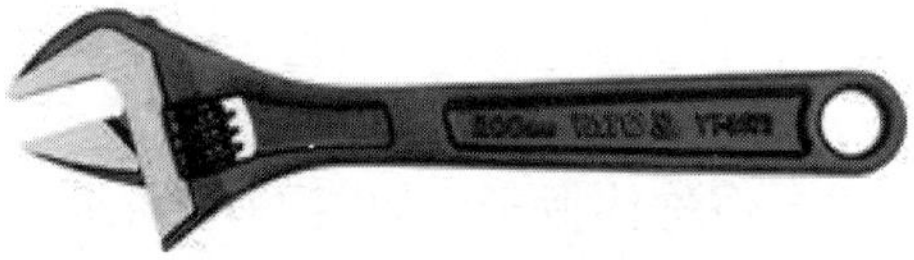

图 1-13　活扳手

使用时，右手握手柄。手越靠后，扳动起来越省力。扳动小螺母时，因需要不断地转动蜗轮，调节扳口的大小，所以手应握在靠近呆扳唇处，并用大拇指调节蜗轮，以适应螺母的大小。

用活扳手的扳口夹持螺母时，呆扳唇在上，活扳唇在下，切不可反过来使用。

在扳动生锈的螺母时，可在螺母上滴几滴煤油或机油，这样可便于拧动。

在拧不动时，切不可在活扳手的手柄上加装钢管套来增加扭力，因为这样极易损伤活扳唇。

防爆活扳手经大型摩擦压力机压延而成，具有强度高、机械性能稳定、使用寿命长等优点，活扳手的受力部位不弯曲、不变形、不裂口。

活扳手常用规格有 4″、6″、8″、10″、12″、15″、18″、24″等，电工常用的有 200mm、250mm、300mm 三种，使用时应根据螺母的大小选配。

7. 内六角扳手

内六角扳手也叫艾伦扳手，如图 1-14 所示。它通过扭矩施加作用力，大大降低了使用者的用力强度。在现代家具工业所涉及的安装工具中，内六角扳手虽然不是最常用的，但却是最好用的。

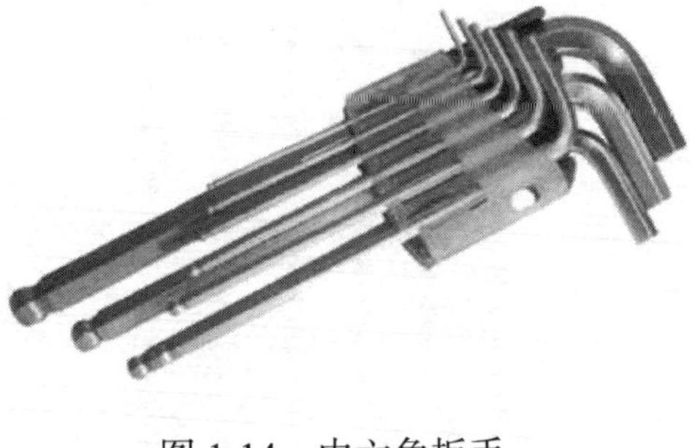

图 1-14　内六角扳手

内六角扳手规格（单位为：mm）：2、2.5、3、4、5、6、7、8、10、12、14、17、18、22、24、27、32、36。

内六角花形扳手规格代号：T30、T40、T50、T60、T80。

内六角扳手的规格与螺钉规格对照：4#—M5；5#—M6 ；6#—M8；8#—M10；10#—M12；12#—M14、M16；14#—M16、M20；17#—M20；19#—M24；22#—M30；27#—M36。

8．钩形扳手

钩形扳手又称月牙形扳手，俗称钩扳子，如图 1-15 所示。它用于拧转厚度受限制的扁螺母等，专用于拆装车辆和机械设备上的圆螺母，卡槽分为长方形卡槽和圆形卡槽。它使用优质合金钢经高温锻打而成，强度高，耐磨。

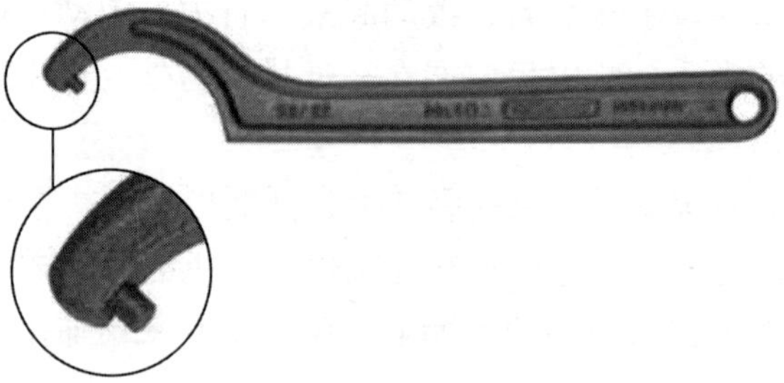

图 1-15　钩形扳手

9．梅花扳手

梅花扳手两端呈花环状，其内孔由 2 个正六边形相互同心错开 30° 形成，如图 1-16 所示。很多梅花扳手都有弯头，常见的弯头角度在 10° ～45° ，从侧面看旋转螺栓部分和手柄部分是错开的。这种结构便于拆卸和装配在凹陷空间的螺栓、螺母，并可以为手指提供操作间隙，以防止擦伤。在补充拧紧和类似操作中，可以使用梅花扳手对螺栓或螺母施加大扭矩。梅花扳手有各种规格，使用时要选择与螺栓或螺母规格对应的扳手。因为扳手钳口是双六角形的，所以可以容易地装配螺栓或螺母。

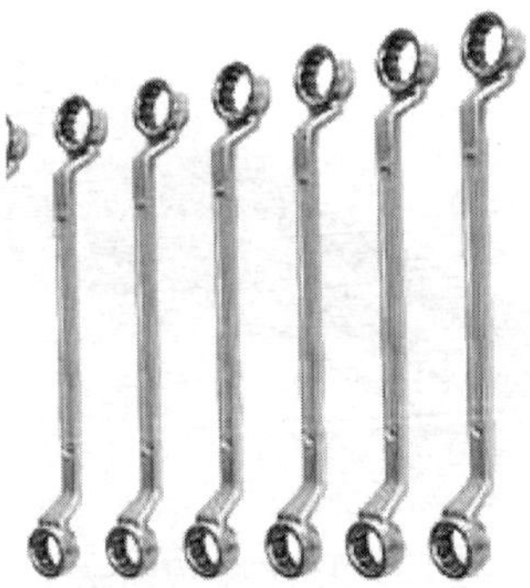

图 1-16　梅花扳手

梅花扳手的规格（单位为：mm）：8×10、10×12、12×14、14×17、16×18、17×19、

19×22、22×24、24×27、27×30、30×32、32×34、32×36、34×36、36×38、36×41、38×41、41×46、46×50、50×55、55×60、60×65、65×70、70×75 共 24 种。

在使用梅花扳手时，左手推住梅花扳手与螺栓连接处，保持梅花扳手与螺栓完全配合，防止滑脱；右手握住梅花扳手另一端并加力。梅花扳手可将螺栓、螺母的头部全部围住，因此不会损坏螺栓角，可以施加大力矩。

扳转时，严禁将加长的管子套在扳手上以延伸扳手的长度增加力矩，严禁锤击扳手以增加力矩，否则会造成工具的损坏。严禁使用带有裂纹和内孔已严重磨损的梅花扳手。

10. 套筒扳手

如图 1-17 所示，套筒扳手由多个带六角孔或十二角孔的套筒及手柄、接杆等多种附件组成，特别适用于拧转空间十分狭小或凹陷很深处的螺栓或螺母。

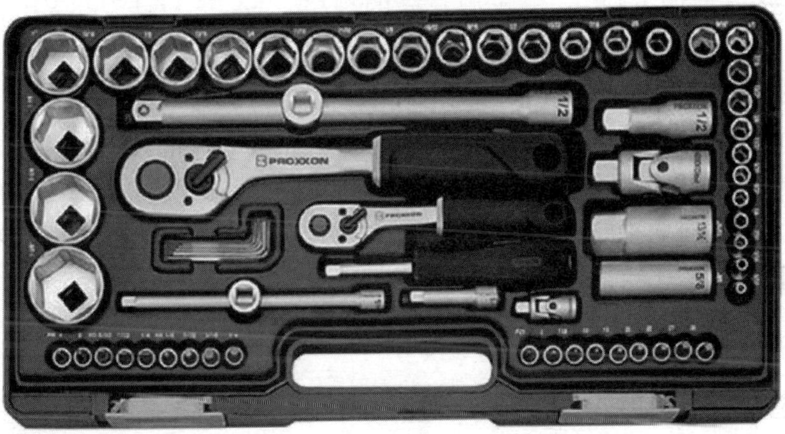

图 1-17　套筒扳手

套筒接口如图 1-18 所示，一般按英制分为 1/4″、3/8″、1/2″、3/4″四种规格，按公制分为 6.3mm、10mm、12.5mm、19mm。

(a) 连接扳手部位　(b) 连接螺母部位

图 1-18　套筒接口

套筒扳手规格如下。

1）按方口尺寸、公制计算，6 角的对边尺寸（短套筒），单位为 mm

（1）1/4″系列的方口 6 角短套筒的规格：4-4.5-5-5.5-6-6.5-7-8-9-10-11-12-13-14。

（2）3/8″系列的方口 6 角短套筒的规格：6-7-8-9-10-11-12-13-14-15-16-17-18-19-20-

21-22-23-24。

（3）1/2″系列的方口 6 角短套筒的规格：8-9-10-11-12-13-14-15-16-17-18-19-20-21-22-23-24-27-30-32。

2）按方口尺寸、公制计算，6 角的对边尺寸（长套筒），单位为 mm

（1）1/4″系列的方口 6 角长套筒的规格：4-5-6-7-8-9-10-11-12-13-14。

（2）3/8″系列的方口 6 角长套筒的规格：6-7-8-9-10-11-12-13-14-15-16-17-18-19-20-21-22-23-24。

（3）1/2″系列的方口 6 角长套筒的规格：8-9-10-11-12-13-14-15-16-17-18-19-20-21-22-23-24。

3）按方口尺寸、公制计算，6 角的对边尺寸（花型短套筒）

（1）1/4″系列的方口 6 角花型套筒的规格：E4-E5-E6-E7-E8。

（2）3/8″系列的方口 6 角花型套筒的规格：E4-E5-E6-E7-E8-E10-E11-E12-E14-E16-E18-E20。

（3）1/2″系列的方口 6 角花型套筒的规格：E10-E11-E12-E16-E18-E20-E22-E24。

当螺母端或螺栓端完全低于被连接面，且凹孔的直径不能使用开口扳手、活动扳手及梅花扳手时，可使用套筒扳手。另外当螺栓件空间受到限制时，也只能用套筒扳手。

加长套筒扳手有两种原因，一是方便够到难以够到的地方；二是加长力臂，以增大力矩，方便拆卸一些比较紧的螺钉。

11. 火花塞扳手

火花塞扳手是一种用于手工拆装火花塞的专用工具，如图 1-19 所示；使用时，根据火花塞的装配位置和火花塞六角的尺寸，选用不同高度和径向尺寸的火花塞套筒。拆装火花塞时，应套正火花塞套筒再扳转，以免套筒滑脱。扳转火花塞套筒时，不准随意加长手柄，以免损坏套筒。

12. 轴承拉拔器

轴承拉拔器是将内轴承从轴承座内取出的装置，如图 1-20 所示，其包括安装板、拉力螺栓和通丝螺栓；有不少于两个的拉力螺栓，每个拉力螺栓的底部有能挂住内轴承底部的拉爪；在每个拉力螺栓上安装有紧固螺母，在安装板的中部有不少于一个的长孔，长孔的宽度大于拉力螺栓的直径，每个拉力螺栓的下端穿过长孔并伸到安装板的下方，紧固螺母能卡在长孔处的安装板上；在长孔外侧的安装板上固定有不少于两个的定位螺母。轴承拉拔器结构合理而紧凑，能快速、方便地拆取不同直径、长度的石墨和碳化硅轴承，而且在拆取时不会对内轴承造成损伤，因而极大地降低了因内轴承损坏造成的产品成本的增加，也极大地提高了拆取内轴承的工作效率。

（a）火花塞万向节扳手

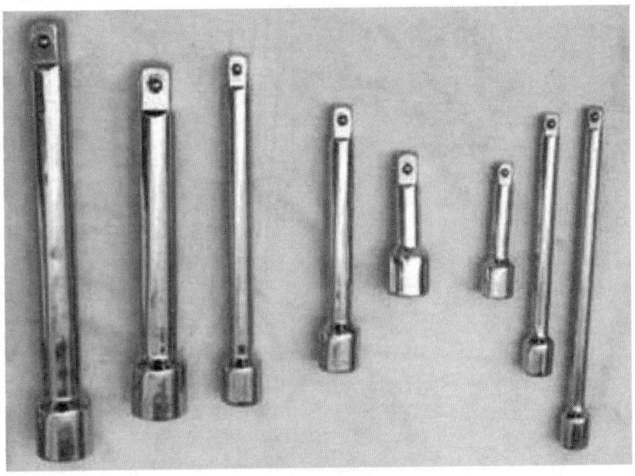

（b）火花塞加长杆扳手

图 1-19　火花塞扳手

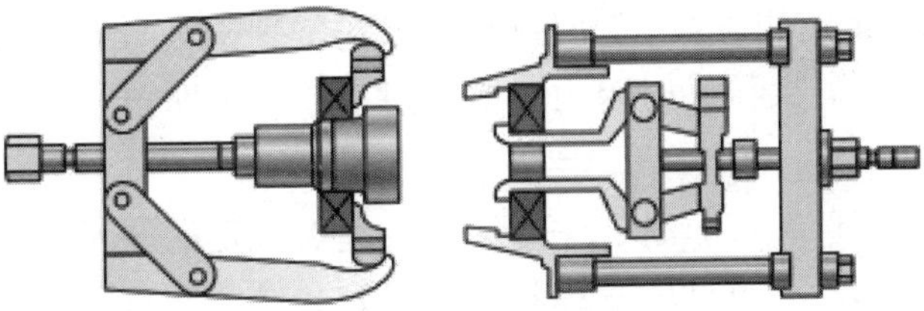

图 1-20　轴承拉拔器

1.2　汽车拆装常用手工测量工具和仪器

1.2.1　常用手工测量工具

1. 塞尺

塞尺是由一组具有不同厚度级差的薄钢片组成的量规，如图 1-21 所示。塞尺用于测量间隙尺寸。在检验被测尺寸是否合格时，可以用通止法判断，也可由检验者根据塞尺与被测表面配合的松紧程度来判断。塞尺一般用不锈钢制造，最薄的为 0.02mm，最厚的为 3mm。0.02 ~ 0.1mm 范围内，各钢片厚度级差为 0.01mm；0.1 ~ 1mm 范围内，各钢片的厚度级差一般为 0.05mm；1mm 以上，钢片的厚度级差为 1mm。除了公制以外，也有英制的塞尺。

塞尺又称测微片或厚薄规，是用于检验间隙的测量器具之一，横截面为直角三角形，在斜边上有刻度，利用锐角正弦直接将短边的长度标在斜边上，这样就可以直接读出缝的大小了。

塞尺使用前必须先清除塞尺和工件上的污垢与灰尘。使用时可用一片或数片重叠插入间隙，以稍感拖滞为宜。测量时动作要轻，不允许硬插。也不允许测量温度较高的零件。

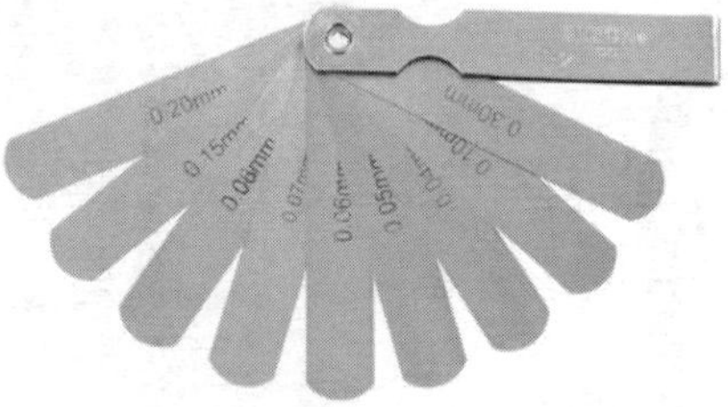

图 1-21　塞尺

1）使用方法

（1）用干净的布将塞尺测量表面擦拭干净，不能在塞尺沾有油污或金属屑末的情况下进行测量，否则将影响测量结果的准确性。

（2）将塞尺插入被测间隙中，来回拉动塞尺，感到稍有阻力，说明该间隙尺寸接近塞尺上所标出的数值；如果拉动时阻力过大或过小，则说明该间隙尺寸小于或大于塞尺上所标出的数值。

（3）进行间隙的测量和调整时，先选择符合间隙规定的塞尺插入被测间隙中，然后一边调整，一边拉动塞尺，直到感觉稍有阻力时拧紧锁紧螺母，此时塞尺所标出的数值即为被测间隙尺寸。

2）使用注意事项

（1）不允许在测量过程中剧烈弯折塞尺，或用较大的力硬将塞尺插入被检测间隙，否则将损坏塞尺的测量表面或零件表面的精度。

（2）使用完后，应将塞尺擦拭干净，并涂上一薄层工业凡士林，然后将塞尺折回夹框内，以防锈蚀、弯曲、变形而损坏。

（3）存放时，不能将塞尺放在重物下，以免损坏塞尺。

2. 万能角度尺

万能角度尺又称角度规、游标角度尺和万能量角器，它是利用游标读数原理来直接测量工件角或进行划线的一种角度量具，如图 1-22 所示。

图 1-22　万能角度尺

它适用于机械加工中的内、外角度测量，可测 0°　~320° 外角及 40°　~130° 内角。

1）使用方法

测量时应先校准零位，即当角尺与直尺均装上，而角尺的底边及基尺与直尺无间隙接触时，主尺与游标的“0”线对准。调整好零位后，通过改变基尺、角尺、直尺的相互位置可测量 0°　~320° 范围内的任意角。

2）读数方法

先读出游标零线前的角度是几度，再从游标上读出角度“分”的数值，两者相加就是被测零件的角度数值。在万能角度尺上，基尺是固定在尺座上的，角尺用卡块固定在扇形板上，可移动尺用卡块固定在角尺上。若把角尺拆下，也可把直尺固定在扇形板上。由于角尺和直尺可以移动和拆换，因此万能角度尺可以测量 0°　~320° 范围内的任何角度。

角尺和直尺全装上时，可测量 0°　~50° 的外角度；仅装上直尺时，可测量 50°　~140° 的角度；仅装上角尺时，可测量 140°　~230° 的角度；把角尺和直尺全拆下时，可测量 230°　~320° 的角度（即可测量 40°　~130° 的内角度）。

万能量角尺的尺座上，基本角度的刻线只有 0°　~90°，如果测量的零件角度大于 90°，则在读数时，应加上一个基数（90°、180°、270°）。当零件角度为>90°　~180° 时，被测角度=90°+量角尺读数；当零件角度为>180°　~270° 时，被测角度=180°+量角尺读数；当零件角度为>270°　~320° 时，被测角度=270°+量角尺读数。

用万能角度尺测量零件角度时，应使基尺与零件角度的母线方向一致，且零件应与量角尺的两个测量面在全长上接触良好，以免产生测量误差。

3．卡钳

卡钳分为无表卡钳和有表卡钳，如图 1-23 所示。外卡钳用于测量圆柱体的外径或物体的长度等。内卡钳用于测量圆柱孔的内径或槽宽等。

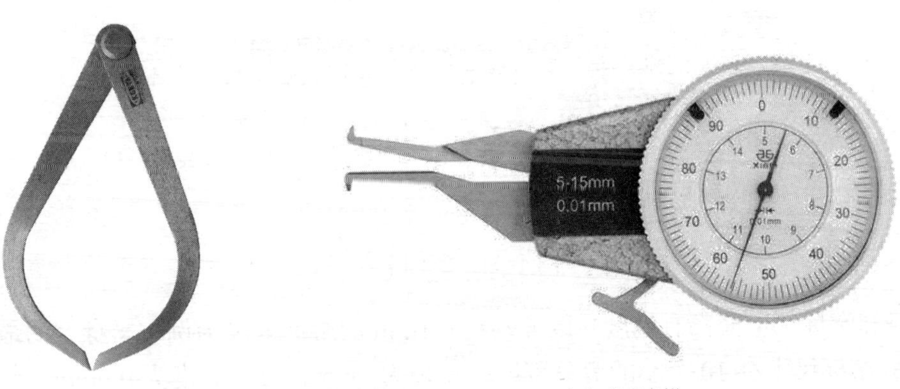

（a）无表卡钳　　（b）有表卡钳

图 1-23　卡钳

用外卡钳测量圆柱体直径时，要使两钳脚测量面的连线垂直于圆柱体的轴线，不加外力，靠外卡钳自重滑过外圆，这时外卡钳开口尺寸就是圆柱体的直径。

用内卡钳测量孔的直径时，要使两钳脚测量面的连线垂直并相交于内孔轴线，测量时一个钳脚靠在孔壁上，另一个钳脚由孔口略偏里面一些逐渐向外测试，并沿孔壁的圆周方向摆动，当摆动的距离最小时，内卡钳的开口尺寸就是内孔直径。

注意：轻敲卡钳的内侧和外侧来调整开口的大小，绝不允许敲击卡钳尖端，以免影响卡钳测量的准确性。

卡钳规格：150mm（6in）、200mm（8in）、250mm（10in）、300mm（12in）、350mm（14in）、400mm（16in）、450mm（18in）、500mm（20in）、600mm（24in）、800mm（32in）、1000mm（40in）、1500mm（60in）、2000mm（80in）。

4．游标卡尺

游标卡尺，是一种测量长度、内外径、深度的量具。游标卡尺由主尺和附在主尺上能滑动的游标两部分构成。主尺一般以毫米为单位，而游标上则有 10、20 或 50 个分格，根据分格的不同，游标卡尺可分为十分度游标卡尺、二十分度游标卡尺、五十分度游标卡尺等。游标卡尺的主尺和游标上有两副活动量爪，分别是内测量爪和外测量爪，内测量爪通常用来测量内径，外测量爪通常用来测量长度和外径。

1）操作应用

游标卡尺是工业上常用的测量长度的仪器，它由尺身及能在尺身上滑动的游标组成，如图 1-24 所示。若从背面看，游标是一个整体。游标与尺身之间有一弹簧片，利用弹簧片的弹力使游标与尺身靠紧。游标上部有一紧固螺钉，可将游标固定在尺身上的任意位置。尺身和游标上都有量爪，利用内测量爪可以测量槽的宽度和管的内径，利用外测量爪可以测量零件的厚度和管的外径。深度尺与游标尺连在一起，可以测槽和筒的深度。

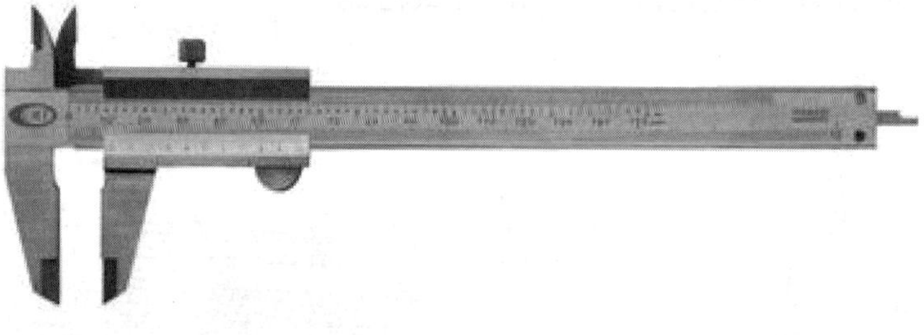

图 1-24　游标卡尺

尺身和游标尺上面都有刻度。以准确到 0.1mm 的游标卡尺为例，尺身上的最小分度是 1mm；游标尺上有 10 个小的等分刻度，总长为 9mm，每一分度为 0.9mm，与主尺上的最小分度相差 0.1mm。量爪并拢时尺身和游标的零刻度线对齐，它们的第一条刻度线相差 0.1mm，第二条刻度线相差 0.2mm，……，第 10 条刻度线相差 1mm，即游标的第 10 条刻度线恰好与主尺的 9mm 刻度线对齐。

当量爪间所量物体的线度为 0.1mm 时，游标尺向右应移动 0.1mm。这时它的第一条刻度线恰好与尺身的 1mm 刻度线对齐。同样，当游标的第五条刻度线跟尺身的 5mm 刻度线对齐时，说明两量爪之间有 0.5mm 的宽度，依此类推。

在测量大于 1mm 的长度时，整的毫米数要从游标“0”线与尺身相对的刻度线读出。

2）游标卡尺的使用方法

用软布将量爪擦干净，使其并拢，查看游标和主尺身的零刻度线是否对齐。如果对齐就可以进行测量；如没有对齐则要记取零误差，游标的零刻度线在尺身零刻度线右侧的叫正零误差，在尺身零刻度线左侧的叫负零误差（这种规定方法与数轴的规定一致，原点以右为正，原点以左为负）。

测量时，右手拿住尺身，大拇指移动游标，左手拿待测外径（或内径）的物体，使待测物位于外测量爪之间，当待测物与量爪紧紧相贴时，即可读数。游标卡尺的正确测量过程，如图 1-25 所示。

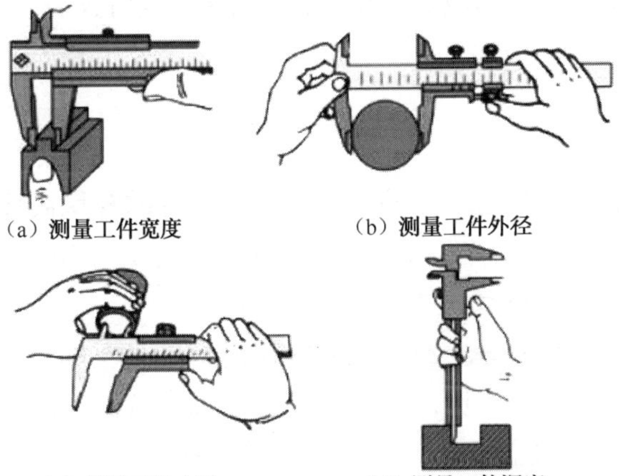

（a）测量工件宽度　（b）测量工件外径

（c）测量工件内径　（d）测量工件深度

图 1-25　游标卡尺的正确测量过程

当测量零件的外尺寸时，卡尺两测量面的连线应垂直于被测量表面，不能歪斜。测量时，可以轻轻摇动卡尺，放正垂直位置。先把卡尺的活动量爪张开，使量爪能自由地卡进工件，把零件贴靠在固定量爪上，然后移动尺框，用轻微的压力使活动量爪接触零件。如卡尺带有微动装置，此时可拧紧微动装置上的固定螺钉，再转动调节螺母，使量爪接触零件并读取尺寸。决不可把卡尺的两个量爪调节到接近甚至小于所测尺寸，把卡尺强制卡到零件上去。这样做会使量爪变形，或使测量面过早磨损，使卡尺失去应有的精度。

3）注意事项

（1）游标卡尺是比较精密的测量工具，要轻拿轻放，不得碰撞或跌落地下。使用时不要用来测量粗糙的物体，以免损坏量爪；避免与刃具放在一起，以免刃具划伤游标卡尺的表面；不使用时应置于干燥中性的地方，远离酸碱性物质，防止锈蚀。

（2）测量前应把卡尺擦干净，检查卡尺的两个测量面和测量刃口是否平直无损，把两个量爪紧密贴合时应无明显的间隙，同时游标和主尺的零刻度线要相互对准。这个过程称为校对游标卡尺的零位。

（3）移动尺框时，要活动自如，不应有过松或过紧现象，更不能有晃动现象。用固定螺钉固定尺框时，卡尺的读数不应有所改变。在移动尺框时，不要忘记松开固定螺钉，亦不宜过松以免掉了。

（4）用游标卡尺测量零件时，不允许过分地施加压力，所用压力应使两个量爪刚好接触零件表面。如果测量压力过大，不但会使量爪弯曲或磨损，且量爪在压力作用下会产生弹性变形，使测量所得的尺寸不准确（外尺寸小于实际尺寸，内尺寸大于实际尺寸）。

（5）在游标卡尺上读数时，应保证卡尺水平，朝着亮光的方向，使人的视线尽可能和卡尺的刻线表面垂直，以免由于视线的歪斜造成读数误差。

（6）为了获得正确的测量结果，可以多测量几次，即在零件的同一截面上的不同方向进行测量。对于较长零件，则应当在全长的各个部位进行测量，务使获得一个比较准确的测量结果。

5. 深度游标卡尺

深度游标卡尺用于测量凹槽或孔的深度、梯形工件的梯层高度、长度等尺寸，简称深度尺。常见量程：0 ~ 100mm、0 ~ 150mm、0 ~ 300mm、0 ~ 500mm。常见精度：0.02mm、0.01mm（由游标上的分度格数决定）。

深度游标卡尺如图 1-26 所示。测量内孔深度时应把基座的端面紧靠在被测孔的端面上，使尺身与被测孔的中心线平行，伸入尺身，则尺身端面与基座端面之间的距离，就是被测零件的深度尺寸。它的读数方法和游标卡尺完全一样。

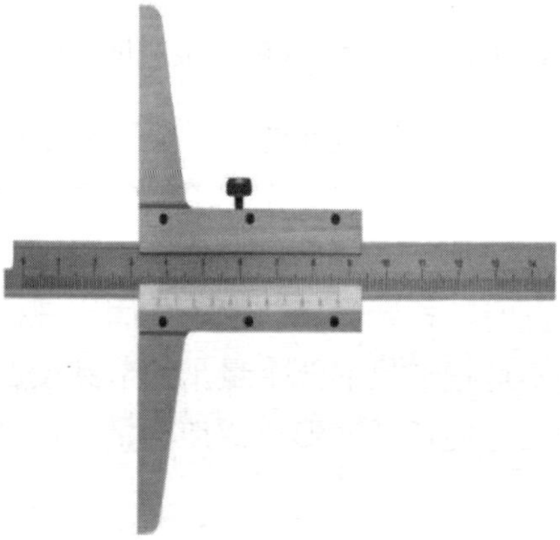

图 1-26　深度游标卡尺

1）使用方法

如图 1-27 所示，测量时先把测量基座轻轻压在工件的基准面上，两个端面必须接触工件的基准面。测量轴类等台阶时，测量基座的端面一定要压紧基准面，再移动尺身，直到尺身的端面接触到工件的量面（台阶面），然后用紧固螺钉固定尺框，提起卡尺，读出深度尺寸。多台阶、小直径的内孔深度测量，要注意尺身的端面是否在要测量的台阶上。当基准面是曲面时，测量基座的端面必须放在曲面的最高点上，测量出的深度尺寸才是工件的实际尺寸，否则会出现测量误差。

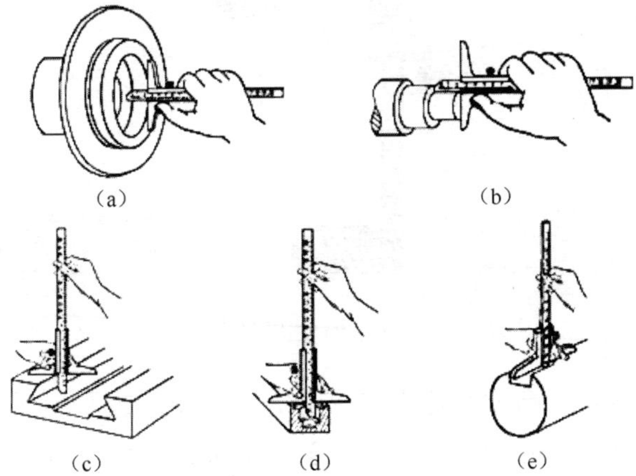

图 1-27　深度游标卡尺的使用方法

2）使用注意事项

（1）测量前，应将被测量表面擦干净，以免灰尘、杂质磨损量具。

（2）卡尺的测量基座和尺身端面应垂直于被测表面并贴合紧密，不得歪斜，否则会造成测量结果不准。

（3）应在足够的光线下读数，两眼的视线与卡尺的刻线表面垂直，以减小读数误差。

（4）在机床上测量零件时，要等零件完全停稳后进行，否则不但会使量具的测量面过早磨损而失去精度，而且会造成事故。

（5）当基准面是曲面时，测量基座的端面必须放在曲面的最高点上，测量结果才是工件的实际尺寸，否则会出现测量误差。

（6）用深度游标卡尺测量零件时，不允许过分地施加压力，所用压力应使测量基座刚好接触零件基准表面，尺身刚好接触测量平面。如果测量压力过大，不但会使尺身弯曲或基座磨损，还会使测量所得的尺寸不准确。

（7）为了减小测量误差，可适当增加测量次数，并取其平均值，即在零件的同一基准面上的不同方向进行测量。

（8）测量温度要适宜，刚加工完的工件由于温度较高不能马上测量，须等工件冷却至室温后测量，否则测量误差太大。

6. 高度游标卡尺

高度游标卡尺简称高度尺，它的主要用途是测量工件的高度，另外还经常用于测量形状和位置公差尺寸，有时也用于划线，如图 1-28 所示。

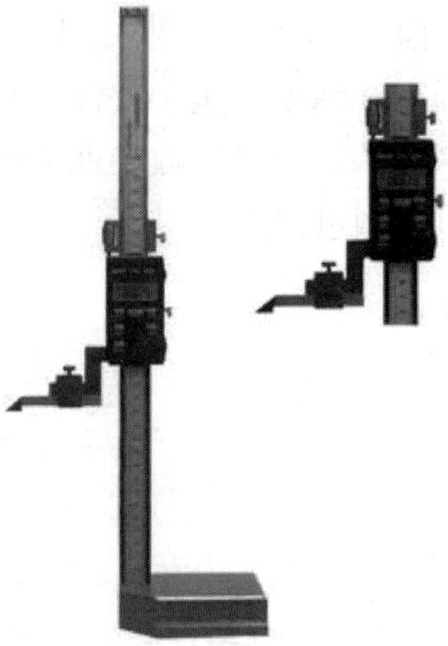

图 1-28　高度游标卡尺

根据读数形式的不同，高度游标卡尺可分为普通游标式和电子数显式两大类。高度尺的常用规格有：0 ~ 300mm、0 ~ 500mm、0 ~ 1000mm、0 ~ 1500mm、0 ~ 2000mm。高度尺有单柱式与双柱式，双柱式主要应用于较精密或测量范围较大的场合。

1）高度游标卡尺的使用

高度游标卡尺的结构特点是采用质量较大的基座，尺框通过横臂装有测量高度和划线用的量爪，量爪的测量面上镶有硬质合金，以延长量爪使用寿命。高度游标卡尺的测量工作，应在平台上进行。当量爪的测量面与基座的底平面位于同一平面时，如在同一平台平面上，主尺和游标的零线相互对准。所以在测量高度时，量爪测量面的高度，就是被测量零件的高度尺寸，它的具体数值，与游标卡尺一样可在主尺（整数部分）和游标（小数部分）上读出。应用高度游标卡尺划线时，调好划线高度，用紧固螺钉把尺框锁紧后，也应在平台上先调整再划线。

2）使用注意事项

（1）测量前应擦净工件被测表面和高度游标卡尺的主尺、游标、量爪，检查量爪是否磨损。

（2）使用前调整量爪的测量面与基座的底平面位于同一平面，检查主尺、游标零线是否对齐。

（3）测量工件高度时，应将量爪轻微摆动，在最大部位读取数值。

（4）读数时，应使视线正对刻线；用力要均匀，测力为 3 ~ 5N，以保证测量准确性。

（5）使用中注意清洁高度游标卡尺量爪的测量面。

（6）不能用高度游标卡尺测量锻件、铸件表面与运动工件的表面，以免损坏卡尺。

（7）不使用的游标卡尺应擦净上油并放入盒中保存。

7. 外径千分尺

外径千分尺简称千分尺，它是比游标卡尺更精密的长度测量仪器，如图 1-29 所示，它的量程是 0 ~ 25mm，分度值是 0.01mm。

图 1-29　外径千分尺

外径千分尺由固定的尺架、测砧、测微螺杆、固定套管、微分筒、测力装置、锁紧装置等组成。固定套管上有一条水平线，这条线上、下各有一列间距为 1mm 的刻度线，上面的刻度线恰好在下面两相邻刻度线中间。微分筒上的刻度线是将圆周分为 50 等份的水平线，它是旋转运动的。

从读数方式上来看，常用的外径千分尺有普通式、带表式和电子数显式三种类型。

1）测量方法

根据螺旋运动原理，当微分筒（又称可动刻度筒）旋转一周时，测微螺杆前进或后退一个螺距 0.5mm。这样，当微分筒旋转一个分度后，它转过了 1/50 周，这时螺杆沿轴线移动了 1/50×0.5mm=0.01mm。因此，使用千分尺可以准确读出 0.01mm 的数值。

2）零位校准

使用千分尺时要先检查其零位是否校准。先松开锁紧装置，清除油污，特别是测砧与测微螺杆的接触面要清洗干净。检查微分筒的端面是否与固定套管上的零刻度线重合，若不重合应先旋转旋钮，直至螺杆要接近测砧时，旋转测力装置，当螺杆刚好与测砧接触时会听到喀喀声，这时停止转动。如两零线仍不重合（两零线重合的标志是微分筒的端面与固定刻度的零线重合，且可动刻度的零线与固定刻度的水平横线重合），可将固定套管上的小螺钉松开，用专用扳手调节套管的位置，使两零线对齐，再把小螺钉拧紧。不同厂家生产的千分尺的调零方法不一样，以上仅是其中一种调零方法。

检查千分尺零位是否校准时，要使螺杆和测砧接触，偶尔会发生向后旋转测力装置时两者不分离的情形。这时可用左手手心用力顶住尺架上测砧的左侧，右手手心顶住测力装置，再用手指按逆时针方向旋转旋钮，可以使螺杆和测砧分开。

3）读数方法

以微分套筒的基准线为基准读取左边固定套筒刻度值；再以固定套筒基准线为基准读取微分套筒刻度线上与基准线对齐的刻度，即为微分套筒刻度值；将固定套筒刻度值与微分套筒刻度值相加，即为测量值。

8. 内径千分尺

内径千分尺用于内尺寸精密测量，如图 1-30 所示。

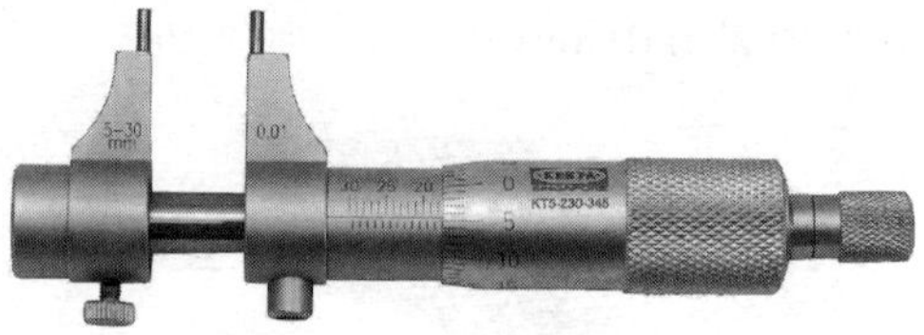

图 1-30　内径千分尺

1）正确测量方法

（1）使用内径千分尺时，必须用尺寸最大的接杆与其测微头连接，依次顺接到测量触头，以减少连接后的轴向弯曲。

（2）测量时应看测微头固定和松开时的变化量。

（3）在日常生产中，用内径千分尺测量孔时，将其测量触头测量面支撑在被测表面上，调整微分筒，使微分筒一侧的测量面在孔的径向截面内摆动，找出最小尺寸。然后拧紧固定螺钉取出并读数，也有不拧紧螺钉直接读数的，这样就存在着姿态测量问题，即测量时与使用时的一致性。例如，测量 75 ~ 600mm/0.01mm 的内径尺寸，接长杆与测微头连接后尺寸大于 125mm 时，其拧紧与不拧紧固定螺钉时读数值相差 0.008mm，即为姿态测量误差。

（4）内径千分尺测量时支承位置要正确。接长后的大尺寸内径尺会产生重力变形，涉及直线度、平行度、垂直度等形位误差。其刚度的大小，具体可反映在“自然挠度”上。理论和实验结果表明，由工件截面形状所决定的刚度对支承后的重力变形影响很大。如不同截面形状的内径尺其长度 L 虽相同，当支承在（2/9）L 处时，都能使内径尺的实测值误差符合要求，但支承点稍有不同，其直线度变化值就较大。所以在国家标准中将支承位置移到最大支承距离位置时的直线度变化值称为自然挠度。为保证刚性，在我国国家标准中规定了内径尺的支承点要在（2/9）L 处和离端面 200mm 处，即测量时变化量最小。并将内径尺每转 90° 检测一次，其示值误差均不应超过要求。

2）误差分析

内径尺直接测量误差包括受力变形误差、温度误差和一般测量所具有的示值误差，如读数瞄准误差、接触误差和测长机的对零误差。影响内径尺测量误差的主要因素为受力变形误差、温度误差。

9. 深度千分尺

深度千分尺是应用螺旋副传动原理将回转运动变为直线运动的一种量具，用于机械加工中的深度、台阶高度等尺寸的测量。

深度千分尺由微分筒、固定套管、测量杆、基座、测力装置、锁紧装置等组成，如图 1-31 所示。

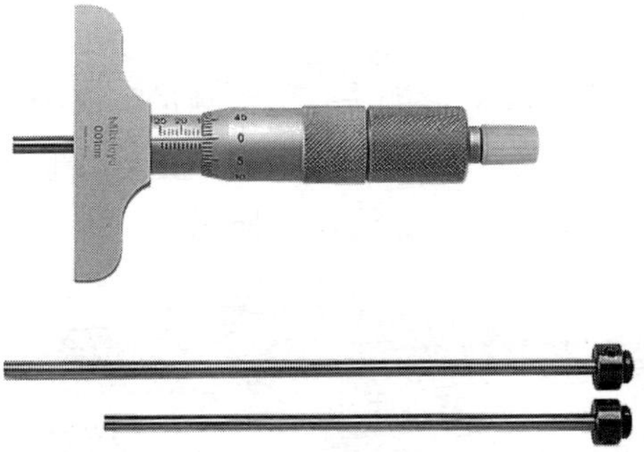

图 1-31　深度千分尺

1）使用方法

（1）使用前先将深度千分尺擦干净，然后检查其各活动部分是否灵活可靠。在全行程内微分筒的转动要灵活，微分螺杆的移动要平稳，锁紧装置的作用要可靠。

（2）根据被测的深度或高度选择并换上测杆。

（3）0～25mm 的深度千分尺可以直接校对零位。采用 00 级平台，将平台、深度千分尺的基准面和测量面擦干净，旋转微分筒使其端面退至固定套筒的零线之外，然后将千分尺的基准面贴在平台的工作面上，左手压住底座，右手慢慢旋转棘轮，使测量面与平台的工作面接触后检查零位：微分筒上的零刻线应对准固定套管上的纵刻线，微分筒锥面的端面应与套管零刻线相切。

（4）测量范围超过 25mm 的深度千分尺，要用校对量具（可以用量块代替）校对零位。把校对量具和平台的工作面擦净，将校对量具放在平台上，再把深度千分尺的基准面贴在校对量具上校对零位。

（5）使用深度千分尺测量盲孔、深槽时，往往看不见孔、槽底的情况，所以操作时要特别小心，切忌用力莽撞。

（6）当被测孔的口径或槽宽大于深度千分尺的底座时，可以用一辅助定位基准板进行测量。

2）注意事项

（1）不准拿着微分筒任意摇动。

（2）不准用油石、砂纸等硬物摩擦测量面、测微螺杆等部位。

（3）不准在深度千分尺的微分筒和固定套管之间加酒精、煤油、柴油、机油或凡士林等，不准把深度千分尺浸泡在上述油类或水以及冷却液中。如果深度千分尺被上述液体浸入，则用航空汽油冲洗干净，然后加入少量钟表油或特种轻质润滑油。

（4）使用完后，用绸或干净的白细布擦净深度千分尺的各部位，卸下可换测杆及测微螺杆，涂一薄层防锈油后，放入专用盒，存放于干燥处。

（5）不能将深度千分尺放在潮湿、酸性、磁性以及高温或振动的地方。

（6）深度千分尺须实行周期检定，检定周期由计量部门根据使用情况决定。

10. 螺纹千分尺

螺纹千分尺具有 60° 锥形和 V 形测头，用于测量螺纹中径。螺纹千分尺是应用螺旋副传动原理将回转运动变为直线运动的一种量具，主要用于测量外螺纹中径。螺纹千分尺按读数形式分为标尺式和数显式，如图 1-32 所示。

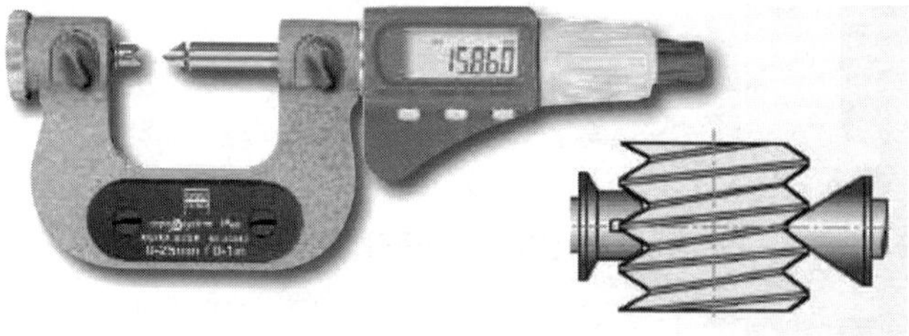

图 1-32　螺纹千分尺

1）使用方法

螺旋千分尺是依据螺旋放大的原理制成的，即螺杆在螺母中旋转一周，螺杆便沿着旋转轴线方向前进或后退一个螺距的距离。因此，沿轴线方向移动的微小距离，就能用圆周上的读数表示出来。螺旋千分尺的精密螺纹的螺距是 0.5mm，可动刻度有 50 个等分刻度，可动刻度旋转一周，测微螺杆可前进或后退 0.5mm，因此旋转每个小分度，相当于测微螺杆前进或后退 0.5/50=0.01mm。可见，可动刻度每一小分度表示 0.01mm，所以螺旋千分尺可精确到 0.01mm，由于还能再估读一位，故可读到毫米的千分位。

2）使用注意事项

（1）螺纹千分尺的压线或离线调整与外径千分尺调整方法相同。

（2）使用螺纹千分尺测量时必须使用测力装置，即以恒定的测量压力进行测量。另外，螺纹千分尺在使用时应平放，使两测头的中心与被测工件螺纹中心线相垂直，以减少其测量误差。

11. 百分表

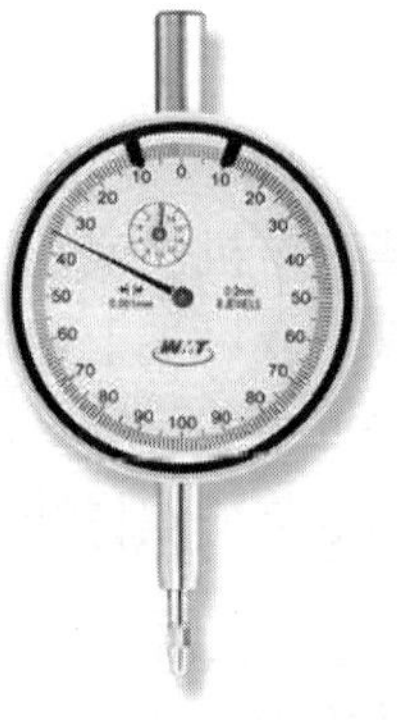

图 1-33　百分表

百分表主要用于测量制件的尺寸和形状、位置误差等。分度值为 0.01mm，测量范围为 0 ~ 3mm、0 ~ 5mm、0 ~ 10mm。百分表主要由 3 个部件组成：表体部分、传动系统、读数装置，如图 1-33 所示。

百分表是利用精密齿条齿轮机构制成的表式通用长度测量工具，常用于形状和位置误差以及小位移的长度测量。百分表的圆表盘上印制有 100 个等分刻度，即每一分度值相当于测杆移动 0.01mm。若在圆表盘上印制有 1000 个等分刻度，则每一分度值为 0.001mm，这种测量工具称为千分表。改变测头形状并配以相应的支架，可制成百分表的变形品种，如厚度百分表、深度百分表和内径百分表等。如用杠杆代替齿条可制成杠杆百分表和杠杆千分表，其示值范围较小，但灵敏度较高。此外，它们的测头可在一定角度内转动，能适应不同方向的测量，结构紧凑。它们适用于测量普通百分表难以测量的外圆、小孔和沟槽等的形状和位置误差。

百分表的工作原理，是将被测尺寸引起的测杆微小直线移动，经过齿轮传动放大，变为指针在刻度盘上的转动，从而读出被测尺寸的大小。百分表是利用齿条齿轮或杠杆齿轮传动，将测杆的直线位移变为指针的角位移的计量器具。

1）百分表的读数方法

先读小指针转过的刻度（即毫米整数），再读大指针转过的刻度并乘以0.01（即小数部分），然后两者相加，即得到所测量的数值。

2）注意事项

（1）使用前，应检查测量杆活动的灵活性。轻轻推动测量杆时，测量杆在套筒内的移动要灵活，没有卡滞现象；每次手松开后，指针能回到原来的刻度位置。

（2）使用时，必须把百分表固定在可靠的夹持架上。切不可贪图省事，随便夹在不稳固的地方，否则容易造成测量结果不准确，或摔坏百分表。

（3）测量时，不要使测量杆的行程超过它的测量范围，不要使表头突然撞到工件上，也不要用百分表测量表面粗糙或有显著凹凸不平的工件。

（4）测量平面时，百分表的测量杆要与平面垂直；测量圆柱形工件时，测量杆要与工件的中心线垂直，否则将使测量杆活动不灵或测量结果不准确。

（5）远离液体，严禁冷却液、切削液、水或油与百分表接触。

（6）在不使用时，要摘下百分表，使表解除其所有负荷，让测量杆处于自由状态。

（7）百分表应成套保存于盒内，避免丢失与混用。

12. 内径百分表

1）内径百分表校准操作

（1）校准前受校内径表及所用标准器在校准室内平衡温度的时间一般不少于2h。

（2）首先检查内径表外观，确定没有影响校准计量特性的因素，如内径表测量机构的移动应平稳、灵活，无卡住和阻滞现象；每个测头更换应方便，紧固后应平稳可靠。

（3）检查测头测量面的表面粗糙度和测头的球面半径。用表面粗糙度比较样块检查表面粗糙度。要求带定位护桥的内径表测头、活动测头的测量面和定位护桥接触面的表面粗糙度不超过 0.2μm。涨簧式内径表表面粗糙度不超过 0.1μm。钢球式内径表的测量钢球和定位钢球的表面粗糙度不超过0.05μm。测头球面半径用半径样板检测，要求均小于其测量下限尺寸的1/2。

（4）指示表的检定按JJG34—1996《指示表检定规程》中的要求进行。

（5）对活动测头的工作行程进行校准。

① 用手压缩带定位护桥的内径表的活动测头，在指示表上读取数据。

② 用手压缩涨簧式内径表的涨簧测头两侧，在指示表上读数。

③ 用千分尺测量钢球式内径表的测量钢球工作行程。测量时注意要把两测量钢球放

在千分尺测砧和测微螺杆之间，并使两钢球轴线与测微螺杆轴线一致。

（6）对活动测头的测力和定位护桥的接触压力进行校准。

① 带定位护桥的内径表分别放在内径尺寸等于内径表的测量上限和测量下限尺寸的光面环规内，定位护桥在此两位置时，分别做出标记。然后将定位护桥的接触面与放在测力装置上的一个圆筒形辅助台的端面接触，并向下加压。当定位护桥压缩到测量上限和测量下限所处的位置时，分别读取测力装置示值，即为校准结果。

② 将涨簧式测头或测量钢球置于测量装置和压杆之间，下降压杆压缩涨簧式测头或测量钢球到工作行程的起点，在测量装置上读数，然后继续压缩到工作行程的终点，测量装置的示值即为校准结果。

（7）定中心装置的正确性校准。

① 对于带定位护桥的内径表，压缩定位护桥使其不起作用，把内径表放进专用环规内，在环规的轴向面内找最小尺寸（转折点），在环规的径向面内找最大尺寸（转折点），当两转折点一致时确定指示表读数。然后放松定位护桥，再放入环规的同一个位置上，在环规的轴向面内找最小尺寸。两次读数之差作为校准结果。

② 对于钢球式内径表，先将受校内径表钢球测头放进与专用环规尺寸相同的量块组成的内尺寸中，在互相垂直的两个方向上分别在平行和垂直于两侧量块的工作面的平面内找最小尺寸（转折点），然后读数。在两个方向上的示值一致时将测头放进专用环规内，在环规的轴向面内找最小读数，经修正后两次读数之差为校准结果。

（8）示值变动性校准可在工作行程的任意位置进行。把内径表放进专用环规内，在环规的轴向面内找最小读数，记下读数。连续在同一位置重复进行 5 次，所得 5 个读数中，最大值与最小值之差即为校准结果。

（9）示值误差和相邻误差。

① 带定位护桥的内径百分表用百分表检定器测量。将百分表装在表架上，压缩百分表测头一圈（此时指针应指在距测杆轴线方向的左上方 0.1mm 处），用锁紧装置把百分表夹紧。将内径百分表安装在百分表检定器上，转动测微头，使活动测头压缩到工作行程的起点，调整百分表对零位。然后按间隔转动测微头，直到工作行程终点。测量所得的各点误差中的最大值与最小值之差，即为示值误差的校准结果；用各相邻误差中的最大值作为相邻误差的校准结果。

② 涨簧式和钢球式内径百分表用百分表检定器测量。将百分表装在表架上，压缩一圈，把内径表安装在百分表检定器上。测量是在压缩测头的行程方向进行的。测头的工作行程小于 0.5mm 的，按间隔 0.05mm 逐点测量；测头的工作行程大于或等于 0.5mm 的，按间隔 0.1mm 逐点测量，直到工作行程终点。

（10）经校准的内径百分表应出具校准证书。

2）内径百分表的使用与保养

内径百分表是将测头的直线位移变为指针的角位移的计量器具。它用比较测量法完成测量，用于不同孔径的尺寸及其形状误差的测量。

（1）使用前检查。

① 检查表头的相互作用和稳定性。

② 检查活动测头和可换测头是否表面光洁、连接稳固。

（2）读数方法。测量孔径时，孔轴向的最小尺寸为其直径；测量平面间的尺寸时，任意方向内均最小的尺寸为平面间的测量尺寸。百分表测量读数加上零位尺寸即为测量数据。

（3）正确使用。

① 把百分表插入量表直管轴孔中，压缩百分表一圈，然后紧固。

② 选取并安装可换测头，然后紧固。

③ 测量时手握隔热装置。

④ 根据被测尺寸调整零位。用已知尺寸的环规或平行平面（千分尺）调整零位，以孔轴向的最小尺寸或平面间任意方向内均最小的尺寸对零位，然后反复测量同一位置 2 次或 3 次后检查指针是否仍与零线对齐，如不齐则重调。为读数方便，可用整数来定零位位置。

⑤ 测量时，摆动内径百分表，找到轴向平面的最小尺寸（转折点）来读数。

⑥ 测杆、测头、百分表等配套使用，不要与其他表混用。

内径百分表如图 1-34 所示。

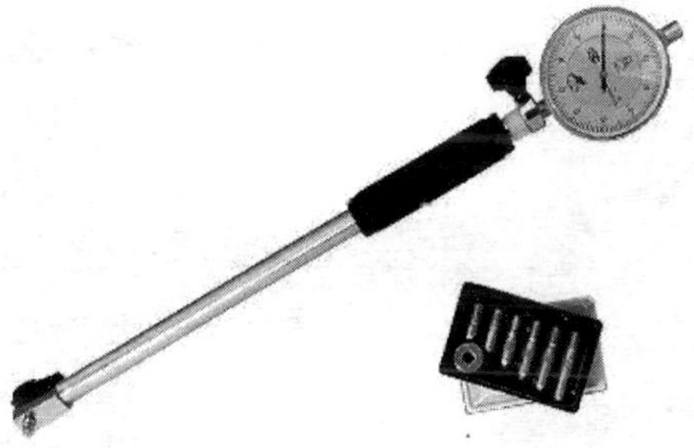

图 1-34　内径百分表

13．半径样板

半径样板带有一组内、外圆弧半径尺寸准确的薄板，用于检测圆弧半径，如图 1-35 所示。

图 1-35　半径样板

1）技术要求

（1）半径小于或等于 10mm 的凸形样板，其测量面的圆弧所对的中心角应大于 150°；半径大于 10mm 的凸形样板，其测量面的圆弧弦长应等于样板宽度。

（2）半径小于或等于 14.5mm 的凹形样板，其测量面的圆弧所对的中心角应在 80°~90°范围内；半径大于 14.5mm 的凹形样板，其测量面的圆弧所对的中心角应大于 45°。

2）样板要求

（1）半径样板的表面不应有影响使用性能的缺陷。

（2）半径样板与保护板的连接应保证能方便地更换样板，应能使样板平滑地绕螺钉或铆钉轴转动，不应有卡滞或松动现象。

（3）成组半径样板应按半径尺寸系列由小到大的顺序排列。

（4）半径样板应采用 45 号冷轧带钢或优质碳素钢制造。

（5）半径样板测量面的硬度应不低于 230HV。

（6）半径样板测量面的表面粗糙度值为 *Ra*1.6μm。

14. 螺纹样板

螺纹样板是带有确定的螺距及牙型，且满足一定的准确度要求，用做螺纹标准对类同的螺纹进行测量的标准件。成套螺纹样板如图 1-36 所示。

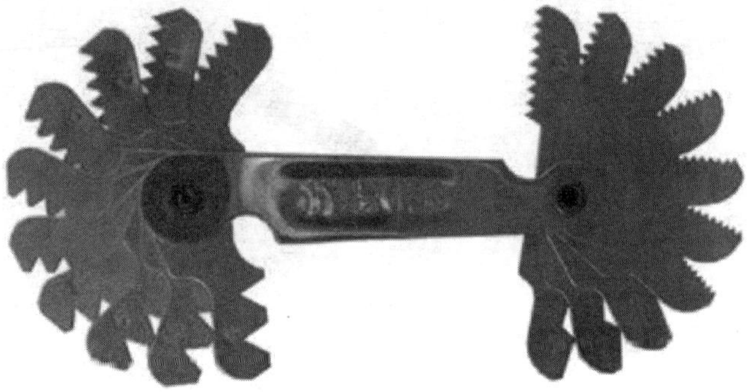

图 1-36　螺纹样板

1）技术要求

（1）螺纹样板的表面不应有影响使用性能的缺陷。

（2）螺纹样板与保护板的连接应保证能方便地更换样板，应能使样板平滑地绕螺钉或铆钉轴转动，不应有卡滞或松动现象。

（3）成套螺纹样板应按螺距尺寸系列由小到大的顺序排列。

（4）螺纹样板应采用 45 号冷轧带钢或优质碳素钢制造。

（5）螺纹样板测量面的硬度应不低于 230HV。

（6）螺纹样板测量面的表面粗糙度值为 *Ra*1.6μm。

2）使用注意事项

（1）测量螺纹螺距时，将螺纹样板组中的齿形钢片作为样板，卡在被测螺纹工件上，如果不密合，就另换一片，直到密合为止，这时该螺纹样板上标记的尺寸即为被测螺纹工件的螺距。但是，须注意把螺纹样板卡在螺纹牙廓上时，应尽可能利用螺纹工作部分长度，使测量结果较为正确。

（2）测量牙型角时，把螺距与被测螺纹工件相同的螺纹样板放在被测螺纹上面，然后检查它们的接触情况。如果没有间隙透光，则被测螺纹的牙型角是正确的。如果有不均匀间隙透光现象，那就说明被测螺纹的牙型角不准确。但是，这种测量方法是很粗略的，只能判断牙型角误差的大概情况，不能确定牙型角误差的数值。

1.2.2 专用测量仪器

1. 水平仪

水平仪是一种测量小角度的常用量具，如图 1-37 所示。在机械行业和仪表制造中，它用于测量相对于水平位置的倾斜角、机床设备导轨的平面度和直线度、设备安装的水平位置和垂直位置等。

水平仪按外形不同可分为框式水平仪和尺式水平仪两种，按水准器的固定方式又可分为可调式水平仪和不可调式水平仪。

水平仪主要用于检验各种机床及其他类型设备导轨的直线度和设备安装的水平位置、垂直位置。它也能用于小角度的测量和带有 V 形槽的工作面检查，还可测量圆柱工件的安装平行度，以及安装的水平位置和垂直位置。

图 1-37 框式水平仪

（1）水平仪的两个 V 形测量面是测量精度的基准，在测量中不能与工作的粗糙面接触或摩擦。安放时必须小心轻放，避免因测量面划伤而损坏水平仪和造成不应有的测量误差。

（2）用水平仪测量工件的垂直面时，不能握住与副测面相对的部位，用力向工件垂直平面推压，这样会因水平仪的受力变形，影响测量的准确性。正确的测量方法是手握持副测面内侧，使水平仪平稳、垂直地（调整气泡位于中间位置）贴在工件的垂直平面上，然后从纵向水准器读出气泡移动的格数。

（3）使用水平仪时，要保证水平仪工作面和工件表面的清洁，防止脏物影响测量的准确性。测量水平面时，在同一个测量位置上，应将水平仪放在相反的方向再次进行测量。当移动水平仪时，不允许水平仪工作面与工件表面发生摩擦，应该提起来放置。

（4）当测量长度较大的工件时，可将工件平均分为若干尺寸段，用分段测量法测量，然后根据各段的测量读数，绘出误差坐标图，以确定其误差的最大格数。

检验床身导轨在纵向垂直平面内的直线度时，将框式水平仪纵向放置在刀架上靠近前导轨处，从刀架处于主轴箱一端的极限位置开始，从左向右移动刀架，每次移动距离应近似等于水平仪的边框尺长度（200mm）。依次记录刀架在每一测量长度位置时的水平仪读数。将这些读数依次排列，用适当的比例画出导轨在垂直平面内的直线度误差曲线。水平仪读数为纵坐标，刀架在起始位置时的水平仪读数为起点，由坐标原点起作一折线段，其后每次读数都以前一折线段的终点为起点，画出相应折线段，各折线段组成的曲线即为导轨在垂直平面内的直线度曲线。曲线相对其两端连线的最大坐标值，就是导轨全长的直线度误差；曲线上任一局部测量长度内的两端点相对曲线两端点的连线坐标差值，也就是导轨的局部误差。

（5）机床工作台面的平面度检验方法：工作台及床鞍分别置于行程的中间位置，在工作台面上放一桥板，其上放水平仪，分别沿各测量方向移动桥板，每隔桥板跨距 d 记录一次水平仪读数。通过工作台面上三点建立基准平面，根据水平仪读数求得各测点平面的坐标值。

（6）测量大型零件的垂直度时，用水平仪粗调基准表面到水平。分别在基准表面和被测表面上用水平仪分段逐步测量并用图解法确定基准方位，然后求出被测表面相对于基准的垂直度误差。

测量小型零件时，先将水平仪放在基准表面上，读气泡一端的数值，然后用水平仪的一侧紧贴垂直被测表面，气泡偏离第一次（基准表面）读数的数值，即为被测表面的垂直度误差。

（7）水平仪刻度值用角度（秒）或斜率来表示，它的含义是以气泡偏移一格时工作表面倾斜的角度表示，或以气泡偏移一格时工作表面在 1m 长度上倾斜的高度表示。由于水平仪的使用倾角很小，如 tg44rad=0.02mm/1000mm，测量时应使水平仪工作面紧贴被测表面，待气泡稳定后方可读数。

2. 读数显微镜

读数显微镜结构简单、使用方便，可用于测定孔距、刻线宽度、刻线距离、键槽宽度、狭缝凹痕、宽度、长度、金属表面质量、织物密度、野外标本等。

读数显微镜是利用显微镜光学系统对线纹尺的分度进行放大、细分和读数的长度测量工具，如图 1-38 所示。它常被用做比长仪、测长机和工具显微镜等的读数部件，或作为坐标镗床和坐标磨床等的定位部件，也可单独用于测量较小的尺寸，如线纹间距、硬度测试中的压痕直径、裂缝和小孔直径等。其分度值有 10μm、1μm 和 0.5μm 等。

图 1-38　读数显微镜

1）读数显微镜的分类

（1）直读式读数显微镜。

线纹尺上的刻度经物镜局部放大后成像于分划板上，如线纹间距为 1mm，放大至与分划板上 100 个分度的距离相等，通过目镜（放大）即可读出

0.01mm 的分度值。

（2）标线移动式读数显微镜。

测量时转动微动手轮，使可动分划板上的双刻线与线纹尺线纹像对准，从读数鼓轮或其他读数机构读出百分位数和千分位数，从可动分划板上读出十分位数。为了避免微动手轮上的精密螺纹（或其他微动机构）磨损，有的显微镜把可动分划板上的双刻线制成双阿基米德螺旋线。双阿基米德螺旋线的螺距等于 1/10 线纹尺线纹间距乘以物镜放大倍数，而在其内圈又刻有 100 个等分分度，所以在它对准线纹像后，即可从固定分划板上读出十分位数，从可动分划板上读出百分位数和千分位数。

（3）影像移动式读数显微镜。

在物镜与分划板之间，加入可动光学元件（如平面平行玻璃、光楔玻璃或补偿透镜等）。当移动这类光学元件时，线纹尺的线纹像会移动，在线纹像与固定分划板上的双刻线对准后，即可分别从固定分划板和可动分划板上读出十分位和百分位、千分位的数值。

将线纹尺刻度通过物镜放大后投影到影屏上，并利用分划板和微动装置细分、读数的部件叫光学读数头。它可减轻人眼在瞄准和读数时的疲劳，其分度值有 10μm、2μm 和 1μm 几种。

2）读数显微镜的工作过程

首先进行调零，调节旋转螺母使标线对准 X 轴的整刻度线。旋转螺母共分为 50 格，每格 0.01mm。标线在玻璃片 A 上，X 轴在玻璃片 B 上。调零结束后，用硬度计给工件打上压痕。调节旋转螺母，使与螺母相连的触头推动玻璃片 A 在 X 轴方向上移动，两次分别与压痕相切。玻璃片 A 与触头间由弹簧连接，可以自由伸缩。标线走过的距离可以通过显微镜读出，此即为压痕的直径。但由于压痕通常为不规则形状，故要把工件旋转 90° 再测量一次取平均值。

3）读数显微镜的使用方法

（1）先对读数显微镜进行调零（注意要轻轻旋转旋钮，因为读数显微镜是高精度仪器且成本高，用力过大会导致精度降低）。

（2）然后将打上压痕的元件置于水平工作台面上。

（3）把读数显微镜置于元件上（当显微镜与工件放在一起时，手不要抖动，因为显微镜与工件的结合不是很紧固，稍不注意会造成读数误差），把透光孔对向光亮处。

（4）通过旋转螺母，使标线沿 X 轴左右移动。

（5）标线与压痕的两侧分别相切，此时标线走过的距离即为压痕直径。

（6）把工件旋转 90°，再测量一次（由于压痕通常为不规则形状，故要把工件旋转 90°，再测量一次取平均值），取两次结果的平均值，即得到孔的最终直径。

（7）记下读数后，把显微镜归零后收放到指定位置。

4）读数显微镜的操作步骤

读数显微镜的量程一般为几厘米，分度值为 0.001cm。常见的一种读数显微镜的机械部分是根据螺旋测微器原理制造的，一个与螺距为 1mm 的丝杠联动的刻度圆盘上有

100个等分格。因此，它的分度值是0.001cm。还有一种类型是用带0.01mm标尺的测量目镜来测量微小位移。

其操作步骤如下：

（1）将读数显微镜适当安装，对准待测物。

（2）调节显微镜的目镜，以清楚地看到叉丝（或标尺）。

（3）调节显微镜的聚集情况或移动整个仪器，使待测物成像清楚，并消除视差，即眼睛上下移动时，看到叉丝与待测物成的像之间无相对移动。

（4）先让叉丝对准待测物上一点（或一条线）A，记下读数；转动丝杠，对准另一点B，再记下读数，两次读数之差即AB之间的距离。注意两次读数时丝杠必须向一个方向移动，以避免螺距差。

3. 合像水平仪

合像水平仪广泛用于测量平面和圆柱面对水平方向的倾斜度，以及机床与光学机械仪器的导轨或机座等的平面度、直线度和设备安装位置的正确度。合像水平仪是具有一个基座测量面，以测微螺旋副相对基座测量面调整水准器气泡，并由光学原理合像读数的水准器式水平仪，如图1-39所示。

图1-39　合像水平仪

合像水平仪利用棱镜将水准器中的气泡放大来提高读数的精确度，利用杠杆、微动螺杆这一套传动机构来提高读数的灵敏度。在合像水平仪中水准器主要起到指零的作用。

1）合像水平仪的使用方法

将合像水平仪放置在被检验的工作面上，由于被检验面的倾斜而引起两气泡的不重合，转动分度盘，直到两气泡重合为止，此时的读数即为被检件的实际倾斜度。

2）分度值

分度值指分度盘转动一个刻度，合像水平仪相应所产生的倾斜量。此倾斜量以1m为基准长的倾斜高与底边的比表示（单位：mm/m）。

3）零位

当合像水平仪处于水平位置时，理想的气泡位置（此时气泡应以刻度范围的中点为基准对称）称为零位。此时通过棱镜、放大镜形成的水准泡影像应呈光滑圆弧。

4）零位偏差

零位偏差是指偏离零位的读数值。

5）技术要求

（1）合像水平仪工作面上不得有锈迹、碰伤、划伤等缺陷及其他影响使用的缺陷。

（2）喷漆表面应美观，不得有脱漆、划伤等缺陷，其他裸露非工作面不得有锈蚀等明显缺陷。

（3）测微螺杆在转动时应顺畅，不得有卡住或跳动现象。

（4）当测微螺杆均匀转动时，气泡在水准泡内移动应平稳，无停滞和跳动现象。

4. 工具显微镜

IM 系列工具显微镜，如图 1-40 所示。它能方便地读取千分表头示值，测量工件的孔径、孔距等尺寸以及角度，使用任选的目镜组还能检验螺纹以及齿轮形状等。工具显微镜结构紧凑，重量轻，适合用于加工现场受到限制的场合。

1）仪器的主要技术指标及规格

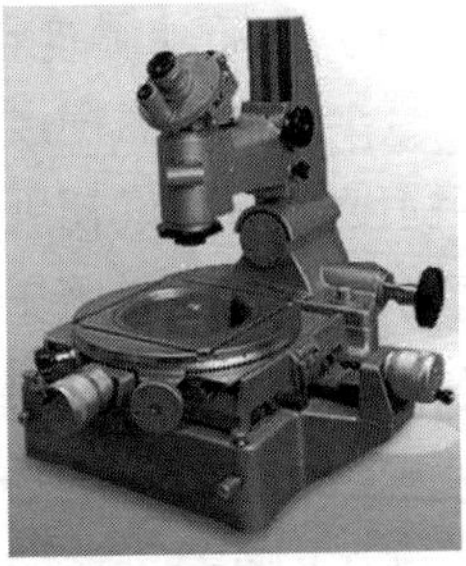

图 1-40　工具显微镜

显微镜总放大率：30。

目镜放大率：15。

物镜放大率：2。

测量范围：50mm×50mm（2″×2″）。

测量精度：0.01mm。

读数装置测微头移动量：25mm（1″）。

读数手轮格值：0.002mm（0.0001″）。

测角目镜分划值：6′。

角度范围：0° ～360° 。

载物台面尺寸：152mm×152mm。

载物玻璃有效尺寸：96mm×96mm。

最大载重量（玻璃上面）：5kg。

聚焦方式：手动。

工件最大高度：110mm。

照明装置：透射，带绿色滤光片，亮度可调；单灯倾斜反射照明，亮度可调节，光源 24V/2W。

仪器质量：15kg。

2）使用注意事项及保养

（1）在调焦距时一定要注意工件和镜头之间要有一定的距离，不得使工件和镜头相碰。

（2）不得用酒精擦拭镜头，镜头要定期用干净的布擦拭。

（3）使用完后关闭电源开关，放工件的玻璃要保持清洁。

3）校正方式

（1）内部校验时，首先把工作台面擦拭干净，然后用水准仪校正大理石平台，再用标准块分别为 5.0mm、10.0mm、15.0mm、20.0mm 的块规测量，允许误差为±0.002mm。

（2）三个月校正一次。

5. 表面粗糙度检测仪

表面粗糙度检测仪又叫表面粗糙度仪、表面光洁度仪、粗糙度测量仪、粗糙度计、粗糙度测试仪等，最先由国外研发生产，后来才引进国内。表面粗糙度检测仪测量工件表面粗糙度时，将传感器放在工件被测表面上，由仪器内部的驱动机构带动传感器沿被测表面做等速滑行，传感器通过内置的锐利触针感受被测表面的粗糙度，工件被测表面的粗糙度引起触针产生位移，该位移使传感器电感线圈的电感量发生变化，从而在相敏整流器的输出端产生与被测表面粗糙度成比例的模拟信号，该信号经过放大及电平转换之后进入数据采集系统。

1）表面粗糙度检测仪的应用范围

（1）表面粗糙度检测仪主要应用于机械加工制造业，特别是金属加工制造业。表面粗糙度检测仪最初就是为了检测机械加工零件表面粗糙度而产生的。尤其是触针式粗糙度测量仪比较适用于质地比较坚硬的金属表面的检测，多用于汽车零配件加工制造业、机械零部件加工制造业等。这些加工制造行业只要涉及工件表面质量，对于表面粗糙度检测仪的应用就是必不可少的。

（2）随着科技的进步与发展，越来越多的新型材料被应用到加工工艺中，如陶瓷、塑料、聚乙烯等，现在有些轴承就是用特殊陶瓷材料加工制作的，还有泵阀等是利用聚乙烯材料加工制成的。这些材料质地坚硬，某些场合可以替代金属材料制作工件，在生产加工过程中也需要检测其表面粗糙度。

（3）随着表面粗糙度检测仪的技术和功能不断加强和完善，以及深入的推广和应用，越来越多的行业需要进行粗糙度检测，除机械加工制造外，电力、通信、电子产品，如交换机上的联轴器、集成电路半导体等生产加工过程中也需要进行粗糙度的评定，甚至人们生活中使用的文具、餐具、人的牙齿表面都要进行表面粗糙度的检验。

2）SJ-201 表面粗糙度检测仪的特点（图 1-41）

（1）采用大型 LCD 屏幕，易于清晰读取数值。

（2）使用触控式面板（具抗污性），操作简易。

（3）可将数据存储于记忆卡中。

（4）具有任意长度设定功能。

（5）可通过内置打印机打印出测量结果（可选择不同打印方式）。

（6）采用内置充电电池，携带方便。

（7）具有自动校正、统计处理、合格判定、客户自行编辑设计等功能。

图 1-41　SJ-201 表面粗糙度检测仪

1.3 汽车举升机

汽车举升机是用于汽车维修过程中举升汽车的设备，汽车开到举升机工位，通过人工操作可使汽车被举升一定的高度，便于汽车维修。举升机在汽车维修养护中发挥着非常重要的作用，现在的维修厂都配备了举升机，举升机是汽车维修厂的必备设备。

1.3.1 汽车举升机的安全操作规程

（1）使用前应清除举升机附近妨碍作业的器具及杂物，并检查操作手柄是否正常。

（2）操作机构应灵敏有效，液压系统不允许有爬行现象。

（3）支车时，四个支角应在同一平面上，调整支角胶垫高度使其接触车辆底盘支撑部位。

（4）支车时，车辆不可支得过高，支起后四个托架要锁紧。

（5）待举升车辆驶入后，应将举升机支撑块调整到对正该车型规定的举升点。

（6）举升时人员应离开车辆，举升到需要高度时，必须插入保险锁销，并确保安全可靠才可开始车底作业。

（7）除低保及小修项目外，其他烦琐笨重作业，不得在举升机上操作。

（8）举升机不得频繁起落。

（9）支车时举升要稳，降落要慢。

（10）有人作业时严禁升降举升机。

（11）发现操作机构不灵、电动机不同步、托架不平或液压部分漏油，应及时报修，不得带病操作。

（12）作业完毕应清除杂物，打扫举升机周围，以保持场地整洁。

（13）定期（半年）排除举升机油缸积水，并检查油量，油量不足应及时加注相同牌号的压力油。同时应检查润滑系统、举升机传动齿轮及缝条。

1.3.2 汽车举升机的类型

汽车举升机按照功能可分为四轮定位型和平板式，按照占用的空间不同可分为地上式和地藏式。地上式举升机无须挖槽，适用于任何修理厂。有一些楼板上不适合安装双柱式举升机以及普通四柱式举升机，而地上式举升机与楼板接触面广，可以安装在任何可以开车的楼板上面，解决了客户场地问题。剪式举升机相对于双柱式和四柱式举升机而言最大的好处是不占用空间，方便使用；不足之处则是补油平衡要求很严格，而且须配备控制箱，造价较贵。

1．单柱式举升机

单柱式举升机是将停放在地面上的轿车等交通工具，举升到一定的高度进行维修的专用设备，如图 1-42 所示。这是一种典型的用于汽车及工程车辆的局部举升，以便更换车轮轮胎或对车辆底盘进行各种维修作业的机具。单柱式举升机操作容易，外形美观，不占用过多空间，能将重物方便省力地举起，不用时完全放置于地面，方便汽车倒车和放置物品，是汽车修理不可缺少的机具。单柱式举升机分为移动式和固定式两种。单柱移动式举升机适用于室内外场地，单柱固定式举升机适用于室内面积较小的场所。

图 1-42　单柱式举升机

2．双柱式举升机

双柱式举升机是一种汽车修理和保养单位常用的专用机械举升设备，如图 1-43 所示。它广泛应用于轿车等小型车的维修和保养。双柱式举升机将汽车举升在空中的同时可以节省大量的地面空间，方便地面作业。但是双柱式举升机为了最大限度地节省材料，一般都去掉了底板。由于没有底板，使得立柱的扭力需要靠地面来抵消，所以对地基要求很高；若是有横梁（龙门举升机），就靠横梁抵消。双柱式举升机有对称式和非对称式两种。

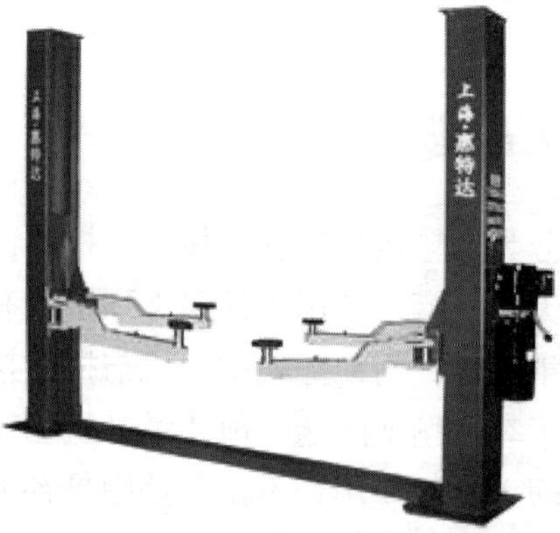

图 1-43　双柱式举升机

对称式举升机四根臂的臂长大致相等，这样使得汽车重心（或质心）处于立柱的中间位置，对于皮卡和厢式货车等类型汽车的日常维修来说，这种对称式举升机可能是最佳的选择。但是对于一些柱间宽度不够大的对称式双柱式举升机来说，汽车举升后不能打开车门是一个很大的缺点。

非对称式举升机的立柱向后旋转了一个角度（大约 30°），并且前臂比后臂稍微短一些。当把汽车停放到这种非对称式举升机的适当位置时，车的位置就向后移动了一些，因此工作人员可以很容易地从车门进出。而且，这种非对称式举升机转动的立柱，可以确保车辆的重心安全地定位在立柱之间。

3．四柱式举升机

四柱式举升机是一种大吨位汽车或货车修理和保养单位常用的专用机械举升设备，如图 1-44 所示。四柱式举升机也可用于四轮定位，因为一般四柱式汽车举升机都有四轮定位挡位，可以调整并确保水平。四柱式举升机按其结构又分为上油缸式以及下油缸式两种。

图 1-44　四柱式举升机

上油缸式四柱举升机的油缸置于立柱顶部（带横梁）。上油缸式四柱举升机主要依靠四根链条拉起四个角，拉力油缸置于顶部，这种结构简单，但自重增加。多数上油缸式四柱举升机二次举升为手动或气动，修理工需要在底部操作，这对于经常使用二次举升的用户不方便和不安全。保险装置为气动装置，若没有气源则比较麻烦。

下油缸式四柱举升机的油缸置于平板下面。下油缸式四柱举升机主要依靠四根粗钢索拉起四角，拉力油缸置于平板下面，通过六个圆盘将力传至四面。这种结构比较紧凑，自重降低。二次举升一般采用电动液压，和主泵连接在一起，只要转动转换阀即可，升降速度快。保险装置为楔块式，四个楔块利用拉杆联动，扳动拉杆就可打开保险装置，方便耐用。

4．剪式举升机

剪式举升机执行部分采用剪式叠杆形式，电力驱动机械传动结构，如图 1-45 所示。

它目前广泛用于大型车辆维修。剪式举升机的举升速度适中且不占用车坑位置，对于一些车型相对固定、工作强度大（如公共汽车）的修理领域无疑是最好的选择。而且由于它结构简单，同步性好，常用做四轮定位仪的平台。

图 1-45　剪式举升机

剪式举升机分为大剪（子母式）举升机、小剪（单剪）举升机、超薄系列剪式举升机等几种类型。

小剪举升机主要用于汽车维修保养，安全性高，操作方便，挖槽后与地面相平。

大剪举升机是配合四轮定位仪的最佳设备，并可用于汽车维修。它可以挖槽使用，也可以直接安装在地面上。

超薄系列剪式举升机无须挖槽，适用于任何修理厂。有一些楼板上不适合安装双柱式举升机以及普通四柱式举升机，而超薄系列剪式举升机与楼板接触面广，可以安装在任何可以开车的楼板上面，解决了场地问题。

剪式举升机是今后的主流产品，国外大规模使用本类产品。

5. 地沟式举升机

地沟式举升机是大型客车维修的理想设备，如图 1-46 所示。它对空间较低的厂房更为实用，且物美价廉。地沟式汽车举升机安装于地沟上面的两条轨道上，一般采用电动驱动方式，蜗杆、蜗轮减速，从而带动丝杠，举升大梁升降。这种设计方式使得地沟式举升机移动更灵活，举升力更大，升降平稳，操作安装极为方便，是各种大客车、货车维修企业最为理想的举升设备。地沟跑道式四轮定位举升机前轮转角盘（选购件）位置可调，加长后轮滑板，适用于各种车型的定位测量。

图 1-46　地沟式举升机

1.3.3 举升机的驱动类型

举升机的驱动类型目前主要分为气动、液压、机械式三大类。其中以液压居多，机械式次之，气动最少。

1. 机械式举升机

机械式举升机主要有单电动机驱动的螺纹传动举升机和双电动机驱动的螺纹传动举升机。该类举升机的特点是同步性好，采用螺杆传动，不存在漏油污染问题，且自锁保护简单易行。

2. 液压式举升机

液压式举升机的特点是平稳、噪声小、力量大；缺点是用久之后易漏油，污染工作环境。

液压举升机分为两种：一种是单缸举升机，一种是双缸举升机。

单缸液压举升机的优点是同步性好，不存在颠簸现象，带厚底板，举升机的扭力靠底板抵消，容易调平，整机安全性好，适用于地基较差的地方。

双缸举升机又分为两种：龙门式举升机和薄底板举升机。由于是双缸，同步问题难以解决，往往靠两根钢丝绳来平衡，油缸以及钢丝绳要调整得松紧一致，举升机才可以同步。

第2章 汽车拆装工基本技能

2.1 钳工技能

钳工是主要通过手持工具对夹紧在钳工工作台虎钳上的工件进行切削加工的方法，钳工的基本操作可分为以下几种。

（1）辅助性操作，即划线，它是根据图样在毛坯或半成品工件上划出加工界线的操作。

（2）切削性操作，有錾削、锯削、锉削、攻螺纹、套螺纹、钻孔（扩孔、铰孔）、刮削和研磨等多种操作。

（3）装配性操作，即装配，将零件或部件按图样技术要求组装成机器的工艺过程。

（4）维修性操作，即维修，对使用的机械设备进行维护、检查、修理的操作。

普通钳工的工作范围如下：

（1）加工前的准备工作，如清理毛坯，毛坯或半成品工件上的划线等。

（2）单件零件的修配性加工。

（3）零件装配时的钻孔、铰孔、攻螺纹和套螺纹等。

（4）加工精密零件，如刮削或研磨机器、量具和工具的配合面，夹具与模具的精加工等。

（5）零件装配时的配合修整。

（6）机器的组装、试车、调整和维修等。

2.1.1 锯割

利用锯条锯断金属材料（或工件）或在工件上进行切槽的操作称为锯割。虽然当前各种自动化、机械化的切割设备已广泛地使用，但手锯切割还是常见的，它具有方便、简单和灵活的特点，在单件小批生产、临时工地以及切割异形工件、开槽、修整等场合应用较广。因此手工锯割是钳工需要掌握的基本操作之一。

1．锯条

手锯切割所用的锯包括锯弓和锯条两部分。锯弓又可分为固定式和可调式两种。固定式锯弓的弓架是整体式的，只能装一种长度规格的锯条。

锯条一般用碳素工具钢或合金钢制成，并经热处理淬硬。锯条规格以锯条两端安装孔间的距离表示，常用的手工锯条长300mm、宽12mm、厚0.8mm。锯条的切削部分是由许多锯齿组成的，锯齿左右错开，排列成一定的形状，称为锯路。其作用是使锯缝宽度大于锯条背部的厚度，防止锯割时锯条卡在锯缝中，减少锯条和锯缝的摩擦阻力，并使排屑顺利，锯割省力，提高工作效率。

切割时，应根据被加工材料的硬度、厚度选择锯条。锯割软材料或厚材料时，因锯屑较多，要求有较大的容屑空间，应选用粗齿锯条。锯割硬材料或薄材料时，因材料硬，锯齿不易切入，锯屑量少，不需要大的容屑空间；另外薄材料在锯割中齿易被工件钩住而崩裂，需要同时工作的齿数较多，使锯齿承受的力减少，应选用细齿锯条。一般中等硬度和厚度的材料选用中齿锯条。锯条的规格与应用，见表2-1。

表2-1　锯条的规格与应用

规格	每25.4mm长度内齿数	齿距（mm）	应　用
粗	14 ~ 18	1.4 ~ 1.8	锯割软钢、黄铜、铸铁、纯铜、人造胶质材料
中	22 ~ 24	1.1左右	锯割中等硬钢、厚壁的钢管
细	32	0.8 ~ 0.9	锯割薄片金属、薄壁管子
细变中	30 ~ 20	—	易于起锯

机械锯割时，若使钢锯产生超声振动，则可以减小锯削力、锯削热，破坏锯削中产生积屑瘤的条件，从而大大延长锯条的寿命，并提高切割质量。由于锯削力的减小，还可进一步减小锯口宽度，减少原材料的消耗。

2. 锯片

内径锯片主要用于切割半导体材料及其他脆性、坚硬材料。内径锯片环形锯割是一种使用不定几何切削刃的精密切割操作，它用于将易脆、价格昂贵的材料切成薄片。在半导体工业中，这种加工方法用于切割硅、砷化镓和锗，内径锯片也用于加工光学材料、磁性材料、陶瓷及激光晶体等。切口损失可减小80%，经济性较好。

采用内径锯片锯割时，轴对称压紧的锯片以固定的速度转动，进给运动方向与锯片回转轴垂直。

内径锯片型芯由一种高强度、冷轧不锈镍铬合金钢制成。型芯的高强度是材料在轧制过程中形成的，锯片型芯厚度由工具直径决定，其范围为 0.1 ~ 0.17mm。一般切削刃内部镀有金刚石层，以便在横截面内形成良好剖面。常规的内径锯片主要规格，见表2-2。

3. 锯割工件的夹持

（1）工件尽可能夹持在虎钳的左侧，以方便操作。

（2）锯割线应与钳口垂直，以防锯斜。

（3）锯割线离钳口不应太远，以防锯割时产生振动。

（4）工件夹持应稳当、牢固，不可抖动，以防锯割时工件移动，使锯条折断。

（5）防止夹坏已加工表面和工件变形。

表 2-2 常规的内径锯片主要规格

外径（mm）	内径（mm）	金刚石层宽度（mm）	型芯厚度（mm）
206	83	0.26	0.1
257	101	0.26	0.1
304	115	0.26	0.1
422	153	0.26	0.1
546	184	0.27	0.12
558	203	0.27	0.12
596	203	0.27	0.12
690	235	0.30	0.15
860	304	0.32	0.17

4．锯条的安装

手锯是在向前推时进行切割的，在向后返回时不起切割作用，因此安装锯条时要保证齿尖的方向朝前。锯条的松紧要适当，太紧会失去应有的弹性，锯条易崩断；太松会使锯条扭曲，锯缝歪斜，锯条也容易折断。如图 2-1 所示，为锯条的正确与错误安装对比图。

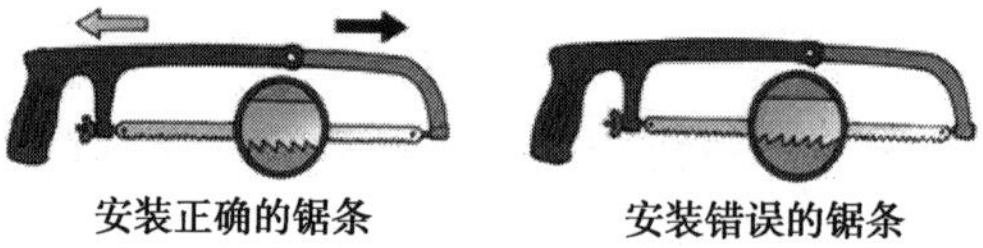

图 2-1 锯条的正确与错误安装对比图

5．起锯

起锯的方式有远边起锯和近边起锯，如图 2-2 所示。一般情况采用远边起锯，因为此时锯齿是逐步切入材料的，不易卡住，起锯比较方便。起锯角度不要太大，如图 2-2（c）所示，起锯角以 15° 左右为宜。为了确保起锯的位置正确和平稳，可用左手大拇指挡住锯条来定位。起锯时压力要小，往返行程要短，速度要慢，这样可使起锯平稳。

6．锯割姿势

锯割时操作人员的姿势应便于用力。人体的重量应均匀分在两腿上。右手稳握锯柄，左手扶在锯弓前端，锯割时推力和压力主要由右手控制。

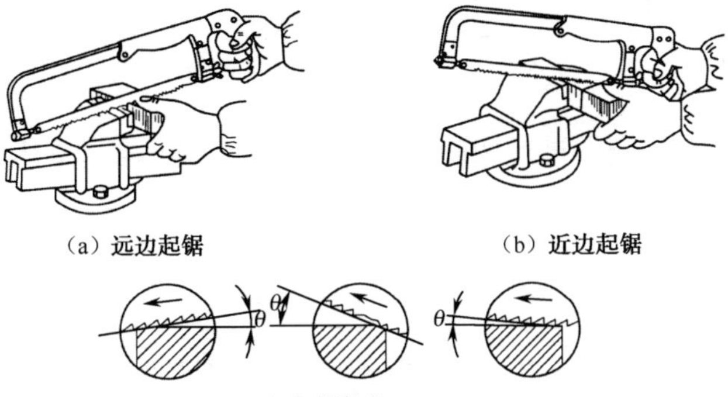

（a）远边起锯　（b）近边起锯

（c）起锯角度

图 2-2　起锯

推锯时锯弓运动方式有两种：一种是直线运动，适用于锯缝底面要求平直的槽和薄壁工件的锯割；另一种是锯弓上下摆动，这样操作自然，两手不易疲劳。手锯在回程中因不进行切削，因此不要施加压力，以免锯齿磨损。在锯割过程中锯齿崩落后，应将邻近几个齿都磨成圆弧形，才可继续使用，否则会连续崩齿，直至锯条报废。

7．锯条损坏和锯割质量

锯条损坏形式主要有锯条折断、锯条崩裂、锯齿过早磨钝。产生的原因及预防方法，见表 2-3。

表 2-3　锯条损坏产生的原因及预防方法

锯条损坏形式	原　因	预 防 方 法
锯条折断	（1）锯条装得过紧或过松 （2）工件夹装不准确，产生松动 （3）锯缝歪斜，强行纠正 （4）压力太大，起锯较猛 （5）旧锯缝使用新锯条	（1）锯条应装得松紧适当 （2）工件夹牢，锯缝应靠近钳口 （3）扶正锯弓，按线锯割 （4）压力适当，起锯较慢 （5）调换厚度合适的新锯条，调转工件再锯
锯条崩裂	（1）锯条粗细选择不当 （2）起锯角度和方向不对 （3）突然碰到砂眼、杂质	（1）正确选用锯条 （2）选用正确的起锯方向及角度 （3）碰到砂眼时应减小压力
锯齿过早磨钝	（1）锯割速度太快 （2）锯割时未加冷却液	（1）锯割速度适当减慢 （2）可选用冷却液

锯割产生废品的种类有：工件尺寸锯小，锯缝歪斜超差，起锯时工件表面拉毛。其中产生前两种废品的主要原因是锯条安装偏松，工件未夹紧而产生抖动和松动，推锯压力过大，换用新锯条后在旧锯缝中继续锯割；起锯时工件表面拉毛是起锯不当和速度太快而造成的。其主要预防措施是熟练掌握技术要领，锯割时仔细认真。

2.1.2 锉削

锉削是用锉刀对工件表面进行切削加工，使工件达到所要求的尺寸、形状和表面粗糙度的加工方法。

1．站立姿势

锉削时身体与钳口平行线呈 45° 夹角，左脚与钳口中垂线呈 30° 夹角，右脚与中垂线呈 75° 夹角。左右两脚之间距离为 250 ~ 300mm。在刚接触锉削加工时，站立姿势容易出现身体角度不到位现象，影响锉削运动的准确性以及锉削技能的提高。

在台钳地面上按不同的角度来固定身体和脚的位置角度。两脚之间的距离可以通过在角度选择正确后右脚跟旋转可以触及左脚后跟，即一个脚掌的距离来调整到最佳状态。

2．锉削起步

锉削动作开始时，身体预先前倾 10° ；锉刀运行到 1/3 处，身体前倾 15° 。锉削运动对体能的要求十分严格，尤其在粗锉阶段，体力消耗最大，所以如何掌握力量的正确运用对锉削速度和精度都十分关键。

锉削起步，尤其是粗锉阶段，刚开始的行程一定要用整个身体的力量来带动锉刀向前运行。粗锉起步时身体先向前运行，左腿稍微弯曲，右腿用力，身体带动手臂，手臂带动锉刀。感觉锉刀握住部位力量增加，将全身的力量都集中到手臂上后，再开始移动锉刀。这样可以在大运动量的情况下节约体力，提高整个工件的加工速度，确保在细锉和精修阶段操作者的体力及工件的精度。

3．回程动作

当锉刀运行到 2/3 处时，手臂带动锉刀向前运行，身体回到起步动作，倾斜 15° 。回程动作是在锉削中较难掌握的动作。操作时可以在锉刀长度方向上标出 2/3 处。当锉刀在工件上运行到标注位置时，身体与手臂呈现反向运动，双手臂前伸将锉刀送出完成最后 1/3 动作，左腿由弯曲状态变为伸直，带动身体返回初始状态。

4．锉刀

常用的普通锉刀有平锉（又称板锉）、方锉、三角锉、半圆锉和圆锉等，锉刀的齿纹有单齿纹和双齿纹两种。锉削软金属时使用单齿纹锉刀，其他场合多使用双齿纹锉刀。双齿纹又分粗、中、细三种。粗齿锉刀一般用于锉削软金属材料及加工余量大或精度、粗糙度要求不高的工件，细齿锉刀则用于与粗齿锉刀相反的场合。

5．锉削操作

1）锉刀握法

锉刀大小、形状和使用要求不同，它的握法也不一样。

（1）较大型锉刀握法。右手握锉刀的木柄，柄端顶在拇指根部的手掌上，大拇指放在锉刀木柄上，其余四个手指自然地握着木柄。

左手的放法有三种：第一种是将左手掌横放在锉刀的前端，拇指根部的手掌轻压在锉刀头上，其余手指卷曲，用食指和拇指抵住锉刀头右下方；第二种是左手掌斜放在锉刀前端，五个手指自然地平放；第三种是左手掌斜放在锉刀前端，大拇指平放，其余四指自然卷曲。

（2）中型锉刀握法。由于锉刀不大，又要在锉刀上施力，只能用左手大拇指、食指和中指捏住锉刀前端，用大拇指施加压力。

（3）小型锉刀握法。由于锉刀小，只能将左手大拇指以外的四个手指放在锉刀上面。

（4）最小型锉刀握法。握最小型锉刀时，只能用右手握木柄，食指放在锉刀面上。

2）锉削的站立姿势

锉削时的站立姿势与锯割时的站立姿势相同。

3）锉削时的身体运动

锉削时，要充分利用锉刀长度，使锉齿充分参与锉削。锉削动作由身体和手臂的运动组成。开始锉削时，身体向前倾 10° 左右，右肘尽量向后缩；锉削至 1/3 行程时，身体前倾到 15° 左右，此时左膝稍有弯曲；再往前锉削 1/3 行程时，身体再向前倾到 18° 左右；最后 1/3 行程，右手腕将锉刀推进，身体随着锉刀的反作用力退回到 15° 左右。锉削推进行程结束后，把锉刀稍抬高一点，使锉刀不接触工件，此时身体和手都回到最初位置。

6．工件夹持

如图 2-3 所示，工件应夹在虎钳的钳口中心，伸出部分应尽量低，以免锉削时产生振动。工件既要夹持牢固，又不使工件变形。夹持已加工过或精度较高的工件时，应在钳口与工件之间垫入铜皮或其他软金属保护衬垫。表面不规则的工件，夹持时要用垫块垫平夹稳。大而薄的工件，可用两根长度相适应的角钢将其夹在中间，再一起夹在钳口上。

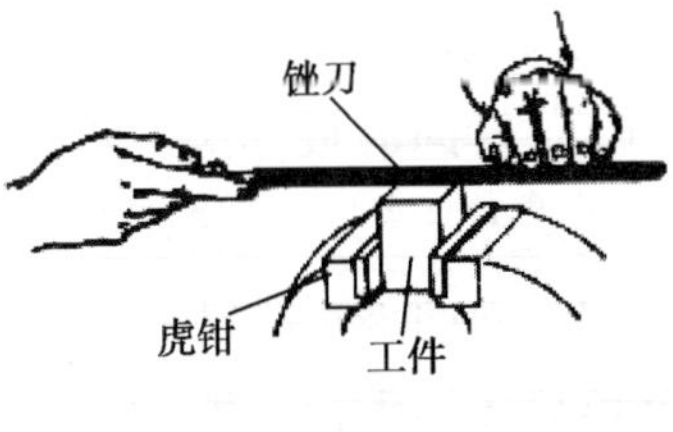

图 2-3　锉削时的工件夹持

7．锉法

1）基本锉法

（1）粗加工锉削（粗锉）：当加工余量大于 0.5mm 时，一般选用 300mm、350mm

的粗齿、中齿锉刀进行大切削量加工，以去除工件余量较多部分。

（2）细加工锉削（细锉）：当加工余量为 0.1 ~ 0.5mm 时，一般选用 250mm、300mm 的细齿锉刀进行小切削量加工，以接近工件的要求尺寸。

（3）精加工锉削（精锉）：当加工余量小于 0.1mm 时，一般选用 200mm、250mm 的细齿、双细齿锉刀以及整形锉刀对工件进行修整性加工，以达到工件要求尺寸。

（4）全程锉削：锉刀推进时，其行程长度基本接近锉刀面长度。一般用于粗锉和细锉加工。

（5）短程锉削：锉刀推进时，其行程长度仅为锉刀面长度的 1/4 ~ 1/2。一般用于精锉加工。

2）平面锉法

（1）纵向锉法：锉刀推进方向与工件表面纵向中心线平行的锉削方法。

（2）横向锉法：锉刀推进方向与工件表面纵向中心线垂直的锉削方法。

（3）交叉锉法：锉刀推进方向与工件表面纵向中心线相交一角度（35° ~ 75°），并换向 90° 锉削以获得交叉锉纹的锉削方法，如图 2-4 所示。

（4）横推锉法：锉刀刀体与工件表面纵向中心线垂直，且推进方向与之平行的锉削方法，如图 2-5 所示。

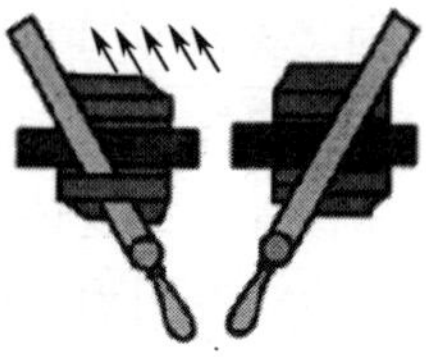

图 2-4　交叉锉法

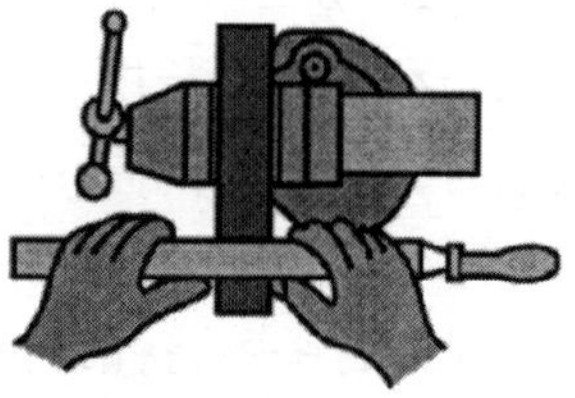

图 2-5　横推锉法

3）主动锉法

主动锉法是将扁锉刀作为被动体夹持在虎钳上，将形体较小的工件作为主动体用手握持放在锉刀面上，采用纵向推动或拉动进行加工的锉削方法。

4）外圆弧面锉法

（1）轴向展成锉法：锉刀推进方向与外圆弧面轴线平行，将圆弧加工界线外的余量部分锉成多边形。一般用于外圆弧面的粗锉加工。

（2）周向展成锉法：锉刀推进方向与外圆弧面轴线垂直，将圆弧加工界线外的余量部分锉成多边形。一般用于外圆弧面的粗锉加工。

（3）轴向滑动锉法：锉刀在作与外圆弧面轴线平行方向的推进时，同时作沿外圆弧面向右或向左的滑动。一般用于外圆弧面的精锉加工。

（4）周向摆动锉法：锉刀在作与外圆弧面轴线垂直方向的推进时，右手同时作沿圆弧面下压锉刀柄的摆动。一般用于外圆弧面的精锉加工。

5）内圆弧面锉法

合成锉法：用圆锉或半圆锉加工内圆弧面时，锉刀同时完成三种运动，即锉刀与内圆弧面轴线平行的推进、锉刀刀体的自身旋转（顺时针或逆时针方向）以及锉刀沿内圆弧面向右或向左的滑动。一般用于内圆弧面的粗锉加工。

6）横推滑动锉法

圆锉、半圆锉的刀体与内圆弧面轴线平行，推进方向与之垂直，沿内圆弧面进行滑动锉削。一般用于内圆弧面的精锉加工。

7）球面基本锉法

（1）纵倾横向滑动锉法：锉刀根据球形半径摆好纵向倾斜角度，并在运动中保持稳定。锉刀推进时，刀体同时作自左向右的滑动。注意：可将球面大致分为 4 个区域进行对称锉削，依次循环锉削至球面顶点。

（2）侧倾垂直摆动锉法：锉刀根据球形半径摆好侧倾角度，并在运动中保持稳定。锉刀推进时，右手同时作垂直下压锉刀柄的摆动。

如图 2-6 所示，为滚锉法。

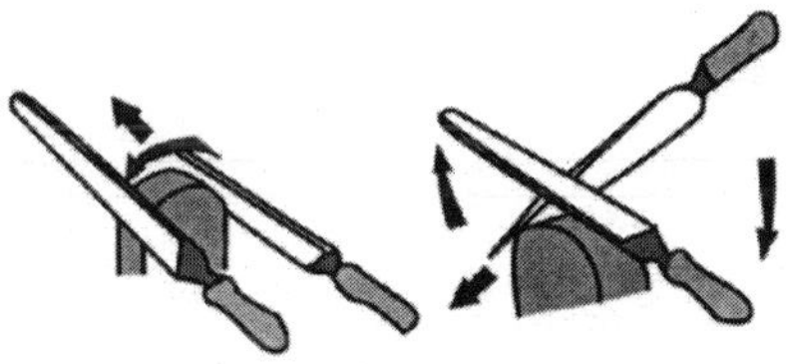

图 2-6　滚锉法

8．锉削平面度的检验方法

检验工具有刀口尺、直角尺、游标角度尺等。刀口尺、直角尺可检验工件的直线度、平面度及垂直度。

将刀口尺垂直紧靠在工件表面，并在纵向、横向和对角线方向逐次检查，如图 2-7 所示。

检验时，如果刀口尺与工件平面间透光微弱而均匀，则该工件平面度合格；如果透光强弱不一，则说明该工件平面凹凸不平。可在刀口尺与工件紧靠处插入塞尺，根据塞尺的厚度即可确定平面度的误差，如图 2-8 所示。

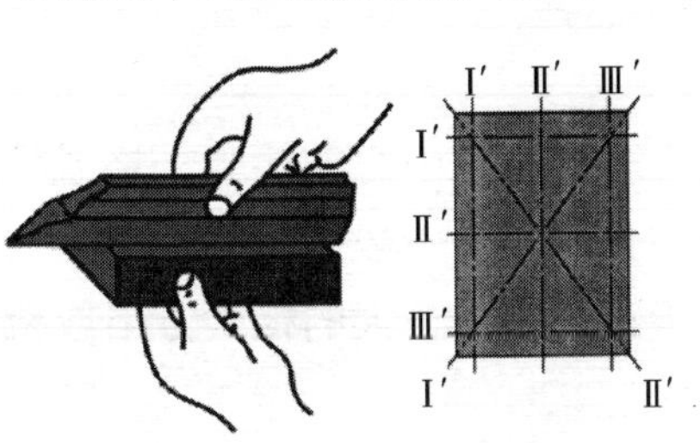

图 2-7　用刀口尺检查平面度

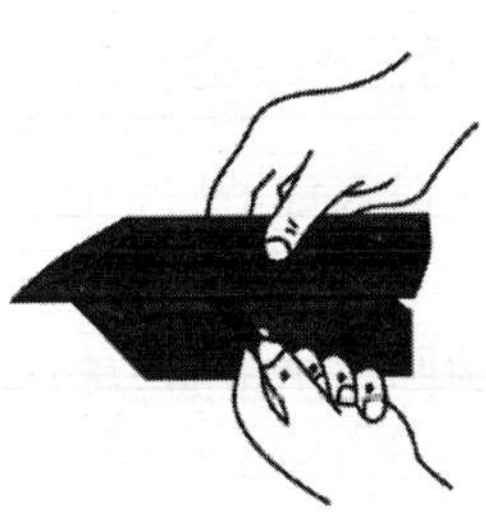

图 2-8　用塞尺检查平面度误差

锉削废品的类型、产生原因及预防措施，见表2-4。

表2-4 锉削废品的类型、产生原因及预防措施

废 品	产 品 原 因	预 防 措 施
工件夹坏	（1）没有衬垫 （2）薄而大的工件未夹好 （3）夹紧力太大	（1）在虎钳钳口放置衬垫 （2）用辅具增强工件刚性，增加支撑点 （3）夹紧力不宜太大，空心处垫入衬垫或辅具
工件形状不准确	（1）划线错误 （2）思想不集中，用力不均匀	（1）看清图纸，正确划线 （2）锉削时思想要集中，锉削的力要掌握好，边锉边测量
工件表面不光洁	（1）锉纹粗细选择不当 （2）粗锉时留下锉痕太深 （3）锉屑嵌在锉纹中未清除	（1）正确选用粗、中、细锉纹的锉刀 （2）不要操之过急，边锉边观察 （3）经常清理锉刀，保持锉齿锋利
工件表面呈凸圆弧形	（1）操作时锉刀上下摇摆 （2）锉刀面不呈凸形	（1）掌握准确的锉削姿势，采用交叉锉法 （2）选用锉刀面略呈凸形的锉刀
擦伤和锉掉了不需要锉削的工件表面	（1）没有选用光边锉刀 （2）锉刀打滑	（1）垂直面锉削，必须选用光边锉刀 （2）锉削时思想要集中，并及时清除工件上的油污

2.1.3 钻孔

1. 准确划线

钻孔前，首先应熟悉图样要求，加工好工件的基准；一般基准的平面度≤0.04mm，相邻基准的垂直度≤0.04mm。按钻孔的位置尺寸要求，使用高度尺划出孔位置的十字中心线，要求线条清晰准确；线条越细，精度越高。由于划线的线条总有一定的宽度，而且划线的一般精度可达到 0.25～0.5mm，所以划完线以后要使用游标卡尺或钢板尺进行检验；若划线后检验不到位，拿着划错线的工件进行钻孔，则根本保证不了孔的位置精度；特别是在等级鉴定的考场上，由于学生们心理紧张，担心工件不能按时完成，往往划完线后不进行检验而急于钻孔，等到发现孔的位置精度超差较大时已经晚了。因此，要养成划完线后进行检验的好习惯。

2. 划检验方格或检验圆

划完线并检验合格后，还应划出以孔中心线为对称中心的检验方格或检验圆，作为试钻孔时的检查线，以便钻孔时检查和借正钻孔位置。一般可以划出几个大小不一的检验方格或检验圆，小检验方格或检验圆略大于钻头横刃，大的检验方格或检验圆略大于钻头直径。

3．打样冲眼

划出相应的检验方格或检验圆后应认真打样冲眼。先打一小点，在十字中心线的不同方向仔细观察，看样冲眼是否打在十字中心线的交叉点上，最后把样冲眼用力打正打圆打大，以便准确落钻定心。这是提高钻孔位置精度的重要环节，样冲眼打正了，就可使钻心的位置正确，钻孔一次成功；打偏了，则钻孔也会偏，所以必须借正补救，经检查孔样冲眼的位置准确无误后方可钻孔。

打样冲眼有一小窍门：将样冲倾斜着样冲尖放在十字中心线上的一侧向另一侧缓慢移动，当感觉到某一点有阻塞感时，停止移动并直立样冲，就会发现这一点就是十字中心线的中心，此时在这一点打出的样冲眼就是准确的，实际操作中可以多试几次。

4．装夹

擦拭干净机床台面、夹具表面、工件基准面，将工件夹紧，要求装夹平整、牢靠，便于观察和测量。应注意工件的装夹方式，以防工件因装夹而变形。如图 2-9（a）所示，是用压板螺钉夹持工件的方法；如图 2-9（b）所示，是圆形工件的夹持方法。

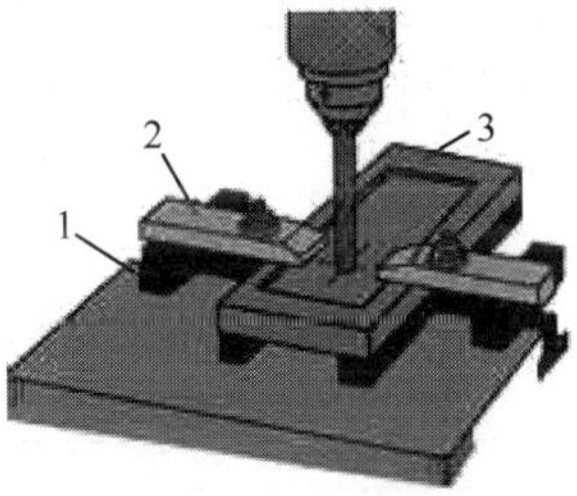

1—垫铁；2—垫铁；3—垫铁

（a）用压板螺钉夹持工件的方法

（b）对圆形工件的夹持方法

图 2-9　装夹方法

5．试钻

钻孔前必须先试钻：使钻头横刃对准孔中心样冲眼钻出一浅坑，然后目测该浅坑位置是否正确，并要不断纠偏，使浅坑与检验圆同轴。如果偏离较小，可在起钻的同时用力将工件向偏离的反方向推移，达到逐步校正。如果偏离过多，可以在偏离的反方向打几个样冲眼或用錾子錾出几条槽，这样做的目的是减少该部位切削阻力，从而在切削过程中使钻头产生偏离，调整钻头中心和孔中心的位置。试钻切去錾出的槽，再加深浅坑，直至浅坑和检验方格或检验圆重合后，达到修正的目的，再将孔钻出。

注意：无论采用什么方法修正偏离，都必须在锥坑外圆小于钻头直径之前完成。如果不能完成，在条件允许的情况下，还可以在背面重新划线，重复上述操作。

6. 钻孔

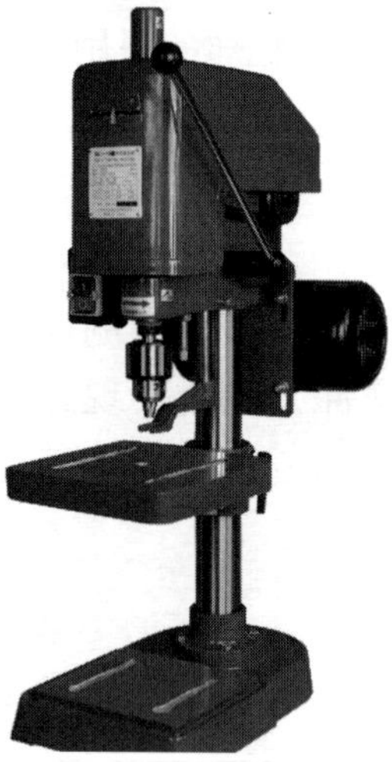

图 2-10 普通台钻

钳工钻孔一般以手动进给操作为主，当试钻达到钻孔位置精度要求后，即可进行钻孔。手动进给时，进给力量不应使钻头产生弯曲现象，以免孔轴线歪斜。钻小直径孔或深孔时，要经常退钻排屑，以免切屑阻塞而扭断钻头，一般在钻孔深度达直径的 3 倍时，一定要退钻排屑。此后，每钻进一些就应退屑，并注意冷却润滑，钻孔的表面粗糙度值要求很小时，还可以选用 3% ~ 5%乳化液、7%硫化乳化液等起润滑作用的冷却润滑液。

钻孔将钻透时，手动进给用力必须减小，以防进给量突然过大，增大切削抗力，造成钻头折断或使工件随着钻头转动造成事故。如图 2-10 所示为普通台钻，具体使用时应详细阅读对应台钻型号的使用说明书，保证操作安全可靠。

钻孔时，因工件装夹不当、钻头类型和钻削用量选得不合适、钻头刃磨不良等，会造成工件报废。废品类型及产生原因，见表 2-5；钻削过程中钻头损坏类型及原因，见表 2-6。

表 2-5 钻孔废品的类型及产生原因

废品类型	产生原因
钻孔呈多角形	（1）钻头后角太大 （2）钻头两切削刃有长有短，角度不对称
孔径大于规定尺寸	（1）钻头两切削刃有长有短，中心偏移 （2）钻头摆动
孔壁粗糙	（1）钻头不锋利，两边不对称 （2）钻头后角太大 （3）进给量太大 （4）切削液润滑性差或供给不足
钻孔位置偏移或歪斜	（1）工件装夹不当或装夹不牢固 （2）钻头横刃太长，定心不稳 （3）工件与钻头不垂直，钻床主轴与工作台面不垂直 （4）进给量太大，小直径钻头本身弯曲

表 2-6　钻头损坏类型及原因

损坏类型	原　　因
工作部分折断	（1）使用磨损的钝钻头钻孔 （2）进给量太大 （3）未及时排除切屑 （4）孔刚钻穿时，进刀的阻力突然降低，使进给量突然增大 （5）工件装夹不紧 （6）钻铸件时钻头碰到缩孔和砂眼
切削刃迅速磨损	（1）切削速度过高 （2）钻头刃角度与工件硬度不适应

2.1.4　攻丝、套丝

1. 攻丝

攻丝（亦称攻螺纹）是用丝锥在工件内圆柱面上加工出内螺纹，丝锥如图 2-11 所示。钻头直径：

$$d=D-P$$

式中，D——内螺纹大径（mm）；

P——螺距（mm）。

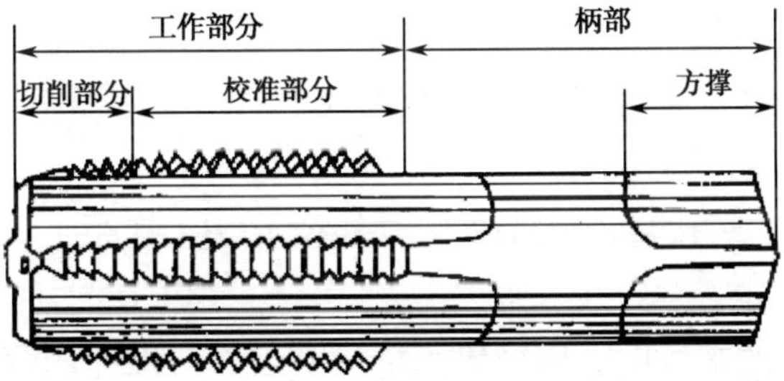

（a）

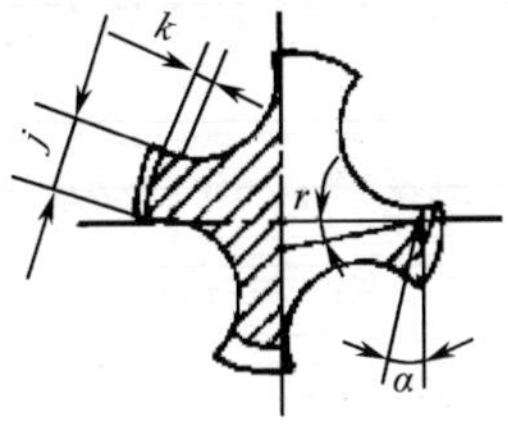

（b）

图 2-11　丝锥

1）丝锥及铰杠

（1）丝锥。

丝锥是用来加工较小直径内螺纹的成形刀具，一般选用合金工具钢 9SiGr 制成，并经热处理。通常 M6 ~ M24 的丝锥一套为两支，称头锥、二锥；M6 以下及 M24 以上一套有三支，即头锥、二锥和三锥。

每个丝锥都由工作部分和柄部组成。工作部分由切削部分和校准部分组成。轴向有几条（一般是三条或四条）容屑槽，相应地形成几瓣刀刃（切削刃）和前角。切削部分（即不完整的牙齿部分）是切削螺纹的重要部分，常磨成圆锥形，以便使切削负荷分配在几个刀齿上。头锥的锥角小些，有 5 ~ 7 个牙；二锥的锥角大些，有 3 ~ 4 个牙。校准部分具有完整的牙，用于修光螺纹和引导丝锥沿轴向运动。柄部有方头，其作用是与铰杠相配合并传递扭矩。

（2）铰杠。

铰杠是用来夹持丝锥的工具，常用的是可调式铰杠。旋转手柄即可调节方孔的大小，以便夹持不同尺寸的丝锥。铰杠长度应根据丝锥尺寸大小进行选择，以便控制攻螺纹时的扭矩，防止丝锥因施力不当而扭断。

2）攻螺纹前底孔直径和钻孔深度的确定以及孔口倒角

（1）底孔直径的确定。

丝锥在攻螺纹的过程中，切削刃主要是切削金属，但还有挤压金属的作用，因而造成金属凸起并向牙尖流动的现象，所以攻螺纹前，钻削的孔径（即底孔直径）应大于螺纹内径。底孔的直径可查手册或按下面的经验公式计算。

脆性材料（铸铁、青铜等）：

$$底孔直径\ d_0=d（螺纹外径）-1.1P（螺距）$$

塑性材料（钢、紫铜等）：

$$底孔直径\ d_0=d（螺纹外径）-P（螺距）$$

（2）钻孔深度的确定。

攻盲孔（不通孔）的螺纹时，因丝锥不能攻到底，所以孔的深度要大于螺纹的长度，盲孔的深度可按下面的公式计算：

$$孔的深度=所需螺纹的深度+-7d$$

（3）孔口倒角。

攻螺纹前要对钻孔的孔口进行倒角，以利于丝锥的定位和切入。倒角的深度大于螺纹的螺距。

3）攻螺纹的操作要点及注意事项

（1）根据工件上螺纹孔的规格，正确选择丝锥，先头锥后二锥，不可颠倒使用。

（2）工件装夹时，要使孔中心垂直于钳口，防止螺纹攻歪。

（3）用头锥攻螺纹时，先旋入 1 ~ 2 圈后，要检查丝锥是否与孔端面垂直（可目测或用直角尺在互相垂直的两个方向检查）。当切削部分已切入工件后，每转 1 ~ 2 圈应反转

1/4 圈，以便切屑断落；同时不能再施加压力（即只转动不加压），以免丝锥崩牙或攻出的螺纹齿较瘦。

（4）攻钢件上的内螺纹，要加机油润滑，以使螺纹光洁、省力和延长丝锥使用寿命；攻铸铁上的内螺纹可不加润滑剂，或者加煤油；攻铝及铝合金、紫铜上的内螺纹，可加乳化液。

（5）不要用嘴直接吹切屑，以防切屑飞入眼内。

攻丝操作示意图，如图 2-12 所示。

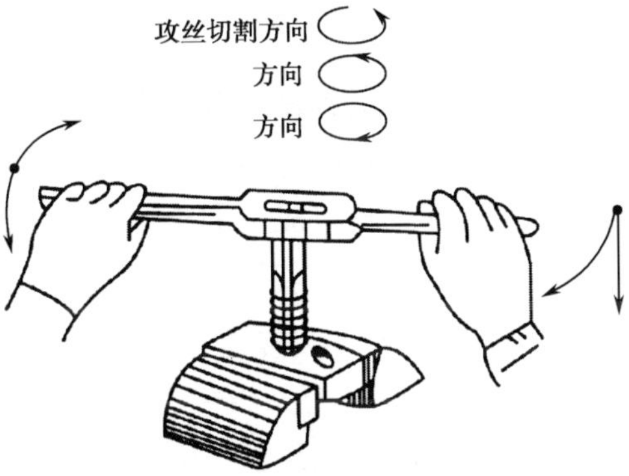

图 2-12　攻丝操作示意图

攻丝常见质量缺陷及产生原因，见表 2-7。

表 2-7　攻丝常见质量缺陷及产生原因

缺陷类型	产生原因
烂牙	（1）底孔太小 （2）头攻和二攻不重合 （3）操作时掌握不稳，造成丝锥左右摇摆，形成孔口烂牙 （4）底孔已经钻歪，再用丝锥勉强校正，但校不过来 （5）攻丝时，丝锥未经常倒转，使切屑卡住刃口 （6）丝锥攻到底后，仍继续旋转 （7）攻丝时碰到较大的砂眼，丝锥打滑 （8）丝锥的切削刃口磨得不对称 （9）没有加合适的润滑油
螺孔歪斜	丝锥和工件端面不垂直
螺纹中径大（齿形瘦）	（1）丝锥攻入底孔后，仍对丝锥施加压力 （2）攻丝时丝锥摆动 （3）丝锥的切削刃磨得不对称
螺纹表面粗糙	（1）丝锥磨损 （2）丝锥本身质量不佳 （3）攻丝时，丝锥未经常反转 （4）没有加润滑液，或所加的润滑液不合适

续表

缺陷类型	产生原因
螺纹牙深不够	（1）底孔直径过大 （2）丝锥磨损

2. 套丝

利用板牙在圆柱体的外表面上加工出外螺纹的操作称为套丝。

1）板牙和板牙架

（1）板牙。

板牙是加工外螺纹的刀具，用合金工具钢 9SiGr 制成，并经热处理淬硬。其外形像一个圆螺母，只是上面钻有 3 ~ 4 个排屑孔，并形成刀刃。

板牙由切屑部分、定位部分和排屑孔组成。圆板牙螺孔的两端有 40° 的锥度部分，是板牙的切削部分。定位部分起修光作用。板牙的外圆有一条深槽和四个锥坑，锥坑用于定位和紧固板牙。

（2）板牙架。

板牙架是用来夹持板牙、传递扭矩的工具。不同外径的板牙应选用不同的板牙架。

2）套螺纹前圆杆直径的确定和倒角

（1）圆杆直径的确定。

与攻螺纹相同，套螺纹时有切削作用，也有挤压金属的作用，故套螺纹前必须检查圆杆直径。圆杆直径应稍小于螺纹的公称尺寸，圆杆直径可查表或按以下经验公式计算。

$$圆杆直径=螺纹外径\ d-（0.13 \sim 0.2）螺距\ P$$

（2）圆杆端部倒角。

套螺纹前圆杆端部应倒角，使板牙容易对准工件中心，同时也容易切入。倒角长度应大于一个螺距，斜角为 15° ~ 30° 。

3）套螺纹的操作要点和注意事项

（1）每次套螺纹前应将板牙排屑槽内及螺纹内的切屑清除干净。

（2）套螺纹前要检查圆杆直径大小和端部倒角。

（3）套螺纹时切削扭矩很大，易损坏圆杆的已加工面，所以应使用硬木制成的 V 形槽衬垫或用厚铜板作为保护片来夹持工件。工件伸出钳口的长度，在不影响螺纹要求长度的前提下，应尽量小。

（4）套螺纹时，板牙端面应与圆杆垂直，操作时用力要均匀。开始转动板牙时，要稍加压力，套入 3 ~ 4 牙后，可只转动而不加压，并经常反转，以便断屑。

（5）在钢制圆杆上套螺纹时要加机油润滑。

如图 2-13 所示，为套丝操作演示图。

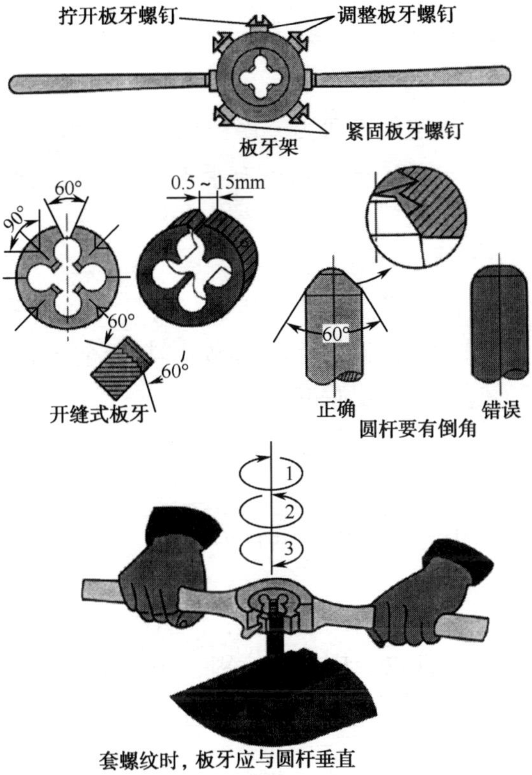

图 2-13　套丝操作演示图

套丝常见质量缺陷及产生原因，见表 2-8。

表 2-8　套丝常见质量缺陷及产生原因

缺 陷 类 型	产 生 原 因
烂牙	（1）工件直径偏大 （2）板牙磨钝 （3）切屑堵塞 （4）板牙严重歪斜，校正用力过猛造成烂牙 （5）操作时左右摇摆 （6）未加入合适的润滑液
螺孔歪斜	（1）板牙端面与工件轴线不垂直 （2）用力不均，方向歪斜
螺纹中径大（齿形瘦）	（1）板牙已切入，仍施加压力 （2）多次纠正板牙端面与圆杆的不垂直 （3）活动板牙、开口后的圆板牙尺寸调节过小
螺纹牙深不够	（1）工件直径过小 （2）活动板牙、开口后的圆板牙尺寸调节过大

2.1.5　平板研磨

用研磨工具和研磨剂，从工件上研去一层极薄表面层的精加工方法称为研磨。经研磨后的表面粗糙度值 Ra=0.8 ~ 0.05μm。研磨有手工操作和机械操作。

1．研具

研具的形状与被研磨表面一样。如平面研磨，研具为一块平板。研具材料的硬度一般都要比被研磨工件材料低，但也不能太低，否则磨料会全部嵌进研具而失去研磨作用。灰铸铁是常用研具材料（低碳钢和铜亦可用）。

2．研磨剂

研磨剂是由磨料和研磨液调和而成的混合剂。

1）磨料

磨料在研磨中起切削作用。常用的磨料有：刚玉类磨料，用于碳素工具钢、合金工具钢、高速钢和铸铁等工件的研磨；碳化硅磨料，用于研磨硬质合金、陶瓷等高硬度工件，亦可用于研磨钢件；金刚石磨料，它的硬度高，实用效果好，但价格昂贵。

2）研磨液

研磨液在研磨中起的作用是调和磨料、冷却和润滑。常用的研磨液有煤油、汽油、工业用甘油和熟猪油。

平面的研磨一般是在非常平整的平板（研具）上进行的，如图 2-14 所示。粗研常用平面上制槽的平板，这样可以把多余的研磨剂刮去，保证工件研磨表面与平板的均匀接触，同时可使研磨时的热量从沟槽中散去。精研时，为了获得较小的表面粗糙度，应在光滑的平板上进行。

图 2-14　研磨平板

研磨时要使工件表面各处都受到均匀的切削，手工研磨时合理的运动对提高研磨效率、工件表面质量和研具的耐用度都有直接影响。手工研磨时一般采用直线、螺旋形、8 字形等几种运动。8 字形运动常用于研磨小平面工件。

研磨前，应先做好平板表面的清洗工作，加上适当的研磨剂，把工件待研磨表面合在平板表面上，采用适当的运动轨迹进行研磨。研磨中的压力和速度要适当，一般在粗研磨或研磨硬度较小的工件时，可用大的压力和较低的速度进行研磨；而在精研磨或对大工件进行研磨时，就应用小的压力和较高的速度进行研磨。

2.2　电、气焊的操作

2.2.1　电焊机的安全操作

（1）电焊机作业前，应清除上、下两电极的油污。通电后，机体外壳应无漏电现象。

（2）电焊机启动前，应先接通控制线路的转向开关和焊接电流的小开关，调整好极数，再接通水源、气源，最后接通电源。

（3）电焊机通电后，应检查电气设备、操作机构、冷却系统、气路系统及机体外壳有无漏电现象。电极触头应保持光洁。有漏电现象时，应立即更换。

（4）电焊机作业时，气路、水冷系统应畅通。气体应保持干燥。排水温度不得超过40℃，排水量可根据气温调节。

（5）电焊机严禁在引燃电路中加大熔断器。当负载过小使引燃管内电弧不能发生时，不得闭合控制箱的引燃电路。

（6）电焊机控制箱长期停用时，每月应通电加热 30min。更换闸流管时应加热 30min。正常工作的控制箱的预热时间不得小于 5min。

（7）电焊机接操作人员及配合人员必须按规定穿戴劳动防护用品，并且必须采取防止触电、高空坠落、瓦斯中毒和火灾等事故的安全措施。

（8）电焊机使用时应设有防雨、防潮、防晒的机棚，并应装设相应的消防器材。

（9）利用电焊机进行高空焊接或切割时，必须系好安全带，焊机周围和下方应采取防火措施，并应有专人监护。

（10）当清除焊缝焊渣时，应戴防护眼镜，头部应避开敲击焊渣飞溅方向。

（11）电焊机必须安全使用。雨天不得露天电焊。在潮湿地带作业时，操作人员应站在铺有绝缘物品的地方，并应穿绝缘鞋。

图 2-15 为电焊机基本电路原理图，图 2-16 为典型电焊机外形。

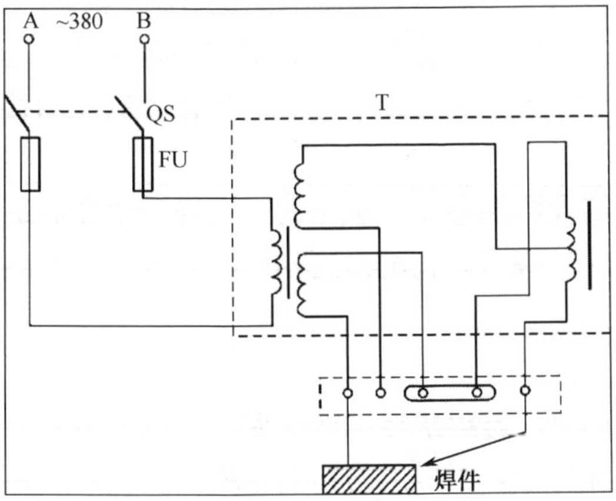

图 2-15　电焊机基本电路原理图

图 2-16　典型电焊机外形

2.2.2 电焊的基本操作

焊条电焊是在面罩下观察和操作的。由于视野不清，工作条件较差，因此为了保证焊接质量，不仅要求操作人员有较为熟练的操作技术，还应注意力高度集中。初学者练习时应注意：电流要合适，焊条要对正，电弧要短，焊速不要快，力求均匀。

焊接前，应把工件接头两侧20mm范围内的表面清理干净（清除铁锈、油污、水分），并使焊条芯的端部金属外露，以便进行短路引弧。引弧方法有敲击法和摩擦法两种；其中摩擦法比较容易掌握，适宜于初学者引弧操作。

1. 引弧

1）摩擦法

先将焊条对准焊件，再将焊条像划火柴似的在焊件表面轻轻划擦，引燃电弧，然后迅速将焊条提起2～4mm，并使之稳定燃烧。

2）敲击法

将焊条末端对准焊件，然后手腕下弯，使焊条轻微碰一下焊件，再迅速将焊条提起2～4mm，引燃电弧后手腕放平，使电弧保持稳定燃烧。这种引弧方法不会使焊件表面划伤，又不受焊件表面大小、形状的限制，所以是在生产中主要采用的引弧方法。但其操作不易掌握，须提高熟练程度。

3）引弧时的注意事项

（1）引弧处应无油污、水锈，以免产生气孔和夹渣。

（2）焊条在与焊件接触后提升速度要适当，太快则难以引弧，太慢则焊条和焊件会粘在一起造成短路。

2. 运条

运条是焊接过程中最重要的环节，它直接影响焊缝的外表成形和内在质量。电弧引燃后，一般情况下焊条有三个基本运动：朝熔池方向逐渐送进、沿焊接方向逐渐移动、横向摆动。

焊条朝熔池方向逐渐送进既是为了向熔池添加金属，也是为了在焊条熔化后继续保持一定的电弧长度，因此焊条送进的速度应与焊条熔化的速度相同。否则，会发生断弧或使焊条粘在焊件上。

1）焊条沿焊接方向移动

随着焊条的不断熔化，逐渐形成一条焊道。若焊条移动速度太慢，则焊道会过高、过宽、外形不整齐，焊接薄板时会发生烧穿现象；若焊条的移动速度太快，则焊条与焊件会熔化不均匀，焊道较窄，甚至发生未焊透现象。焊条移动时应与前进方向呈70° ～

80° 的夹角，以使熔化金属和熔渣推向后方，否则熔渣流向电弧的前方，会造成夹渣等缺陷。

2）焊条的横向摆动

为了对焊件输入足够的热量以便于排气、排渣，并获得一定宽度的焊缝或焊道，焊条应做横向摆动。焊条摆动的范围根据焊件的厚度、坡口形式、焊缝层次和焊条直径等决定。

3）常用的运条方法及适用范围

（1）直线形运条法。采用这种运条方法焊接时，焊条不做横向摆动，沿焊接方向做直线移动。它常用于I形坡口的对接平焊、多层焊的第一层焊或多层多道焊。

（2）直线往复运条法。采用这种运条方法焊接时，焊条末端沿焊缝的纵向做来回摆动。它的特点是焊接速度快，焊缝窄，散热快。它适用于薄板和接头间隙较大的多层焊的第一层焊。

（3）锯齿形运条法。采用这种运条方法焊接时，焊条末端做锯齿形连续摆动及向前移动，并在两边稍停片刻，摆动的目的是控制熔化金属的流动和得到必要的焊缝宽度，以获得较好的焊缝成形。这种运条方法在生产中应用较广，多用于厚钢板的焊接，平焊、仰焊、立焊的对接接头和立焊的角接接头。

（4）月牙形运条法。采用这种运条方法焊接时，焊条的末端沿着焊接方向做月牙形的左右摆动。摆动的速度要根据焊缝的位置、接头形式、焊缝宽度和焊接电流值来决定。同时须在接头两边做片刻停留，这是使焊缝边缘有足够的熔深，防止咬边。这种运条方法的优点是金属熔化良好，有较长的保温时间，气体容易析出，熔渣也易于浮到焊缝表面上来，焊缝质量较高，但焊出来的焊缝余高较大。这种运条方法的应用范围和锯齿形运条法基本相同。

（5）三角形运条法。采用这种运条方法焊接时，焊条末端做连续的三角形运动，并不断向前移动，按照摆动形式的不同，可分为斜三角形和正三角形两种。斜三角形运条法适用于焊接平焊和仰焊位置的T形接头焊缝和有坡口的横焊缝，其优点是能够借焊条的摆动来控制熔化金属，促使焊缝成形良好。正三角形运条法只适用于开坡口的对接接头和T形接头焊缝的立焊，特点是能一次焊出较厚的焊缝断面，焊缝不易产生夹渣等缺陷，有利于提高生产效率。

（6）圆圈形运条法。采用这种运条方法焊接时，焊条末端连续做正圆圈或斜圆圈形运动，并不断前移。正圆圈形运条法适用于焊接较厚焊件的平焊缝，其优点是熔池存在时间长，熔池金属温度高，有利于溶解在熔池中的氧、氮等气体的析出，便于熔渣上浮。斜圆圈形运条法适用于平、仰位置T形接头焊缝和对接接头的横焊缝，其优点是利于控制熔化金属不受重力影响而产生下淌现象，有利于焊缝成形。

如图2-17所示，为电焊运条示意图。

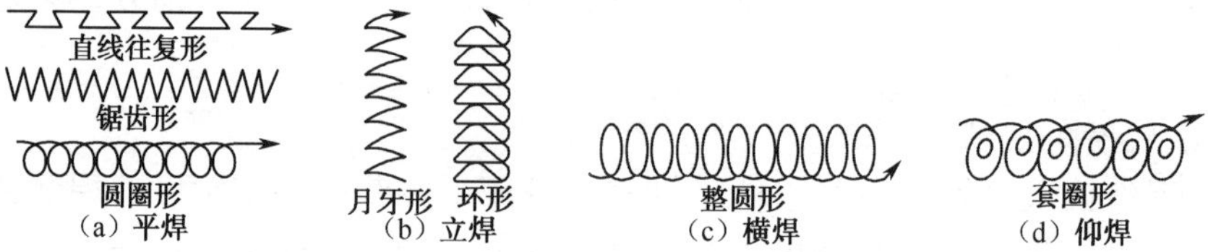

图 2-17　电焊运条示意图

3. 焊缝收尾

焊缝收尾时，为了不出现尾坑，焊条应停止向前移动，而采用画圈收尾法或反复断弧法自下而上地慢慢拉断电弧，以保证焊缝尾部成形良好。

1）画圈收尾法

焊条移至焊道的终点时，利用手腕的动作做圆圈运动，直到填满弧坑再拉断电弧。该方法适用于厚板焊接，用于薄板焊接会有烧穿的危险。

2）反复断弧法

焊条移至焊道终点时，在弧坑处反复熄弧、引弧数次，直到填满弧坑为止。该方法适用于薄板及大电流焊接，但不适用于碱性焊条，否则会产生气孔。

2.2.3　气焊的基本操作

气焊是一项专门技术。在设备维修中，铜管与铜管、铜管与钢管、钢管与钢管的焊接都使用气焊。所谓“气焊”，是利用可以燃烧的气体和助燃气体混合点燃后产生的高温火焰，加热熔化两个被焊件的连接处，并用填充材料将两个分离的焊件连接起来，使它们达到原子间的结合，冷凝后形成一个整体的过程。在气焊中，一般用乙炔或液化石油气作为可燃气体，用氧气作为助燃气体，并使两种气体在焊枪中按一定的比例混合燃烧，形成高温火焰。

1. 焊丝和焊剂

气焊所用的焊丝是没有药皮的金属丝，其成分与工件基本相同，原则上要求焊缝与工件达到相等的强度。

焊接合金钢、铸铁和有色金属时，熔池中容易产生高熔点的稳定氧化物，如 Cr_2O_3、SiO_2 和 Al_2O_3 等，使焊缝中夹渣。在焊接时，使用适当的焊剂，可与这类氧化物结合成低熔点的熔渣，以利于浮出熔池。因为金属氧化物多呈碱性，所以一般都用酸性焊剂，如硼砂、硼酸等。焊铸铁时，往往有较多的 SiO_2 出现，因此通常又会采用碱性焊剂，如碳酸钠和碳酸钾等。使用时，通常用焊丝蘸在端部送入熔池。

焊接低碳钢时，只要接头表面干净即可，不必使用焊剂。

2. 焊接规范

气焊的接头形式和焊接空间位置等工艺问题的考虑，与手工电弧焊基本相同。气焊的焊接规范则主要是确定焊丝的直径、焊嘴的大小以及焊嘴对工件的倾斜角度。

焊丝的直径根据工件的厚度而定。焊接厚度在3mm以下的工件时，所用的焊丝直径与工件的厚度基本相同。焊接较厚的工件时，焊丝直径应小于工件厚度。焊丝直径一般不超过6mm。

焊炬端部的焊嘴是氧炔混合气体的喷口，如图2-18所示。每把焊炬备有一套口径不同的焊嘴，焊接厚的工件应选用较大口径的焊嘴。

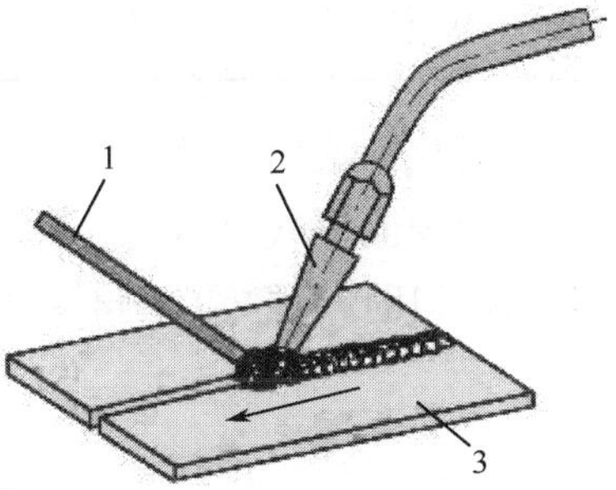

1—焊丝；2—焊嘴；3—工件

图2-18　气焊

3. 焊接操作

1）焊接前的准备工作

（1）检查高压气体钢瓶。气瓶出口不得朝向人体，连接胶管不得有损伤，减压器周围不能有污渍、油渍。

（2）检查焊炬焊嘴前部是否弯曲和堵塞，气管口是否被堵住及有无油污。

（3）调节氧气减压器，控制低压出口压力为0.15 ~ 1.20MPa。

（4）调节乙炔气钢瓶出口压力为0.01 ~ 0.02MPa。如使用液化石油气，则无须调节减压器，只要稍稍拧开瓶阀即可。

（5）检查被焊工件是否完好，摆放位置是否正确。焊接管路一般采用平放并稍有倾斜的位置，并将扩管的管口稍向下倾，以免焊接时熔化的焊料进入管道造成堵塞。

（6）准备好所要使用的焊料、焊剂。

2）调整焊炬的火焰

通过控制焊炬的两个针阀来调整焊炬的火焰。首先打开乙炔阀，点火后调整阀门使火焰长度适中，然后打开氧气阀，调整火焰，改变气体混合比例，使火焰成为所需要的火焰。一般认为中性焰是气焊的最佳火焰，几乎所有的焊接都可使用中性焰。调节的过程如下：由大至小，中性焰（大）→减少氧气→出现羽状焰→减少乙炔→调为中性焰（小）；

由小至大，中性焰（小）→加乙炔→羽状焰变大→加氧气→调为中性焰（大）。调节的具体方法应在焊接时灵活掌握，逐渐摸索。

3）点火、调节火焰与灭火

点火时，先微开氧气阀门，再打开乙炔阀门，随后点燃火焰。这时的火焰是碳化焰。然后，逐渐开大氧气阀门，将碳化焰调整成中性焰。同时，按需要把火焰大小也调整合适。灭火时，应先关乙炔阀门，后关氧气阀门。

4）焊接

首先要对被焊接管道进行预热，预热时焊炬火焰焰心的尖端离工件 2 ~ 3 ㎜，并垂直于管道，这时的温度最高。加热时要对准管道焊接的结合部位全长均匀加热。加热时间不宜太长，以免结合部位氧化。加热的同时在焊接处涂上焊剂，当管道（铜管）的颜色呈暗红色时，焊剂被熔化成透明液体，均匀地润湿在焊接处，立即将涂上焊剂的焊料放在焊接处继续加热，直至焊料充分熔化，流向两管间隙处，并牢固地附着在管道上时，移去火焰，焊接完毕。然后先关闭焊炬的氧气调节阀，再关闭乙炔气调节阀。要特别注意，在焊接毛细管与干燥过滤器的接口时，预热时间不能过长，焊接时间越短越好，以防止毛细管加热过度而熔化。

5）堆平焊波

气焊时，一般用左手拿焊丝，右手拿焊炬，两手的动作要协调，沿焊缝向左或向右焊接。焊嘴轴线的投影应与焊缝重合，同时要注意掌握好焊嘴与焊件的夹角 α，如图 2-19 所示。焊件愈厚，α 愈大。在焊接开始时，为了较快地加热焊件和迅速形成熔池，α 应大些。正常焊接时，一般保持 α 在 30° ~ 50° 范围内。当焊接结束时，α 应适当减小，以便更好地填满熔池和避免焊穿。焊炬向前移动的速度应能保证焊件熔化并保持熔池具有一定的大小。焊件熔化形成熔池后，再将焊丝适量地点入熔池内熔化。

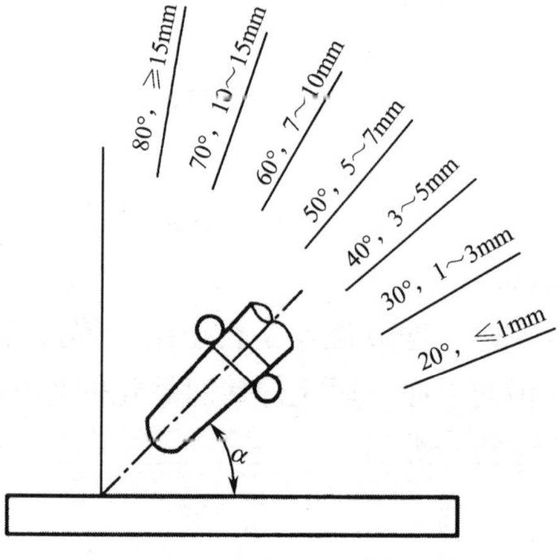

图 2-19　焊嘴倾角与焊件厚度的关系

4. 对焊接火焰的要求

（1）火焰要有足够高的温度。

（2）火焰体积要小，焰心要直，热量要集中。

（3）火焰应具有还原性质，不仅不使液体金属氧化，而且对熔化中的某些金属氧化物及熔渣起还原作用。

（4）火焰应不使焊缝金属增碳和吸氧。

5. 火焰的种类、特点及应用

气焊火焰的种类有中性焰、碳化焰和氧化焰三种，如图2-20所示。

1）碳化焰

当乙炔的含量超过氧气的含量时，火焰燃烧后的气体中尚有部分乙炔未曾燃烧，喷出的火焰为碳化焰，如图2-20（b）所示。碳化焰的火焰明显分三层，焰心呈白色，外围略带蓝色，温度一般为1000℃左右。内焰为淡白色，温度为2100～2700℃。外焰呈橙黄色，温度低于2000℃。碳化焰可用来焊接钢管等。

2）中性焰

中性焰是三种火焰中最适用于铜管焊接的火焰。点燃焊枪后，逐渐增加氧气流量，火焰由长变短，颜色由淡红变为蓝白色。当氧气与乙炔以接近1∶1的比例混合燃烧时，就得到图2-20（a）所示的中性焰。中性焰由焰心、内焰和外焰三部分组成。焰心是火焰最里层部分，呈尖锥形，色白而明亮。内焰为蓝白色，呈杏核形，是整个火焰温度最高部分。外焰是火焰的最外层，由里向外逐渐由淡紫色变为橙黄色。中性焰的温度在3100℃左右，适宜焊接铜管与铜管、钢管与钢管。

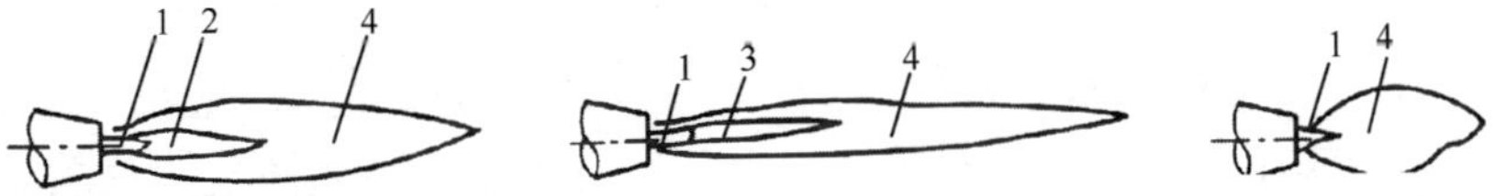

（a）中性焰　（b）碳化焰　（c）氧化焰

1—焰心；2—内焰（暗红色）；3—内焰（淡白色）；4—外焰

图2-20　气焊火焰的种类

3）氧化焰

当氧气含量超过乙炔的含量时，喷出的火焰为氧化焰，如图2-20（c）所示。氧化焰的火焰只有两层，焰心短而尖，呈青白色；外焰也较短，略带紫色，火焰挺直。氧化焰的温度在3500℃左右，氧化焰由于氧气的供应量较多，氧化性很强，会造成焊件的烧损，致使焊缝产生气孔、夹渣，不适于制冷管道的焊接。

6. 焊接后的清洁与检查

焊接时，若焊料没有完全凝固，绝对不可使焊接件动摇或振动，否则焊接部位会产生裂缝，使管路泄露。焊接后必须将焊口残留的焊剂、熔渣清除干净。焊口表面应整齐、美观、圆滑，无凸凹不平，并无气泡和夹渣现象。最关键的是不能有任何泄露现象，这需要通过试压检漏去判别。

不正确的焊接会造成以下不良后果：

（1）焊接点保持不到一周。这是由于接头部分有油污或温度不够、加热不均匀、焊料或焊剂选择不当或不足等原因造成的。

（2）结合部开裂。这是由于未焊牢时，铜管被碰撞、振动所致。

（3）焊接时被焊铜管开裂。这是由于温度过高所致。

（4）焊接处外表粗糙。这是由于焊料过热或焊接时间过长、焊剂不足等引起的。

（5）焊接处有气泡、气孔。这是接头处不清洁造成的。

7. 焊接时的注意事项

（1）安全使用高压气体，开启瓶阀时应平稳缓慢，避免高压气体冲坏减压阀。调整焊接用低压气体时，要先调松减压器手柄再开瓶阀，然后调压。工作结束后，先调松减压器再关闭瓶阀。

（2）氧气瓶严禁靠近易燃品和油脂。搬运时要拧紧瓶阀，避免磕碰和剧烈振动。接减压器之前，要清除瓶上的污物。要使用符合要求的减压器。

（3）氧气瓶内的气体不允许全部用完，至少要留 0.2 ~ 0.5MPa 的剩余气量。

（4）乙炔气钢瓶的放置和使用与氧气瓶相同，但要特别注意高温、高压对乙炔气钢瓶的影响，一定要放置在远离热源、通风干燥的地方，并要求直立放置。

（5）焊接操作前要仔细检查钢瓶阀、连接胶管及各接头部分，不得有漏气现象。焊接完应及时关闭钢瓶上的阀门。

（6）焊接工件时，火焰方向应避开设备中的易燃、易损部位，应远离配电装置。

（7）焊炬应存放在安全地点。不要将焊炬放在有易燃、腐蚀性气体及潮湿的环境中。

（8）不得随意挥动点燃的焊炬，以避免伤人或引燃其他物品。

第3章　汽车VIN码解析与总体结构的基本知识

3.1　汽车分类及车型代码、VIN码解析

3.1.1　汽车分类

1．分类原则

在我国，轿车按照发动机排量划分为：微型轿车（排量在1L以下）、普通轿车（排量为1.0～1.6L）、中级轿车（排量为1.6～2.5L）、中高级轿车（排量为2.5～4.0L）、高级轿车（排量在4L以上）。

2．汽车的分类标准

我国汽车主要分为载货汽车、越野汽车、自卸汽车、牵引车、专用汽车、客车、轿车、半挂车等几种类型。

（1）载货汽车主要有微型货车、轻型货车、中型货车、重型货车。

（2）越野汽车主要有轻型越野车、中型越野车、重型越野车、超重型越野车。

（3）自卸汽车主要有轻型自卸车、中型自卸车、重型自卸车、矿用自卸车。

（4）牵引车主要有半挂牵引车、全挂牵引车。

（5）专用汽车主要有厢式汽车、罐式汽车、起重举升车、仓栅式车、特种结构车、专用自卸车。

（6）客车主要有微型客车、轻型客车、中型客车、大型客车、特大型客车。

（7）轿车主要有微型轿车、普通轿车、中级轿车、中高级轿车、高级轿车。

（8）半挂车主要有轻型半挂车、中型半挂车、重型半挂车、超重型半挂车。

3．欧系分类

德国大众是欧洲最大的汽车制造商，也是最早进入中国轿车市场的企业，它的轿车分类法具有代表性。德国轿车分为A、B、C、D级。

（1）A级车又可分为A00、A0级车，相当于我国微型轿车和普通轿车。

（2）B 级车和 C 级车分别相当于我国的中级轿车和中高级轿车。

（3）D 级车相当于我国大红旗等高档轿车。该级别车的轴距越长，排量和重量越大，轿车的豪华程度也越高。

车尾的字母有 G、GL、GLS 等，通常 G 表示基本型，GL 表示豪华型，GLS 表示顶级车。

4. 美系分类

对美系分类标准，通用公司一般将轿车分为 6 级，这是综合考虑了车型尺寸、排量、装备和售价之后得出的分类。其中，Mini 相当于我国的微型轿车；我国的普通轿车在通用公司分类中可找到 2 个级别，即 Small 和 LowMed；中级轿车即 Interm（B 级）；中高级轿车即 UppMed；高级轿车对应的是 Large/Lux 级别。

5. 功能划分

按照功能性划分为房车、旅行轿车、轿跑车、跑车、敞篷车等车型。按照车型布置划分为四门五座、五门掀背、双门双座、双门五座软顶等。

（1）A00 级轿车的轴距为 2 ~ 2.2m，发动机排量小于 1L，如奥拓就属于 A00 级轿车。

（2）A0 级轿车的轴距为 2.3 ~ 2.45m，排量为 1 ~ 1.3L，比较典型的是两厢夏利轿车。

（3）A 级车轴距范围为 2.45 ~ 2.65m，排量在 1.3 ~ 1.6L，一汽大众的捷达、上海大众的 POLO 都属于 A 级车。

（4）B 级轿车轴距为 2.6 ~ 2.75m，排量为 1.6 ~ 2.4L。B 级车市场逐渐成为国内汽车企业拼杀的主战场，如奥迪 A4、帕萨特、中华、东方之子等众多车型均属于 B 级车阵营。

（5）C 级轿车的轴距为 2.7 ~ 2.8m，发动机排量为 2.3 ~ 3.0L，国内名气最大的 C 级车非奥迪 A6 莫属。

（6）D 级轿车大多外形气派，车内空间极为宽敞，发动机动力也非常强劲，其轴距一般均大于 2.8m，排量基本都在 3.0L 以上，常见的 D 级车有奔驰 S 系列、宝马 7 系、奥迪 A8 和劳斯莱斯、宾利等几个品牌的车型。

3.1.2 车辆产品型号编制规则

1988 年我国颁布了国家标准 GB9417—88《汽车产品型号编制规则》。汽车型号应能表明汽车的厂牌、类型和主要特征参数等。该项国家标准规定，我国汽车型号均应由汉语拼音字母和阿拉伯数字组成，不适用于军用特种车辆（如装甲车、水陆两用车、导弹发射车等）。汽车的产品型号由企业名称代号、车辆类别代号、主参数代号、产品序号组成，必要时可附加企业自定代号，对于专用汽车及专用半挂车还应增加专用汽车分类代号。

1. 企业名称代号

企业名称代号是产品型号的第一部分，用代表企业名称的两个汉语拼音字母表示。

□□　○　○○　○　■■

a　b　c　d　f

□□　○　○○　○　□□□　■■

a　b　c　d　e　f

a——企业名称代号；

b——车辆类别代号；

c——主参数代号；

d——产品序号；

e——专用汽车分类代号；

f——企业自定代号；

□——用汉语拼音字母表示；

○——用阿拉伯数字表示；

■——用汉语拼音字母或阿拉伯数字均可。

企业名称代号由 2 个或 3 个汉语拼音字母组成，是识别企业名称的代号。

例如：CA 表示第一汽车制造厂，EQ 表示第二汽车制造厂，TJ 表示天津汽车制造厂等。

2. 车辆类别代号

车辆类别代号是产品型号的第二部分，用一位阿拉伯数字表示。

3. 主参数代号

主参数代号是产品型号的第三部分，用两位阿拉伯数字表示。

（1）载货汽车、越野汽车、自卸汽车、牵引汽车、专用汽车与半挂车的主参数代号为车辆的总质量（t），牵引汽车的总质量包括牵引座上的最大质量。当总质量在 100t 以上时，允许用三位数字表示。

（2）客车及半挂车的主参数代号为车辆长度（m）。当车辆长度小于 10m 时，应精确到小数点后一位，并以长度（m）值的十倍数值表示。

（3）轿车的主参数代号为发动机排量（L），应精确到小数点后一位，并以其值的十倍数值表示。

（4）对于专用汽车及专用半挂车，当适用定型汽车底盘或定型半挂车底盘改装时，若其主参数与定型底盘原车的主参数之差不大于原车的 10%，则应沿用原车的主参数代号。

（5）主参数的数字修约按《数字修约规则》（GB8170）的规定。

（6）主参数不足规定位数时，在参数前以“0”占位。

4．产品序号

产品序号是产品型号的第四部分，用阿拉伯数字表示，由 0，1，2，…依次使用。

当车辆主参数有变化，但不大于原定型设计主参数的 10%时，其主参数代号不变；大于 10%时，应改变主参数代号；若因为数字修约而主参数代号不变时，则应改变其产品序号。

5．专用汽车分类代号

专用汽车分类代号是产品型号的第五部分，用反映车辆结构和用途特征的三个汉语拼音字母表示。结构特征代号如下（用途特征代号按 ZB/T5005 的规定），也适用于专用半挂车：

X——厢式汽车；

G——罐式汽车；

Z——专用自卸汽车；

T——特种结构汽车；

J——起重举升汽车；

C——仓栅式汽车。

例如：GSN 表示水泥罐车。

6．企业自定代号

企业自定代号是产品型号的最后部分，同一种汽车结构略有变化而需要区别时（如汽油、柴油发动机，长、短轴距，单、双排座驾驶室，平、凸头驾驶室，左、右置方向盘等），可用汉语拼音字母和阿拉伯数字表示，位数也由企业自定。供用户选装的零部件（如暖风装置、收音机、地毯、绞盘等）不属结构特征变化，应不给予企业自定代号。

有些车在四位数字后还有一些字母，这些字母由生产厂家自定义。

基本型汽车的编号一般没有尾部，其变型车（如采用不同的发动机、加长轴距、双排座驾驶室等）为了与基本型区别，常在尾部加 A、B、C 等企业自定代号。

例如：

（1）BJ2020S——BJ 代表北京汽车制造厂，2 代表越野车，02 代表总质量为 2t，0 代表该车为第一代产品，S 为厂家自定义。

（2）TJ7131U——TJ 代表天津汽车制造厂，7 代表轿车，13 代表排气量为 1.3L，1 代表该车为第二代产品，U 为厂家自定义。

7．农用运输车型号编制规则

1）三轮农用车型号编制规则

依据《农机具产品型号编制规则》（JB/T 8574—1997），三轮农用车型号由类别代号、特征代号和主参数三部分组成。

（1）类别代号：7Y。

（2）特征代号：J 表示带驾驶室，P 表示有方向盘。

（3）主参数：左边第一位为发动机 1 小时功率千瓦数整数，175 型表示为 5，180 型表示为 6，190 型表示为 8，195 型表示为 9。左边第二、三位为载质量千克数的 1/10，如载质量 750kg 表示为 75。

（4）对原车型结构做重大改变的改进产品，应在原型号后加注字母“A”；如进行了数次改进，则在字母“A”后面从“2”开始加注阿拉伯数字顺序号。

例如：7YPJ—875A4 表示采用 190 型柴油机，额定载质量为 750kg，采用方向盘转向，带驾驶室，经第四次改进的农用运输车。

2）四轮农用车型号编制规则

四轮农用车的型号由功率代号、载质量代号和结构特征标志三部分组成。

（1）功率代号：用发动机标定功率千瓦数附近的整数值表示。

（2）载质量代号：用载质量 100kg 数附近的整数值表示；小于 1000kg 的，在 100kg 数前加“0”占据空位。

（3）结构特征标志：用以下拼音字母表示。无特征标志的为单排座非自卸车。

D——单排座自卸；

M——双排座自卸；

W——双排座非自卸；

P——排半；

C——长头；

S——四轮驱动；

SS——洒水；

Z——折腰转向式；

F——吸粪；

H——活鱼；

Q——清洁；

L——冷藏。

（4）结构经重大改进的新车型，在原型号后加罗马数字，凡无特征标志的在罗马数字前加一横线。

例如：2815WⅡ表示柴油机功率为 28kW、载质量约为 1500kg 的双排座非自卸式，并经第二次改进的农用运输车。

3）农林拖拉机型号编制规则（JB/T9832—1999）

拖拉机型号一般由系列代号、功率代号、型式代号、功能代号和区别标志组成。

（1）系列代号用不多于两个大写汉语拼音字母表示（后一个字母不得用 I 和 O），用以区别不同系列和不同设计的车型。如无必要，系列代号可以省略。

（2）功率代号用发动机标定功率值（单位为 kW）乘以系数 1.36 附近的整数表示。

（3）型式代号采用下列数字符号：

0——后轮驱动四轮式；

1——手扶式（单轴式）；

2——履带式；

3——三轮式或并置前轮式；

4——四轮驱动式；

5——自走底盘式；

6、7、8、9——船式。

（4）功能代号采用下列字母符号（无功能代号表示一般农业用）：

G——果园用；

H——高地隙中耕用；

J——集材用；

L——营地用；

P——坡地用；

S——水田用；

T——运输用；

Y——园艺用；

Z——沼泽地用。

（5）结构经重大改进后，可加注区别标志，区别标志用阿拉伯数字表示。

3.1.3　车辆识别码

车辆识别码（Vehicle Identification Number）常简称 VIN 码。因为 SAE 标准规定 VIN 码由 17 位字符组成，所以又称之为十七位码，如图 3-1 所示。VIN 码一车一码，30 年内不会重号。它包含了车辆的生产厂家、年代、车型、车身形式及代码、发动机代码及组装地点等信息。正确解读 VIN 码，对于我们正确地识别车型，进而正确进行诊断和维修都是十分重要的。

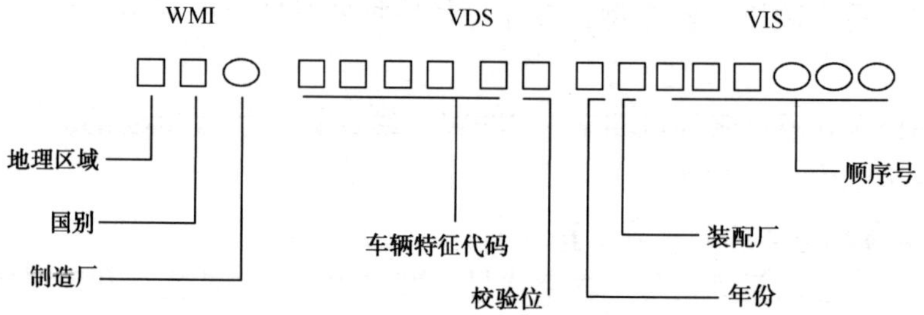

图 3-1　VIN 码字符组成

1. VIN 码的编码规则

（1）1～3 位（WMI）：世界制造商识别代码，表明车辆是由谁生产的。

（2）4～8 位（VDS）：车辆特征代码。

轿车：种类、系列、车身类型、发动机类型及约束系统类型。

MPV：种类、系列、车身类型、发动机类型及车辆额定总重。

载货车：型号或种类、系列、底盘、驾驶室类型、发动机类型、制动系统及车辆额定总重。

客车：型号或种类、系列、车身类型、发动机类型及制动系统。

（3）第 9 位：校验位，通过一定的算法防止输入错误。

（4）第 10 位：车型年份，即厂家规定的型年（Model Year），不一定是实际生产的年份，但一般与实际生产的年份之差不超过 1 年。

（5）第 11 位：装配厂。

（6）第 12～17 位：顺序号。一般情况下，汽车召回都是针对某一顺序号范围内的车辆，即某一批次的车辆。

2. VIN 码所在位置

通常在下列位置会出现 VIN 码。

（1）在汽车上，VIN 码大多位于仪表板左侧、风挡玻璃下面、发动机室内的各种铭牌上或驾驶员侧车门柱上等显著位置。

（2）在机动车行驶证上，“车架号”或“车辆型号”栏内一般都打印有 VIN 码。

（3）在机动车辆保险单上，“车架号”栏内一般也打印有 VIN 码。

3. VIN 码的真假验算方法

A=1　B=2　C=3　D=4　E=5　F=6　G=7　H=8

J=1　K=2　L=3　M–4　N–5　P=7　R=9　S=2

T=3　U=4　V=5　W=6　X=7　Y=8　Z=9

VIN 码的校验计算方法见表 3-1。

表 3-1　VIN 码的校验计算方法

位　数	加　权	位　数	加　权
1	×8	10	×9
2	×7	11	×8
3	×6	12	×7
4	×5	13	×6
5	×4	14	×5
6	×3	15	×4

续表

位　数	加　权	位　数	加　权
7	×2	16	×3
8	×10	17	×2

注：数值之和除以 11 的余数就是第 9 位的数值。

4．年份的识别方法

VIN 码的第 10 位体现车辆的生产年份，具体如下：

1971—1979　　1～9

1980—1987　　A～H

1988—1992　　J～N

1993　　P

1994—1996　　R～T

1997　　V

1998　　W

1999　　X

2000　　Y

2001—2009　　1～9

3.2　汽车总体结构

3.2.1　汽车车体的总体结构

现代汽车一般由发动机、底盘、车身、电气与电子设备等部分组成。

发动机是汽车的动力源，它由机体、曲柄连杆机构、燃料供给系、冷却系、润滑系、点火系（汽油发动机用）和起动系等几部分组成。

底盘是汽车的基础，接收发动机发出的动力，使汽车正常行驶。它由传动系、行驶系、转向系和制动系等组成。

电气设备由电源（发电机和蓄电池）、汽油发动机点火系、起动系、照明与信号装置、空调、仪表等组成。汽车电子设备主要有电控燃油喷射系统及微机控制点火系、电控自动变速器、电控防抱死制动系统（ABS）、电控门锁、自动防盗报警装置、车辆网络系统和汽车音响等。

车身是汽车的载体，用以装载操纵装置、载客或载货。货车车身由驾驶室和货厢（或封闭式货厢）组成；轿车和客车车身是一个整体，有承载式车身和非承载式车身两种。

1．轿车总体构造

轿车总体构造如图 3-2 所示。

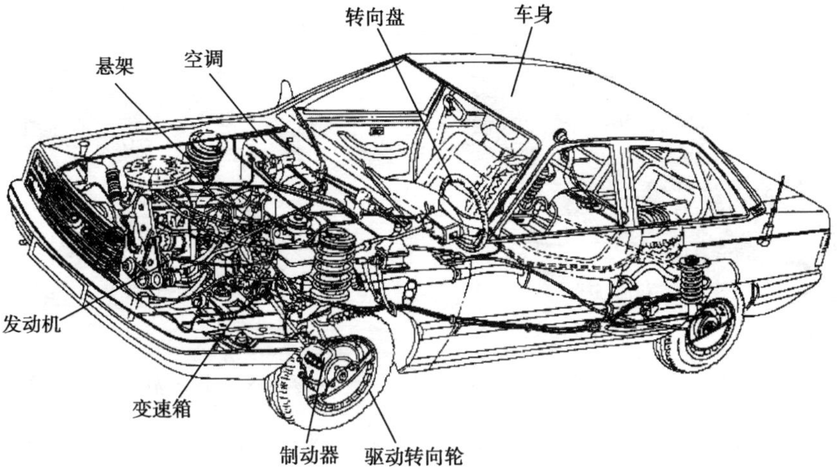

图 3-2　轿车总体构造图

2. 载货汽车总体构造

载货汽车总体构造图如图 3-3 所示。

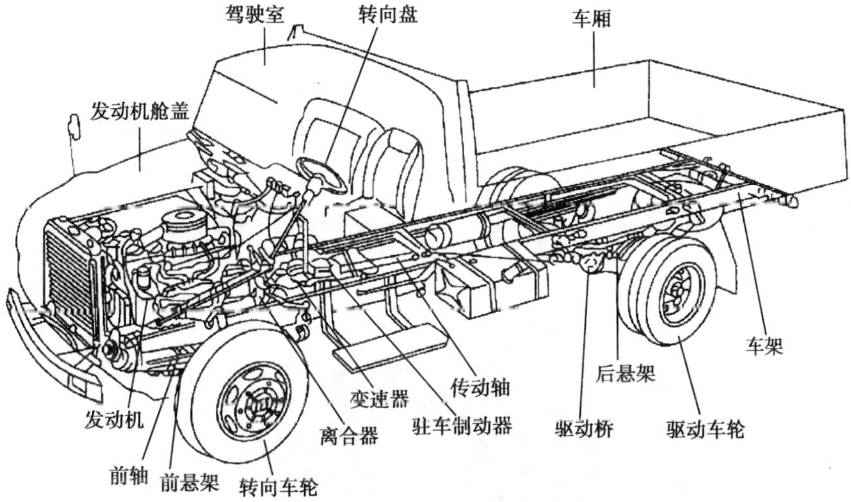

图 3-3　载货汽车总体构造图

3. 承载式车身构造

采用承载式车身的汽车，其车身是一个整体，没有贯穿整体的大梁，发动机、传动系统、前后悬挂等部件都装配到车身上，车身负载通过悬挂装置传给车轮，如图 3-4 所示。

4. 非承载式车身构造

采用非承载式车身的汽车，其发动机、传动系统、车身的总成部分固定在一个刚性车架上，车架通过前后悬挂装置与车轮相连，如图 3-5 所示。

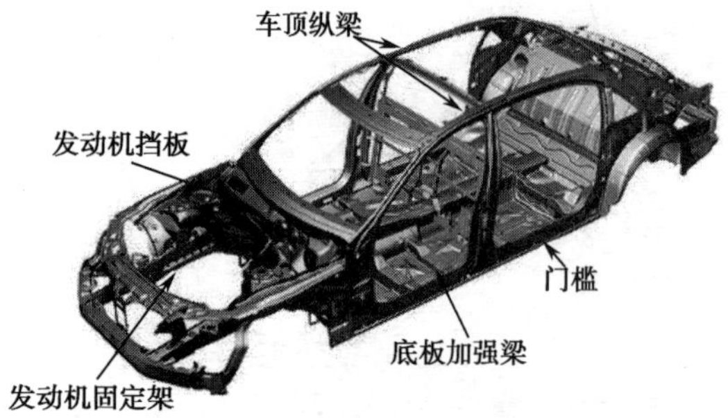

图 3-4　承载式车身构造图

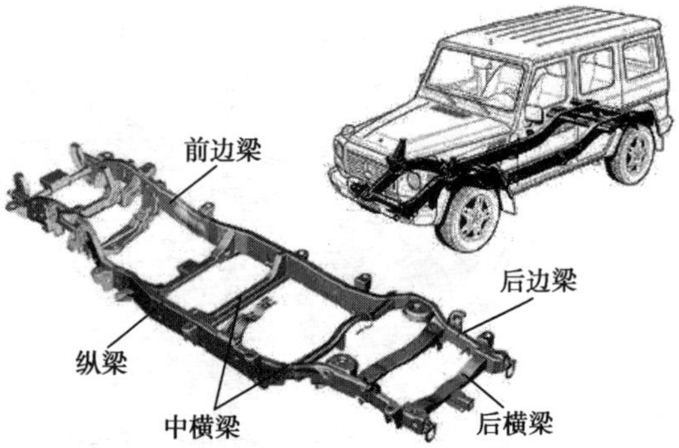

图 3-5　非承载式车身构造图

非承载式车身有一根大梁贯穿整个车身结构，底盘的强度较高，抗颠簸性能好。就算汽车的四个车轮受力不均匀，也是由车架承受，不会传递到车身，所以车身不容易扭曲变形。

3.2.2　发动机的总体构造与类型

1．发动机的总体构造

发动机是汽车的动力源。迄今为止除为数不多的电动汽车外，汽车发动机都是热能动力装置，简称热机。在热机中借助工质的状态变化将燃料燃烧产生的热能转变为机械能。

如图 3-6 所示，为汽车活塞式内燃发动机总体构造演示图。

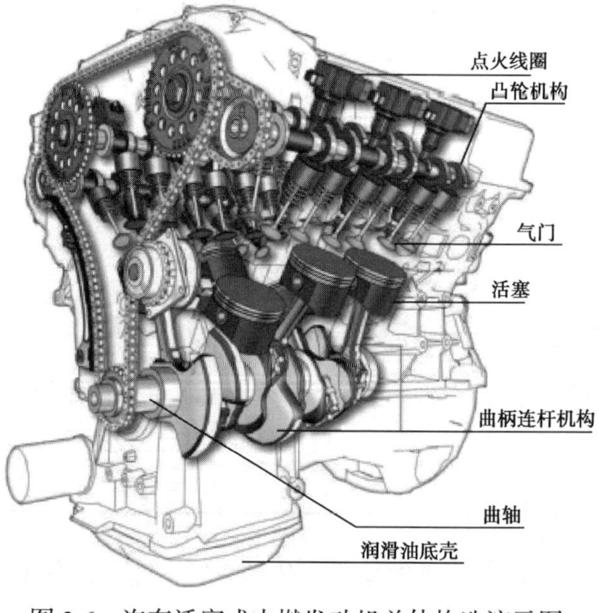

图 3-6　汽车活塞式内燃发动机总体构造演示图

热机有内燃机和外燃机两种。直接以燃料燃烧所生成的燃烧产物为工质的热机为内燃机，反之则为外燃机。内燃机包括活塞式内燃机和燃气轮机，外燃机则包括蒸汽机、汽轮机和热气机等。内燃机与外燃机相比，具有结构紧凑、体积小、质量轻和容易起动等许多优点。因此，内燃机尤其是活塞式内燃机被极其广泛地用做汽车动力源。

2．汽车发动机的类型

往复活塞式发动机，如图 3-7 所示。往复活塞式发动机是活塞在汽缸内做往复运动的发动机。现代汽车发动机如果不加特别说明，一般都是往复活塞式发动机。

活塞式内燃机主要分为汽油机、柴油机和气体燃料发动机三类。以汽油和柴油为燃料的活塞式内燃机分别称为汽油机和柴油机。使用天然气、液化石油气和其他气体燃料的活塞式内燃机称为气体燃料发动机。如图 3-8 所示为汽油发动机。

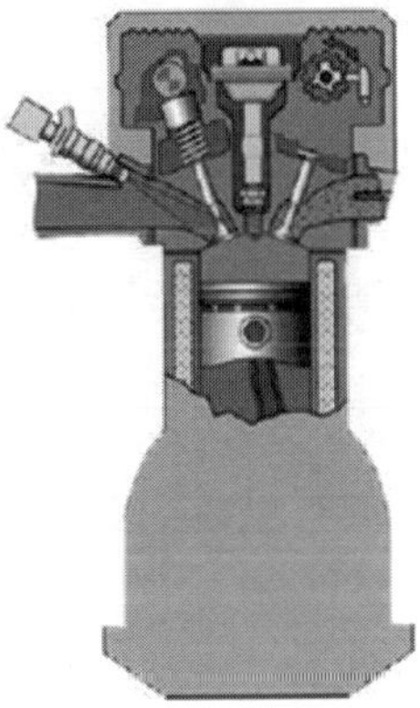

图 3-7　往复活塞式发动机

图 3-8　汽油发动机

活塞式内燃机分为水冷式和风冷式两种。以水或冷却液为冷却介质的内燃机称为水冷式内燃机，而以空气为冷却介质的内燃机则称为风冷式内燃机。如图 3-9 所示，为水冷式内燃发动机。

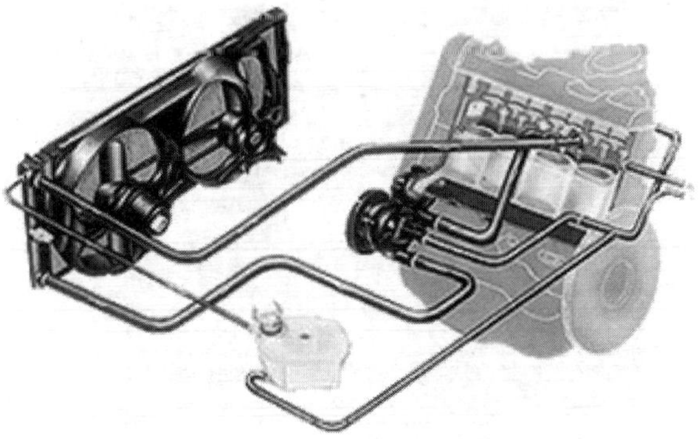

图 3-9　水冷式内燃发动机

活塞式内燃机每完成一个工作循环，便对外做功一次，不断地完成工作循环，才可使热能连续地转变为机械能。在一个工作循环中活塞往复四个行程的内燃机称为四冲程往复活塞式内燃机，而活塞往复两个行程便完成一个工作循环的内燃机则称为二冲程往复活塞式内燃机。如图 3-10 所示，为四冲程往复活塞式内燃机。

内燃发动机分为单缸发动机和多缸发动机。仅有一个汽缸的发动机称为单缸发动机；有两个及两个以上汽缸的发动机称为多缸发动机，如双缸、三缸、四缸、五缸、六缸、八缸、十二缸等。现代车用发动机多采用四缸、六缸、八缸发动机。如图 3-11 所示，为多缸内燃发动机。

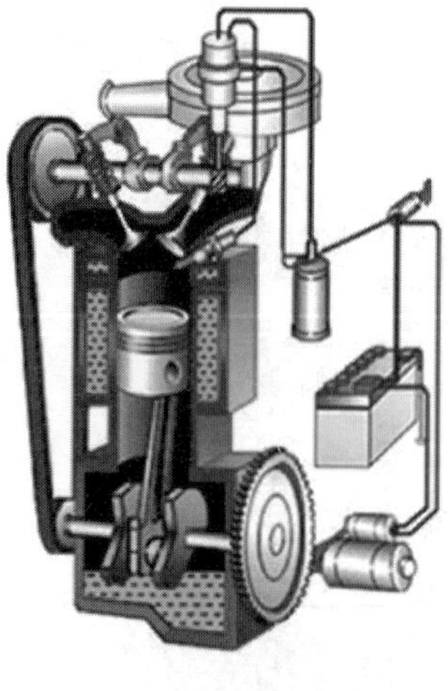

图 3-10　四冲程往复活塞式内燃机

图 3-11　多缸内燃发动机

内燃机的汽缸排列方式分为单列式和双列式。单列式发动机的各个汽缸排成一列，一般是垂直布置的，但为了降低高度，有时也把汽缸布置成倾斜的甚至水平的，如图 3-12 所示；双列式发动机把汽缸排成两列，两列之间的夹角小于 180°（一般为 90°）称为 V 型发动机，若两列之间的夹角等于 180° 则称为对置式发动机。

图 3-12　单列式直列 6 缸内燃发动机

活塞式内燃机有增压式和非增压式两类。若进气是在接近大气状态下进行的，则为非增压式内燃机或自然吸气式内燃机；若利用增压器将进气压力增高，进气密度增大，则为增压式内燃机。增压可以提高内燃机功率，如图 3-13 所示。

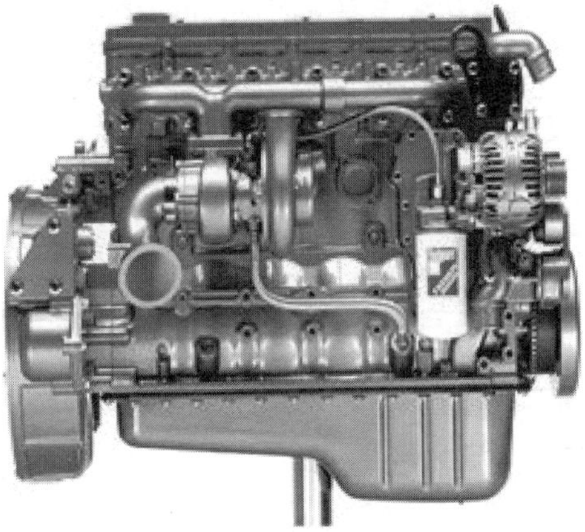

图 3-13　强制进气（增压式）发动机

目前，应用最广、数量最多的汽车发动机为水冷、四冲程往复活塞式内燃机，其中汽油机用于轿车和轻型客、货车上，而大客车和中、重型货车发动机多为柴油机。少数轿车和轻型客、货车发动机也用柴油机。以风冷或二冲程活塞式内燃机为动力源的汽车为数不多。如图 3-14 所示，为水冷、四冲程往复活塞式内燃机机体组合图。

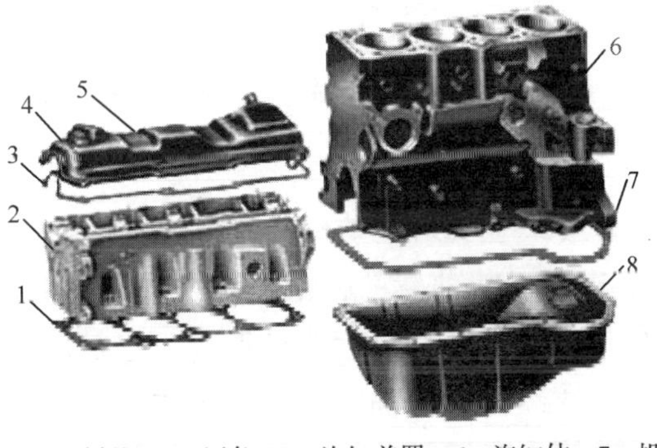

1—汽缸垫；2—汽缸盖；3—衬垫；4—压条；5—汽缸盖罩；6—汽缸体；7—机油盘衬垫；8—机油盘

图 3-14　水冷、四冲程往复活塞式内燃机机体组合图

3.2.3　汽车底盘总体结构

底盘的作用是支承、安装汽车发动机及其各部件、总成，形成汽车的整体造型，并接收发动机的动力，使汽车产生运动，保证正常行驶。底盘由传动系、行驶系、转向系和制动系四部分组成。

1. 传动系

传动系一般由离合器、变速器、万向传动装置、主减速器、差速器和半轴等组成。

1）传动系的功用

汽车发动机所发出的动力靠传动系传递到驱动车轮。传动系具有减速、变速、倒车、中断动力、轮间差速和轴间差速等功能，与发动机配合工作，能保证汽车在各种工况条件下的正常行驶，并具有良好的动力性和经济性。

2）机械式传动系

如图 3-15 所示，为后桥驱动的 4×2 汽车布置示意图。发动机发出的动力经离合器、变速器、万向传动装置传到驱动桥。在驱动桥处，动力经过主减速器、差速器和半轴传给驱动车轮。

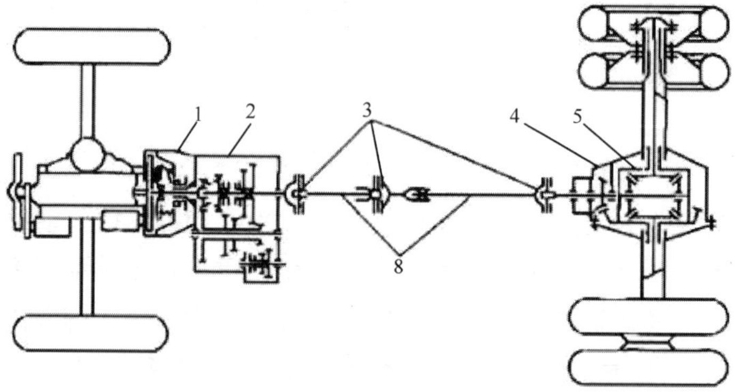

1—离合器；2—变速器；3—万向节；4—驱动桥；5—差速器

图 3-15　后桥驱动的 4×2 汽车布置示意图

3）传动系的布置形式

机械式传动系常见布置形式主要与发动机的位置及汽车的驱动形式有关。

（1）前置后驱（FR）：即发动机前置、后轮驱动，这是一种传统的布置形式。国内外的大多数货车、部分轿车和部分客车都采用这种形式。它是前轮转向、后轮驱动，发动机输出动力通过离合器—变速器—传动轴输送到驱动桥上，在此减速增扭后传送到后面的左、右半轴上，驱动后轮使汽车运行，前后轮各行其职，转向与驱动分开，负荷分布比较均匀。

（2）后置后驱（RR）：即发动机后置、后轮驱动，在大型客车上多采用这种布置形式，少量微型、轻型轿车也采用这种形式。发动机后置，使前轴不易过载，并能更充分地利用车厢面积，还可有效地降低车身地板的高度或充分利用汽车中部地板下的空间安置行李，也有利于减轻发动机的高温和噪声对驾驶员的影响。缺点是发动机散热条件差，行驶中的某些故障不易被驾驶员察觉。远距离操纵也使操纵机构变得复杂，维修调整不便。但由于优点较为突出，在大型客车上应用越来越多。

（3）前置前驱（FF）：发动机前置、前轮驱动，这种形式操纵机构简单，发动机散热条件好。但上坡时汽车质量后移，使前驱动轮的附着质量减小，驱动轮易打滑；下坡制动时则由于汽车质量前移，前轮负荷过重，高速时易发生翻车现象。现在大多数轿车采取这种布置形式。

（4）越野汽车的传动系：越野汽车一般为全轮驱动，发动机前置，在变速箱后装有分动器将动力传递到全部车轮上。目前，轻型越野汽车普遍采用 4×4 驱动形式，中型越野汽车采用 4×4 或 6×6 驱动形式，重型越野汽车一般采用 6×6 或 8×8 驱动形式。

2. 行驶系

1）汽车行驶系的功用

（1）将汽车构成一个整体，承受汽车的总重量。

（2）接收传动系的动力，通过驱动轮与路面的作用产生牵引力，使汽车正常行驶。

（3）承受并传递路面作用于车轮上的各种反力和力矩，缓和不平路面对车身造成的冲击，衰减汽车行驶中的振动，保持行驶的平顺性。

（4）与转向系配合，保证汽车操纵稳定性。

2）汽车行驶系的组成

行驶系一般由车架、车桥、车轮和悬架组成，如图 3-16 所示。

图 3-16　汽车行驶系的组成

3）车架

车架是汽车的基体，如发动机、变速器、传动机构、操纵机构、车身等总成和部件都安装于车架上。

车架按其结构形式不同可分为：边梁式车架、中梁式车架、综合式车架和无梁式车架。边梁式车架由位于左右两侧的两根纵梁和若干横梁构成，横梁和纵梁一般由 16Mn 合金钢板冲压而成，两者之间采用铆接或焊接连接。中梁式车架只有一根位于汽车中央的纵梁。纵梁断面为圆形或矩形，其上固定有横向的托架或连接梁，使车架呈鱼骨形。

4）车桥

车桥通过悬架与车架连接，支承着汽车大部分重量，并将车轮的牵引力或制动力，以及侧向力经悬架传给车架。

汽车的车桥分为整体式和断开式两种。按使用功能划分，车桥又可分为转向桥、转向驱动桥、驱动桥和支持桥。

（1）转向桥。

安装转向轮的车桥叫转向桥。现代汽车一般都是前桥转向，也有少数是多桥转向的。

① 与非独立悬架匹配的转向桥。

这类转向桥结构大体相同，主要由前梁、转向节、主销和轮毂等部分组成。车桥两端与转向节绞接。前梁的中部为实心或空心梁。

② 与独立悬架匹配的转向桥。

断开式转向桥的作用与非断开式转向桥一样，所不同的是断开式转向桥与独立悬架匹配，断开式车桥为活动关节式结构。

③ 转向车轮定位。

为了使汽车保持稳定的直线行驶，转向轻便，减少轮胎与转向机构的磨损，要求装配后的转向车轮、转向节和前轴与车架有正确的相对位置。前轮、前轴、转向节与车架的相对安装位置，称为转向车轮定位，也称前轮定位。前轮定位包括主销后倾、主销内倾、前轮外倾、前轮前束四个参数。

- 主销后倾：主销装在前轴上后，其上端略向后倾，称为主销后倾。
- 主销内倾：主销装在前轴上后，其上端略向内倾，称为主销内倾。
- 前轮外倾：汽车的前轮安装后，其旋转平面上方略朝外倾，称为前轮外倾。
- 前轮前束：汽车两个前轮的旋转平面不平行，前端略向内收，称为前轮前束。汽车的前束值一般小于 10mm，通过改变横拉杆的长度可以调整前束的大小。

（2）支持桥。

转向桥和支持桥都属于从动桥。有些单桥驱动的三轴汽车，往往将后桥设计成支持桥。挂车上的车桥也是支持桥。发动机前置、前轮驱动轿车的后桥也属于支持桥。

5）车轮与轮胎

车轮与轮胎的功用是支承汽车车体重量，缓和由于路面不平引起的冲击力，接收和传递制动力和驱动力。轮胎具有抵抗侧滑和自动回正的能力，可使汽车正常转向，保持汽车直线行驶。

（1）车轮。

如图 3-17 所示，为桑塔纳辐板式车轮和轮胎。车轮由轮毂、轮辋以及它们之间的连接部分轮辐所组成。

车轮的分类如下：

① 按照轮辐的结构可分为辐板式和辐条式。

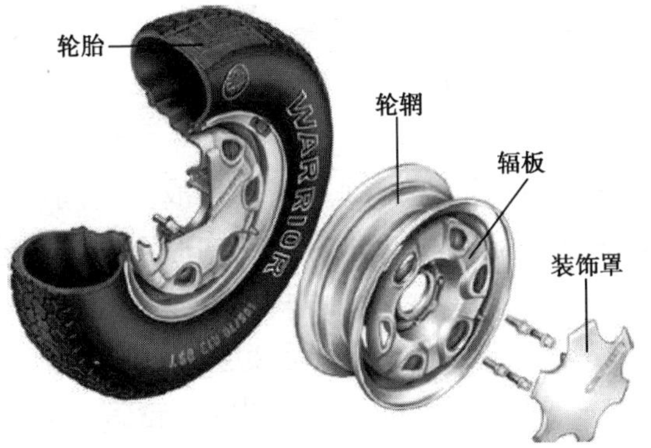

图 3-17　桑塔纳辐板式车轮和轮胎

② 根据轮辋形式不同又可分为组装轮辋式车轮、可调式车轮、对开式车轮、可反装式车轮。

③ 根据车轮材质不同又有铝合金车轮、镁合金车轮、钢车轮之分。

（2）轮胎。

轮胎作为汽车与道路之间力的支承和传递部分，它的性能对汽车行驶性能影响很大。轮胎的性能与其结构、材料、气压、花纹等因素有关。

轮胎总成是安装在轮辋上的，直接与路面接触。它的作用有：承受汽车的重力；在汽车行驶过程中，路面不平引起冲击和振动时，轮胎与悬架起缓和冲击的作用；保证车轮和路面具有良好的附着性，传递驱动力和制动力，保持汽车行驶稳定性。

如图 3-18 所示，为轮胎上的参数分布演示图。

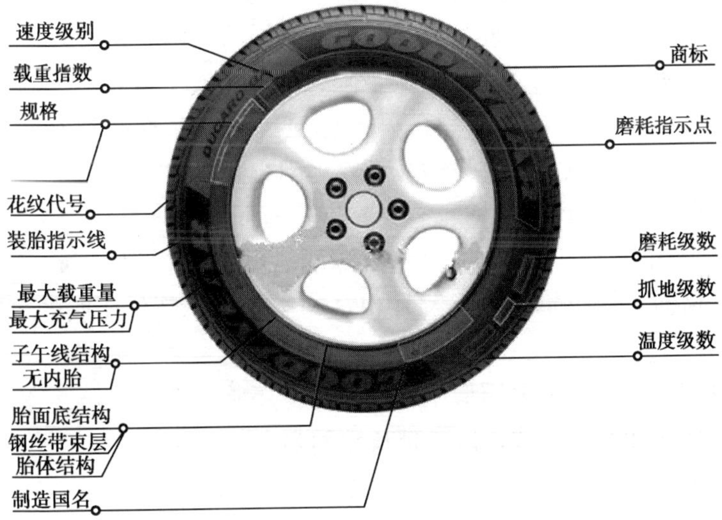

图 3-18　轮胎上的参数分布演示图

（3）轮胎的种类。

汽车轮胎按胎体结构不同可分为充气轮胎和实心轮胎。常用的汽车轮胎是充气轮胎。

实心轮胎目前仅用于在沥青混凝土路面的干线道路上行驶的低压汽车或重型挂车上。

充气轮胎按结构不同可以分为有内胎和无内胎两种。

① 有内胎轮胎。

有内胎的充气轮胎主要由外胎、内胎、垫带组成。内胎中充满压缩空气；外胎用来保护内胎不受损伤且具有一定弹性；垫带放在内胎下面，防止内胎与轮辋硬性接触受损伤。

- 普通斜交轮胎：它的特点是帘布层和缓冲层各相邻层帘线交叉排列，各帘布层与胎冠中心线呈 35° ~40° 的交角，因而叫斜交轮胎。
- 子午线轮胎：这种轮胎的胎体帘布层与胎面中心线呈 90° 或接近 90° 角排列，帘线分布如地球的子午线，因而称为子午线轮胎。子午线轮胎帘线强度得到充分利用，它的帘布层数小于普通斜交轮胎帘布层数，使轮胎重量得以减轻，胎体较柔软。子午线轮胎采用了与胎面中心线夹角较小（10° ~20°）的多层缓冲层，用强度较高、伸张力小的结构帘布或钢丝帘布制造，可以承受行驶时产生的较大的切向力。带束层像钢带一样，紧紧箍在胎体上，可以极大地提高胎面的刚性和驱动性以及耐磨性。

子午线轮胎本身的结构使其高速旋转时，变形小，温升低，产生驻波的临界速度比斜交胎高，提高了行驶的安全性。

② 无内胎轮胎。

这种轮胎在外观上与普通轮胎相似。所不同的是无内胎轮胎的外胎内壁上附加了一层厚 2 ~ 3mm 的专门用来封气的橡胶密封层，它是用硫化的方法粘附上去的，密封层正对着的胎面下面，贴着一层未硫化橡胶的特殊混合物制成的自粘层。当轮胎穿孔时，自粘层能自行将刺穿的孔粘合，因此又称之为有自粘层的无内胎轮胎。

无内胎轮胎在穿孔时，压力不会急剧下降，有利于安全行驶。无内胎轮胎不存在内外胎之间的磨损和卡滞，它的气密性好，可直接通过轮辋散热，温升低，使用寿命长，结构简单，重量轻。其缺点是行驶途中坏了修理困难。

（4）轮胎的气压。

充气轮胎按胎内空气压力大小可分为高压胎、低压胎和超低压胎三种。高压胎的气压为 0.49 ~ 0.69MPa，低压胎的气压为 0.147 ~ 0.49MPa，超低压胎的气压在 0.147MPa 以下。

现今，载重车、轿车大都采用低压胎，因为低压胎弹性好，断面宽，与路面接触面积大，胎壁薄，散热性好。这些性能可延长轮胎寿命。

6）悬架

悬架的作用是把车架与车桥弹性连接起来，吸收或缓和车轮在不平路面上受到的冲击和振动，传递各种作用力和力矩。

悬架一般由弹性元件、导向装置和减振器三部分组成。

独立悬架，如图 3-19 所示。独立悬架的特点是：每一侧车轮单独通过弹簧悬挂在车架下面，汽车行驶中，当一侧车轮跳动时，不会影响另一侧车轮的工作。独立悬架中多采用螺旋弹簧和扭杆弹簧作为弹性元件，并配用导向装置和减振器。独立悬架在轿车上广泛应用。

非独立悬架，如图 3-20 所示。非独立悬架的特点是：两侧的车轮分别安装在同一整体式车轿上，车轿通过弹性元件与车架相连。这种悬架在汽车行驶中，当一侧车轮跳动时，另一侧车轮也将随之跳动。非独立悬架中广泛采用钢板弹簧作为弹性元件，这种悬架在中、重型汽车上普遍采用。

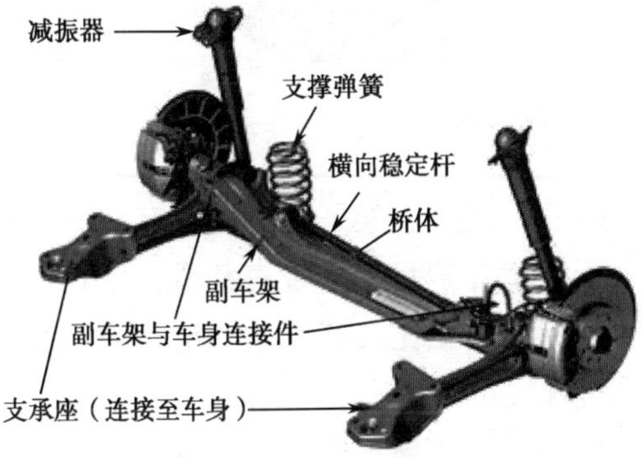

图 3-19　独立悬架

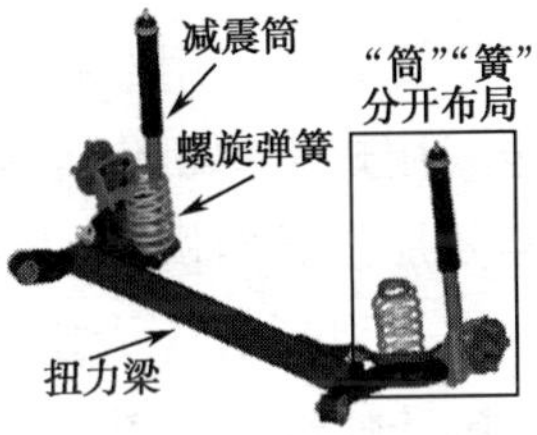

图 3-20　非独立悬架

悬架采用的弹性元件有钢板弹簧、螺旋弹簧、扭杆弹簧、空气弹簧、油气弹簧、橡胶弹簧等。

（1）钢板弹簧，如图 3-21 所示。钢板弹簧又叫叶片弹簧，由若干不等长的合金弹簧片叠加在一起，组合成一根近似等强度的梁。钢板弹簧的第一片（最长的一片）称为主片，其两端弯成卷耳，内装衬套，用弹簧销与固定在车架上的支架或吊耳做铰链连接。钢板弹簧的中间用 U 形螺栓与车桥固定。

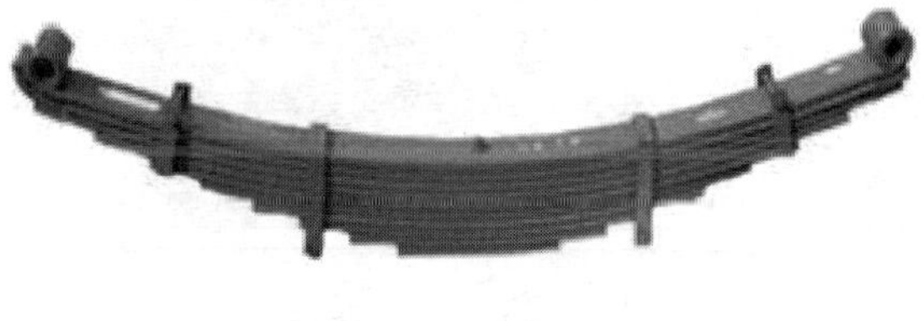

图 3-21　钢板弹簧

钢板弹簧在载荷作用下变形，各片之间因相对滑动而产生摩擦，可促使车架的振动衰减。各片间为干摩擦，当车轮将所受冲击力传递给车架时，会增大各片的磨损。所以在装合时，各片间应涂上较稠的润滑剂（石墨润滑脂），并应定期保养。

（2）螺旋弹簧，如图 3-22 所示。螺旋弹簧是用弹簧钢棒卷制而成的，分为刚度不变的圆柱形螺旋弹簧和刚度可变的圆锥形螺旋弹簧。

图 3-22　螺旋弹簧

螺旋弹簧大多应用在独立悬架上，尤以前轮独立悬架采用广泛。有些轿车后轮非独立悬架也采用螺旋弹簧作为弹性元件。由于螺旋弹簧只承受垂直载荷，用它作为弹性元件的悬架要加设导向机构和减振器。它与钢板弹簧相比具有无须润滑、防污性强、占用纵向空间小、弹簧本身质量小的特点，因而现代轿车上广泛采用。

（3）扭杆弹簧，如图 3-23 所示。扭杆弹簧总成用铬钒合金弹簧钢制成，它的表面经过加工很光滑。通常为保护扭杆表面，在其上涂有环氧树脂，并包一层玻璃纤维，再涂一层环氧树脂，最后涂上沥青和防锈油漆，以防磨蚀和损坏表面，从而延长扭杆弹簧的使用寿命。

图 3-23　扭杆弹簧

（4）气体弹簧，如图 3-24 所示。气体弹簧主要有空气弹簧和油气弹簧两种。

空气弹簧以空气做弹性介质，即在一个密闭的容器内装入压缩空气（气压为 0.5 ~ 1MPa），利用气体的可压缩性实现弹簧的作用。它分为囊式空气弹簧和膜式空气弹簧。空气弹簧在轿车上有所应用，尤其在主动悬架中被采用。这种弹簧随着载荷的增加，容器内压缩空气压力升高，使弹簧刚度也随之增加；载荷减少，弹簧压力也随空气压力降低而下降，因而这种弹簧有理想的弹性特性。

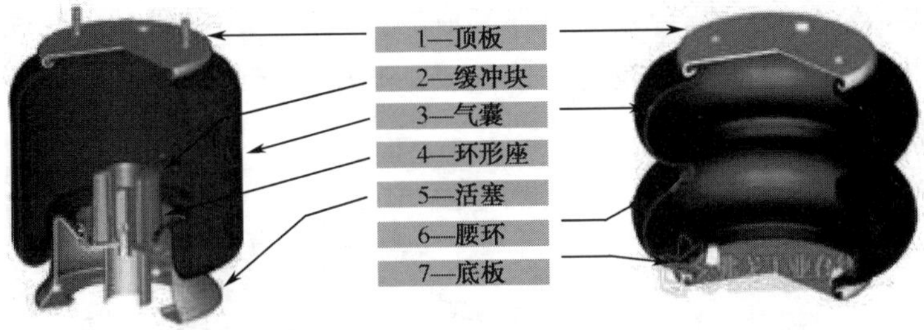

图3-24　气体弹簧

油气弹簧以气体（氮-惰性气体）作为弹性介质，用油液作为传力介质。

（5）减振器，如图3-25所示。它的功用是改善汽车行驶平顺性。为衰减振动，汽车悬架系统中采用的减振器多是液力减振器。

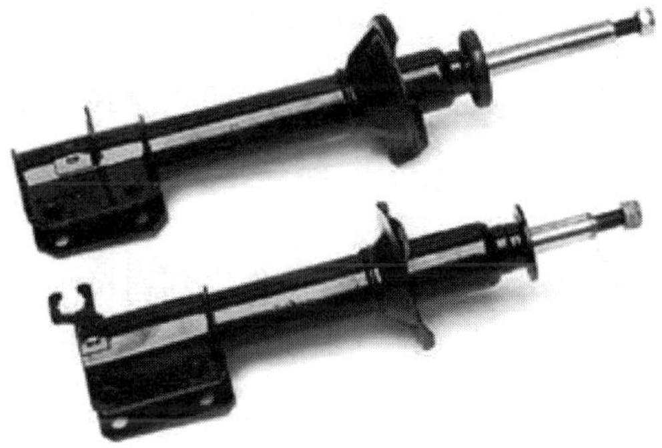

图3-25　减振器

3．汽车转向系

汽车行驶过程中，经常需要改变行驶方向，即所谓的转向，这就需要有一套能够按照司机意志使汽车转向的机构，它将司机转动方向盘的动作转变为车轮（通常是前轮）的偏转动作。

1）汽车转向系的分类

汽车转向系按转向力来源的不同，可分为机械转向系和动力转向系。

（1）机械转向系的能量来源是人力，所有传力件都是机械的，由转向操纵机构（方向盘）、转向器、转向传动机构三大部分组成。其中转向器是将操纵机构的旋转运动转变为传动机构的直线运动（严格讲是近似直线运动）的机构，是转向系的核心部件。

（2）动力转向系除具有以上三大部件外，其最主要的动力来源是转向助力装置。由于转向助力装置最常用的是一套液压系统，因此也就离不开泵、油管、阀、活塞和储油罐，它们分别相当于电路系统中的电池、导线、开关、电动机和地线。

2）转向操纵机构

转向操纵机构如图3-26所示。转向盘即通常所说的方向盘。转向盘内部有金属制成的骨架，是用钢、铝合金或镁合金等材料制成的。转向盘由圆环状的盘圈、插入转向轴的转向盘毂，以及连接盘圈和盘毂的辐条构成，采用焊接或铸造等工艺制造，转向轴是由细齿花键和螺母连接的。

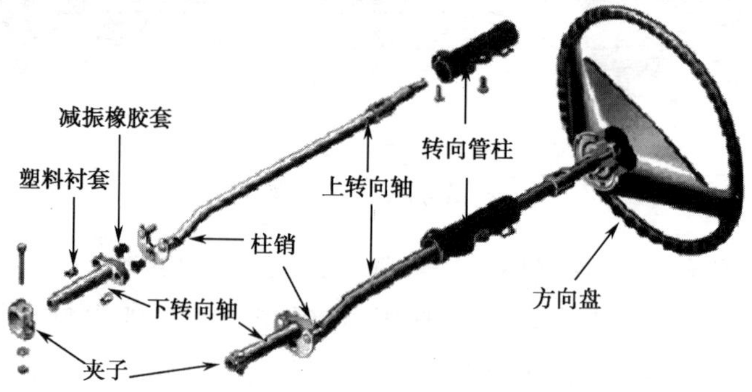

图 3-26　转向操纵机构

骨架的外侧一般包有柔软的合成橡胶或树脂，也有采用皮革包裹以及硬木制作的转向盘。转向盘外皮要求有一定的柔软度，手感良好，能防止手心出汗打滑，还需要有耐热、耐候性。

转向盘位于司机的正前方，是碰撞时最可能伤害到司机的部件，因此要求转向盘具有很高的安全性，在司机撞到转向盘上时，骨架能够产生变形，吸收冲击能，减轻对司机的伤害。转向盘的惯性力矩也是很重要的，惯性力矩小，司机就会感到“轮轻”，操作感良好，但同时也容易受到转向盘反弹（即“打手”）的影响，为了设定适当的惯性力矩，就要调整骨架的材料或形状等。

现在的转向盘与以前的看似没有太大变化，但实际上已经有所改进。由于转向助力装置的普及，转向盘外径变小了，而手握处却变粗了，采用柔软材料，使操作感得到了改善。

现在有越来越多的汽车在转向盘里安装了安全气囊，也使汽车的安全性大大提高了。转向盘上有喇叭开关，必须时刻与车身电气线路相连，而旋转的转向盘与组合开关之间显然不能用导线直接相连，因此就必须采用集电环装置。集电环好比环形的地铁轨道，喇叭开关的触点就像奔跑在轨道上的列车，时刻保持接通的状态。由于是机械接触，长时间使用，触点会因磨损影响导电性，导致紧急时刻喇叭不响甚至气囊不工作。因此，最近装备气囊的汽车开始装用电缆盘，代替集电环。

转向盘的端子与组合开关的端子用电缆线连接，电缆盘将电线卷入盘内，类似于吸尘器的电线卷取机构，在转向盘旋转范围内，电线卷筒自由伸缩。这种装置大大提高了电气装置的可行性。

3）转向传动机构

汽车上为牢固支承转向盘而设有转向柱。传递转向盘操作的转向轴从其中穿过，由轴承和衬套支承。转向柱本体安装在车身上。转向机构应备有吸收汽车碰撞时产生的冲击能的装置。许多国家都规定轿车必须安装吸能式转向柱。吸能装置的吸能方式很多，大都通过转向柱的支架变形来达到缓冲吸能的作用。如图3-27所示，为红旗CA7200型轿车的机械转向传动机构。

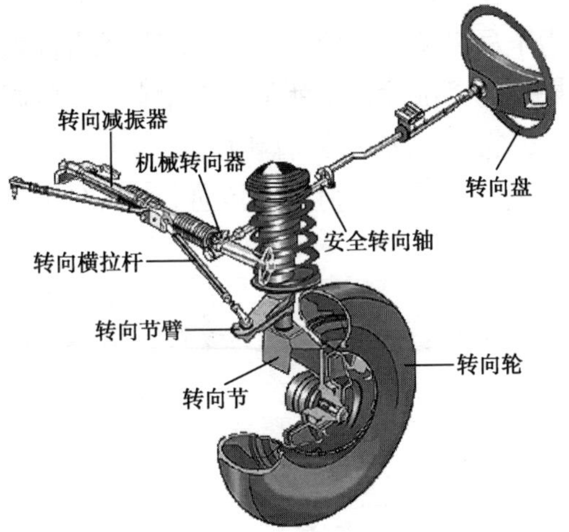

图3-27　红旗CA7200型轿车的机械转向传动机构

转向轴与转向器齿轮箱之间采用联轴节相连（即两个万向节），之所以用联轴节，除了可以改变转向轴的方向外，还可以使转向轴做纵向的伸缩运动，以配合转向柱的缓冲运动。

（1）可倾斜式转向机构：正是因为有了联轴节，转向轴可以有不同的倾斜角度，使转向盘的位置可以上下倾斜，适应各种身高和体形的司机。通过操作位于转向柱下方的手柄，使转向柱处于放松状态，将转向盘调至合适的位置，再反向转动手柄，使转向柱固定在新的位置上。

现在的一些高级轿车上已经采用电动式转向盘倾斜调整机构。转向轴内装有专用电动机，使转向轴改变倾斜角度。最新型的调整机构是全自动式的，由计算机控制。司机在下车前将点火钥匙拔出，转向盘便自动升起，以便司机顺利下车。但计算机会记住原来的转向盘位置，当点火钥匙再次插入时，转向盘会自动恢复原位。

（2）可伸缩式转向机构：该机构可像望远镜那样伸缩调整转向盘的前后位置。转向轴也像望远镜一样有双重结构，内筒与外筒用花键啮合，使它们无法相对转动，而只能沿键槽方向做伸缩运动。与倾斜调整机构相同，可操作手柄解除或固定伸缩动作，一部分汽车也采用电动式计算机控制的全自动伸缩式转向机构。

4）转向器

转向器（也称转向机）是完成由旋转运动到直线运动（或近似直线运动）的一组齿轮机构，同时也是转向系中的减速传动装置。目前较常用的有齿轮齿条式、蜗杆曲柄指销式、循环球-齿条齿扇式、循环球曲柄指销式、蜗杆滚轮式等。

（1）齿轮齿条式转向器的最大特点是刚性大，结构紧凑，重量轻，且成本低。由于这种形式容易由车轮将反作用力传至转向盘，所以具有对路面状态反应灵敏的优点，但同时也容易产生打手和摆振等现象。齿轮与齿条直接啮合，将齿轮的旋转运动转化为齿条的直线运动，使转向拉杆横向拉动车轮产生偏转。齿轮并非单纯的平齿轮，而是具有特殊的螺旋形状，这是为了尽量减小齿轮与齿条之间的啮合间隙，使转向盘的微小转动能够传递到车轮，提高操作的灵敏性，也就是我们通常所说的减小方向盘的旷量。不过齿轮啮合过紧也并非好事，它使得转动转向盘时的操作力过大，用户会感到吃力。

如图 3-28 所示，为两端输出的齿轮齿条式转向器；如图 3-29 所示，为中间输出的齿轮齿条式转向器。

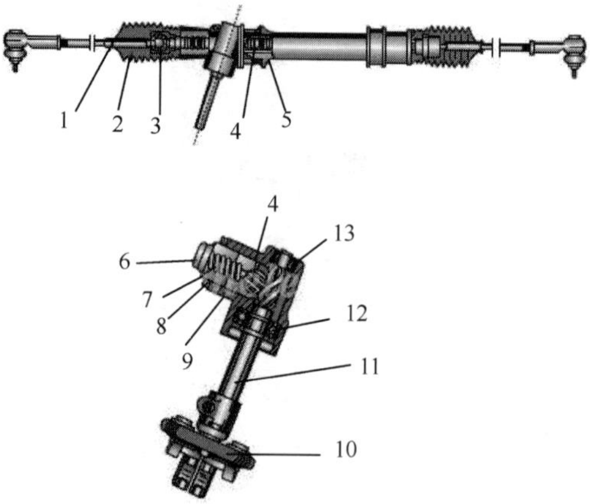

1—转向横拉杆；2—防尘套；3—球头座；4—转向齿条；5—转向器壳体；6—调整螺塞；7—压紧弹簧；8—锁紧螺母；9—压块；10—万向节；11—转向齿轮轴；12—向心球轴承；13—滚针轴承

图 3-28　两端输出的齿轮齿条式转向器

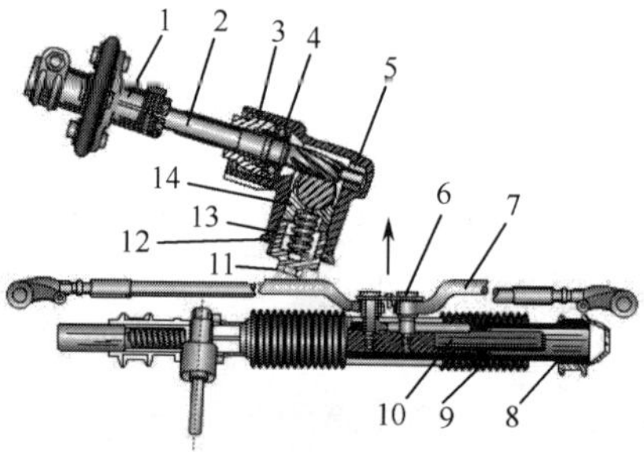

1—万向节；2—转向齿轮轴；3—调整螺母；4—向心球轴承；5—滚针轴承；6—固定螺栓；7—转向横拉杆；8—转向器壳体；9—防尘套；10—转向齿条；11—调整螺塞；12—锁紧螺母；13—压紧弹簧；14—压块

图 3-29　中间输出的齿轮齿条式转向器

（2）循环球式转向器，如图 3-30 所示。循环球式转向器是目前国内外应用最广泛的结构形式之一，一般有两级传动副，第一级是螺杆螺母传动副，第二级是齿条齿扇传动副。

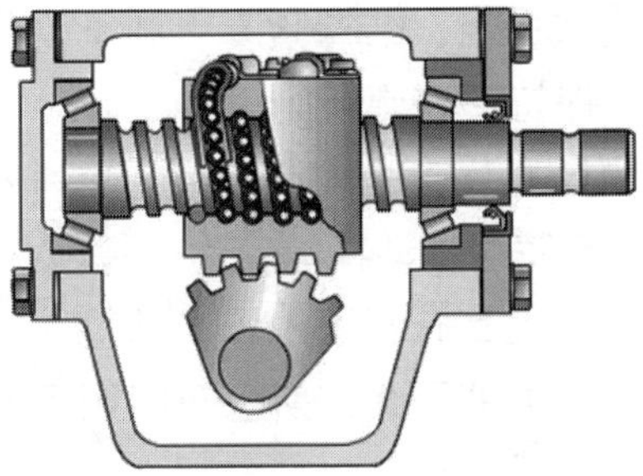

图 3-30　循环球式转向器

为了减少转向螺杆与转向螺母之间的摩擦，二者的螺纹并不直接接触，其间装有多个钢球，以实现滚动摩擦。转向螺杆和螺母上都加工出断面轮廓为两段或三段不同心圆弧组成的近似半圆的螺旋槽。二者的螺旋槽能配合形成近似圆形断面的螺旋管状通道。

螺母侧面有两对通孔，可将钢球从此孔塞入螺旋形通道内。转向螺母外有两根钢球导管，每根导管的两端分别插入螺母侧面的一对通孔中。导管内也装满了钢球。这样，两根导管和螺母内的螺旋管状通道组成两条各自独立的封闭的钢球“流道”。

转向螺杆转动时，通过钢球将力传给转向螺母，螺母即沿轴向移动。同时，在螺杆及螺母与钢球间的摩擦力偶作用下，所有钢球便在螺旋管状通道内滚动，形成“球流”。在转向器工作时，两列钢球只在各自的封闭流道内循环，不会脱出。

（3）蜗杆曲柄指销式转向器，如图 3-31 所示。蜗杆曲柄指销式转向器的传动副以转向蜗杆为主动件，其从动件是装在摇臂轴曲柄端部的指销。转向蜗杆转动时，与之啮合的指销即绕摇臂轴轴线沿圆弧运动，并带动摇臂轴转动。

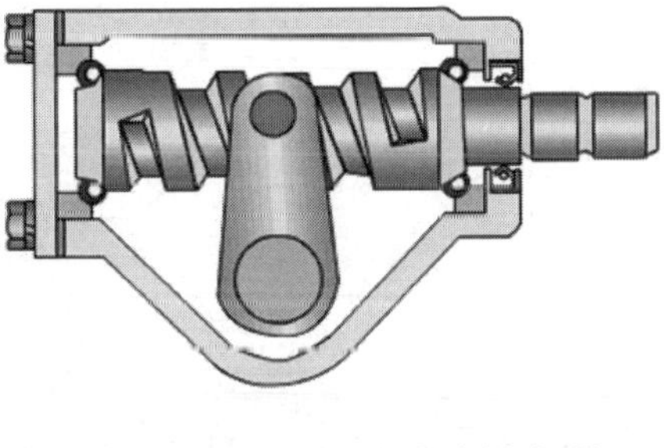

图 3-31　蜗杆曲柄指销式转向器

5）动力转向机构

动力转向机构是利用外部动力协助司机轻便操作转向盘的装置。随着近年来汽车发动机马力的增大和扁平轮胎的普遍使用，车重和转向阻力都加大了，因此动力转向机构越来越普及。值得注意的是，转向助力不应是不变的，因为在高速行驶时，轮胎的横向阻力小，转向盘变得轻飘，很难捕捉路面的感觉，也容易造成转向过于灵敏而使汽车不易控制。所以在高速时要适当减小动力，但这种变化必须平顺过渡。

（1）液压式动力转向装置重量轻，结构紧凑，利于改善转向操作感觉，但液体流量的增加会加重泵的负荷，需要保持怠速旋转的机构。

（2）电动式动力转向装置具有节能的优点，因此受到人们的重视。它利用蓄电池转动电动机产生推力。由于不直接使用发动机的动力，所以大大降低了发动机的功率损失，且不需要液压管路，便于安装，尤其有利于中置发动机、后轮驱动的汽车。但目前电动式动力转向装置所得动力还比不上液压式，所以只限用于前轮轴轻的中置发动机、后轮驱动的汽车上。

（3）电动液压式动力转向装置，如图 3-32 所示。其由电动机驱动转向助力泵，并采用计算机控制的方式，集液压式和电动式的优点于一体。因为是计算机控制，所以转向助力泵不必经常工作，节省了发动机的功率。这种形式结构紧凑，便于安装布置，但液压产生的动力不能太大，所以适用于排量小的汽车。

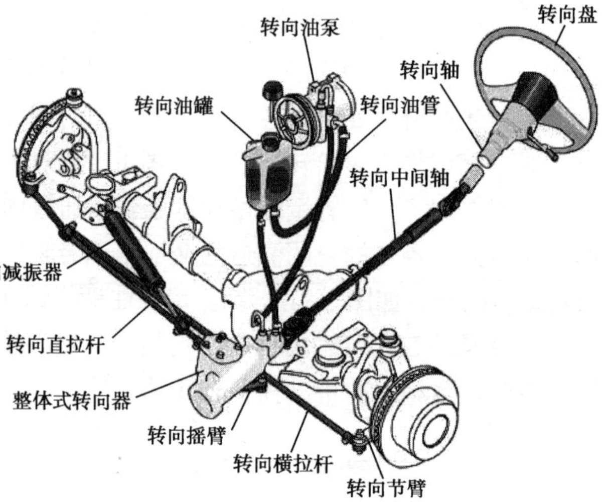

图 3-32　电动液压式动力转向装置

4. 制动系

1）汽车制动系统的作用

汽车上用以使外界（主要是路面）在汽车某些部分（主要是车轮）施加一定的力，从而对其进行一定程度的强制制动的一系列专门装置统称为制动系统。其作用是：使行驶中的汽车按照驾驶员的要求进行强制减速甚至停车，使已停驶的汽车在各种道路条件下（包括在坡道上）稳定驻车，使下坡行驶的汽车速度保持稳定。

2）制动系统的分类

（1）制动系统可分为行车制动系统、驻车制动系统、应急制动系统及辅助制动系统等。用以使行驶中的汽车降低速度甚至停车的制动系统称为行车制动系统；用以使已停驶的汽车驻留原地不动的制动系统则称为驻车制动系统；在行车制动系统失效的情况下，保证汽车仍能实现减速或停车的制动系统称为应急制动系统；在行车过程中，辅助行车制动系统降低车速或保持车速稳定，但不能将车辆紧急制停的制动系统称为辅助制动系统。上述各制动系统中，行车制动系统和驻车制动系统是每一辆汽车都必须具备的。

（2）制动系统可分为人力制动系统、动力制动系统和伺服制动系统等。以驾驶员的肌体作为唯一制动能源的制动系统称为人力制动系统。完全靠由发动机的动力转化而成的气压或液压形式的势能进行制动的系统称为动力制动系统。兼用人力和发动机动力进行制动的制动系统称为伺服制动系统或助力制动系统。

（3）制动系统可分为机械式、液压式、气压式、电磁式等。同时采用两种以上传能方式的制动系统称为组合式制动系统。

3）制动系统的组成

汽车制动系统主要由供能装置、控制装置、传动装置和制动器等部分组成，常见的制动器主要有鼓式制动器和盘式制动器，如图 3-33 所示。

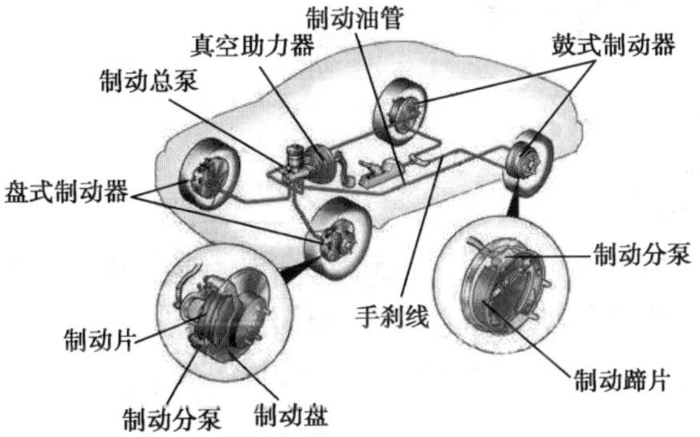

图 3-33　汽车制动系统

鼓式制动器，如图 3-34 所示。鼓式制动器主要包括制动轮缸、制动蹄、制动鼓、摩擦片、回位弹簧等部分。它主要通过液压装置使摩擦片与随车轮转动的制动鼓内侧面发生摩擦，从而起到制动的效果。

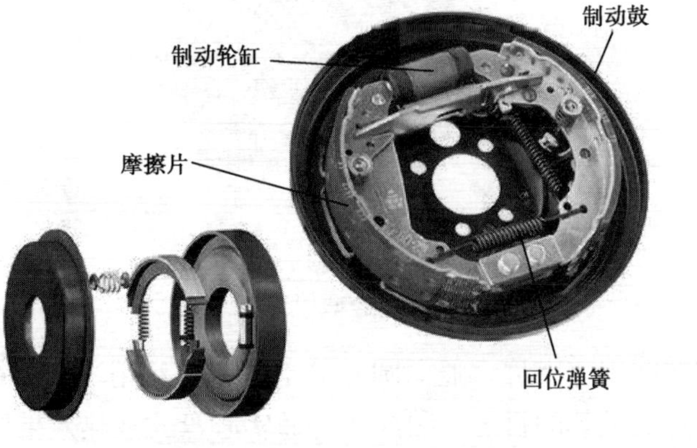

图 3-34　鼓式制动器

在踩下刹车踏板时，推动刹车总泵的活塞运动，进而在油路中产生压力，制动液将压力传递到车轮的制动分泵推动活塞，活塞推动制动蹄向外运动，进而使摩擦片与刹车鼓发生摩擦，从而产生制动力。

盘式制动器，如图 3-35 所示。盘式制动器也叫碟式制动器，主要由制动盘、制动钳、摩擦片、分泵、油管等部分构成。盘式制动器通过液压系统把压力施加到制动钳上，使制动摩擦片与随车轮转动的制动盘发生摩擦，从而达到制动的目的。

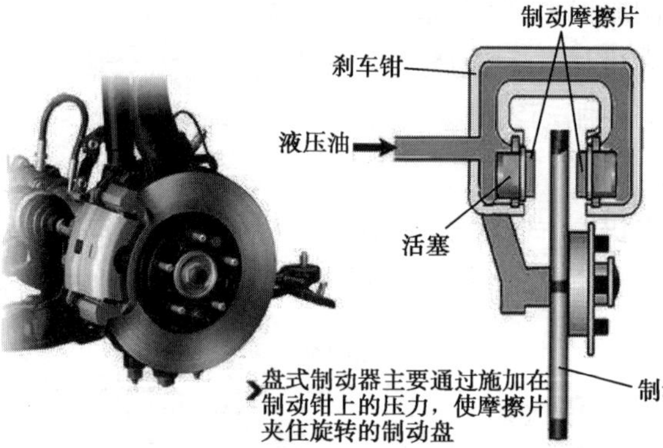

图 3-35　盘式制动器

与封闭式的鼓式制动器不同的是，盘式制动器是敞开式的。制动过程中产生的热量可以很快散去，拥有很好的制动效能，现在已广泛应用于轿车上。

通风制动盘，如图 3-36 所示。制动过程实际上是摩擦力将动能转化为热能的过程，如制动器的热量不能及时散出，将会影响其制动效果。为了进一步提升制动效能，通风制动盘应运而生。通风制动盘内部是中空的或在制动盘上打很多小孔，冷空气可以从中间穿过进行降温。

图 3-36　通风制动盘

从外表看，它在圆周上有许多通向圆心的空洞，它利用汽车在行驶过程中产生的离心力使空气对流，达到散热的目的，因此比普通实心盘式散热效果要好许多。

陶瓷制动盘，如图 3-37 所示。陶瓷制动盘相对于一般的制动盘具有重量轻、耐高温、耐磨等特性。普通的制动盘在全力制动下容易因高热而产生热衰退，制动性能会大打折扣，而陶瓷制动盘有很好的抗热衰退性能，其耐热性能要比普通制动盘高出许多倍。

图 3-37　陶瓷制动盘

陶瓷制动盘在制动最初阶段就能产生最大的制动力，整体制动要比传统制动系统更快，制动距离更短。当然，它的价格也是非常昂贵的，多用于高性能跑车上。

第4章 汽油发动机的结构与拆装

4.1 发动机的拆卸与安装

4.1.1 发动机的组成

发动机的结构如图 4-1 所示。

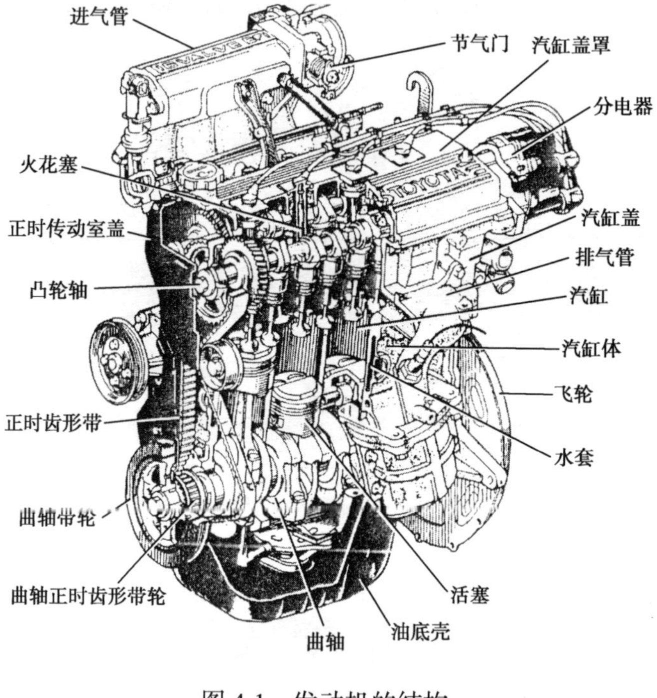

图 4-1 发动机的结构

1. 曲柄连杆机构

曲柄连杆机构由机体、活塞连杆组和曲轴飞轮组三部分组成，其作用是将燃料燃烧所产生的热能，经机构由活塞的直线往复运动转变为曲轴旋转运动而对外输出动力。机体还是发动机各个机构、各个系统和其他部件的安装基础，并且机体的许多部分还是配气机构、燃料供给系、冷却系和润滑系的组成部分。

2. 配气机构

配气机构由气门组和气门传动组两部分组成，其作用是按照发动机各缸工作顺序和工作循环的要求，定时将各缸进、排气门打开或关闭，以便发动机进行换气。

3. 燃料供给系

汽油机燃料供给系和柴油机燃料供给系由于供油系和燃烧过程的不同，在结构上有很大区别。

汽油机燃料供给系分化油器式和燃油直接喷射式两种，通常所用的化油器式燃料供给系由燃油箱、汽油泵、汽油滤清器、化油器、空气滤清器、进排气歧管和排气消声器等组成，其作用是根据发动机不同工况的要求配制一定数量和浓度的可燃混合气，供入汽缸，并在燃烧做功后将燃烧后的废气排至大气中。

柴油机燃料供给系由柴油箱、输油泵、喷油泵、柴油滤清器、进排气管和排气消声器等组成，其作用是向汽缸内供给纯空气并在规定时刻向缸内喷入定量雾化柴油，以调节发动机输出功率和转速，最后将燃烧后废气排出汽缸。

4. 冷却系

冷却系有水冷式和风冷式两种，现代汽车一般都采用水冷式。水冷式由水泵、散热器、风扇、分水管、节温器和水套（在机体内）等组成，其作用是利用冷却水冷却高温零件，并通过散热器将热量散发到大气中去，从而保证发动机在正常温度状态下工作。

5. 润滑系

润滑系由机油泵、限压阀、集滤器、机油滤清器、油底壳等组成。其作用是将润滑油分送至各个摩擦零件的摩擦面，以减小摩擦力，减缓机件磨损，并清洗、冷却摩擦表面，从而延长发动机的使用寿命。

6. 点火系

汽油机点火系由电源（蓄电池和发电机）、点火线圈、分电器和火花塞等组成，其作用是在规定时刻向汽缸内提供电火花以点燃缸内可燃混合气。

7. 起动系

起动系由起动机和起动继电器等组成，其作用是带动飞轮旋转以获得必要的动能和起动转速，使静止的发动机起动并进入自行运转状态。

4.1.2 发动机的结构

发动机由凸轮轴、气门、汽缸盖、汽缸体、活塞、活塞连杆、曲轴、飞轮、油底壳等主要组件，以及进气、排气、点火、润滑、冷却等系统组合而成。

1．发动机的作用

发动机是将某一种形式的能量转换为机械能的机器。汽车上使用的发动机大多为内燃机，其作用是将液体或气体燃烧的化学能转化为热能，再把热能通过燃气膨胀转化为机械能，并对外输出动力。

2．压缩比ε

压缩比ε是指汽缸总容积与燃烧室容积的比值，如图 4-2 所示。

$$\varepsilon=\frac{V_a}{V_c}=\frac{V_h+V_c}{V_c}=1+\frac{V_h}{V_c}$$

式中，V_a——汽缸总容积；

V_h——非汽缸工作容积；

V_c——燃烧室容积。

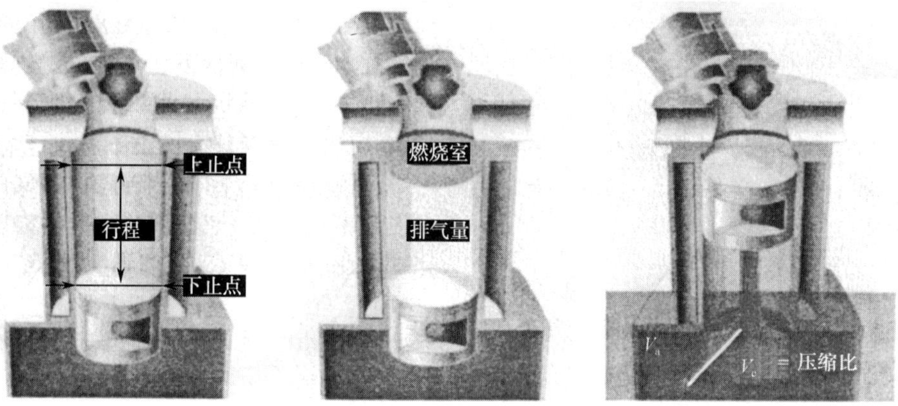

图 4-2　发动机的参数

3．四冲程发动机

发动机将热能转变为机械能是经过进气、压缩、做功和排气 4 个连续的工作过程来实现的，每进行一次这样的过程就叫一个工作循环。曲轴旋转两周、活塞往复 4 个行程完成一个工作循环的发动机称为四冲程发动机。

4.1.3　四冲程汽油机的工作原理

四冲程汽油机的工作循环由进气、压缩、做功和排气 4 个行程所组成。

1. 进气行程

如图 4-3 所示，活塞由曲轴带动从上止点向下止点运动，此时排气门关闭，进气门开启。活塞移动过程中，汽缸内容积逐渐增大，形成一定真空度，于是经过滤清的空气与化油器供给的汽油混合成可燃混合气，通过进气门被吸入汽缸。至活塞到达下止点时，进气门关闭，停止进气。

2. 压缩行程

如图 4-4 所示，进气行程结束后，活塞在曲轴的带动下从下止点向上止点运动，汽缸内容积逐渐减小，由于进、排气门均关闭，可燃混合气被压缩，被压缩的程度称为压缩比。压缩比越大，则压缩终了时汽缸内气体的压力和温度就越高，燃烧速度也越快，因而发动机发出的功率越大，经济性也越好。

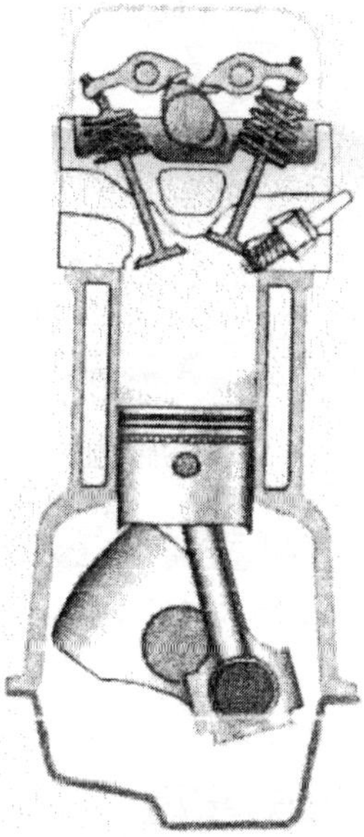

图 4-3　发动机的进气行程

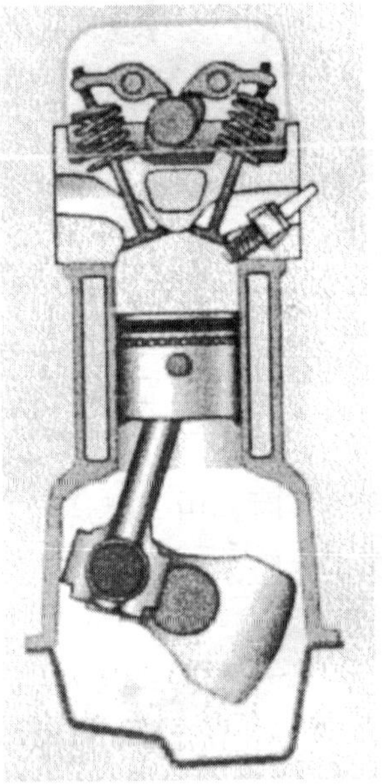

图 4-4　发动机的压缩行程

压缩行程中，气体的压力和温度同时升高，并使混合气进一步均匀混合。压缩终了时，汽缸内的压力为 0.6 ~ 1.2MPa，温度为 600 ~ 800K。

3. 做功行程

如图 4-5 所示，在压缩行程末，火花塞产生电火花点燃混合气，并迅速燃烧，使气体的温度、压力迅速升高而膨胀，从而推动活塞从上止点向下止点运动，通过连杆使曲轴旋转做功，至活塞到达下止点时做功结束。

在做功行程中，开始阶段汽缸内气体压力、温度急剧上升，瞬时压力可达 3 ~ 5MPa，瞬时温度可达 2200 ~ 2800K。

4．排气行程

如图 4-6 所示，在做功行程终了时，排气门打开，进气门关闭，曲轴通过连杆推动活塞从下止点向上止点运动，废气在自身剩余压力和活塞的推动下，被排出汽缸，至活塞到达上止点时，排气门关闭，排气结束。

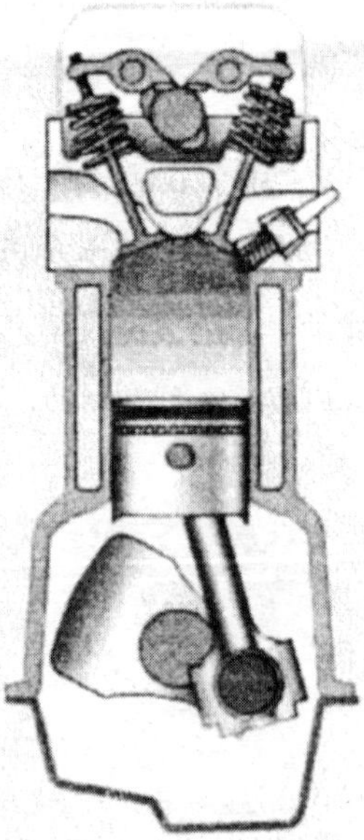

图 4-5　发动机的做功行程

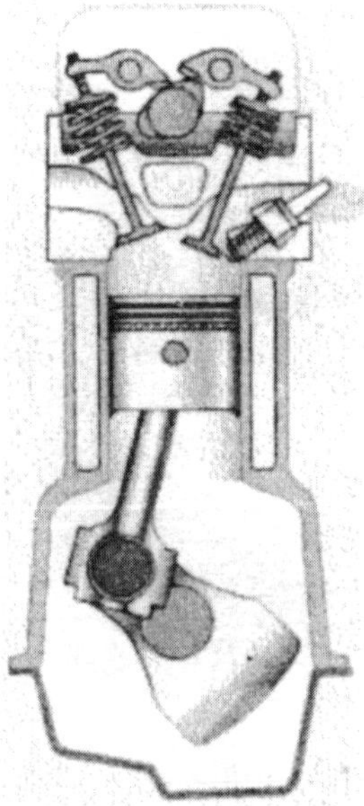

图 4-6　发动机的排气行程

排气行程终了时，由于燃烧室容积的存在，汽缸内还存有少量废气，气体压力也因排气系统存在排气阻力而略高于大气压力。此时，压力为 0.1 ~ 0.115MPa，温度为 900 ~ 1200K。

4.1.4　桑塔纳轿车 AJR 型发动机总成的拆装实做

1．拆卸

一般在拆卸发动机前应断开或松开所有的电缆插头，并将发动机与变速器脱离，然后从前面将发动机拆卸下来。具体的拆卸步骤如下。

（1）在点火开关切断的情况下拆下蓄电池搭铁线。

（2）拆下蓄电池，注意先向外拉出后再取下。

（3）旋松蓄电池支架紧固螺栓，拆下蓄电池支架，如图 4-7 所示。

（4）在发动机下放置一个收集盘。

（5）旋开冷却液储液罐盖。

（6）如图 4-8 所示，松开散热器下水管夹箍，拔下散热器的下水管，放出冷却液。

所抽取的冷却液必须用干净的容器予以收集，便于处理或再使用。

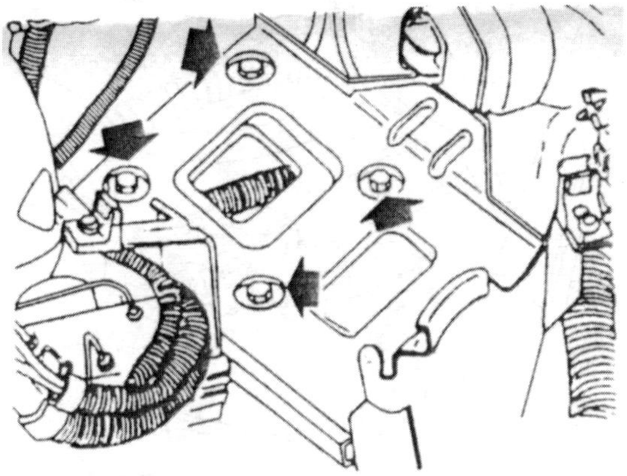

图 4-7　拆卸蓄电池支架

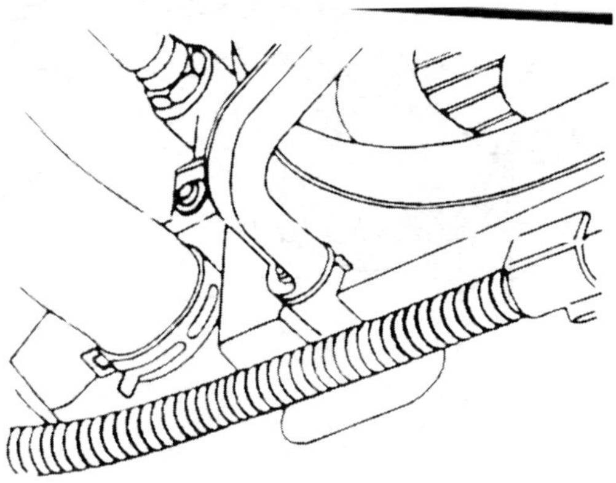

图 4-8　拔下散热器的下水管

（7）拔下电动冷却风扇的电线接头，如图 4-9 所示。

（8）拔下散热器左侧的热敏开关接头，如图 4-10 所示。

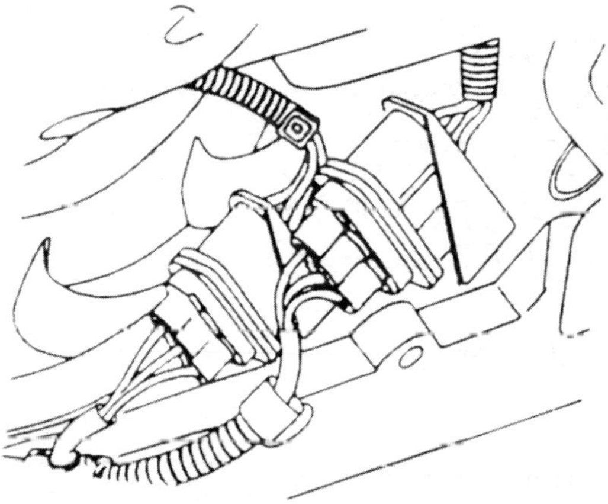

图 4-9　拔下电动冷却风扇的电线接头

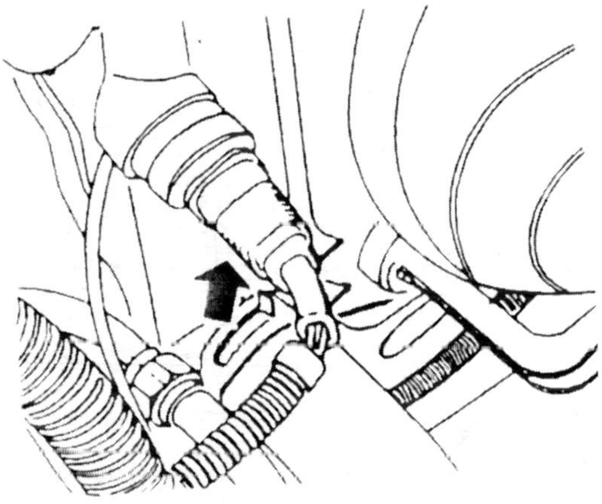

图 4-10　拔下散热器左侧的热敏开关接头

（9）松开散热器上水管的夹箍，拔下散热器的上水管。

（10）旋松电动冷却风扇的 4 个紧固螺栓，拆下电动冷却风扇和散热器。

（11）拔下空气流量计的电线接头，如图 4-11 所示。

（12）拔下活性炭罐电磁阀（ACF 阀）的电线接头，如图 4-12 所示。

（13）从空气滤清器上取下活性炭罐电磁阀。

（14）拆下空气滤清器至节气门控制器之间的空气管路。

（15）拆下空气滤清器罩壳。

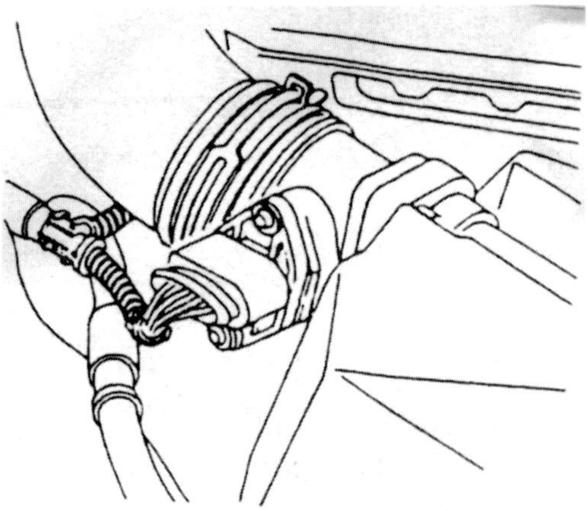

图 4-11　拔下空气流量计的电线接头

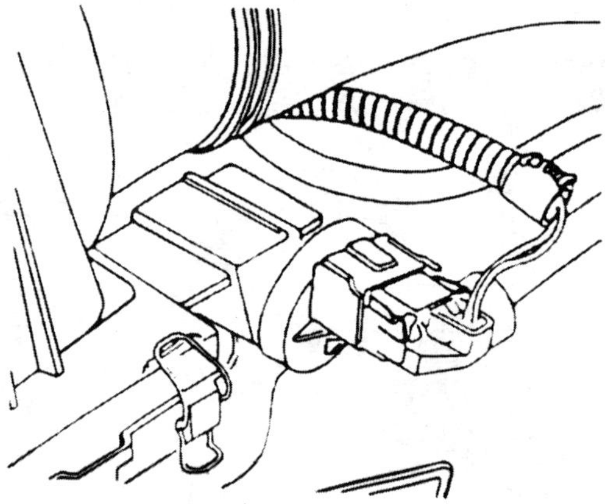

图 4-12　拔下活性炭罐电磁阀的电线接头

（16）拔下燃油分配管上的供油管和回油管，如图 4-13 所示。注意：燃油系统是有压力的，在打开系统之前应先在开口处放置抹布，然后小心地松开接头以放出压力。

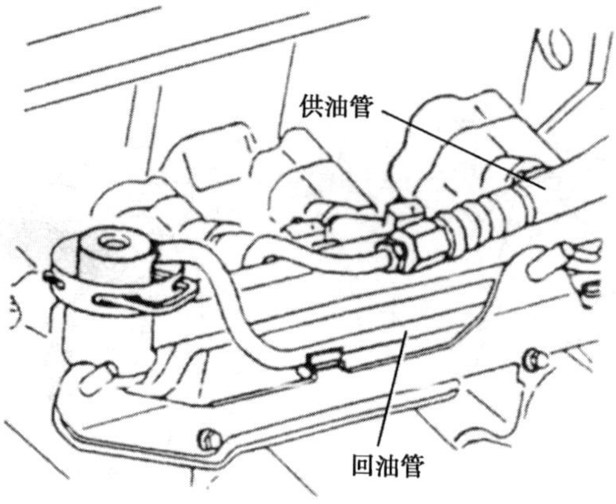

图 4-13　拔下供油管和回油管

（17）松开节气门拉索，如图 4-14 所示。

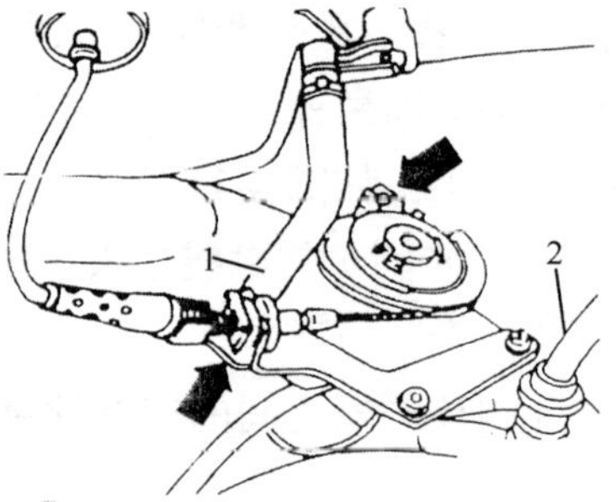

1—通向活性炭罐电磁阀的真空管；2—通向制动助力装置的真空管

图 4-14　松开节气门拉索

（18）拔下通向活性炭罐电磁阀的真空管 1。

（19）拔下通向制动助力装置的真空管 2。

（20）拔下位于发动机底部通向暖风热交换器的冷却液管子。

（21）拔下汽缸盖通向暖风热交换器的冷却液软管 2，如图 4-15 所示。

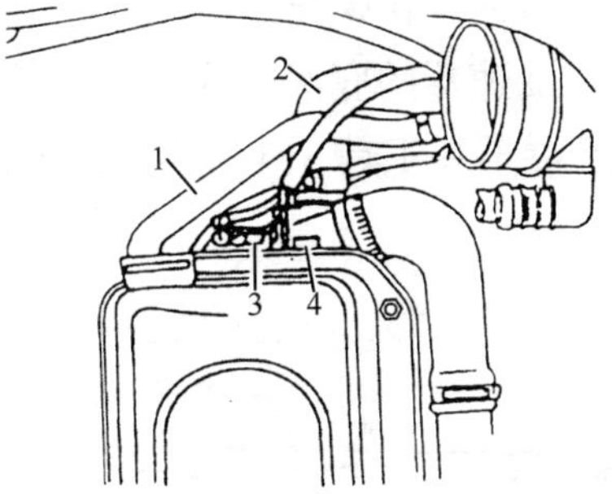

1—通向膨胀水箱的软管；2—通向暖风热交换器的冷却液软管；3—冷却液水温传感器；4—空调控制开关

图 4-15　拔下冷却液管

（22）拔下变速器上的车速传感器插头、倒车灯开关。

（23）松开空调压缩机与支架的连接螺栓，取下 V 带。

（24）移开空调压缩机并将其悬挂在副梁上（使用电线），不要悬挂在制冷剂管道上。此时不要打开空调管路。

（25）使用专用工具，按图 4-16 所示的方向扳动张紧轮，使传动带松开。

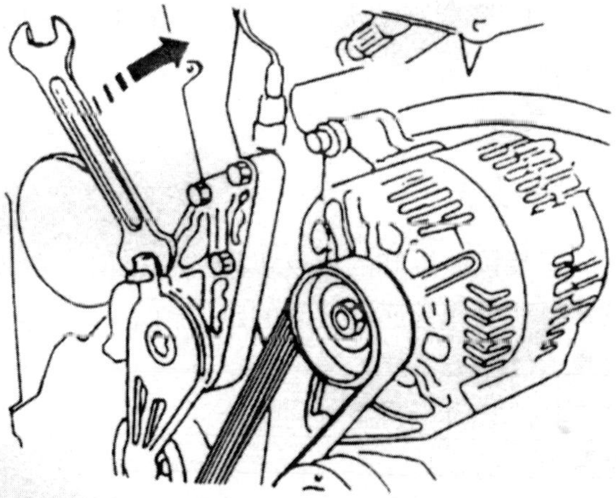

图 4-16　用专用工具扳动张紧轮

（26）使用销钉 3204 固定住张紧轮。

（27）从发电机上取下 V 带。

（28）取下销钉 3204。

（29）松开动力转向油泵的 V 带轮的螺栓，拆下 V 带轮。

（30）从支架上拆下动力转向油泵，并将其固定在发动机舱内的一侧。

（31）旋下排气歧管和前排气管的连接螺栓。

（32）拔下起动机电线，并从变速器壳体上拆下起动机。

（33）松开车身上的搭铁线。

（34）旋下所有发动机与车身的连接螺栓。

（35）使用变速器托架托住变速器的底部，或者将支承工具 10-222A 固定在车身两侧，如图 4-17 所示，使用变速器吊装工具 3147 吊住变速器。

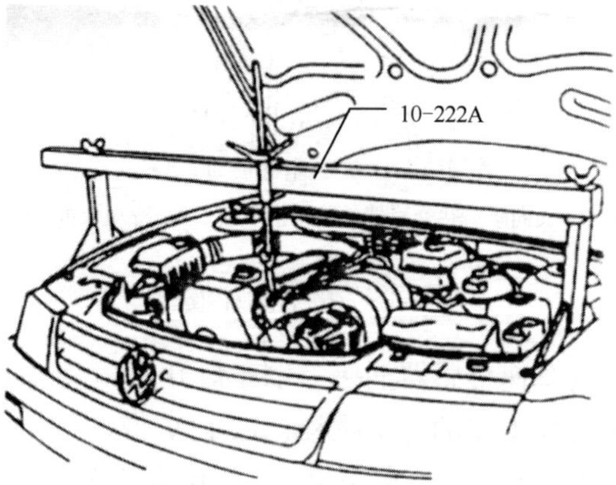

图 4-17　安装支承工具 10-222A

（36）旋下发动机与变速器的紧固螺栓，留下一个螺栓定位。

（37）使用小吊车 VAG1202 和发动机吊架 2024A 吊住发动机的吊耳。

（38）松开最后一个紧固螺栓。

（39）小心地将发动机吊离发动机舱。

2. AJR 型发动机总成的安装

AJR 型发动机总成的安装按照拆卸的相反步骤进行，但是要特别注意以下几点。

（1）在安装时应检查发动机和变速器之间的定位销是否安装好。

（2）更换所有的锁紧螺母。

（3）更换所有已经按照拧紧力矩紧固过的螺栓。

（4）更换所有密封圈和衬垫。

（5）在变速器输入轴上涂一层薄薄的 C000100 润滑脂。分离轴承的导向套不必润滑。

（6）必要时检查离合器膜片各分离杠杆的同轴度。

（7）检查曲轴后部滚针轴承是否安装上。

（8）如果汽缸盖和汽缸体都没有更换，则可以使用原来排出的冷却液。

（9）安装发动机支架时，摇动发动机使其安装到位。

（10）调整节气门拉索，使其活动自如。

（11）在不拧紧螺栓的情况下调整排气管。

（12）查询故障存储代码。当拔下电气元件接头时会导致故障代码被存储。查询故障存储代码，必要时删除故障存储代码。

（13）AJR 型发动机主要螺栓和螺母拧紧力矩，见表 4-1。

表 4-1　AJR 型发动机主要螺栓和螺母拧紧力矩

部　　位	螺栓和螺母型号	拧紧力矩（N·m）
一般螺栓和螺母	M6	10
	M8	20
	M10	45
	M12	65
发动机支承与副梁螺栓	—	40±5
发动机支架与发动机支架螺栓	—	40±5
发动机扭力臂	—	23±3
前排气管与排气歧管连接螺栓	—	25±2.5
管子支承与车头连接螺栓	—	65±6

4.2　曲柄连杆机构的拆装

4.2.1　曲柄连杆机构的作用与组成

曲柄连杆机构的作用是将燃气作用在活塞顶上的压力转变为曲轴旋转运动而对外输出动力。

曲柄连杆机构由机体组、活塞连杆组和曲轴飞轮组三部分组成。

1．机体组

机体组主要包括汽缸体、曲轴箱、汽缸盖、汽缸套和汽缸垫等不动件。

2．活塞连杆组

活塞连杆组主要包括活塞、活塞环、活塞销和连杆等运动件。

3．曲轴飞轮组

曲轴飞轮组主要包括曲轴和飞轮等机件。

曲柄连杆机构如图 4-18 所示。

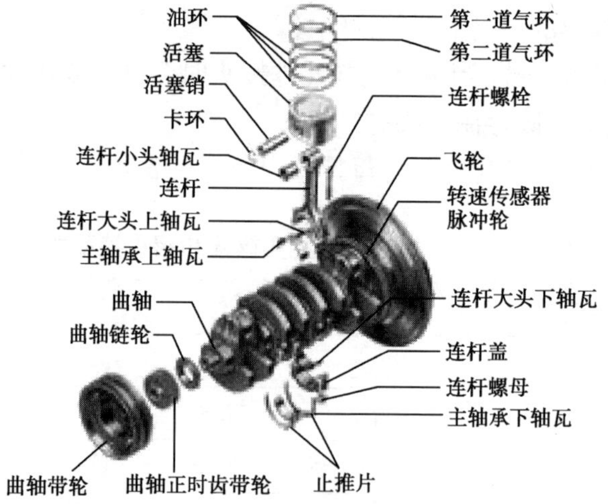

图 4-18　曲柄连杆机构

4.2.2　曲柄连杆机构的工作原理

曲柄连杆机构是往复活塞式发动机将热能转换为机械能的主要机构。在发动机工作过程中，燃料燃烧产生的气体压力直接作用在活塞顶上，推动活塞做往复直线运动。经活塞销、连杆和曲轴将活塞的往复直线运动转换为曲轴的旋转运动。发动机产生的动力，大部分由曲轴后端的飞轮传给传动系中的离合器，还有一部分通过曲轴前端的齿轮和带轮驱动本机其他机构和系统。

4.2.3　活塞连杆组的结构

活塞连杆组的分解图，如图 4-19 所示。活塞连杆组由活塞、活塞环、活塞销和连杆等主要机件组成。

1. 活塞

活塞的结构，如图 4-20 所示。

1）活塞的功用

活塞的功用是与汽缸盖、汽缸壁共同组成燃烧室，承受汽缸中的气体压力并通过活塞销和连杆传给曲轴。

2）活塞的结构

活塞的基本结构可分为顶部、头部和裙部三个部分（图 4-20）。

3）活塞的顶部

活塞顶部是燃烧室的组成部分，用来承受气体压力。

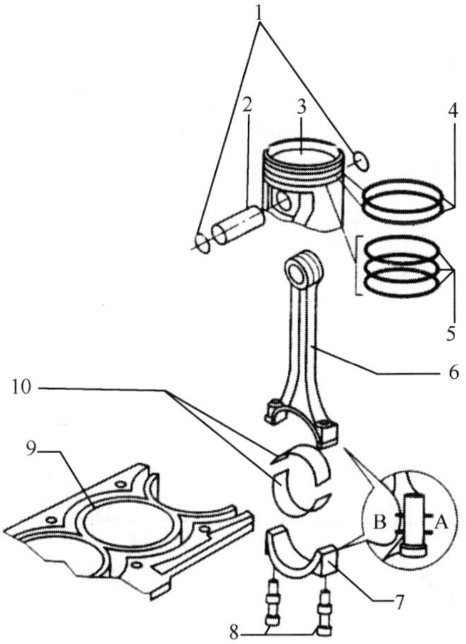

1—卡簧；2—活塞销；3—活塞；4—气环；5—油环；6—连杆；
7—连杆端盖；8—连杆螺栓；9—汽缸体；10—连杆轴承

图 4-19　发动机活塞连杆组分解图

4）活塞的头部

活塞头部是活塞环槽以上的部分，其结构如图 4-21 所示。其主要作用是承受气体压力，并传给连杆；与活塞环一起实现对汽缸的密封；将活塞顶所吸收的热量通过活塞环传给汽缸壁。

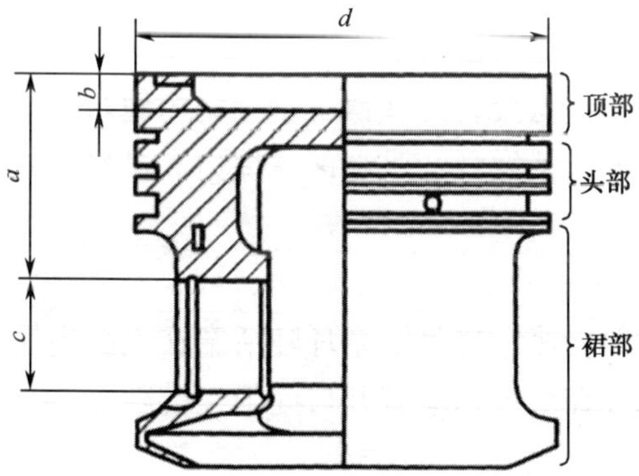

图 4-20　活塞的结构

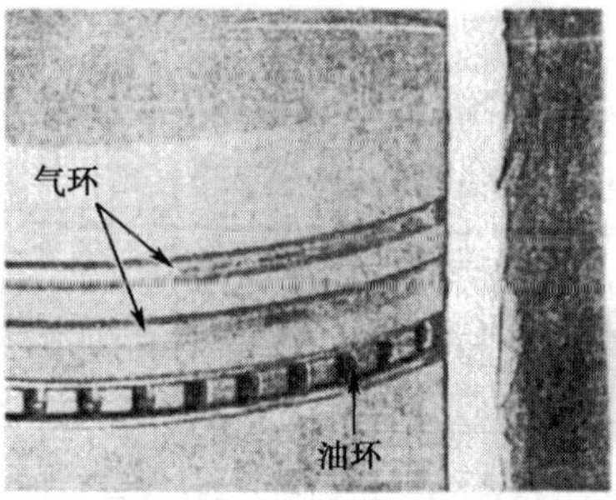

图 4-21　活塞头部的结构

活塞头部切有若干道用以安装活塞环的环槽。汽油机活塞一般有 3 ~ 4 道环槽，上面 2 ~ 3 道用以安装气环，下面一道用以安装油环。在油环槽底面上钻有许多径向小孔，被油环从汽缸壁上刮下来的多余机油经过这些小孔流回油底壳。

5）活塞的裙部

自油环槽下端面起至活塞底面的部分称为活塞裙部，如图 4-22 所示。活塞裙部的作用是为活塞在汽缸内做往复运动导向和承受侧压力。

活塞销座是活塞通过活塞销与连杆的连接部分，位于活塞裙部的上部，用以安装活塞销。

2. 活塞环

1）活塞环的功用

活塞环按其主要功用可分为气环和油环两类，如图 4-23 所示。

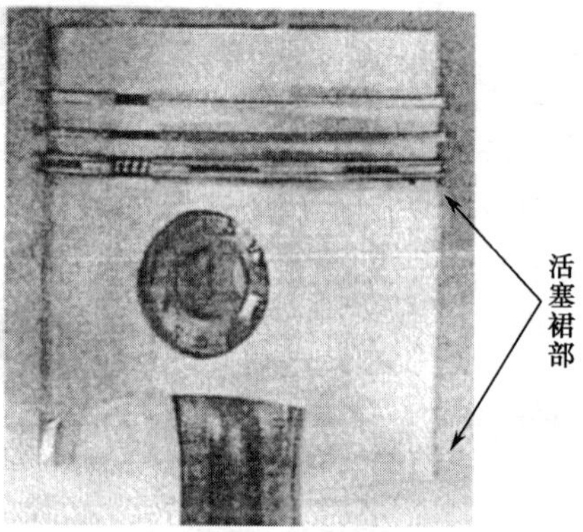

图 4-22　活塞裙部

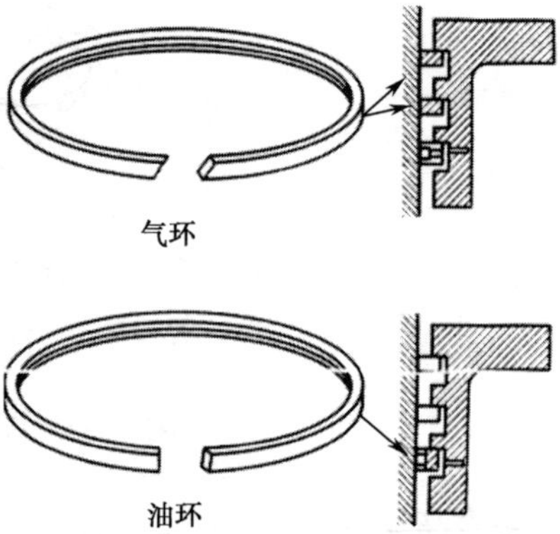

图 4-23　活塞环

气环的功用是保证活塞与汽缸壁间的密封，防止汽缸中的气体窜入曲轴箱；同时还将活塞头部的热量传给汽缸，再由冷却水或空气带走。另外，气环还起到刮油、布油的辅助作用。

油环的功用是将汽缸壁上多余的机油刮回油底壳，并在汽缸壁上均匀地布油，这样既可以防止机油窜入燃烧室，又可以减小活塞、活塞环与汽缸的摩擦力和磨损。此外，油环也兼起密封作用。

2）气环的结构

发动机工作时，活塞和活塞环都会发生热膨胀，并且活塞环随活塞在汽缸内做往复运动时，有径向胀缩变形现象。因此，活塞环在汽缸内应有开口间隙（端隙），与活塞环槽间应有侧隙与背隙（图 4-24）。

为了加强密封、加速磨合、减小泵油作用及改善润滑，除了合理地选择材料和加工工艺外，在结构上气环还采用了许多不同的断面形状。

扭曲环目前在发动机上得到了广泛应用。它在安装时必须注意环的断面形状和方向，正扭曲环应将其内圆切槽向上，外圆切槽向下，不能装反。

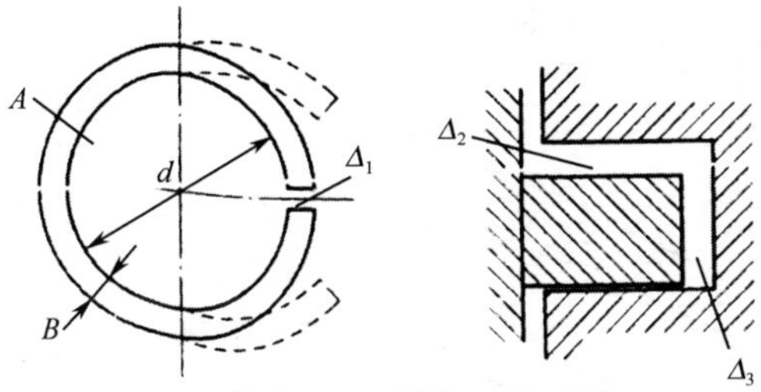

Δ_1—端隙；Δ_2—侧隙；Δ_3—背隙

图 4-24　活塞环的三隙

3）油环的结构

油环的结构形式，如图 4-25 所示。无论活塞下行还是上行，油环都能将汽缸壁上多余的机油刮下来，并经活塞上的回油孔流回油底壳。

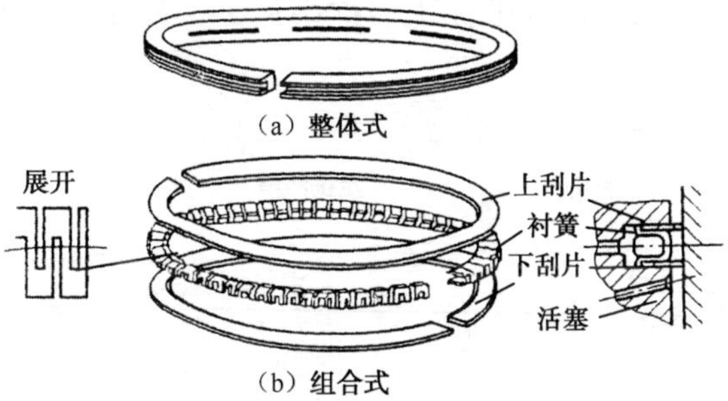

图 4-25　油环的结构形式

目前汽车发动机采用的油环有两种结构形式：整体式和组合式。

3．活塞销

活塞销的结构，如图 4-26 所示。

活塞销的功用是连接活塞与连杆小头，将活塞承受的气体作用力传给连杆。

4．连杆

1）连杆的组成

连杆由杆身、连杆盖、连杆螺栓和连杆轴承等部分组成，如图 4-27 所示。

2）连杆的功用

连杆将活塞承受的气体压力传给曲轴，使活塞的往复运动转变为曲轴的旋转运动。

3）连杆螺栓

连杆螺栓是一个要承受很大冲击力载荷的重要零件，当其发生损坏时将给发动机带来极其严重的后果，因此一般采用韧性较高的优质合金钢或优质碳素钢锻制或冷镦成形。连杆大头在安装时必须可靠紧固。连杆螺栓必须按原厂规定的力矩分 2～3 次均匀地拧紧。

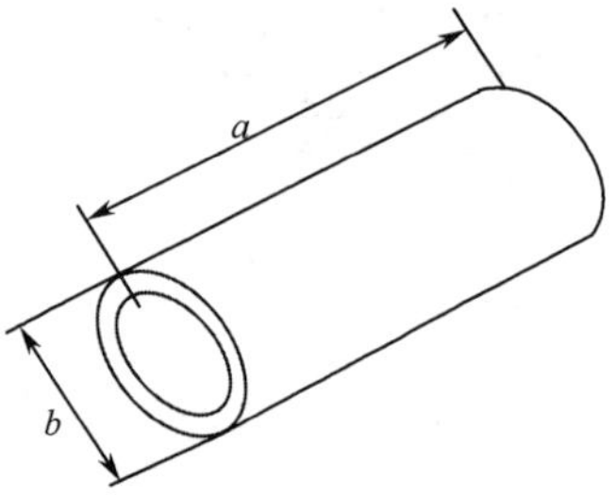

图 4-26　活塞销的结构

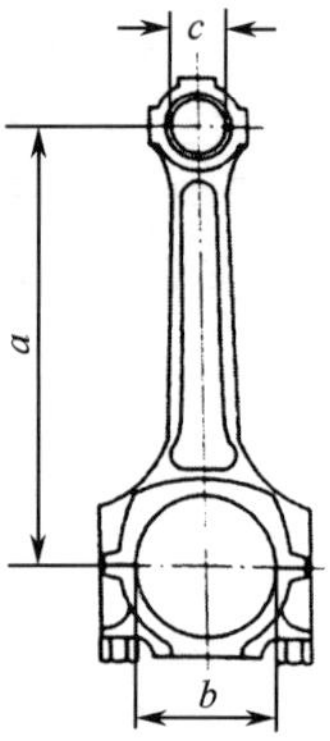

图 4-27　连杆的结构

4）连杆轴承

连杆轴承（图 4-28）也称连杆轴瓦（俗称小瓦），装在连杆大头内，用以保护连杆轴颈和连杆大头孔。

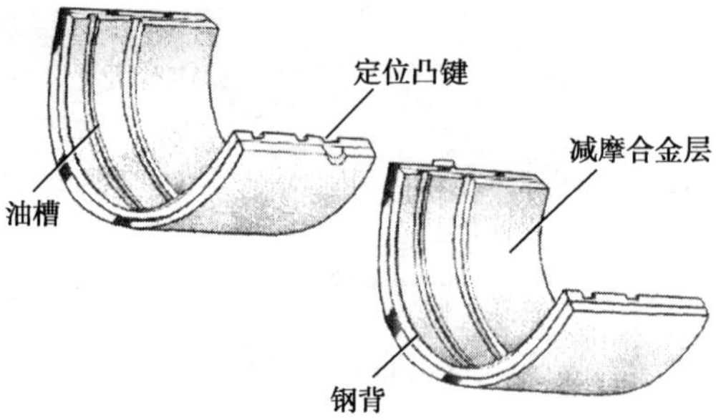

图 4-28　连杆轴承

连杆轴承涂有减摩合金层。由于连杆轴承在工作时承受着较大的交变载荷，加上高速摩擦、低速大负荷时润滑困难等苛刻条件，为此要求连杆轴承具有足够的强度、良好的减摩性和耐腐蚀性。

油槽起储存润滑油、减少磨损的作用。

定位凸键保证了连杆轴承径向和轴向的位置。

4.2.4　活塞与曲柄连杆机构组装实做

1. 活塞连杆的组装

（1）对活塞做标记时，应从发动机前端向后打上汽缸号，并打上指向发动机前端的箭头，如图 4-29 所示。

（2）拆卸连杆和连杆轴承盖时，应打上所属汽缸号，如图 4-29 所示。安装连杆时，浇铸的标记须朝 V 带轮方向（发动机前方）。

（3）连杆螺母为 M8×1，拧紧连杆螺母时，应在接触面涂机油，用 30N·m 的力矩拧紧，接着再转动 90°。

（4）拆装活塞环时应使用专用工具，如图 4-30 所示。

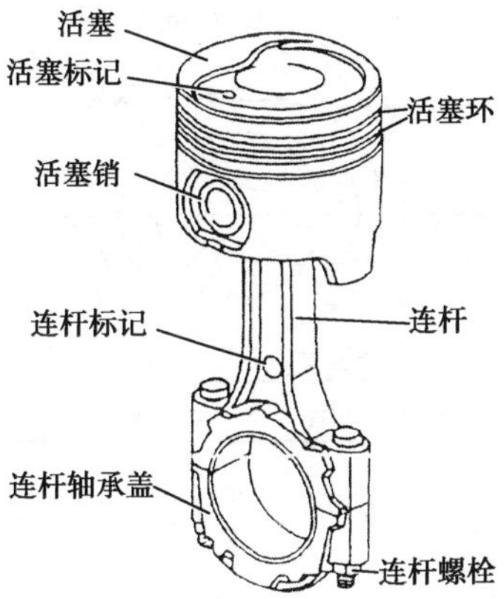

图 4-29　活塞、连杆上的标记

图 4-30　拆装活塞环

安装活塞环时，应使活塞环开口错开 120°，有“TOP”记号的一面朝向活塞顶部。

（5）装配活塞销时应将活塞加热至 60℃，用拇指仅需较小的力就应能将涂有机油的活塞销压入活塞销座孔中，如图 4-31 所示。在垂直状态时，活塞销不能在自重作用下从销座孔中自行滑出，用手晃动活塞销时无间隙感，这表明活塞销与销座孔配合良好。

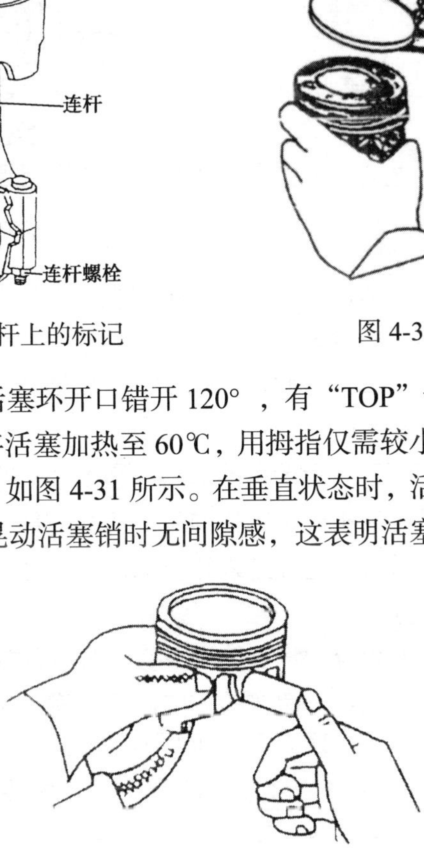

图 4-31　装配活塞销

拆装活塞销卡簧时须用专用工具。

2．将活塞连杆组安装到汽缸体上

（1）用专用工具安装油环。安装前，应先检查活塞环的加大尺寸是否与汽缸的加大尺寸一致。

（2）安装气环，如图 4-32 所示。安装时应注意气环的安装方向，有“TOP”记号的一面应朝向活塞的顶部。

（3）将活塞环的开口相互错开 90°。第一道压缩环的端口朝向活塞顶部记号顺时针偏 45° 方向，第二道压缩环的端口朝向第一道压缩环端口的 180° 方向；油环上刮片的端口朝向活塞顶部记号逆时针偏 45° 方向；油环下刮片的端口朝向上刮片端口的 180° 方向，如图 4-33 所示。

图 4-32　安装气环

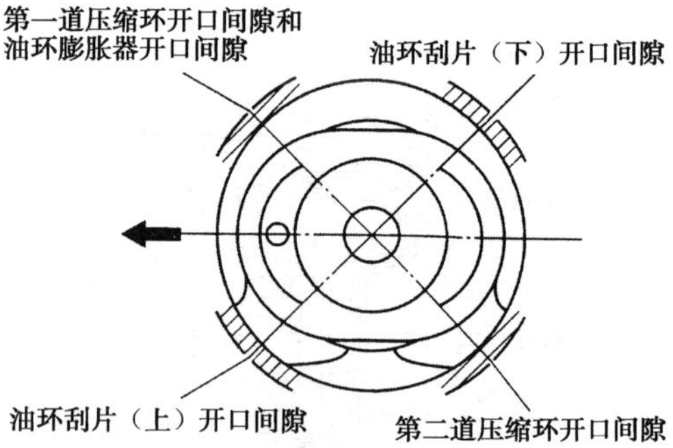

图 4-33　活塞环端口的安装位置

（4）将发动机缸体横放，清洁发动机的各个缸孔和缸体上平面。

注意：必须用干净的棉布擦拭。

（5）用清洁的发动机机油润滑活塞连杆轴承、活塞销和活塞环槽。润滑各汽缸孔。将油环和气环的端口位置错开 120° 。

（6）注意活塞顶部箭头应指向发动机的前部。活塞顶部边缘应有指向箭头或代表活塞加大尺寸的数字。安装时将箭头或数字指向发动机的前部。

（7）依照正确的方向将活塞、连杆送入相应的汽缸。注意放置时不要移动活塞环的位置。防止连杆擦伤汽缸孔壁面。

（8）先将活塞、连杆送入相应的汽缸体内，直至油环的端面与汽缸上平面平齐。然后用专用卡箍箍紧活塞环。仔细核对活塞的方向后，用榔头木柄轻轻敲击活塞顶部，将活塞、连杆推入汽缸体内，直至连杆入位在曲轴轴颈上。

（9）套上同组连杆端盖，注意连杆端盖的方向，一般连杆和端盖上有缸号的一侧相对应。用摇杆预紧端盖螺栓。

（10）按规定的扭矩（30N・m，再转动 90° ）拧紧端盖。

（11）先按上述方法依照 1-4-2-3 的顺序安装其他 3 组活塞连杆，再按规定扭矩依次拧紧。

（12）安装后的检验。四组活塞连杆装配完成后，用手扳转曲轴，看是否阻力正常、运转良好、无卡滞现象。

4.3　曲轴飞轮机构主要零件的拆卸与安装

曲轴飞轮机构主要由曲轴、飞轮、扭转减振器、正时齿带轮和曲轴带轮等组成，如图 4-34 所示。

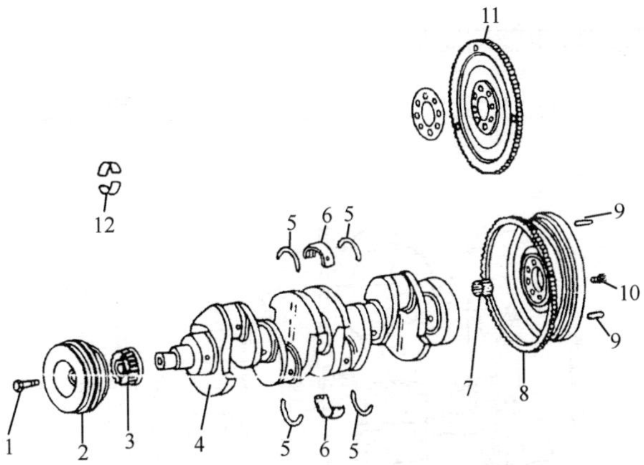

1—曲轴 V 带轮、正时齿带轮的轴向紧固螺栓；2—V 带轮；3—曲轴正时齿带轮；4—曲轴；5—半圆形止推环；6—主轴承；7—滚针轴承；8—飞轮齿圈；9—定位销；10—飞轮紧固螺栓；11—飞轮；12—连杆轴承

图 4-34　曲轴飞轮机构分解图

4.3.1　曲轴的功用和结构

1．曲轴的功用

曲轴的主要功用是把活塞连杆组传来的气体压力转变为转矩并对外输出。另外，曲轴还用来驱动发动机的配气机构和其他各种辅助装置。

2．曲轴的结构

曲轴上钻有贯穿主轴承、曲柄和连杆轴承的油道，以使主轴承内的润滑油经此贯穿油道流至连杆轴承（图 4-35）。

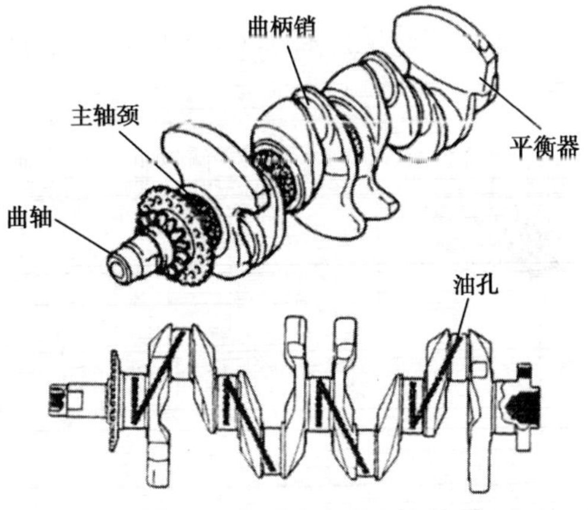

图 4-35　曲轴的结构

3．曲轴前后端的密封和轴向定位

曲轴前端装有驱动配气凸轮轴的正时齿轮、驱动风扇和水泵的带轮及止推片等，如图 4-36 所示。

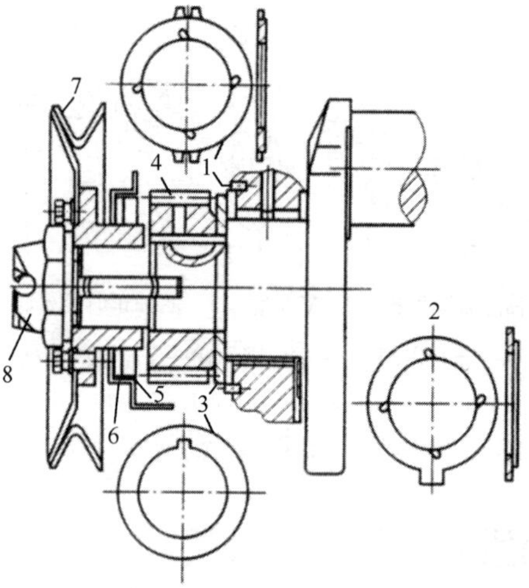

1、2—滑动止推轴承；3—止推片；4—正时齿轮；5—甩油盘；6—油封；7—带轮；8—起动爪

图 4-36　曲轴前端的结构

为了防止机油沿曲轴轴颈外漏，在曲轴前端装有甩油盘，随着曲轴旋转，由于离心力的作用，油被甩到齿轮室盖的壁面，再沿壁面流回到油底壳中。

曲轴后端有安装飞轮用的凸缘。为了防止机油向后漏出，常采用甩油盘、油封（自紧油封或填料油封）和回油螺纹等封油装置。

4．发动机的工作顺序

直列四缸四冲程发动机各缸的工作顺序有 1-3-4-2 和 1-2-4-3 两种，如图 4-37 所示。

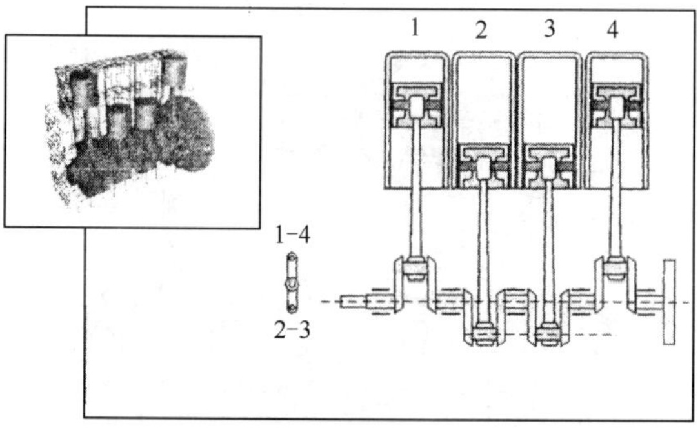

图 4-37　直列四缸四冲程发动机的工作顺序

直列六缸四冲程发动机各缸的工作顺序为 1-5-3-6-2-4，如图 4-38 所示。

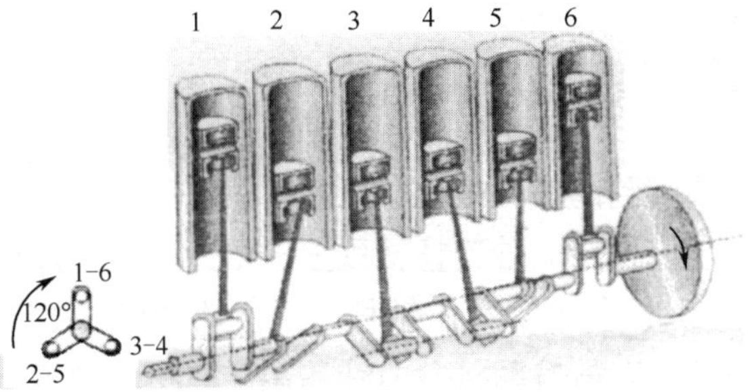

图 4-38　直列六缸四冲程发动机的工作顺序

V 型八缸四冲程发动机的工作顺序随汽缸序号的排列方法而定。8V100 型汽油发动机的工作顺序，如图 4-39 所示。

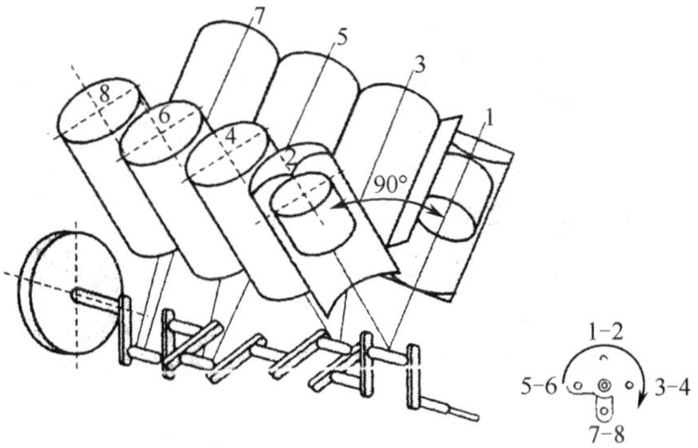

图 4-39　8V100 型汽油发动机的工作顺序

4.3.2　汽缸体的功用和结构

汽缸体是发动机各个机构和系统的装配机体，并由它来保持发动机各运动件相互之间的准确关系。

在上曲轴箱制有主轴承座孔。为了润滑这些轴承，在侧壁上钻有主油道，在前后壁和中间隔板上钻有分油道。直列四缸缸体的结构，如图 4-40 所示。

图 4-40　直列四缸缸体结构

4.3.3 扭转减振器的功用和结构

发动机运转时，由于飞轮的惯性很大，可以看做等速转动。而各缸气体压力和往复运动件的模性力周期性地作用在曲轴连杆轴颈上，给曲轴一个周期性变化的扭转外力，使曲轴发生忽快忽慢的转动，从而形成曲轴相对于飞轮的扭转摆动，即曲轴的扭转振动。为了削弱曲轴的扭转振动，有的发动机在曲轴前端装有扭转减振器。扭转减振器分为橡胶式扭转减振器和摩擦式扭转减振器，其结构如图 4-41 所示。

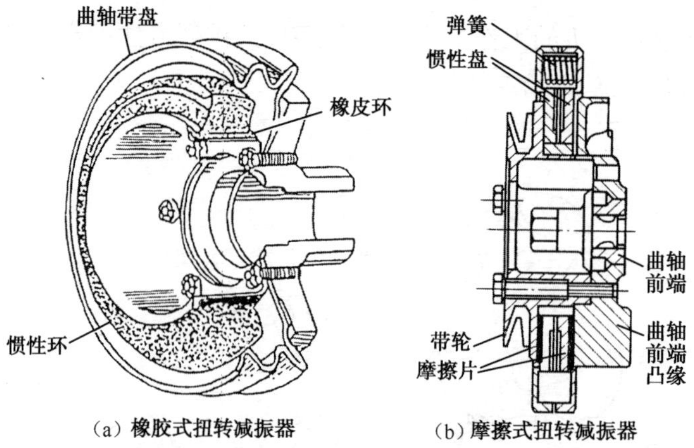

图 4-41 扭转减振器的结构

4.3.4 飞轮的功用和结构

飞轮的主要功用是通过储存和释放能量来提高发动机运转的均匀性和改善发动机克服短暂超负荷的能力，同时将发动机的动力传给离合器。

飞轮上通常刻有点火正时或供油正时记号，以便校准点火时间。飞轮的结构，如图 4-42 所示。

图 4-42 飞轮的结构

4.3.5　桑塔纳 AFE 型发动机曲轴飞轮组的拆装

1．AFE 型发动机曲轴飞轮组拆装注意事项

（1）拆卸飞轮时，使用专用工具 VW10-201 卡住飞轮齿圈，拧下飞轮紧固螺栓，从曲轴上拆下飞轮，如图 4-43 所示。

（2）拆卸飞轮内孔中滚针轴承时，使用专用工具 VW10-202。轴承标记必须打印在朝外的一面。安装滚针轴承时，滚针轴承有字的一面向外，安装好后应清晰可见。安装时使用专用工具 VW207C。安装好后，滚针轴承外端面与飞轮安装孔外端面的距离为 1.5mm。

（3）用专用工具 VW10-203 安装中间轴密封圈，如图 4-44 所示。

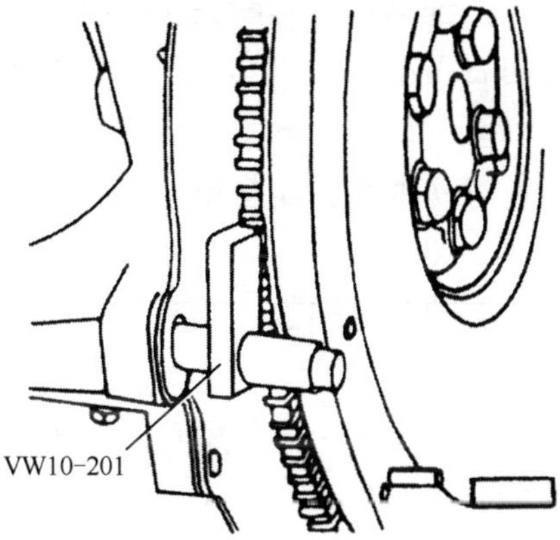

图 4-43　拆卸飞轮

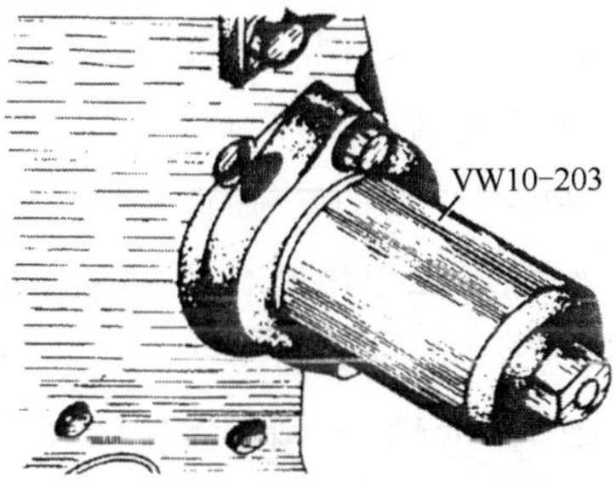

图 4-44　安装中间轴密封圈

（4）飞轮与曲轴凸缘有 6 个不对称布置的紧固螺栓，其紧固力矩为 75N·m。安装飞轮时，螺栓上应涂 D6 防松胶。

（5）曲轴后端飞轮与附属装置的拆卸顺序，如图 4-45 所示。

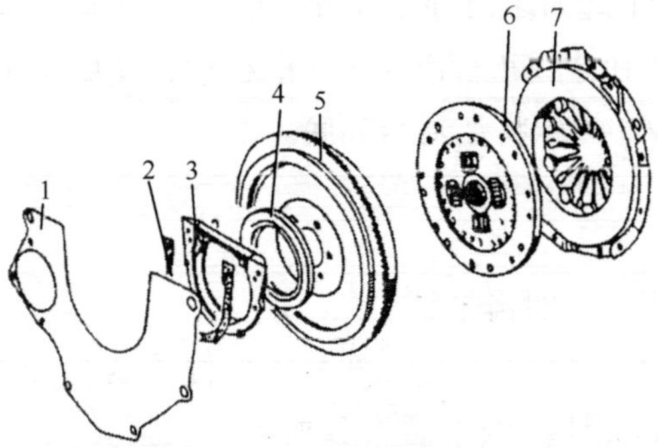

1—中间支板；2—油封衬垫；3—后油封凸缘；4—后油封；5—飞轮；6—离合器从动盘；7—离合器压盘

图 4-45　后端飞轮与附属装置的拆卸顺序

2．装配曲轴

1）清洁缸体

缸体清洁后，用压缩空气吹干。

注意：仔细清洁发动机润滑油道。

2）放置曲轴

将清洁后的曲轴轻轻地放入缸体内。

注意：对准各道曲轴轴颈的位置、曲轴的前后方向。避免碰伤曲轴和曲轴轴颈。

3）润滑曲轴

在各曲轴轴颈上添加润滑油。

4）装主轴承盖

依次装上各主轴承盖，注意主轴承盖的方向，主轴承盖上的箭头应指向发动机的前部。各主轴承盖均有相应的号码，从发动机前部向后由小到大，安装时不要搞错。第三道主轴承为推力轴承，其两端有半圆形止推环。

注意：定位及开口必须朝向滑动轴承安装，各滑动轴承不能互换。

5）预紧主轴承盖

用木锤轻轻将轴承盖敲入位，然后用摇杆将各主轴承盖预紧。

6）按规定扭矩拧紧各主轴承盖

依照先中间后两端的顺序，分两次拧紧各主轴承盖。第一遍采用套筒扳手。第二遍一定要使用扭力扳手（扭矩为 65N·m），拧紧后再转 90°。

7）检查安装质量

安装完成后，一定要检验安装的质量。用手扳转曲轴，应运转顺滑，无卡滞。

3．更换曲轴后油封

（1）拆下变速器，再拆下飞轮和压盘。

（2）用专用工具 VW10-221 拆下曲轴后油封。

（3）安装油封时，在其外圈和唇边涂一薄层机油，使用专用工具 VW2003/2A 装上油封，并用专用工具 VW2003/1 将油封压到底。

4．更换曲轴前油封

（1）拆下 V 带，再拆下正时齿带轮。

（2）将油封取出器 VW2085 内件（如图 4-46 中箭头 A 所示）从外件中旋出 2 圈（约 2mm），并用滚花螺钉（如图 4-46 中箭头 B 所示）锁紧。

（3）旋出汽缸螺栓 3083，将油封取出器 VW2085 旋进曲轴，拆出油封。

（4）安装曲轴前油封时，在曲轴轴颈上套上导套，在油封外圈和唇边涂一薄层机油。

（5）将导套推入压套，用压套和汽缸螺栓将油封压入并压到底。

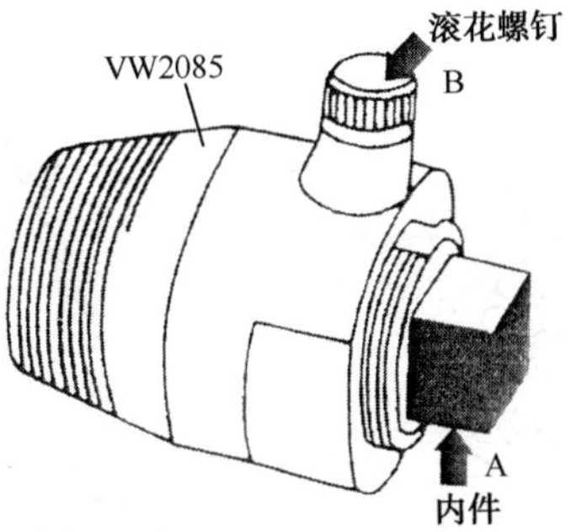

图 4-46　油封取出器

5．更换发动机曲轴 V 带轮端油封

1）曲轴 V 带轮端油封的拆卸

（1）拆下发电机 V 带，拆下正时齿带。

（2）拆下正时齿带轮，如图 4-47 所示。用专用工具 3099 固定正时齿带轮，旋上专用工具时在正时齿带轮和工具之间放入两个垫片。将正时齿带轮的中间螺栓旋入曲轴以提供支承。将拉出器 3203 的内件旋出外件约 2 圈（约 3mm），然后用滚花螺钉拧紧。

（3）在拉出器 3203 的螺纹头上涂机油，并将其尽可能深地拧入油封内，如图 4-48 所示。

（4）松开滚花螺钉，将内件对着曲轴转动，直到拉出油封为止。

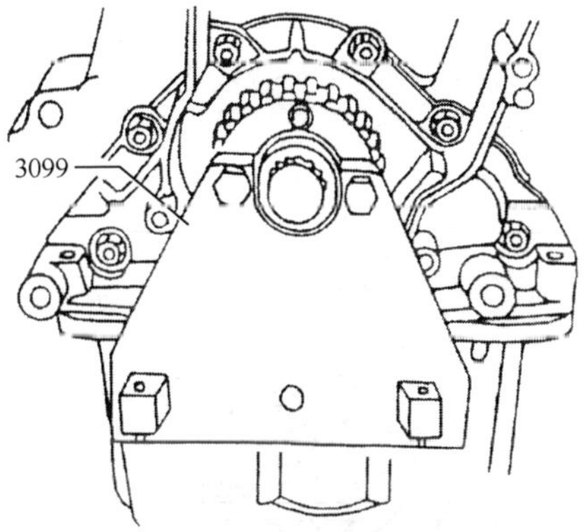

图 4-47　拆卸正时齿带轮

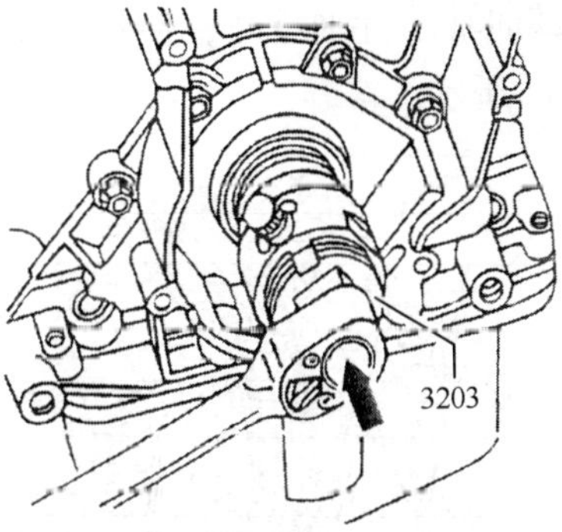

图 4-48　将拉出器拧入油封内

2）曲轴 V 带轮端油封的安装

（1）在油封的密封唇上涂少量机油。

（2）将导向套筒 2080A 定位在曲轴轴颈上，如图 4-49 所示。

（3）将油封导入导向衬套内。用正时齿带轮中间螺栓将油封压入，如图 4-50 所示。

（4）安装曲轴正时齿带轮，并用 3099 锁定。

（5）更换正时齿带轮与曲轴的连接螺栓，拧紧力矩为 90N · m，拧紧后再转 1/4 圈。

安装正时齿带。

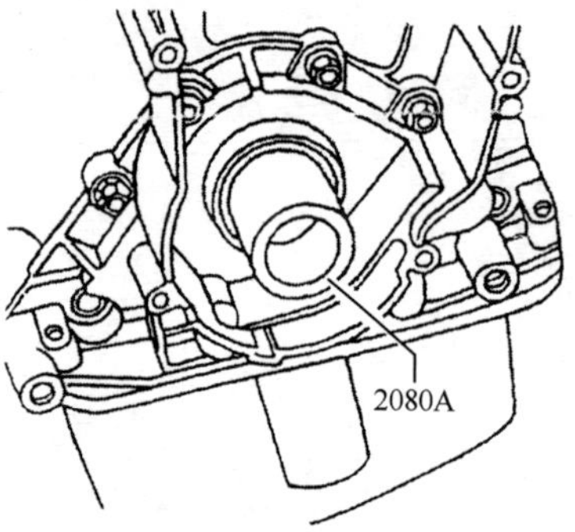

图 4-49　将导向套筒定位到曲轴轴颈上

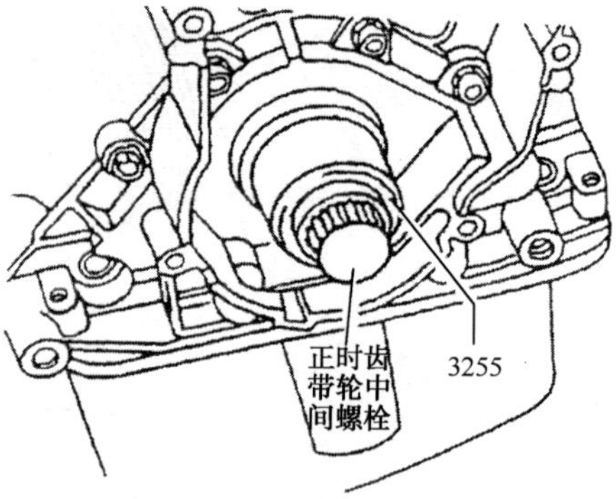

图 4-50　压入油封

6．发动机飞轮的拆卸和安装

（1）用专用工具 VW10-201A 固定飞轮，以旋松飞轮固定螺栓，如图 4-51 所示。
（2）做好飞轮与发动机的位置标记。
（3）拆卸后更换所有固定螺栓。
（4）安装飞轮时，飞轮与曲轴的固定螺栓拧紧力矩为 60N · m，拧紧后再转 1/4 圈。

7．发动机曲轴滚针轴承的拆卸和安装

1）曲轴滚针轴承的拆卸

拆卸曲轴滚针轴承时，使用专用工具 A（如 Kukko21/2 及 Kukko22/1 或 10-202），如图 4-52 所示。

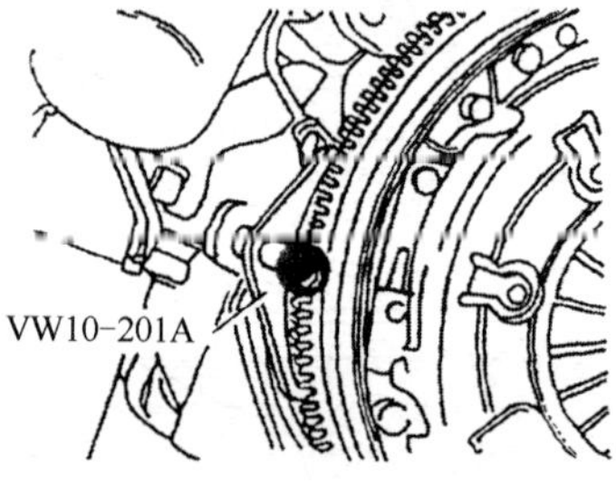

图 4-51　用专用工具固定飞轮

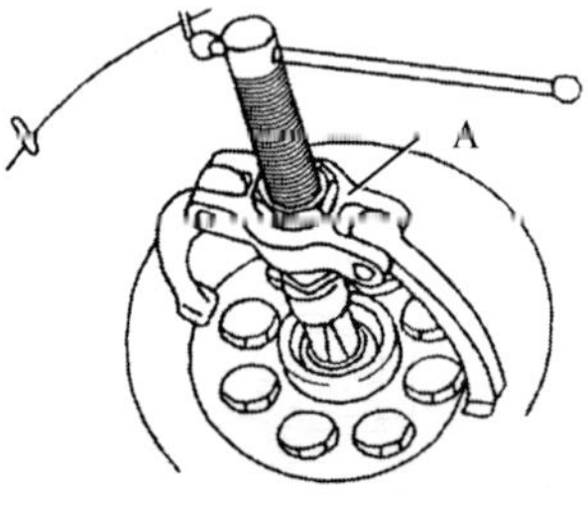

图 4-52　用专用工具拆卸曲轴滚针轴承

2）曲轴滚针轴承的安装

用芯棒 VW207C 或 3176 将轴承压入，如图 4-53 所示。

滚针轴承的安装深度 a=1.5mm，如图 4-54 所示。

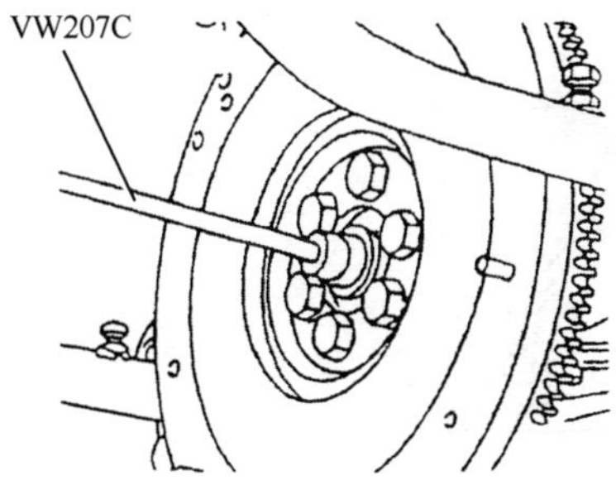

图 4-53　用专用工具压入轴承

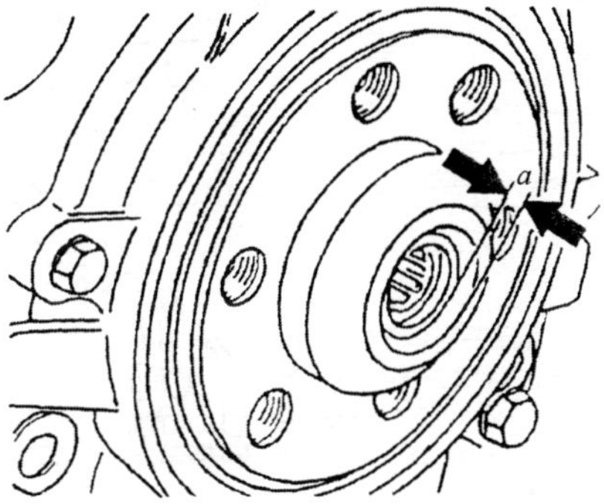

图 4-54　滚针轴承的安装深度

8. 发动机曲轴前油封凸缘的拆卸和安装

1）曲轴前油封凸缘的拆卸

（1）拆卸 V 带，拆卸正时齿带。

（2）拆卸扭力臂，松开空调压缩机支架。

（3）使用专用工具 3099 固定住正时齿带轮，拆卸曲轴正时齿带轮。在旋入固定工具时，在正时齿带轮和固定工具之间放置两个垫片。

（4）抽出发动机机油，拆卸油底壳。

（5）旋下密封凸缘固定螺栓，撬下密封凸缘。

（6）仔细地去除汽缸体密封垫上的剩余物。去除密封凸缘上的密封胶残余物，如图 4-55 所示。清洁密封表面，必须使其完全无油脂。

2）曲轴前油封凸缘的安装

（1）剪下硅密封胶罐喷管头部，使喷管直径约为 3mm，如图 4-56 所示。

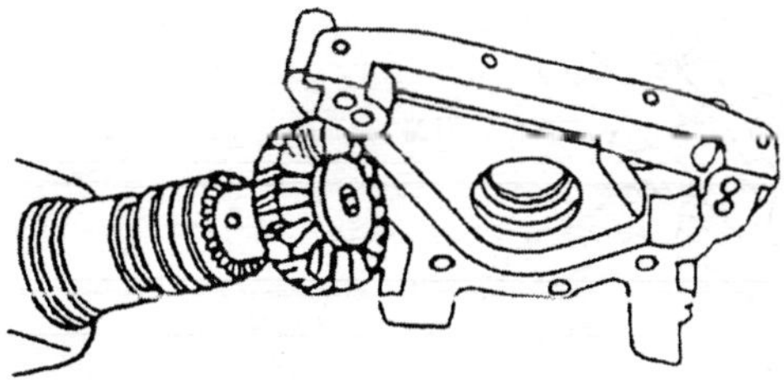

图 4-55　去除密封凸缘上的密封胶残余物

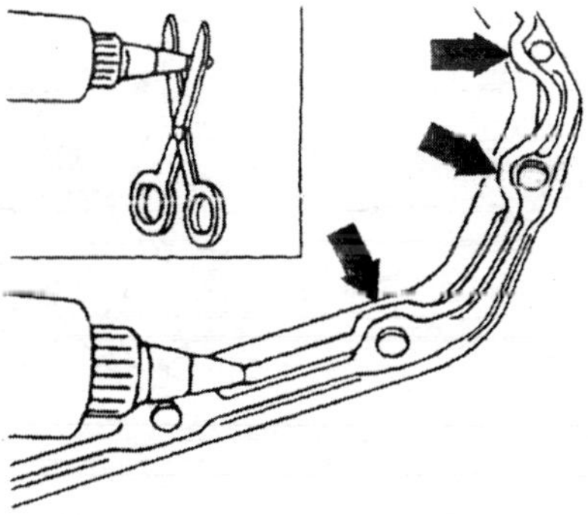

图 4-56　剪下硅密封胶罐喷管头部

（2）在曲轴前油封凸缘上涂上密封胶，如图 4-57 所示。密封胶的厚度为 2 ~ 3mm。密封胶的厚度不能超过 3mm，否则多余的密封胶将进入油底壳，从而阻塞机油管路。

（3）立即安装上密封凸缘并稍微拧紧固定螺栓。在密封凸缘上涂硅密封胶后，必须在 5min 之内安装。

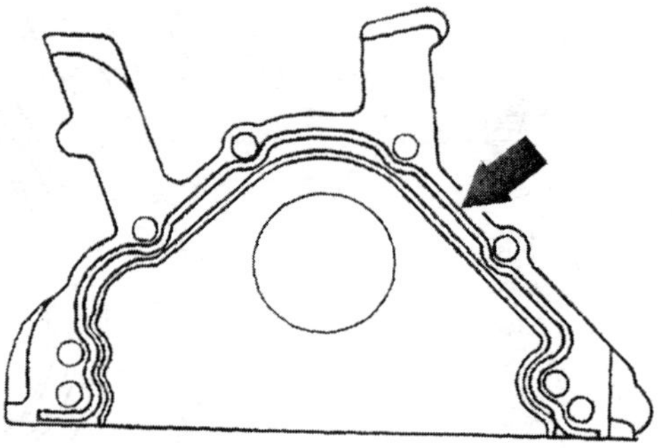

图 4-57　在曲轴前油封凸缘上涂密封胶

（4）更换螺栓，对角交替拧紧密封凸缘螺栓，拧紧力矩为 16N·m。

（5）安装机油泵。安装后，使密封胶晾干约 30min 后倒入机油。

（6）更换正时齿带轮螺栓，安装曲轴正时齿带轮，安装正时齿带。正时齿带轮与曲轴的固定螺栓拧紧力矩为 90N·m，拧紧后再转 1/4 圈。

9. 发动机曲轴机油泵链轮的拆卸和安装

1）曲轴机油泵链轮的拆卸

（1）拆下发电机，使发动机前端位于维修工作台上。

（2）拆卸油底壳。

（3）拆卸前油封凸缘。

（4）拆卸链条张紧器、机油泵链轮和链条。

（5）用垫圈保护曲轴末端，使用拉出器拉出曲轴链轮，如图 4-58 所示。

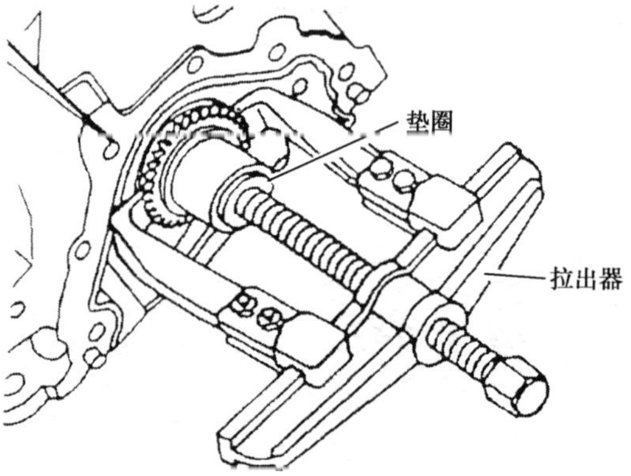

图 4-58　用拉出器拉出曲轴链轮

2）曲轴机油泵链轮的安装

（1）将链轮加热至 220℃。

（2）使用钳子将链轮定位在曲轴末端，然后用专用工具 30-100 将链轮尽可能深地压入曲轴，如图 4-59 所示。

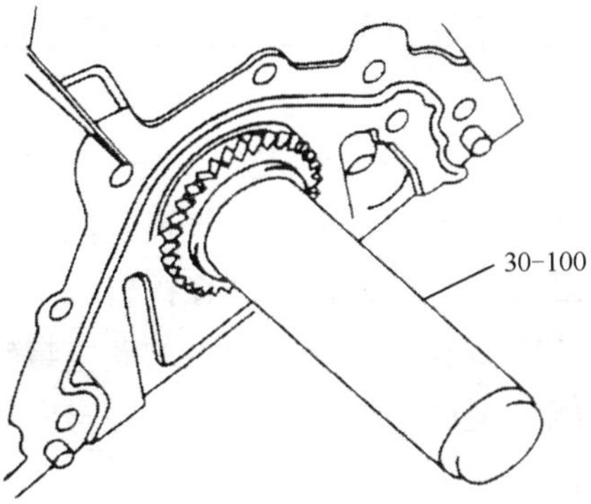

图 4-59　安装链轮

4.4　配气机构主要零件的拆卸与安装

4.4.1　配气机构的作用、组成与工作原理

1. 配气机构的作用

配气机构的作用是按照发动机各缸的做功次序和每一缸工作循环的要求，定时将各缸进气门与排气门打开或关闭，以便发动机进行进气、压缩、做功和排气工作过程。

2. 配气机构的组成

配气机构由气门组和气门传动组组成（图 4-60）。

气门组的作用是封闭进、排气道。气门传动组的作用是使进、排气门按配气相位规定的时刻开闭，且保证有足够的开度。

气门组主要包括气门、气门导管、气门弹簧、气门弹簧座和气门锁片等，如图 4-61 所示。气门传动组主要包括凸轮轴正时齿轮、凸轮轴、挺柱、推杆、摇臂和摇臂轴等。

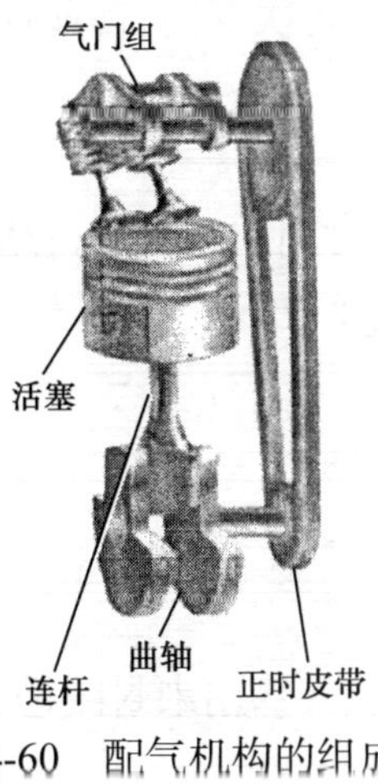

图 4-60　配气机构的组成

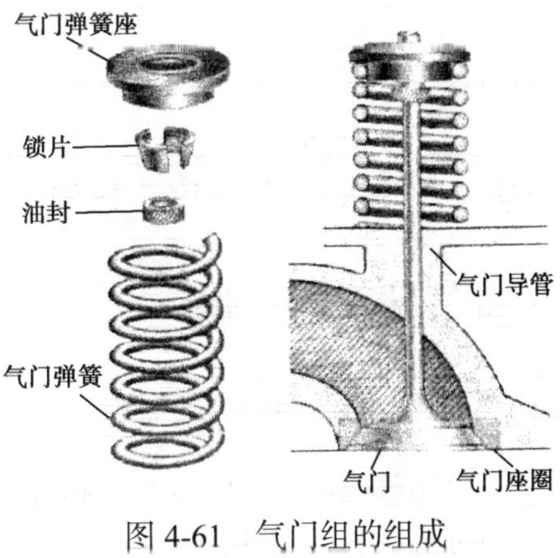

图 4-61　气门组的组成

气门穿过气门导管，在其尾端通过气门锁片固定着气门弹簧座。气门弹簧套于气门杆外围，并有一定的预紧力。

气门弹簧的上端抵于弹簧座，下端抵于缸盖。当气门关闭时，在气门弹簧预紧力的作用下，气门头部密封锥面压紧在气门座上，将气道封闭。

摇臂轴通过支架固定在缸盖上平面，摇臂套在摇臂轴上，可绕摇臂轴转动。摇臂长臂端与气门杆尾部接触，短臂端装有调整气门间隙的调整螺钉。

凸轮轴安装在缸体的一侧，挺柱呈杯状，位于挺柱导向体内，下端与凸轮轴接触。在高速发动机上还广泛采用齿形带来驱动凸轮轴。

3. 配气机构的工作原理

1）气门的驱动

气门的开启是通过气门传动组的作用而完成的，而气门的关闭则是由气门弹簧来完成的（图 4-62）。

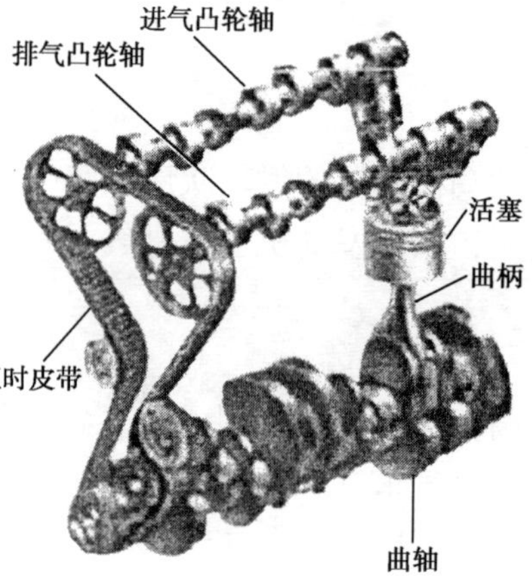

图 4-62　气门的驱动

气门的开闭时刻与规律完全取决于凸轮的轮廓曲线形状。每次气门打开时压缩弹簧，为气门关闭积蓄能量。

2）配气相位

配气相位就是用曲轴转角表示的进、排气门的实际开闭时刻和开启的持续时间，如用曲轴转角的环形图来表示配气相位，这种图形即称为配气相位图。

4.4.2　配气机构的结构

1. 气门

气门是用来封闭气道的。气门由头部和杆身两部分组成。头部用来封闭进、排气道，杆身在气门开闭过程中起导向作用，如图 4-63 所示。

1）气门密封锥面

气门密封锥面是与杆身同心的圆锥面，用来与气门座接触，起到密封气道的作用。

2）气门杆身

气门杆身与气门导管配合，在气门开启与关闭的上下运动过程中起导向作用。

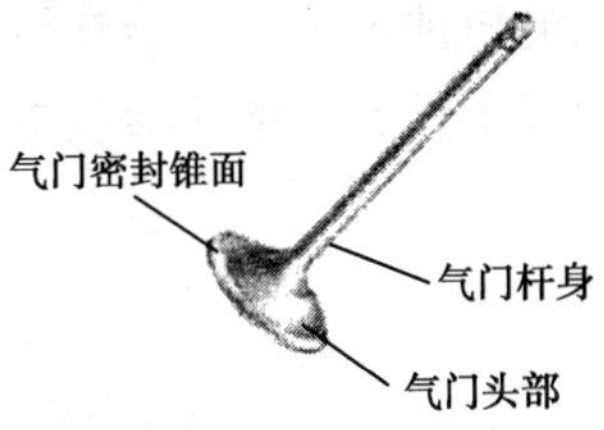

图 4-63　气门的结构

2. 气门弹簧

气门弹簧是圆柱形的螺旋弹簧，位于缸盖与气门尾端弹簧座之间，气门弹簧的结构如图 4-64 所示。其作用是使气门自动回位关闭，并保证气门与气门座的密合压力；吸收气门关闭过程中各传动零件所产生的惯性力，以防各个传动件彼此分离而破坏配气机构正常工作。

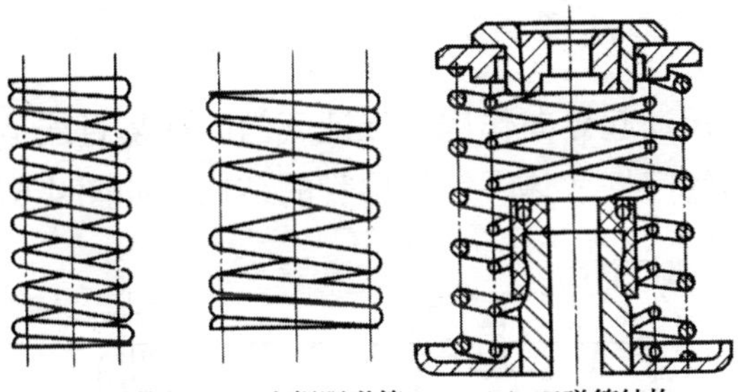

（a）等螺距弹簧　（b）变螺距弹簧　（c）双弹簧结构

图 4-64　气门弹簧的结构

3. 气门弹簧座

锥形锁片被分成两半，合在一起形成一个完整的圆锥结构，内孔有一环形凸起。弹簧座的中心孔为圆锥孔，用来与锁片的外圆锥面配合。安装时，用力将弹簧座连同气门弹簧压下，将两片锁片套于气门杆尾部合并在一起，锁片内孔的环状凸起正好位于气门杆尾端的环形槽内。放松弹簧座，在气门弹簧的弹力作用下，弹簧座的圆锥孔与锁片的圆锥面紧紧地贴合在一起，不会脱落（图 4-65）。

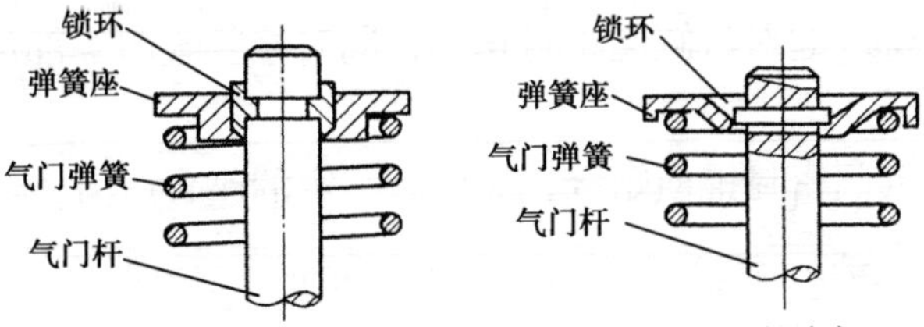

（a）锥形锁环式　（b）锁销式

图 4-65　弹簧座的固定

4. 防漏装置

适量的机油进入气门导管与气门之间的间隙对于气门杆的润滑是必要的，但如果进入的机油过多，将会在汽缸内造成积炭，在气门上产生沉积物。因此，有的发动机在气门杆上设有机油防漏装置（油封），如图 4-66 所示。

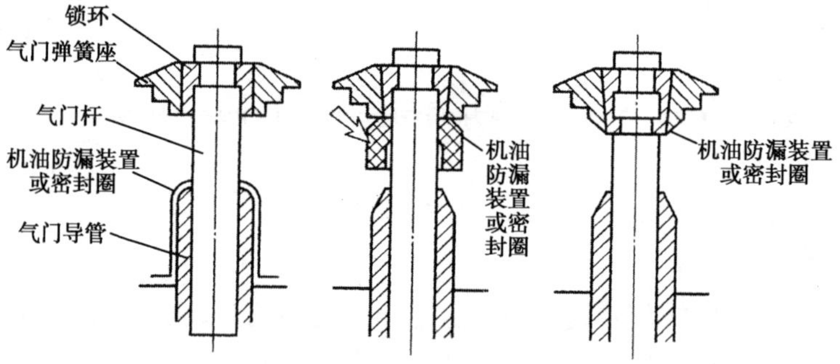

图 4-66　气门的密封装置

5. 气门导管

气门导管给气门的运动起导向作用，保证气门的往复直线运动和气门关闭时能正确地与气门座贴合，并为气门杆散热。气门导管的结构，如图 4-67 所示。

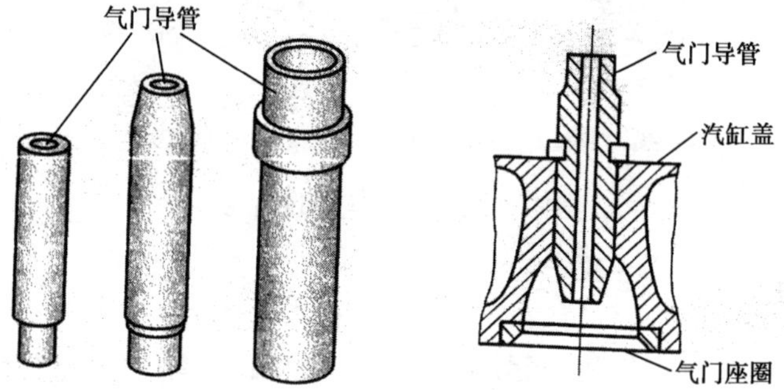

图 4-67　气门导管的结构

6. 气门座

进、排气道口与气门密封锥面直接贴合的部位称为气门座。

气门座与气门头部一起对汽缸起密封作用，同时接收气门头部传来的热量，对气门起到散热的作用。

气门座的锥角与气门密封锥面贴合，保证有一定的座合压力，使密封可靠，同时又有一定的散热面积。

4.4.3　配气机构的拆装实做

1. 更换气门杆油封（在已装好的汽缸盖上进行）

（1）拆下凸轮轴和液压挺杆。

（2）旋下火花塞，拉紧驻车制动器。

（3）将气门座调整到直立螺栓的高度。

（4）将压缩空气管旋进火花塞孔螺纹内，并送入至少 0.6MPa 的气压。

（5）拆下气门弹簧。用锤子轻击装配夹具的手柄，松动压得很紧的气门锥头，所用的专用工具为 2036、VW541/1、VW653/3。

（6）拔出气门杆油封。

（7）装入气门杆油封。先在气门上插上塑料套、气门杆油封，然后涂油并用 10-204 顶棒小心地压入导管，如图 4-68 所示。注意为了防止损坏气门杆，装配时原则上要使用塑料套。

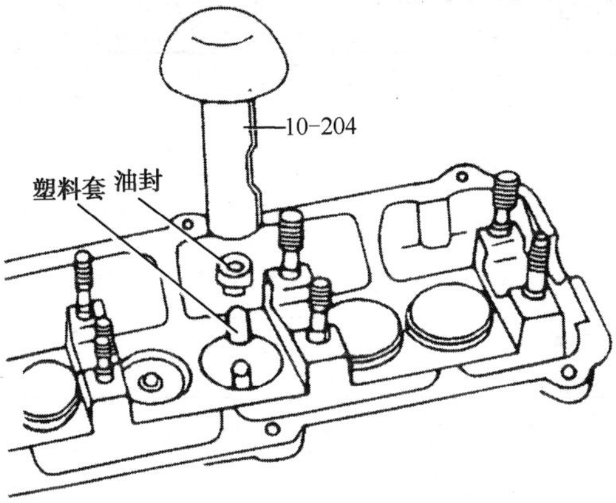

图 4-68　压装气门杆油封

2. 拆卸气门弹簧

（1）拆下凸轮轴，拆卸时将液压挺杆做上标记，液压挺杆不可互换。

（2）用专用工具 2037 将气门弹簧座压下，取下气门锁夹，拆出气门弹簧，如图 4-69 所示。

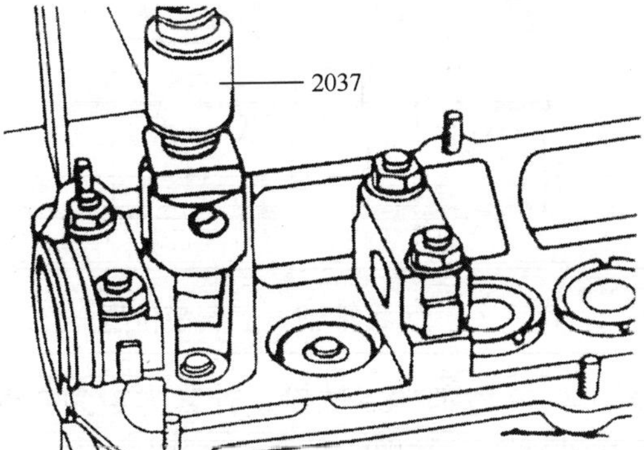

图 4-69　拆卸气门弹簧

气门弹簧座锥形孔下沿口非常锋利，可能会损伤气门杆（拉毛等）。损伤的气门杆应予以更换，必要时在安装前就去除气门座毛边。

（3）用专用工具3047拆下弹簧下座，如图4-70所示。

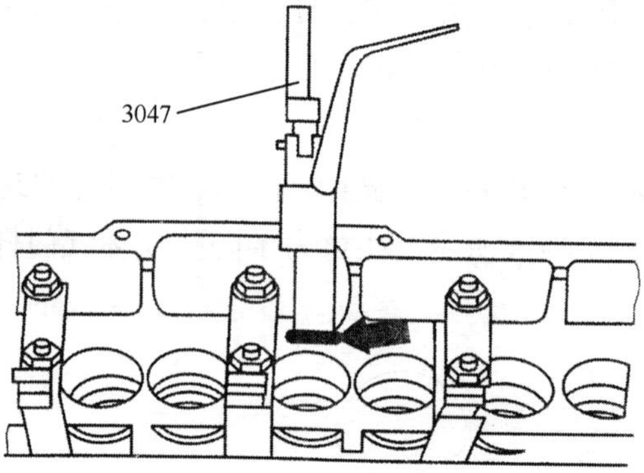

图4-70　拆卸气门弹簧下座

3．凸轮轴的拆卸和安装

1）凸轮轴的拆卸步骤

（1）拆下空气滤清器。

（2）拆下正时齿带上防护罩，再拆下气门罩盖。

（3）将曲轴置于第一缸上止点位置。

（4）放松并取下正时齿带，拆下凸轮轴正时齿带轮。

（5）先拆第1、3、5号轴承盖，然后对角交替松开第2、4号轴承盖。

2）凸轮轴的安装步骤

（1）安装凸轮轴时，第一缸凸轮必须朝上。安装前放上轴承盖，确定安装位置（注意孔的上下两部分要对准，如图4-71所示）。凸轮轴转动时，曲轴不可置于上止点位置，否则会损坏气门和活塞顶部。

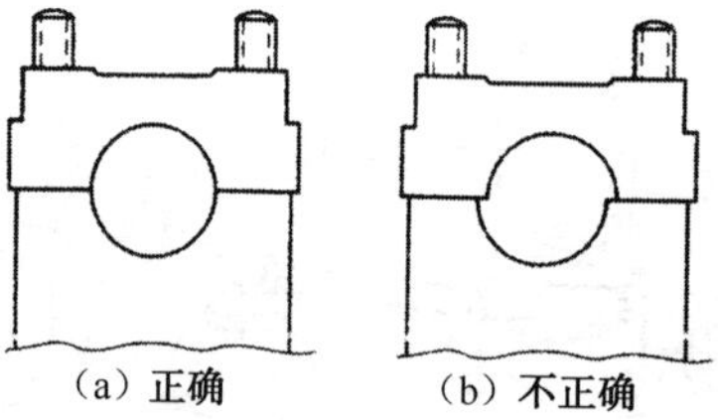

图4-71　凸轮轴轴承盖安装位置

（2）先对角交替拧紧第2、4号轴承盖螺栓，拧紧力矩为20N·m。

（3）装上第1、3、5号轴承盖，其螺栓拧紧力矩为20N·m。

（4）装入凸轮轴正时齿带轮并紧固，拧紧力矩为80N·m。

4. 更换凸轮轴油封

（1）拆下 V 带和正时齿带防护罩。
（2）将曲轴置于第一缸上止点位置。
（3）松开张紧轮，拆下正时齿带。拆下凸轮轴正时齿带轮。
（4）把凸轮轴正时齿带固定螺栓套上垫圈拧入凸轮轴，并拧紧。
（5）将油封取出器内件从外件旋出两圈（约 3mm），并用滚花螺钉锁紧。
（6）将油封取出器的螺纹头涂油后拧入油封，然后用力尽可能深地旋入密封圈。
（7）旋松滚花螺钉，将内件对着凸轮轴旋转，直至取出油封。
（8）用台虎钳夹住取出器，用钳子取下密封圈。
（9）安装油封时，在密封圈唇边和外圈涂一薄层机油，将油封放入导套 VW10-203。
（10）将油封平整压入，但不要压到头，否则会堵塞回油孔。

4.5 汽缸盖的拆卸与安装

4.5.1 汽缸盖的主要功用与结构

汽缸盖用于封闭汽缸上部，并与汽缸和活塞顶部共同构成燃烧室。汽缸盖内有冷却水套，其端面上的冷却水孔与汽缸体上的冷却水孔相通，以利用循环水来冷却燃烧室等高温部分。汽缸盖的结构如图 4-72 所示。

图 4-72　汽缸盖的结构

4.5.2 双凸轮轴

为了使发动机进气充分、换气彻底，使燃烧更完全，现代发动机一般布置有两个进气门和排气门。

平行布置的 4 个气门需要两个凸轮轴来分别驱动。为此，需要一个进气凸轮轴和一个排气凸轮轴来分别驱动两个进气门和两个排气门。双凸轮轴的结构，如图 4-73 所示。

图 4-73 双凸轮轴的结构

4.5.3 汽缸垫

汽缸垫用来保证汽缸体与汽缸盖结合面间的密封，防止漏气、漏水。

由于汽缸垫在高温和高压下工作且与冷却水接触，缸口的卷边很容易被烧蚀，因此，汽缸垫采用石棉作为内芯，并用铜皮包裹，在缸口、水孔和油道口采用卷边加固。汽缸垫如图 4-74 所示。如汽缸盖和汽缸体同为铸铁，为了便于变形后的修理，安装时其卷边应朝向汽缸体。如汽缸体为铝合金，汽缸盖为铸铁，安装时卷边应朝向汽缸体。

图 4-74 汽缸垫

4.5.4 燃烧室

燃烧室由活塞顶部和汽缸盖上相应的凹坑所组成。

燃烧室内平行布置 4 个气门座圈，分别与进气门和排气门配合，以密封进气门和排气门。

燃烧室的构成，如图 4-75 所示。

图 4-75　燃烧室的构成

4.5.5　汽缸盖的拆装实做

1．汽缸盖的拆卸

（1）关闭点火开关，拔下蓄电池搭铁线。

（2）抽取冷却液。

（3）拆下发动机罩盖。

（4）断开空气流量计的接头。

（5）断开活性炭罐电磁阀（ACF 阀）的接头。

（6）拔下空气滤清器罩壳上的活性炭罐电磁阀。

（7）拆下空气滤清器和节气门控制器之间的空气管路。拆下空气滤清器罩壳。

（8）拔下散热器底部和发动机上的冷却液软管。

（9）拆下冷却液储液罐，拆下至散热器的冷却液软管。

（10）如图 4-76 所示，拔下燃油分配管上的供油管和回油管。

注意：燃油系统是有压力的，在打开管路之前应在开口处放上抹布，然后缓慢地打开接头以排除压力。

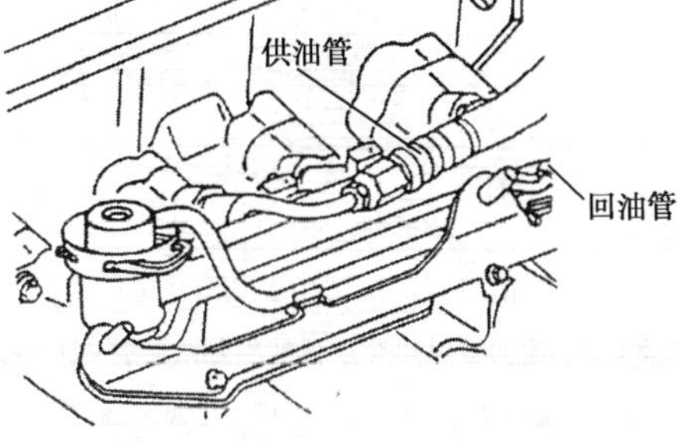

图 4-76　拆下供油管和回油管

（11）拆下节气门拉索，如图 4-77 所示。

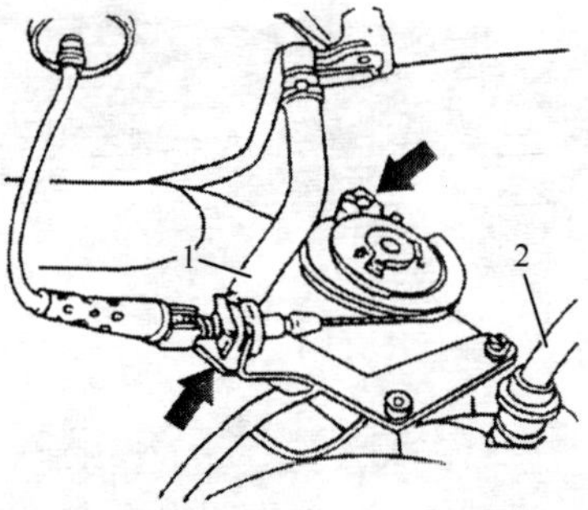

1—通向活性炭罐电磁阀的真空管；2—通向制动助力装置的真空管

图 4-77　拆下节气门拉索

（12）拔下通向活性炭罐电磁阀的真空管 1。

（13）拔下通向制动助力装置的真空管 2。

（14）拔下喷油器、节气门控制器、霍尔传感器、进气温度传感器接头，如图 4-78 所示。

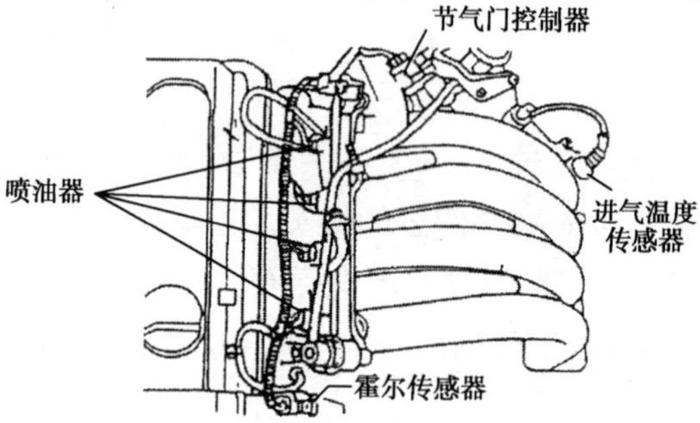

图 4-78　拔下各个接头

（15）如图 4-79 所示，拔下通向暖风热交换器的冷却液软管。

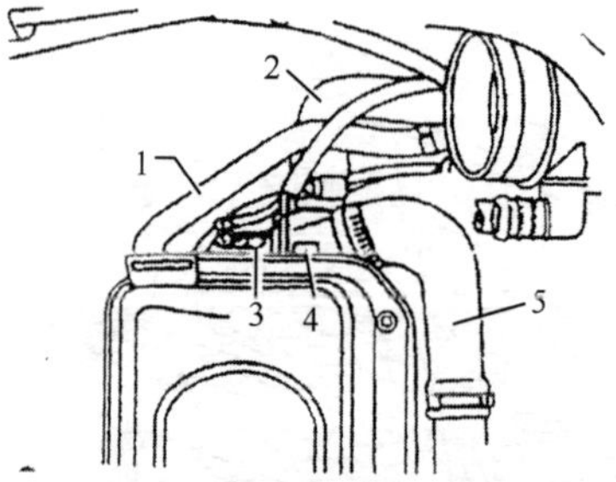

1—通向膨胀水箱的软管；2—通向暖风热交换器的冷却液软管；3—冷却液水温传感器；

4—空调控制开关；5—通向散热器的软管

图 4-79　拔下通向暖风热交换器的冷却液软管

（16）拔下冷却液水温传感器上的接头，拔下机油温度传感器的接头。

（17）旋下进气歧管支架的紧固螺栓，如图 4-80 所示。从排气歧管上拆下前排气管的螺栓。

（18）拔下氧传感器插头，如图 4-81 所示。

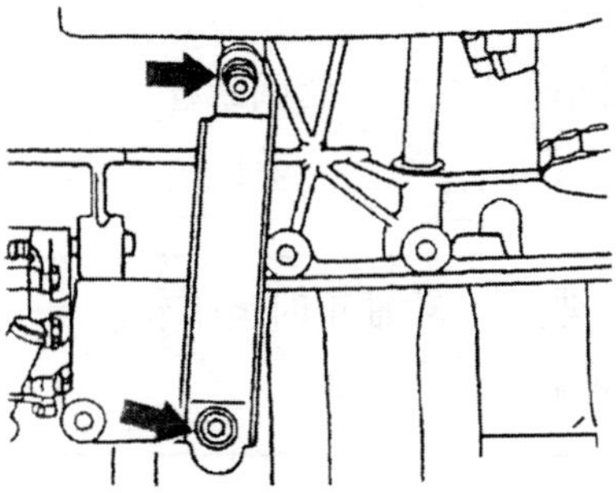

图 4-80　旋下进气歧管支架的紧固螺栓

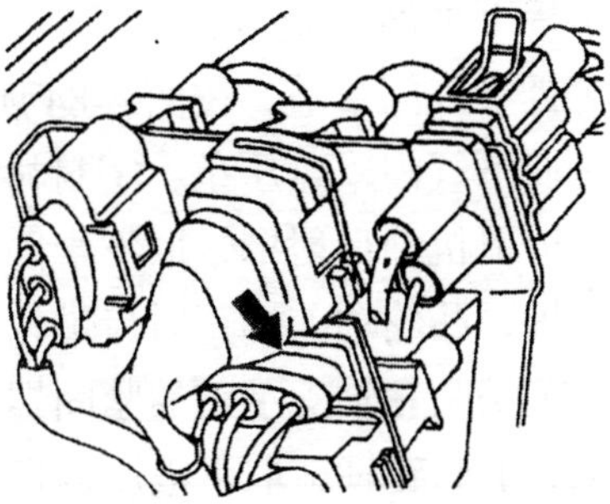

图 4-81　拔下氧传感器的插头

（19）拆下正时齿带上护罩。如图 4-82 所示，将凸轮轴正时齿带轮的标记对准正时齿带护罩上的标记。

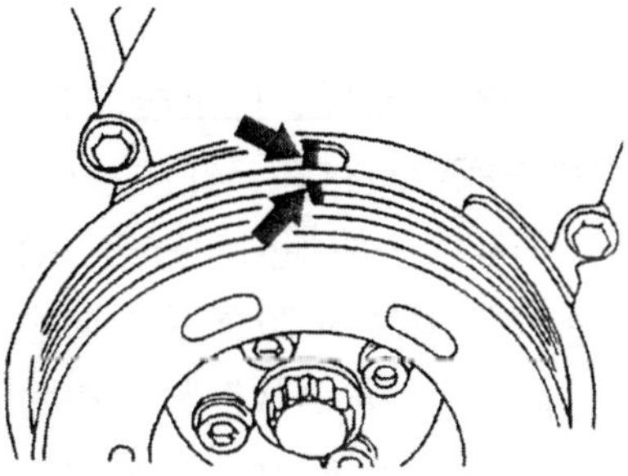

图 4-82　凸轮轴正时齿带轮的标记对准正时齿带护罩上的标记

（20）如图 4-83 所示，将曲轴转动到第一缸的上止点位置。

（21）松开半自动张紧轮，并从凸轮轴正时齿带轮上拆下正时齿带。

（22）旋下正时齿带后护罩的螺栓。

（23）拔出火花塞插头，并放置在一边。

（24）拆下气门罩盖。按照图 4-84 所示从 1 到 10 的顺序松开汽缸盖螺栓。

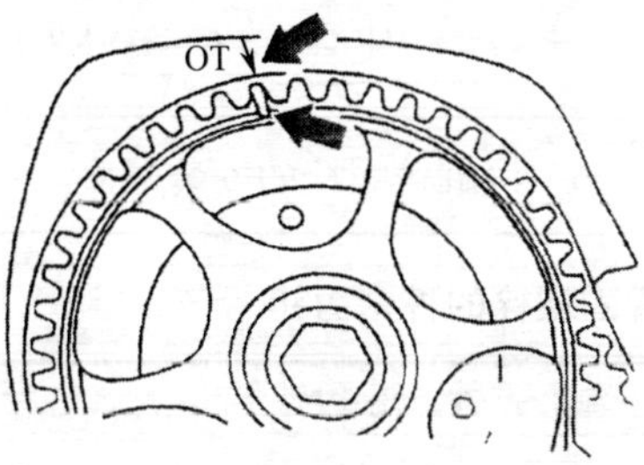

图 4-83　第一缸上止点位置标记

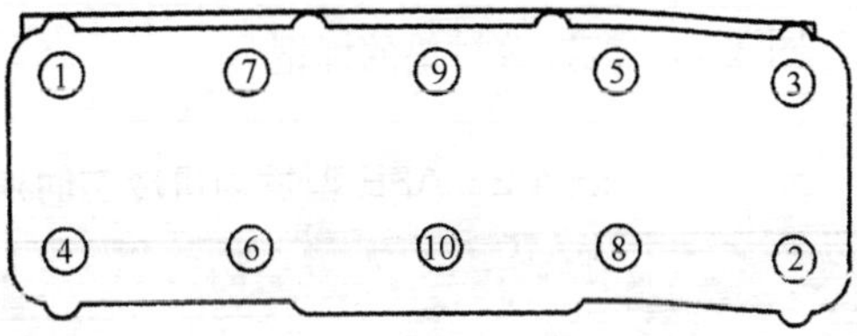

图 4-84　汽缸盖螺栓的拆卸顺序

（25）将汽缸盖与汽缸盖衬垫一起拆下。

2．汽缸盖的分解

（1）拆卸汽缸盖附件。拆下进、排气管总成，拆下火花塞及其垫圈。
（2）拆下加油口盖。
（3）拆下气门罩盖，按图 4-84 所示的顺序逐渐松开汽缸盖紧固螺栓。
（4）取下气门罩盖压条、密封衬条、衬垫。
（5）拆下机油反射罩，取下半圆塞。
（6）拆下凸轮轴前端正时齿带轮的紧固螺栓，取下凸轮轴正时齿带轮。
（7）旋松凸轮轴支承盖的紧固螺栓，取下支承盖。
（8）拆下凸轮轴，取下液压挺杆总成。
（9）用专用工具 2037 压下气门弹簧，取下气门锁夹。
（10）取下气门锁夹座圈、气门内外弹簧。
（11）拆卸气门及气门油封。

3．汽缸盖的安装

汽缸盖的安装顺序基本与拆卸顺序相反，但是应注意以下事项。

（1）安装时应更换所有密封条或密封衬垫，并注意衬垫的安装位置。特别是汽缸盖衬垫，应将标有“OPEN TOP”字样的一面朝向汽缸盖，如图 4-85 所示。

（2）安装汽缸盖时，应先将专用工具 3070 定位导向螺栓旋入汽缸体第 8 个和第 10 个孔内，放上汽缸盖和其余 8 个螺栓，并稍微拧紧。然后用扳手旋出事先拧入的 3070 定位导向螺栓，并拧入汽缸螺栓。按图 4-86 所示的顺序，将汽缸盖螺栓分 4 次旋紧，AFE 型发动机冷态时汽缸盖紧固螺栓的拧紧力矩见表 4-2。

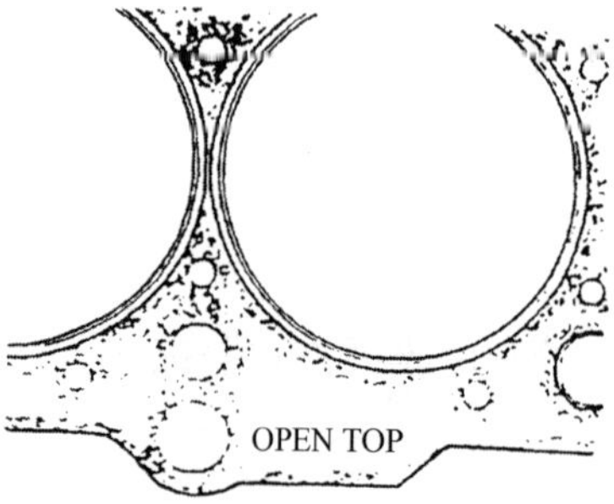

图 4-85　汽缸盖衬垫的标记

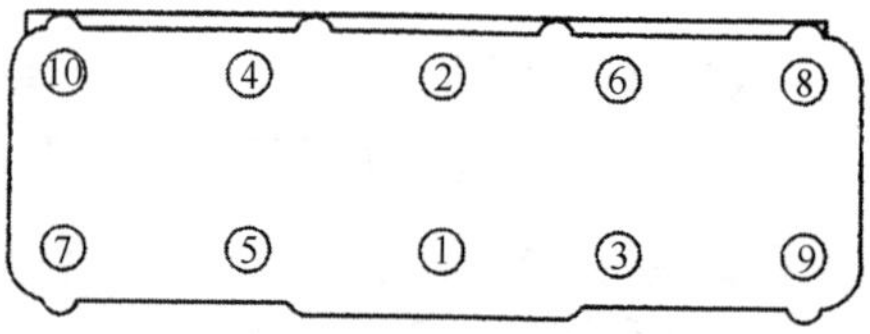

图 4-86　汽缸盖螺栓的安装顺序

表 4-2　AFE 型发动机冷态时汽缸盖紧固螺栓的拧紧力矩

	拧紧力矩（N·m）
第 1 次	40
第 2 次	60

续表

	拧紧力矩（N·m）
第 3 次	75
第 4 次	再用扳手拧紧 1/4 圈

（3）在安放汽缸盖时，曲轴不可置于上止点位置，否则会损坏气门和活塞顶部。

（4）在安装汽缸盖之前，要将曲轴转动到第一缸的上止点位置。

（5）安装汽缸盖衬垫时，有标号（配件号）的一面必须可见。

（6）更换汽缸盖紧固螺栓，不能重复使用已经按照拧紧力矩拧紧过的螺栓。

（7）按照规定顺序以 40N·m 的力矩拧紧汽缸盖螺栓，然后用扳手再拧紧 180°。

（8）安装正时齿带（调整配气相位），再安装气门罩盖。

（9）调整节气门拉索，加注新的冷却液。

（10）执行节气门控制单元匹配。

4.6　发动机正时同步带及 V 带的拆卸与安装

4.6.1　气门传动组的组成与结构

1．气门传动组的组成

气门传动组由凸轮轴和凸轮轴正时齿轮、挺柱、挺柱导管、推杆和摇臂总成等组成（图 4-87）。气门传动组的主要作用是使进、排气门按照配气相位规定的时间开启与关闭。

2．气门传动组的结构

1）凸轮轴

凸轮轴由发动机曲轴驱动而旋转，用来驱动和控制各缸气门的开启和关闭，使其符合发动机的工作顺序、配气相位及气门开度的变化规律等要求。

凸轮是凸轮轴上最重要的组成部分。凸轮的轮廓应能使气门开启与关闭的时间符合配气相位的要求，使气门有尽量大的升程。气门开启与关闭过程的运动规律取决于凸轮的轮廓曲线。

凸轮轴轴颈采用压力润滑，缸体或缸盖上钻有油道与轴承相通。凸轮与挺柱间采用飞溅润滑。

凸轮轴与曲轴转动方向相同，传动比为 2 : 1。

多气门配气机构一般采用进气凸轮轴和排气凸轮轴来分别压开进气门和排气门。现代一些发动机同步带只驱动一根凸轮轴，在两根凸轮轴之间再采用小直径齿轮传动，使凸轮轴布置结构更紧凑合理。凸轮轴的结构，如图 4-88 所示。

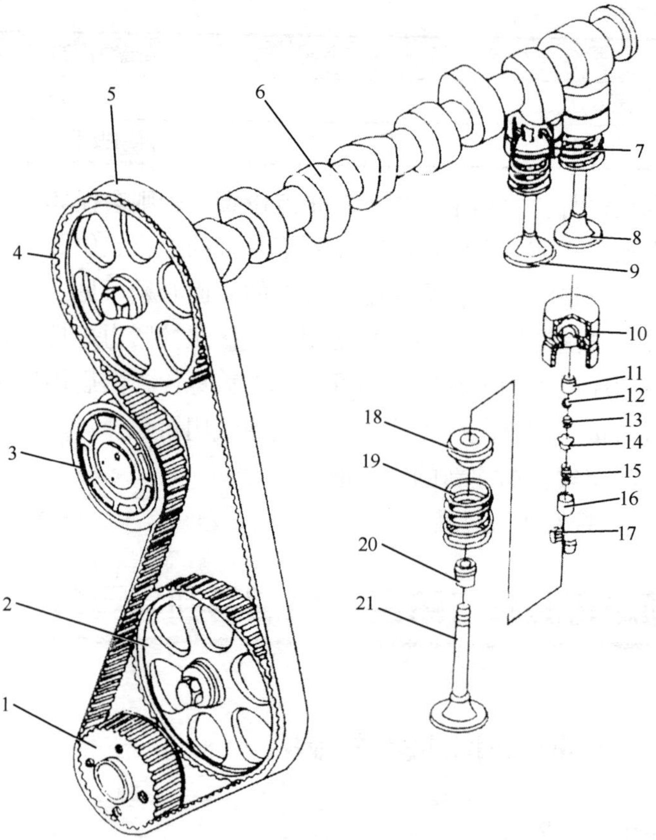

1—曲轴正时同步带轮；2—中间轴正时同步带轮；3—张紧轮；4—凸轮轴正时同步带轮；5—正时同步带；6—凸轮轴；7—液压挺杆组件；8—排气门；9—进气门；10—挺柱；11—柱塞；12—止回阀钢球；13—小弹簧；14—托架；15—回位弹簧；16—油缸；17—气门锁片；18—上弹簧座；19—气门弹簧；20—气门油封；21—气门

图 4-87　AJR 型发动机的配气机构立体示意图

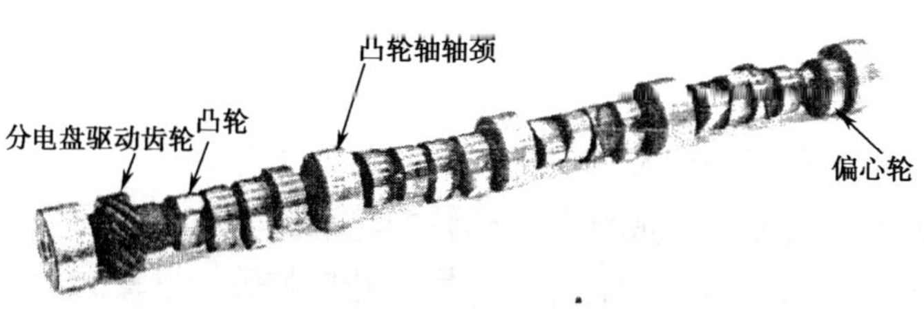

图 4-88　凸轮轴的结构

2）挺柱

挺柱在气门传动组中起传力的作用，将凸轮的推力传给推杆或者气门。

为了防止受热膨胀后气门关闭不严，大多数发动机预留了气门间隙，但这又会造成气门开启和关闭时的冲击，产生磨损和噪声。为解决这一矛盾，目前越来越多的发动机（尤其是轿车发动机）采用了长度随温度轻微变化的液力挺柱，而不采用预留气门间隙的方法。

液力挺柱的工作原理如图 4-89 所示。气门受热膨胀伸长时，挺柱自动“缩短”，保证气门关闭紧密；当气门冷却收缩时，挺柱自动“伸长”，保证无气门间隙。

3）摇臂

摇臂是一个双臂杠杆，以中间轴孔为支点，改变推杆传来的力的方向和大小，然后传给气门并使气门开启。

摇臂的结构，如图 4-90 所示。

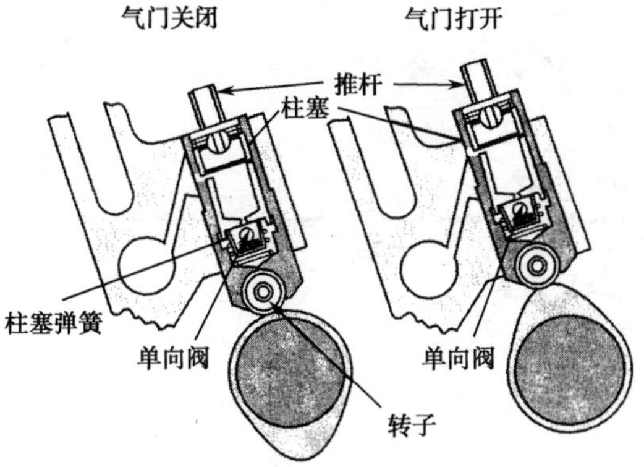

图 4-89　液力挺柱的工作原理

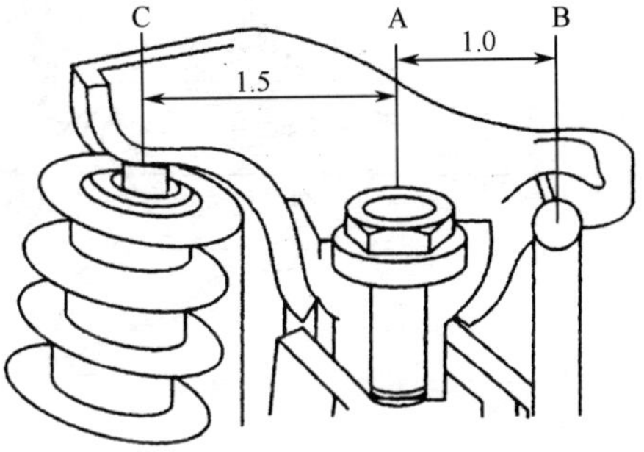

图 4-90　摇臂的结构

4）正时机构

正时机构，如图 4-91 所示。凸轮轴由曲轴通过正时同步带驱动。曲轴带轮、凸轮轴同步带轮分别与壳体和正时同步带注有对应标记，安装时必须对准；否则，不能保证凸轮轴与曲轴的相互协调关系。

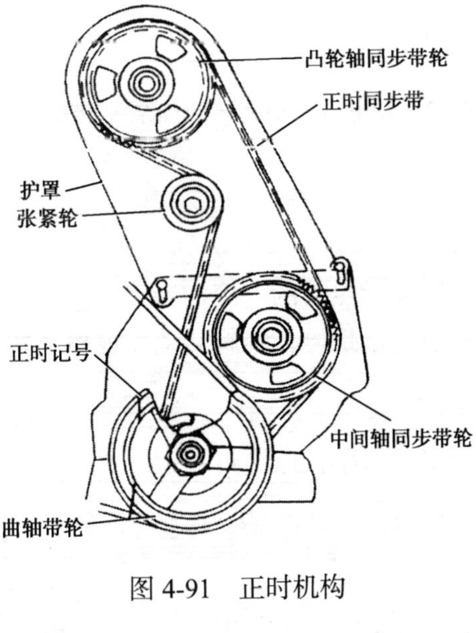

图 4-91　正时机构

张紧轮由张紧弹簧推动，使正时同步带的松边保持张紧状态。

4.6.2 发电机、动力转向油泵V带的拆装实做

V带是曲轴驱动发电机、动力转向油泵的传动件。在拆卸V带之前要先做好方向记号。如果按相反方向安装使用V带，有可能损坏V带，在安装时还要保证V带正确地啮合进入V带轮内。发电机、动力转向油泵V带的分解图，如图4-92所示。

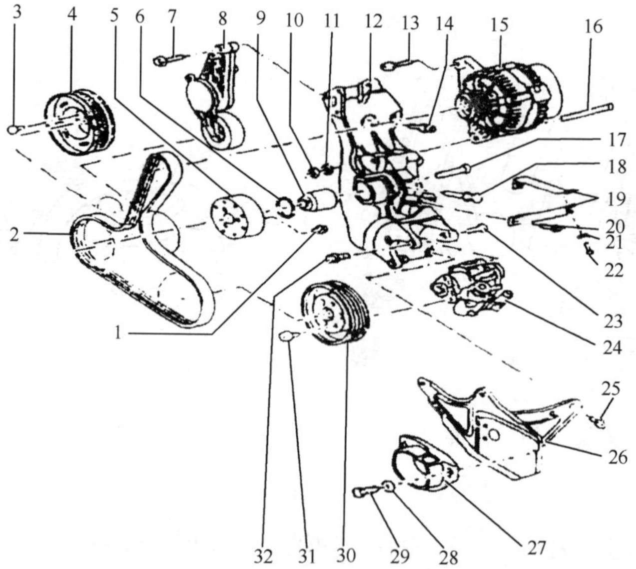

1—螺栓（拧紧力矩10N·m）；2—V带；3—螺栓（拧紧力矩40N·m）；4—V带轮；5—曲轴传动带轮；6—保持夹；7、13、23、25、29、31、32—螺栓（拧紧力矩25N·m）；8—V带张紧轮；9—过渡轮；10、14、16、17、18—螺栓（拧紧力矩45N·m）；11、28—垫圈；12—支架；15—发电机；19—支架；20、22—螺栓（拧紧力矩20N·m）；21—垫圈；24—动力转向油泵；26—支架；27—扭力臂止位块；30—动力转向油泵带轮

图4-92 发电机、动力转向油泵V带的分解图

1. 发电机的拆卸

（1）断开蓄电池搭铁线。

（2）抽出冷却液，拔下通向散热器的上冷却液管。

（3）松开发电机的上、下连接螺栓，轻轻转动发电机，拔下下部连接螺栓。

（4）拆下发电机。

2. 空调压缩机V带的拆卸（图4-93）

拆卸空调压缩机的传动带时，不要打开空调制冷回路。在拆卸V带之前要先做好方向记号。

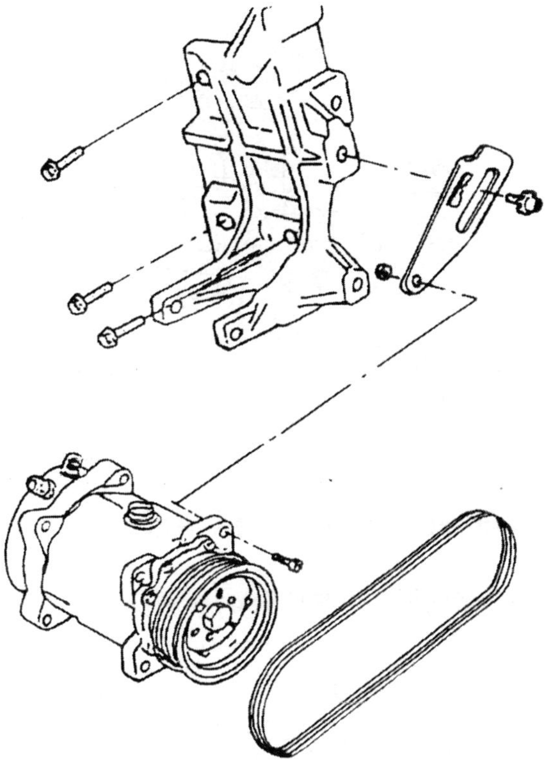

图 4-93　空调压缩机 V 带的拆卸

（1）松开空调压缩机，拆下空调压缩机 V 带。

（2）用开口扳手按箭头方向扳动 V 带张紧轮，使 V 带松弛。

（3）用销钉 3204 固定住张紧轮。

（4）拆下固定住的 V 带张紧轮。

（5）拆下 V 带，检查磨损情况，不得有扭曲现象。

3. 空调压缩机 V 带的安装

在安装 V 带之前应保证所有的附件（发电机、空调压缩机和动力油泵）都已经安装牢固。

（1）套上 V 带。

（2）安装带有销钉 3204 的张紧轮。

（3）将 V 带在发电机 V 带轮上定位。

（4）检查 V 带的位置，V 带的布置如图 4-94 所示。

（5）张紧 V 带，拆下张紧轮上的销钉 3204。

（6）起动发动机，检查 V 带的运转情况。

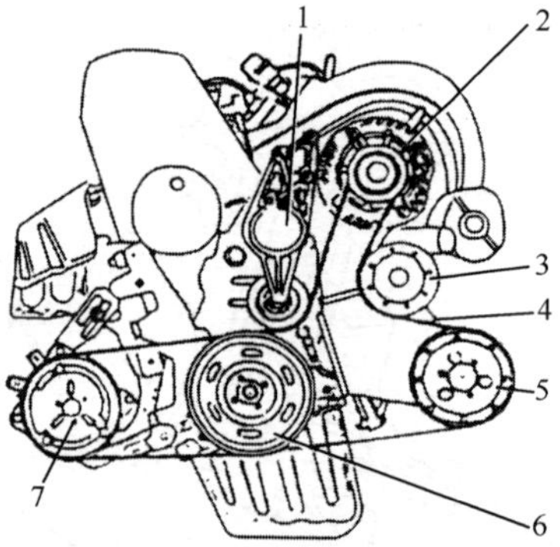

1—张紧装置；2—交流发电机；3—导向轮；4—V 带；5—动力转向油泵；6—曲轴 V 带轮；7—空调压缩机

图 4-94　空调压缩机的 V 带布置图

4.6.3　AJR 型发动机正时同步带的拆装

AJR 型发动机正时同步带的拆装可参照图 4-95 进行。

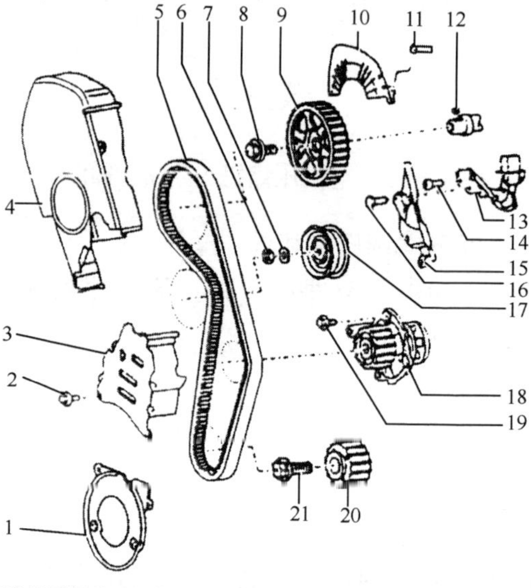

1—正时同步带下防护罩；2—中间防护罩螺栓（拧紧力矩 10N · m）；3—正时同步带中间防护罩；4—正时同步带上防护罩；5—正时同步带；6—张紧轮固定螺栓（拧紧力矩 15N · m）；7—波纹垫圈；8—凸轮轴正时同步带轮固定螺栓（拧紧力矩 100N · m）；9—凸轮轴正时同步带轮；10—正时同步带后上防护罩；11—防护罩固定螺栓（拧紧力矩 10N · m）；12—半圆键；13—霍尔传感器；14—螺栓（拧紧力矩 10N · m）；15—正时同步带后防护罩；16—螺栓（拧紧力矩 20N · m）；17—半自动张紧轮；18—水泵；19—螺栓（拧紧力矩 15N · m）；20—曲轴正时同步带轮；21—曲轴正时同步带轮螺栓（拧紧力矩 90N · m+1/4 圈）

图 4-95　正时同步带及附件的分解图

1．正时同步带的拆卸

（1）将发动机安装在维修工作台上。

（2）拆卸 V 带。

（3）将曲轴转到第一缸的上止点位置（图 4-96）。

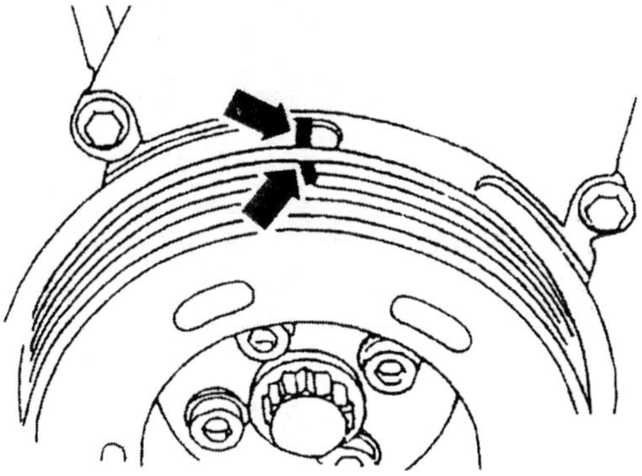

图 4-96　AJR 型发动机第一缸上止点记号

（4）拆卸正时同步带上防护罩。

（5）将凸轮轴正时同步带轮上的标记对准正时同步带防护罩上的标记（图 4-97）。

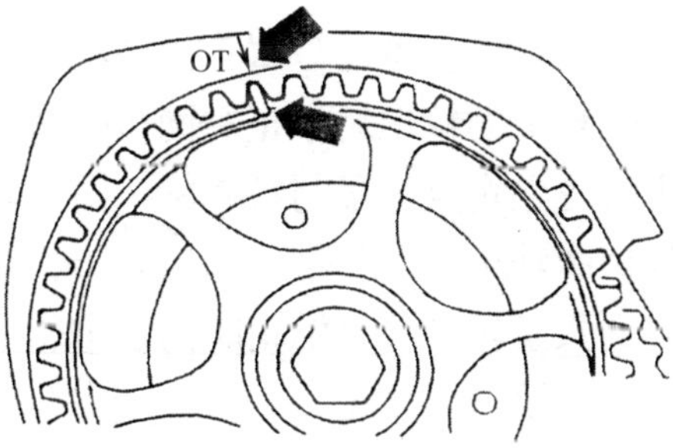

图 4-97　AJR 型发动机凸轮轴正时同步带轮上的标记对准正时同步带防护罩上的标记

（6）拆卸曲轴正时同步带轮。

（7）拆卸正时同步带中间及下防护罩。

（8）用粉笔等在正时同步带上做好记号，检查磨损情况，不得有扭曲现象。

（9）松开半自动张紧轮并拆下正时同步带。

2．正时同步带的安装

正时同步带的安装可参照图 4-98 进行。图 4-98 为拆去正时同步带上、中防护罩后的视图。凡是进行过与正时同步带相关的修理工作后，都要按下述步骤对正时同步带进行调整。

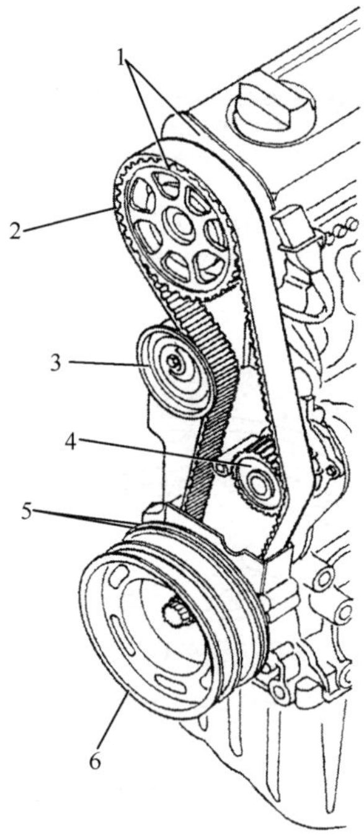

1—凸轮轴正时记号；2—凸轮轴带轮；3—半自动张紧轮；4—水泵；5—曲轴正时记号；6—曲轴带轮

图 4-98　正时同步带的安装

（1）转动凸轮轴，使曲轴不在上止点的位置，以免损坏气门及活塞。

（2）将凸轮轴正时同步带轮上的标记对准正时同步带防护罩上的标记。

（3）检查曲轴正时同步带轮上止点记号与参考标记是否对准。

（4）将正时同步带安装到曲轴正时同步带轮和水泵上，注意安装位置。

（5）将正时同步带安装到张紧轮和凸轮轴正时同步带轮上。注意半自动张紧轮的位置，定位块必须嵌入汽缸盖上的缺口内（图 4-99）。

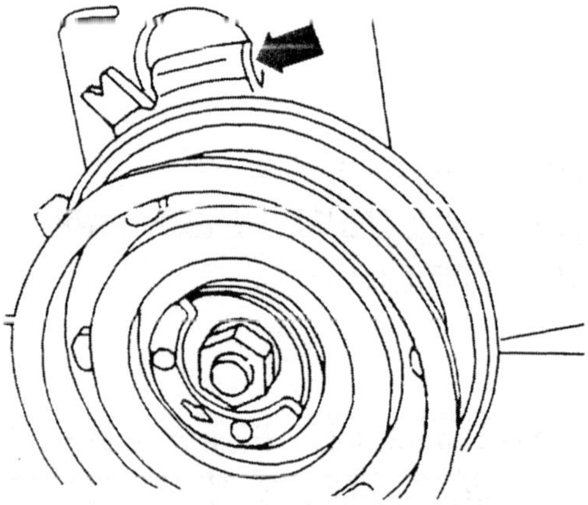

图 4-99　半自动张紧轮定位块的位置

（6）将半自动张紧轮逆时针转动，直到可以使用专用工具（Matra Vl59）为止，如图 4-100 所示。松开张紧轮，直到指针位于缺口下方约 10mm 处。旋紧张紧轮，直到指针和缺口重叠，将张紧轮上锁紧螺母以 15N・m 的力矩拧紧。

（7）用手转动曲轴，检查并调整。

（8）安装正时同步带下防护罩、曲轴正时齿带轮、正时同步带上部和中间防护罩。

3. 检查半自动张紧轮

当发动机前端位于维修工作台上，正时同步带已安装并张紧时，拆下正时同步带上防护罩，用拇指用力弯曲正时同步带，指针应该移向一侧，如图 4-101 所示。当放松正时同步带时，张紧轮应该回到初始位置（缺口和指针重叠）。

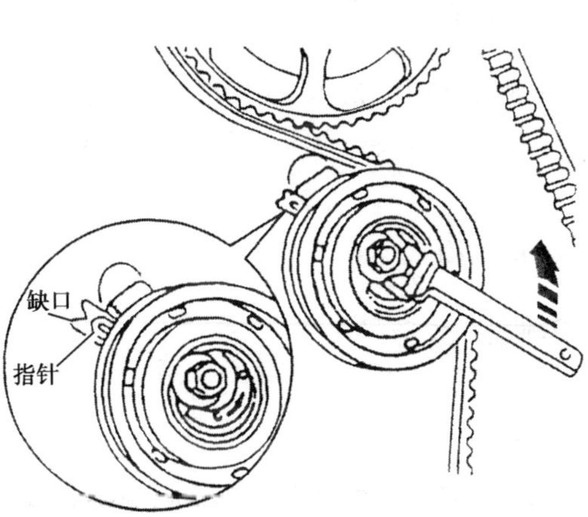

图 4-100　用专用工具安装半自动张紧轮

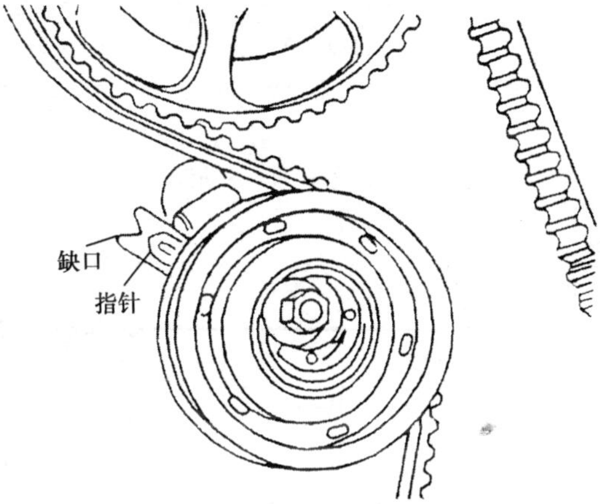

图 4-101　检查半自动张紧轮

4.7　发动机润滑系统零件的拆卸与安装

4.7.1　发动机润滑系统的作用与主要部件结构

1. 润滑系统的作用

润滑系统的作用就是将清洁的机油不断地供给发动机各摩擦表面，进行润滑以减少摩擦和磨损，而且不断流动的机油可以清除摩擦表面上的磨屑等杂质，并冷却摩擦表面，可以防止或减轻零件表面的氧化和腐蚀。另外，进入汽缸壁与活塞之间的机油有密封汽缸的作用。

润滑系统主要由油底壳、机油泵和机油滤清器等组成。

POLO 轿车润滑系统的结构，如图 4-102 所示。发动机润滑系统示意图如图 4-103 所示。

由于各发动机的转速和负荷不同，因此必须使用厂家推荐的机油。

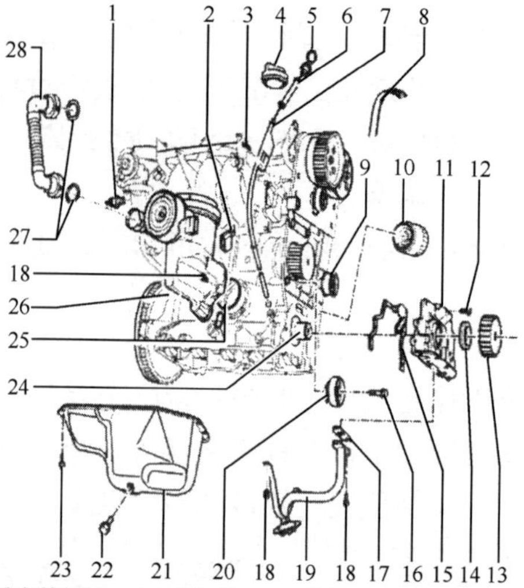

1—油压开关；2—连接插头；3—导向管螺栓；4—密封盖；5—油尺；6—加注漏斗；7—导向管；8—主传动同步带；9—导向轮；10—机油滤清器；11—油泵；12—油泵螺栓；13—曲轴正时皮带轮；14—密封环；15—密封件；16—张紧轮螺栓；17—密封件；18—吸管螺栓；19—吸管；20—张紧轮；21—油底壳；22—放油螺栓；23—固定螺钉；24—从动件；25—密封环；26—油分离器；27—O 形环；28—连接进气管

图 4-102　润滑系统的结构

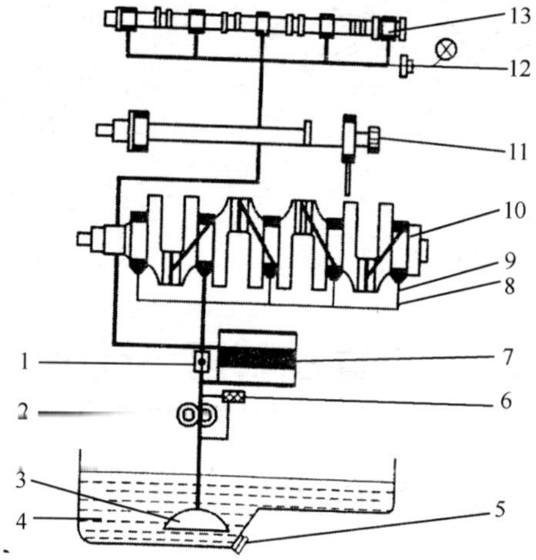

1—旁通阀；2—机油泵；3—粗集油器；4—油底壳；5—放油塞；6—安全阀；7—机油滤清器；8—主油道；9—油道；10—曲轴；11—中间轴；12—压力开关；13—凸轮轴

图 4-103　发动机润滑系统示意图

2．发动机的润滑方式

轿车一般采用复合润滑方式，即压力润滑与飞溅润滑。

机油从油底壳经机油集滤器，除去较大杂质后，被机油泵吸入。加压后经机油滤清器进一步过滤，大部分压力油进入发动机主油道，一小部分压力油直接到中间轴。

主油道的机油先润滑曲轴轴承和连杆轴承及其小头衬套后，再喷到活塞内腔回到油底壳。

活塞与汽缸壁依靠油底壳中飞溅起来的机油润滑。

3．润滑系统主要部件的结构

1）机油泵

（1）安装位置。

机油泵位于发动机缸体前端，其内圈直接位于曲轴前端的曲柄销上。

（2）机油泵的结构。

机油泵的结构如图 4-104 所示。机油泵的内圈直接由曲轴驱动，使发动机噪声得以降低，摩擦大为减少。

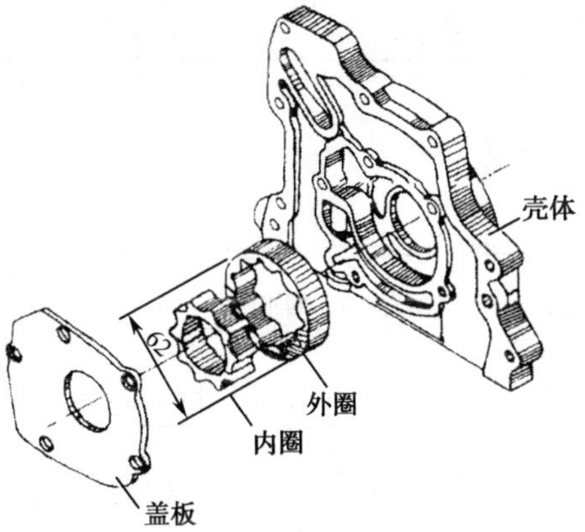

图 4-104　机油泵的结构

（3）机油泵的工作原理。

内圈驱动外圈转动时，由于转动的轴心不同（所谓双中心），输入端的齿间隙被加大，机油通过一个类似通气管的管路被吸入并被传送到输入端。输出端的齿间隙变小，机油被压到机油回路中，并由压力限制阀防止油压超过最大允许值，如图 4-105 所示。

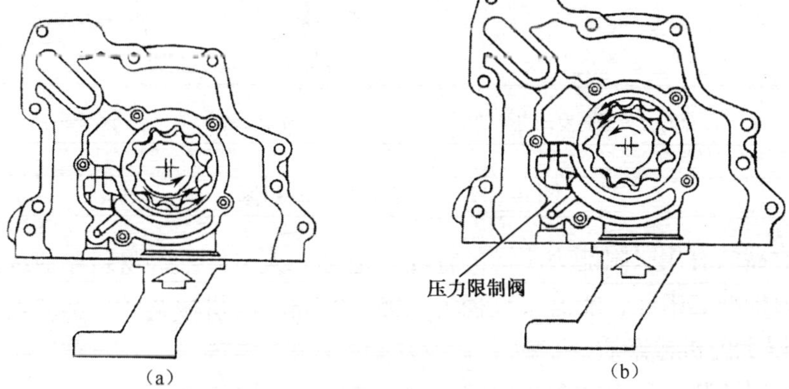

图 4-105　机油泵的工作原理

2）机油滤清器

机油滤清器主要由外壳、端盖和滤芯等组成。

机油滤清器是将粗（褶纸滤芯）、细（尼龙滤芯）机油滤清器合为一体的过滤式滤清器，安装于机油泵出油孔与主油道之间。桑塔纳轿车发动机机油滤清器的结构如图 4-106 所示。

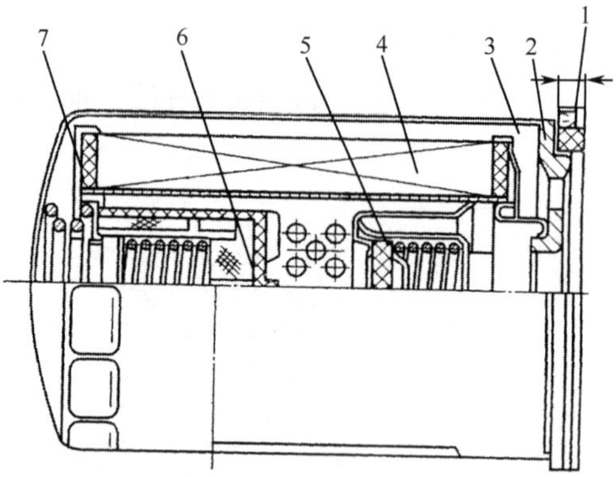

1—密封圈；2—滤清器盖；3—滤清器壳；4—褶纸滤芯；5—止回阀；6—尼龙滤芯；7—旁通阀

图 4-106　桑塔纳轿车发动机机油滤清器的结构

从机油泵输出的压力油经端盖上的进油孔进入粗滤器与滤芯之间，经滤芯过滤后，进入芯筒并经端盖上的出油孔进入主油道。滤清器工作流程，如图 4-107 所示。

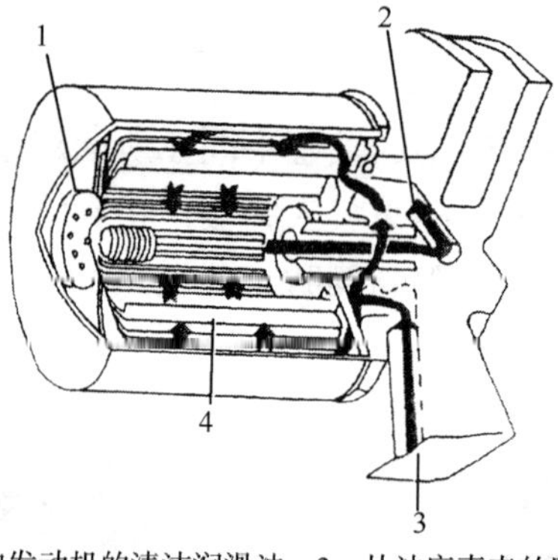

1—旁通阀；2—通向发动机的清洁润滑油；3—从油底壳来的脏油；4—褶纸滤芯

图 4-107　滤清器工作流程图

机油滤清器装有用吸附能力不同的棉花、毛绒、人造纤维等材料制成的褶纸滤芯和尼龙滤芯。两种滤芯串联，能滤去直径为 0.05 ~ 0.1mm 的机械杂质，细滤器能滤去直径在 0.001mm 以上的机械杂质。

机油滤清器还装有旁通阀和止回阀，防止滤芯被堵以及发动机停止工作时润滑油道内缺油。

为维护方便，机油滤清器采用旋装式滤芯结构。滤芯为纸质折叠式结构，有封闭式外壳，定期更换，直接旋装于滤清器盖上。

3）润滑系统的拆装说明

（1）油压开关 F1-1 泄漏时应拆下并更新密封件。

（2）检查油尺时应注意，油位不允许超过最大标记。发动机机油尺，如图 4-108 所示。

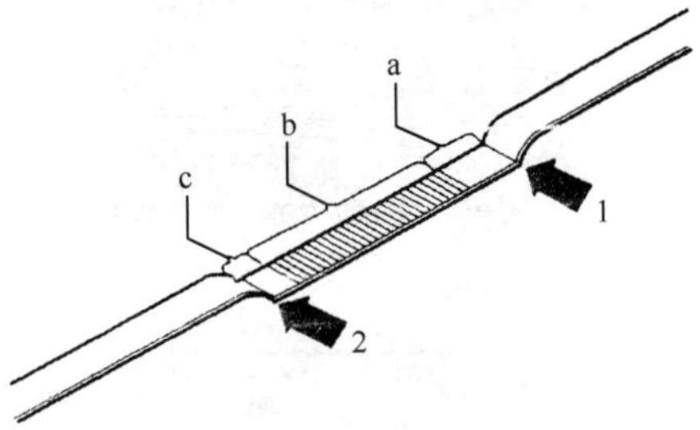

1—最大标记；2—最小标记；a—阴影区域到最大标记之间的范围，不添加发动机机油；

b—阴影区域内的油位，可以添加发动机机油；c—阴影区域到最小标记之间的范围，最多添加 0.5L 发动机机油

图 4-108　发动机机油尺

（3）在拆卸主传动带前应标记传动方向，安装前检查磨损情况，安装时不要弯折。

（4）拆卸机油滤清器时应松开六角螺栓，安装时只需要用手拧紧，并注意机油滤清器的安装说明。

（5）在维修机油泵时，应整体更换。在安装时注意曲轴上的从动件包括密封件必须放在空心定位销上。

（6）在装配油底壳前应清洁密封件，在涂上硅酮密封剂 D176 4040 A2 后安装。

（7）在安装机油泵时，应用机油涂抹从动件。

4.7.2　油底壳与润滑系统主要部件的拆装实做

1．油底壳的拆装

1）油底壳的拆卸

（1）拆下发动机挡泥板。

（2）将前排气管从排气歧管上松开并拆下。

（3）松脱变速器右传动轴并吊起。

（4）排放发动机机油。

（5）把用液态密封胶密封的油底壳螺栓旋下。

（6）拆下油底壳。如有必要，可用橡胶锤子轻轻敲打来松开油底壳。

（7）用平刮刀去除汽缸体上的密封剂残余物。

（8）戴上防护眼镜，用可旋转的刷子去除油底壳上的密封剂残余物。

（9）清洁密封面，确保密封面上无油脂。

2）油底壳的安装

油底壳的安装位置，如图 4-109 所示。

图 4-109　油底壳的安装位置

（1）油底壳安装注意事项。

① 留意密封剂的有效期。

② 油底壳必须在涂敷硅酮密封剂 5min 内安装。

③ 可以在汽缸体法兰的两个位置上装入 M6 螺栓用于导入，这样可方便并安全地安装油底壳。

④ 装配油底壳后必须让密封剂干燥 30min 以上，方可加注发动机机油。

（2）油底壳安装步骤。

① 将密封剂管子喷嘴沿标记处剪开（形成的管口约 3mm），将硅酮密封剂涂到油底壳密封面上，如图 4-110 所示（密封剂带的宽度为 2～3mm，并沿螺栓孔区域的内侧，太粗会堵塞油管中的滤网）。

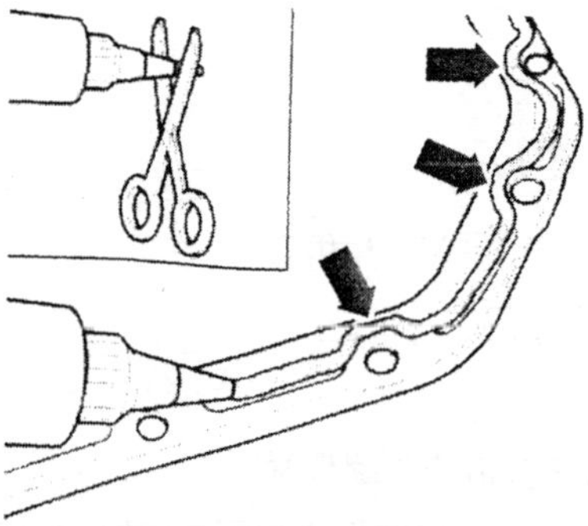

图 4-110　涂密封剂

② 马上安装油底壳并略微拧紧所有油底壳螺栓，再用 13N・m 的力矩拧紧螺栓。

③ 余下步骤与拆卸顺序相反。

2．机油泵的拆装

1）机油泵的拆卸

（1）拆下主传动同步带，用曲轴上旧的固定螺钉 2 固定曲轴正时同步带轮 1，将曲轴放到汽缸的上止点上，正时同步带轮的斜齿必须与油泵上的标记对齐，如图 4-111 中箭头所示。

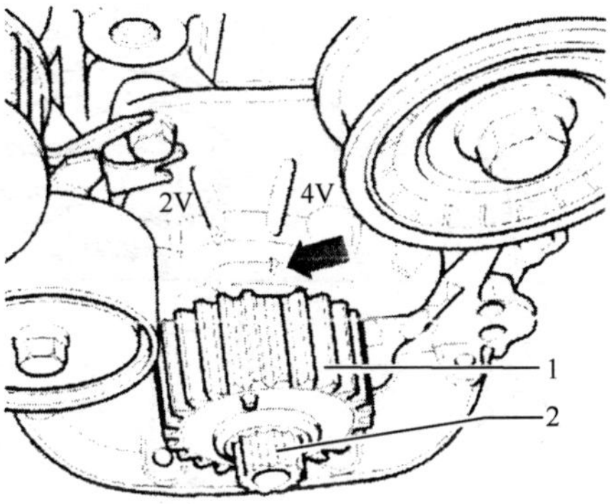

图 4-111　正时同步带轮斜齿与油泵的对齐标记

（2）从上止点位置按逆时针方向旋转曲轴及正时同步带轮三个齿轮位，正时同步带轮斜齿 A 的右边第三个轮齿必须与机油泵壳体上止点标记对齐（图 4-112）。通过该调整，曲轴获得油泵的安装位置，曲轴上的四个从动多角凸轮中的一个位于上部。

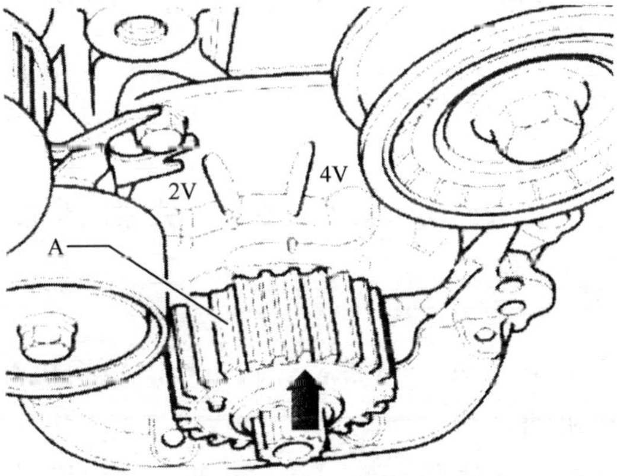

图 4-112　轮齿与泵壳的对齐标记

（3）拆下主传动张紧轮，并拆下油底壳。

（4）拆下吸管，如有污垢则清洁滤网。

（5）拆下正时同步带轮曲轴。

（6）拆下油泵，并取下密封件。

（7）用平刮刀去除汽缸体上的密封剂残余物，清洁密封面，密封面必须无油脂。

2）机油泵的安装

（1）调整使曲轴上的四个从动多角凸轮中的一个位于上部（见拆卸第二步），把六角螺栓 3083 和轴套 T10022 装到曲轴上，并略微拧紧，将新的密封件放到空心定位销 A 上，如图 4-113 所示。

（2）将油泵内转子的标记箭头 A 调到油泵盖罩安装位置标记箭头 B 处，如图 4-114 所示。

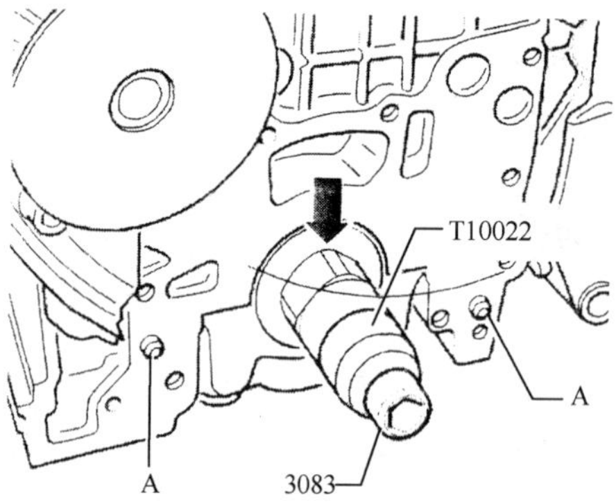

图 4-113　安装密封件

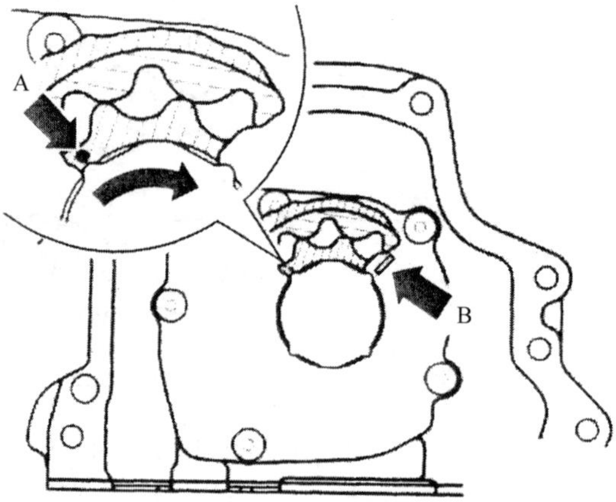

图 4-114　调整内转子标记

（3）在曲轴的四个从动多角凸轮上涂油，并给油泵的密封环密封唇略微上点油。

（4）小心地将油泵引导到曲轴的从动多角凸轮上，如有必要，可稍微扭转使内转子与曲轴从动件多角凸轮对齐

（5）小心地将油泵推到空心定位销上，用新螺栓固定油泵（拧紧力矩为 12N・m），拆下轴套 T10022。

（6）装上吸管、油底壳、主传动张紧轮，安装并张紧同步带。

3．机油滤清器的更换

机油滤清器为整体更换式，外壳与滤芯一起更换，更换机油滤清器的步骤如下。

（1）趁热检查发动机机油。

（2）用专用工具拆卸机油滤清器，如图 4-115 所示。更换时应注意清洗滤清器的安装表面。

（3）安装新滤清器时，应在密封圈上涂干净机油，如图 4-116 所示。若不涂机油，安装时密封圈与接合面发生干摩擦，密封圈易翘曲损坏，造成密封不良而漏油。

（4）用手轻轻拧紧机油滤清器，直到感觉有阻力为止，再用专用工具继续拧紧机油滤清器 3/4 圈。

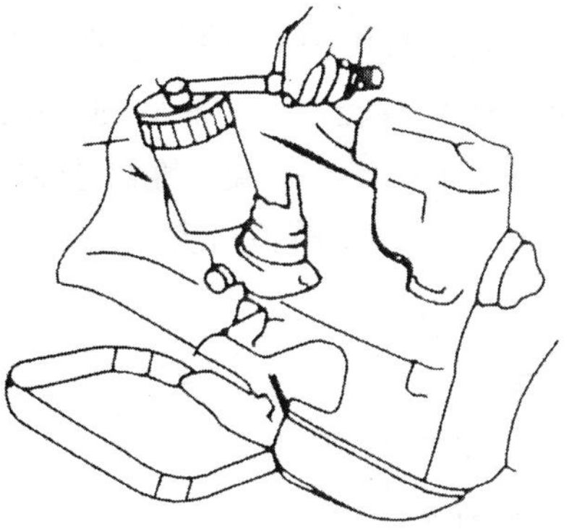

图 4-115　拆卸机油滤清器

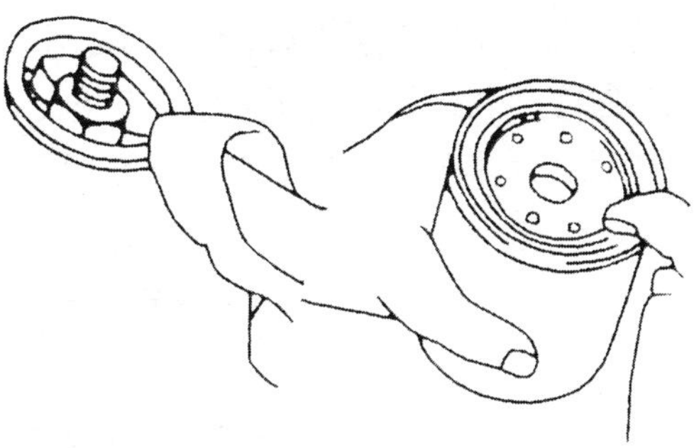

图 4-116　在密封圈上涂干净机油

4.8　冷却系统零件的拆卸与安装

4.8.1　冷却系统的作用、组成与工作原理

1．冷却系统的作用

发动机在工作过程中，汽缸与燃烧室内的气体温度可高达 2073 ~ 2273K。直接与气体接触的缸体、缸盖、活塞和气门等，在高温的作用下会因热膨胀而破坏正常间隙，导致运动件运动受阻或者卡死；各机件会因高温导致机械强度降低甚至损坏；润滑油会因高温失效而失去润滑作用等。因此，必须在发动机上设置冷却系统，在发动机工作过程中对上述高温机件进行冷却，保证发动机的正常工作。

冷却系统的作用是使发动机在任何工况下高温机件都能得到适度的冷却，使发动机始终在最适宜的温度范围内工作。同时，冷却系统还为暖风系统提供热源。

2．冷却系统的组成

目前，汽车发动机上广泛采用水冷系，如图 4-117 所示。它利用冷却水吸收高温机件的热量，再将这些吸收了热量的冷却水送至散热器，通过散热器将热量散发到大气中。水冷系冷却可靠，冷却强度调节方便，在工作中冷却液损失较少。在发动机正常工作时，可使缸盖内的冷却水温度维持在 353 ~ 363K（80 ~ 90℃）。

POLO 轿车发动机冷却系为密封强制循环式水冷系。冷却系主要由冷却液泵、散热器、节温器、热敏开关、冷却风扇、膨胀散热器及水管等组成（图 4-118）。

3．冷却系统的工作原理

冷却系统的冷却强度可通过节温器和温控风扇调节。节温器调节冷却液的冷却能力，温控风扇调节流经散热器的冷却空气量。

冷却液轴向进入水泵后，经叶轮径向直接流进机体水套，然后流入汽缸盖水套。此后，冷却液分两路循环，一路是大循环：冷却液流经散热器冷却后，进入装在机体水泵进口处的节温器流向水泵进口；另一路是小循环：冷却液直接进入节温器后的水泵进口，不经散热器冷却。当冷却液的温度低于 85℃时，进行小循环；当冷却液温度高于 85℃时，部分冷却液进行大循环；当冷却液温度达到 105℃时，全部冷却液进行大循环。

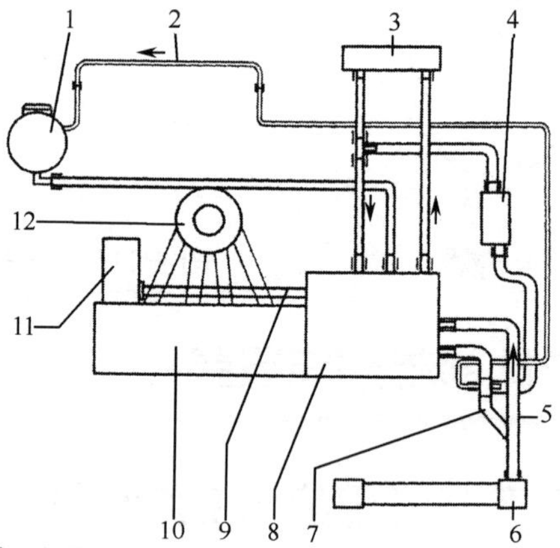

1—储液罐；2—冷却液管；3—供暖装置的热交换器；4—变速器油冷却器（只对于自动变速器）；5—下部冷却液软管；6—散热器；7—上部冷却液软管；8—制冷剂调节器壳体；9—冷却液管；10—缸盖；11—；12—

图 4-117　发动机冷却系

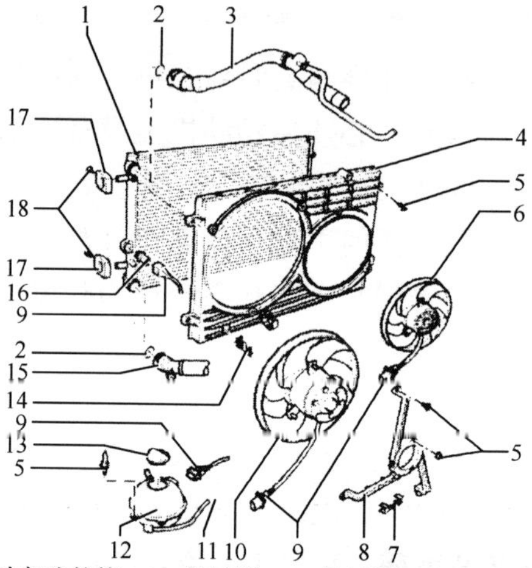

1—散热器；2—O 形环；3—上部冷却液软管；4—集风罩；5—集风罩螺栓；6—辅助风扇；7—固定夹；8—支架；9—连接插头；10—散热器风扇门；11—连接至制冷剂调节器壳体；12—储液罐；13—密封盖；14—支架；15—下部冷却液软管；16—热敏开关；17—支架；18—支架螺栓

图 4-118　POLO 轿车发动机冷却系的结构

4.8.2 冷却系统的主要零件结构

1. 冷却风扇

冷却系有两套风扇，即散热器风扇及其辅助风扇，分别用两个直流电动机驱动，提高了系统的可靠性。风扇电动机的工作时刻和转速由位于散热器上的热敏开关控制。只有当发动机温度上升使冷却液温度达到规定值时，散热器风扇才会以一挡转速工作。当冷却液温度进一步升高时，电动机会驱动辅助风扇，并使两风扇以二挡转速工作。当发动机温度下降时，热敏开关自动断开，散热器风扇停转，但空调压缩机工作时，风扇常转。

2. 冷却水箱

散热器芯由许多冷却管和散热片组成。对于散热器芯来说，应该有尽量大的散热面积，采用散热片就是为了增加散热器芯的散热面积。

发动机工作时，进入上贮水室的高温冷却水通过冷却管流向下贮水室的过程中，被从散热器芯缝隙中流过的空气流冷却，温度降低后又在水泵的抽吸作用下进入水套循环使用。

汽车发动机都采用闭式水冷系。这种水冷系广泛采用具有蒸气阀和空气阀的散热器盖，其结构如图 4-119 所示。蒸气阀在弹簧的作用下，紧紧地压在加水口，密封散热器。在蒸气阀中央设有空气阀，弹簧使其处于关闭状态。由于这两个阀门的作用，不但可以提高冷却水的沸点（达 108 ~ 120℃），还可防止当散热器内水量减少或压力降低时冷却管被大气压瘪。

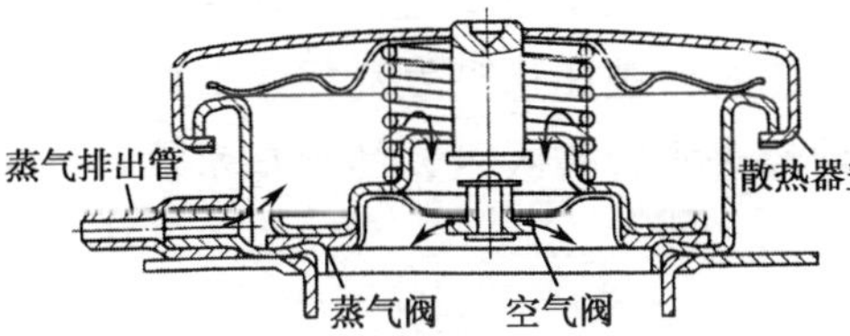

（a）空气阀开启

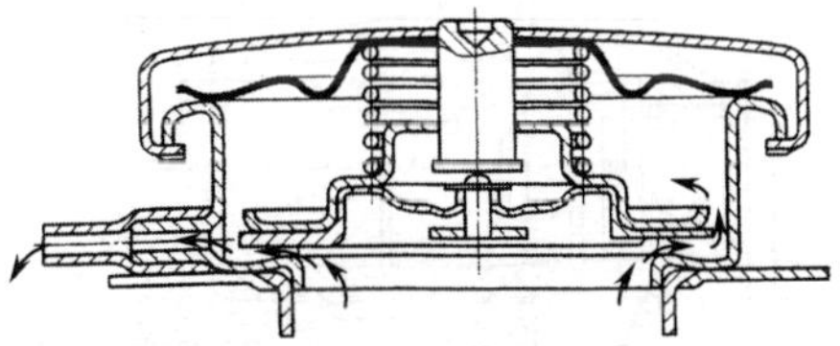
（b）蒸气阀开启

图 4-119　散热器盖的结构

3. 节温器

节温器是控制发动机冷却液大小循环的阀门。其安装位置如图 4-120 所示。

当发动机为冷态或温度较低时，冷却液进行循环，不经过散热器。当冷却液温度达 85℃时，节温器开始打开，冷却液经过散热器进入大循环。当冷却液温度达到 105℃时，节温器全部打开。

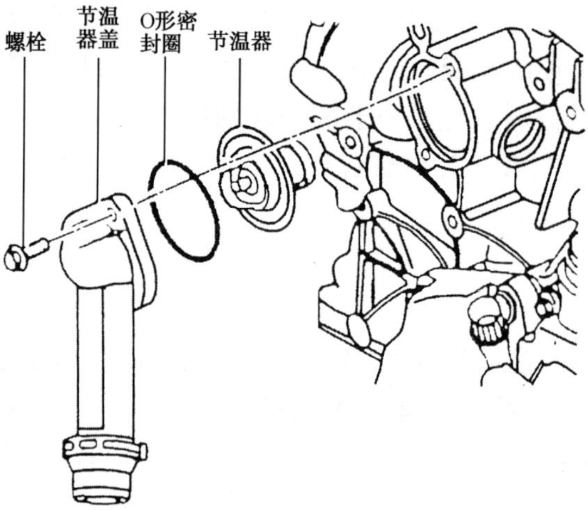

图 4-120　节温器的安装位置

4．冷却水泵

汽车发动机都采用离心式水泵。它体积小，出水量大，工作可靠。

水泵的结构如图 4-121 所示。叶轮固定在水泵轴上，水泵壳体装于发动机缸体上。当散热器内充满冷却水时，水泵壳体内也充满了冷却水。叶轮随水泵轴转动时，水泵中的冷却水被叶轮带动一起旋转，并在本身离心力的作用下，向叶轮的边缘甩出，然后经外壳上与叶轮成切线方向的出水管被压送到发动机水套内。与此同时，叶轮中心处压力降低，散热器中的冷却水便经进水管被吸入，使冷却水循环起来。

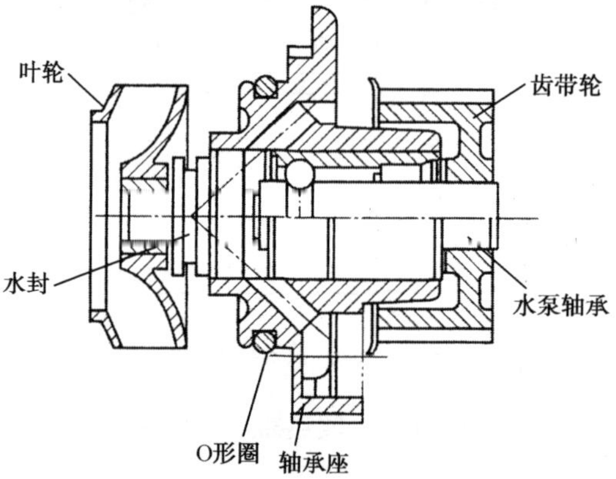

图 4-121　水泵的结构

4.8.3　冷却系统主要零件的拆装实做

1．拆卸散热器

（1）拆卸前部保险杠，将锁支架放于维修位置。

（2）排放冷却液，从散热器上拔出冷却液管。

（3）拔出热敏开关和散热器风扇连接插头，旋出散热器固定螺钉，将散热器和风扇一起向下取出。

（4）注意空调制冷剂循环回路不允许打开，不能损坏冷凝器以及冷却液管和软管，应松脱冷却液管路定位夹圈，旋下散热器冷凝器并固定在锁支架上。

安装以逆序进行，并加注新冷却液。

2．拆装防冻液泵

1）拆卸防冻液泵

（1）排放防冻液。

（2）拆下主传动同步带。

（3）拆下导向轮，旋出导向轮螺栓。

（4）旋出后部同步带护罩螺栓并将其取出，再取出防冻液泵。

2）安装防冻液泵

（1）将防冻液泵装入汽缸体，并将固定螺栓连同后部齿轮护罩一起安装。

（2）用20N·m的力矩拧紧固定螺栓2，用10N·m的力矩拧紧固定螺栓1（图4-122）。

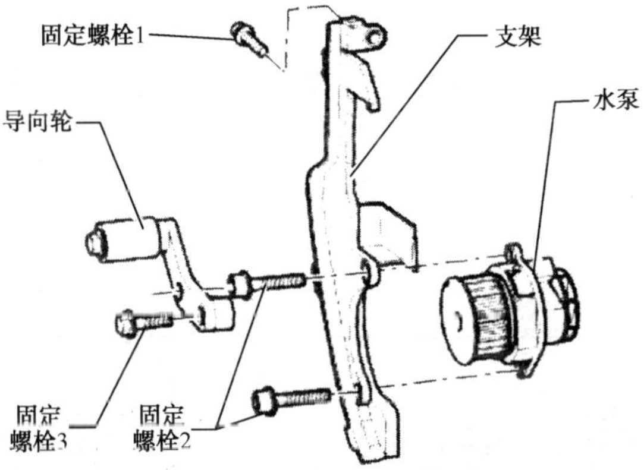

图4-122　安装水泵

（3）安装导向轮，并用50N·m的力矩拧紧固定螺栓3。

（4）安装张紧同步带。

（5）安装带筋V带。

（6）添加防冻液。

第5章 行驶系的结构与拆装

5.1 前悬架支柱总成的拆卸与安装

5.1.1 悬架的作用与组成

1. 悬架的作用

悬架是车架（或承载式车身）与车桥（或车轮）的传力连接装置。它把作用于车轮的垂直反力、纵向反力和侧向力以及这些反力产生的力矩传递到车架，并使车辆具有良好的乘坐舒适性、平顺性和稳定性。

2. 悬架的组成

汽车悬架一般都由弹性元件、减振器、导向杆系（下臂、稳定器和悬架臂等）三部分组成，如图 5-1 所示。

一些车辆上还要加装横向稳定器，如图 5-2 所示。

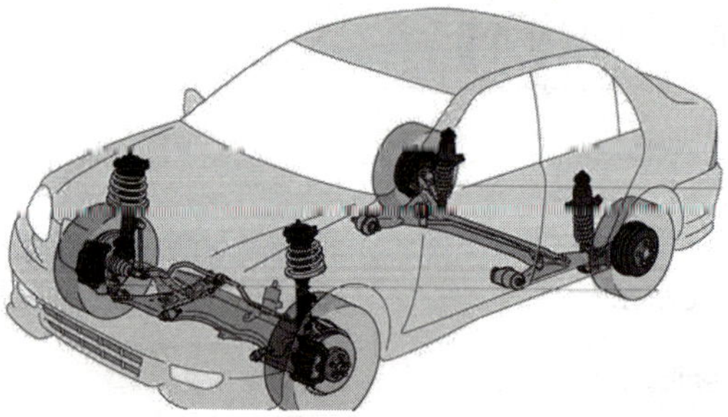

图 5-1 悬架的组成

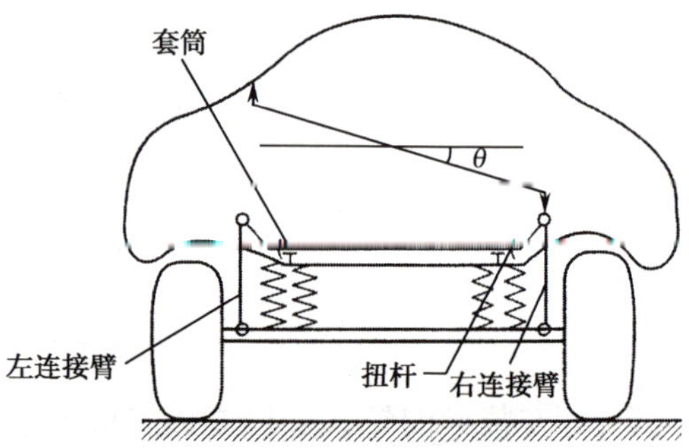

图 5-2 横向稳定器

5.1.2 前悬架支柱总成的拆装实做

1. 前悬架支柱总成的拆卸

（1）拆卸支柱上盖（图 5-3）和螺母。

（2）举升并妥善支承车辆。

（3）拆卸车轮。

（4）在装备防抱死制动系统（ABS）的车辆上，从支柱总成上断开 ABS 传感器线路。

（5）从支柱总成的固定架上拆卸制动油管。

（6）拆卸支柱总成螺母，如图 5-4 所示。

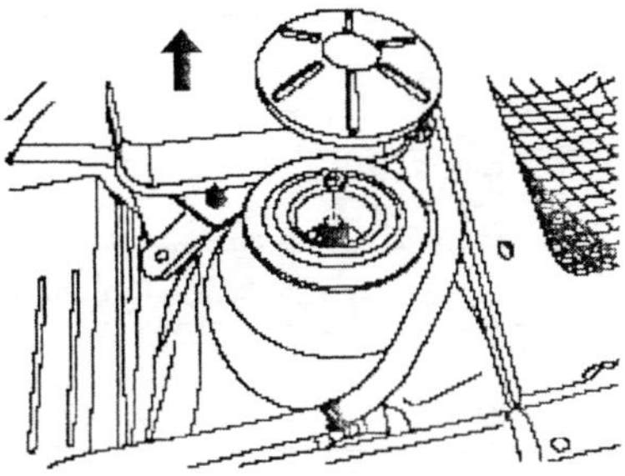

图 5-3 拆卸支柱上盖

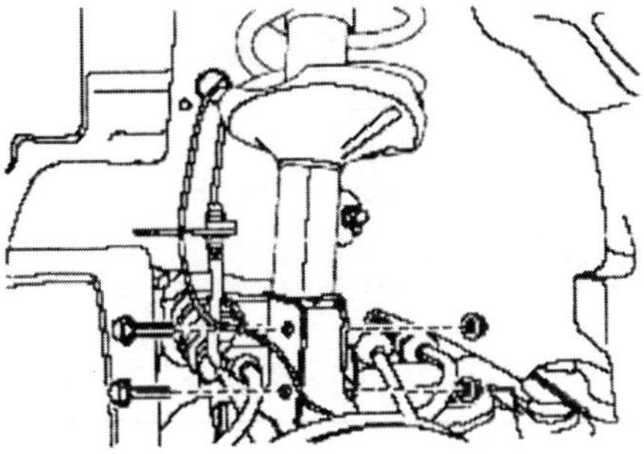

图 5-4 拆卸支柱总成螺母

（7）断开稳定连杆，如图 5-5 所示。

（8）拆卸转向节至支柱总成螺母和螺栓（图 5-6），以便断开转向节。

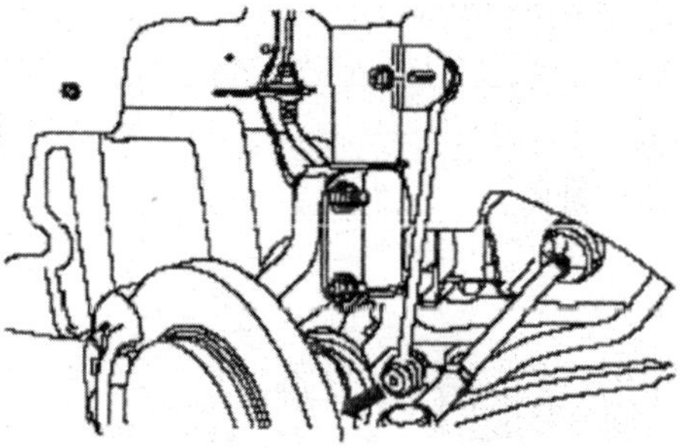

图 5-5 断开稳定连杆

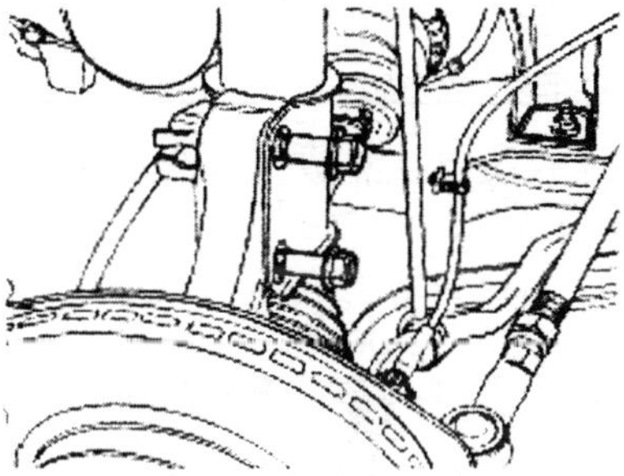

图 5-6 拆卸转向节至支柱总成螺母和螺栓

（9）拆卸支柱总成，如图 5-7 所示。

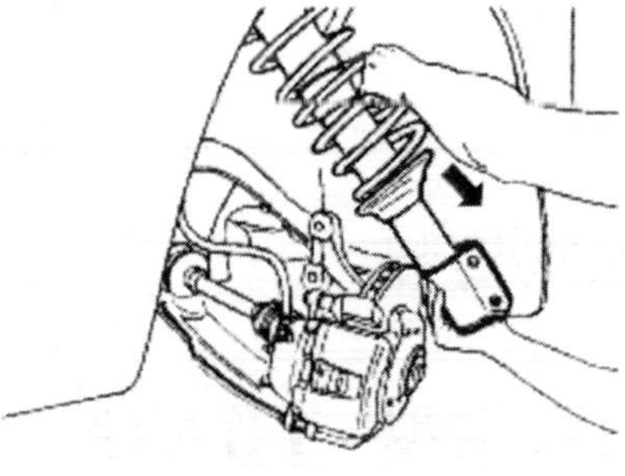

图 5-7 拆卸支柱总成

2．前悬架支柱总成的安装

（1）安装支柱总成，如图 5-8 所示。

（2）安装转向节至支柱总成螺母和螺栓（图 5-9），将支柱总成连接到转向节上。紧固转向节至支柱总成螺母和螺栓至 120N · m。

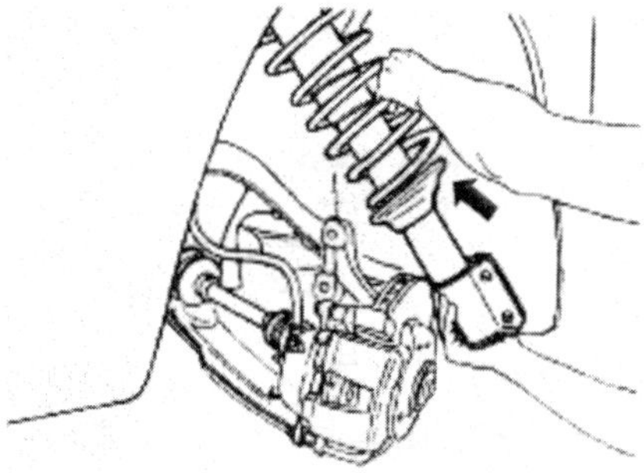

图 5-8　安装支柱总成

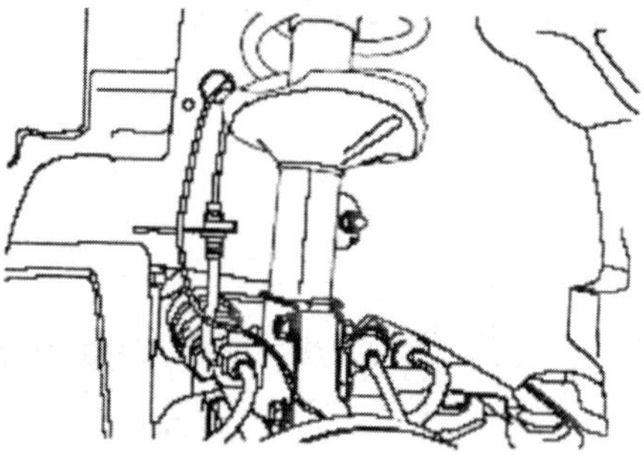

图 5-9　安装转向节至支柱总成螺母和螺栓

（3）连接稳定连杆至支柱总成螺母，将稳定连杆连接到支柱总成上，如图 5-10 所示。紧固稳定连杆至支柱总成螺母至 47N · m。

（4）将制动器油管安装到支柱总成固定架上。

（5）在装备防抱死制动系统的车辆上，将 ABS 传感器线路连接到支柱总成上。

（6）安装车轮。

（7）降下车辆。

（8）安装支柱总成至车身的固定螺母，如图 5-11 所示。紧固支柱总成至车身的固定螺母至 65N · m。

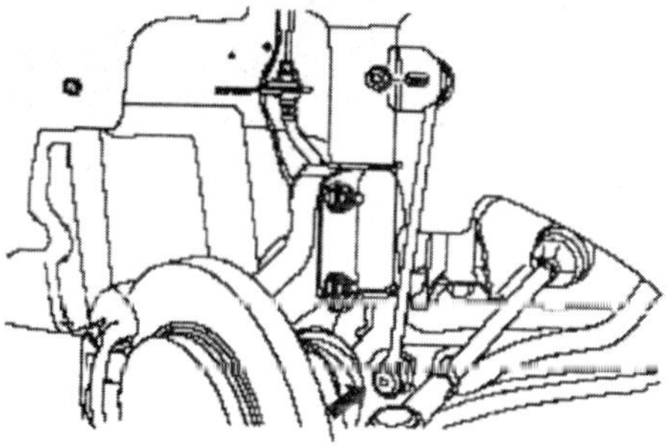

图 5-10　将稳定连杆连接到支柱总成

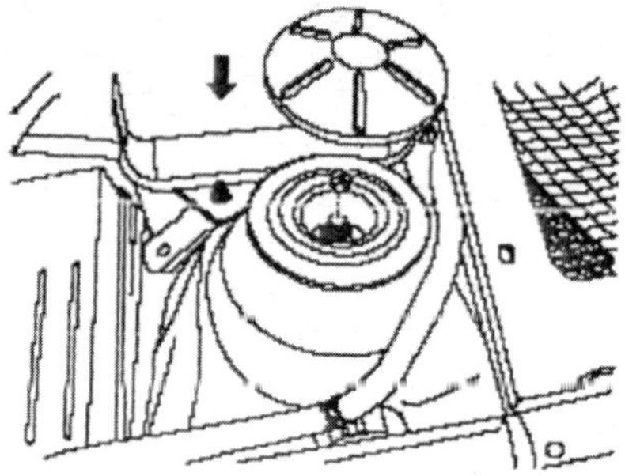

图 5-11　安装支柱总成至车身的固定螺母

5.2　减振器的拆卸与安装

5.2.1　减振器的作用、类型与工作原理

1. 减振器的作用

通过减振器自身的运动消耗弹簧变形储存的能量，将其变为热能，并散发到空气中，以衰减弹簧的振动。

2. 减振器的类型

1）按工作方式分类

可分为单向减振器和双向减振器。

2）按结构形式分类

可分为单筒减振器和双筒减振器。

3）按阻尼是否可调分类

可分为阻尼可调式和阻尼不可调式减振器。

4）按工作介质分类

可分为油液减振器和气体减振器。

双向筒式减振器是指在压缩和伸张两行程内均能起减振作用的减振器。此类减振器由贮油筒、工作缸、活塞连杆总成、底阀、导向器、防尘罩等组成，如图 5-12 所示。

双向筒式减振器有四个阀：伸张阀、补偿阀、压缩阀和流通阀。伸张阀和压缩阀分别是伸张行程和压缩行程的卸载阀；补偿阀和流通阀分别在伸张和压缩行程中补偿油液，避免上下腔中出现真空。

3. 减振器的工作原理

1）压缩行程（活塞向下移动）

活塞下方腔室容积减少，油压升高，油液通过流通阀流入上方腔室，如图 5-13 所示。

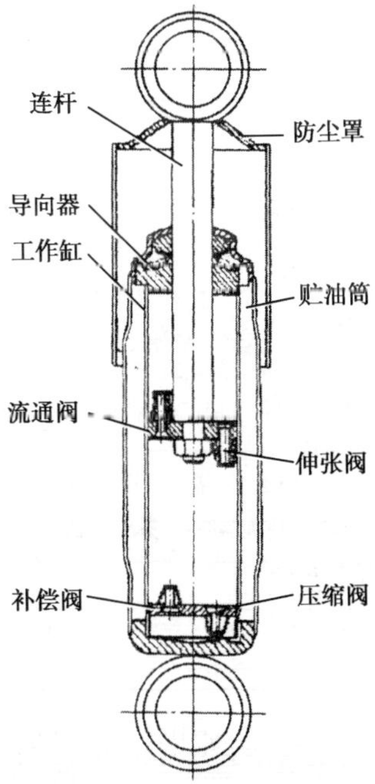

图 5-12　双向筒式减振器

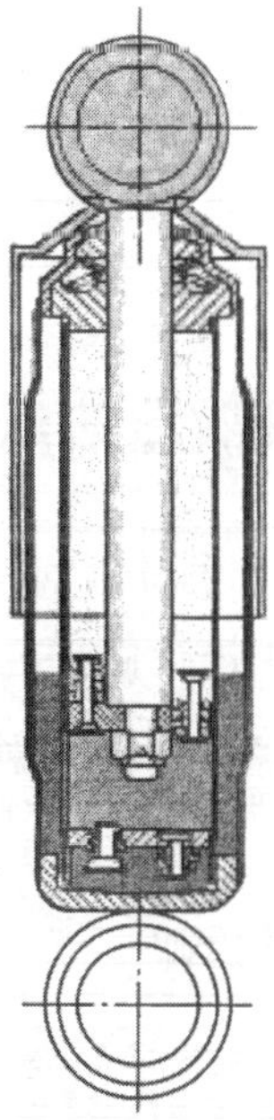

图 5-13　减振器压缩行程

由于上腔室增加的容积小于下腔室减小的容积，另一部分油液经支承座上端面的常通油道流入贮油筒。

当相对速度过大时，油液推开流通阀，增大流通截面。

2）伸张行程（活塞向上移动）

活塞上方腔室容积减少，油压升高，油液通过流通阀三个缺口流入下腔，贮油筒的油液经补偿阀流入下腔室进行补偿，如图 5-14 所示。

当相对速度过大时，油液推开伸张阀，增大流通截面。

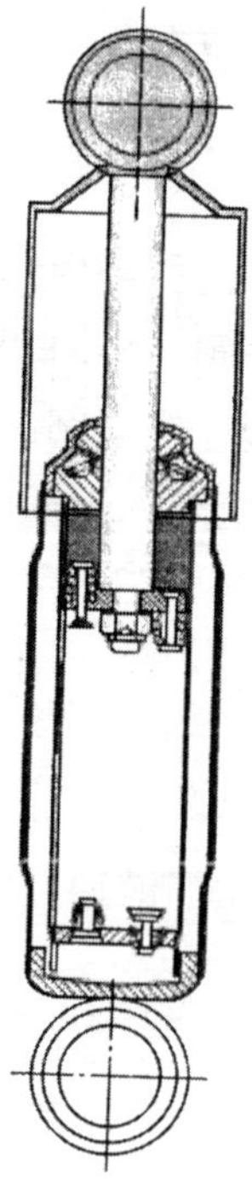

图 5-14　减振器伸张行程

5.2.2　减振器的拆装实做

在车辆行驶过程中，如减振器发出异常的响声，则说明该减振器已损坏，必须更换（一般减振器是不进行修理的）。减振器若有轻微的渗油现象，则不必调换；若出现漏油多的现象，则必须推拉减振器活塞杆，通过拉伸和压缩减振器来检查，漏出的减振器油不能再加入减振器内重新使用。漏油的减振器不能再使用。

1．减振器的拆卸

（1）用拉具压住弹簧座，压缩压紧弹簧（图 5-15）。如果没有 VAG1403 工具，可用 VW340 代替。

（2）松开开槽螺母，放松弹簧，可以用扳手阻止活塞杆的转动以松开螺母，如图 5-16 所示。

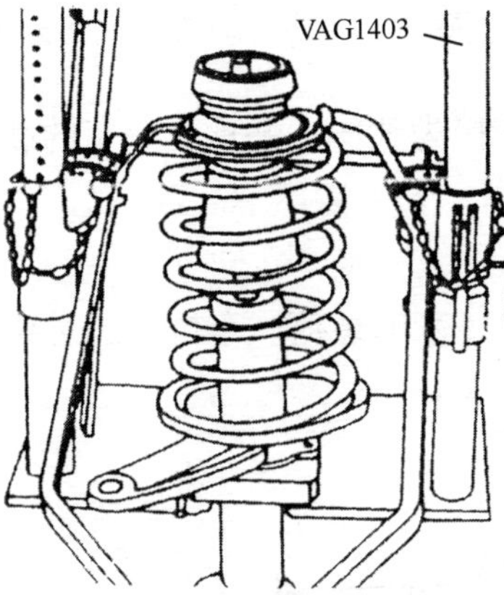

图 5-15 压缩压紧弹簧

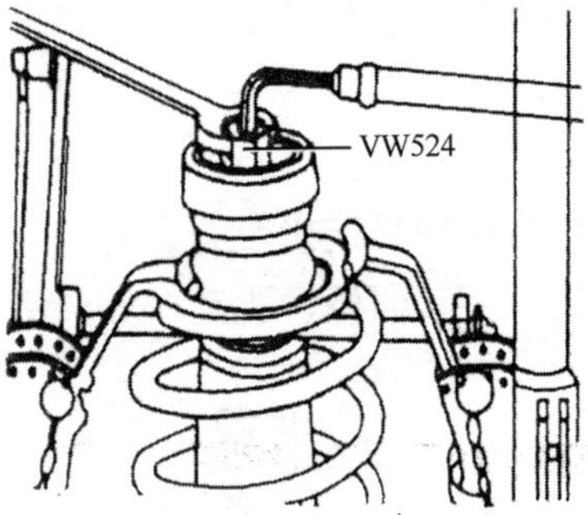

图 5-16 松开开槽螺母，放松弹簧

（3）拆卸减振器，如图 5-17 所示。

2. 减振器的安装

减振器的安装顺序与拆卸顺序相反。

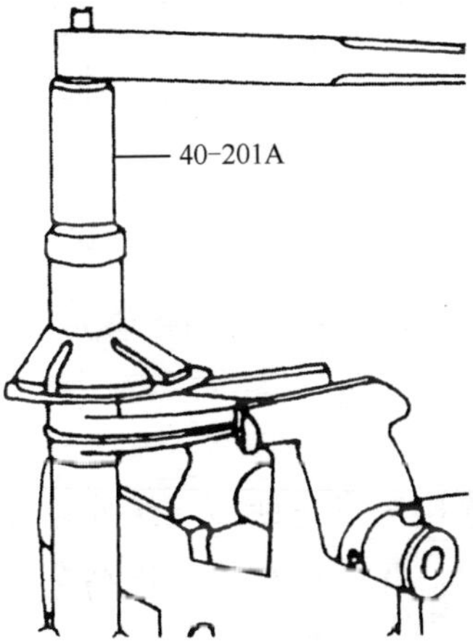

图 5-17 拆卸减振器

5.3 轮毂轴承的拆卸与安装

5.3.1 轮毂和轮毂轴承的结构

1. 悬架

悬架的作用是将汽车行驶过程中车轮产生的力和力矩传递到车架，并通过弹性元件、阻尼元件、导向杆系衰减汽车的振动，提高车辆的操纵稳定性和平顺性。

2．车架

车架是全车装配的基体，将汽车各部分有机地连接为整体，并承受汽车的载荷。

3．车桥

车桥的作用是连接左右车轮，承受并传递由车轮传来的载荷。车桥通过悬架弹簧与车架连接，有转向桥、驱动桥、转向驱动桥之分（图 5-18）。

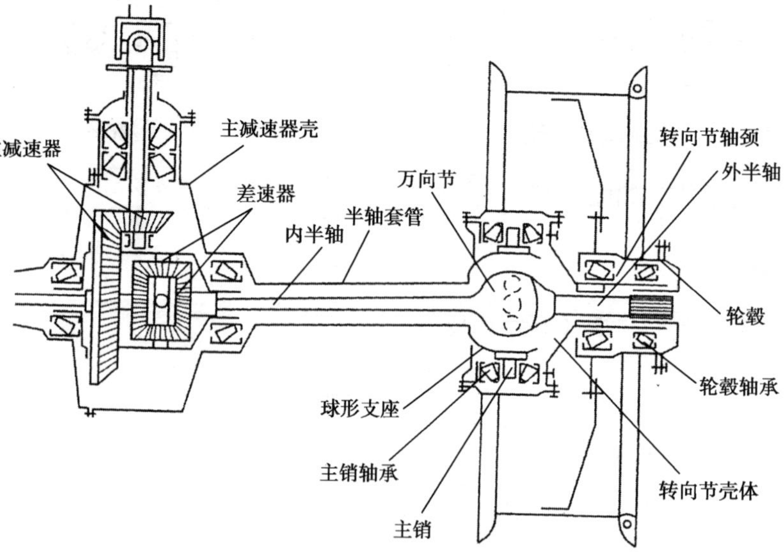

图 5-18　转向驱动桥

4．车轮

车轮的作用是支承整车，连接车身与地面；缓冲路面冲击载荷；产生驱动力和制动力；在汽车转弯时产生侧向抗力，并回正车轮；提高车辆的通过性。

5．轮毂和轮毂轴承

轮毂通过两个轮毂轴承安装在车桥上，轮毂和车轮由轮胎螺栓紧固在一起。

桑塔纳 2000 型轿车后桥桥架由一根 V 形冲压横梁和两根圆柱管状的悬架臂，以及内加强筋和外加强复板焊接而成，并通过安装在悬架臂前的带金属橡胶支承的支承座和后减振器支承杆座与车身相连接（图 5-19）。后桥轮毂（制动鼓）内侧轴承压在轮毂短轴上，带有密封圈，防止润滑脂漏出。外侧轴承靠在轴承挡上，并由自锁螺母锁紧。轮毂短轴凸缘用 4 个螺栓固定在悬架臂总成的轴端支承面上。轮毂和车轮由轮胎螺栓紧固在一起。

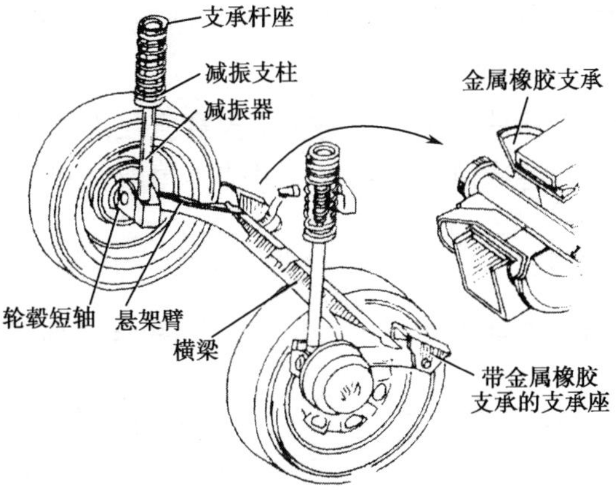

图 5-19　桑塔纳 2000 型轿车后桥

5.3.2　后桥轮毂轴承的拆装实做

1. 后桥轮毂轴承的拆卸

（1）用千斤顶支起后轮，撬下后轮毂盖。取下开口销及开槽垫圈，拧下六角螺母，取出止推垫圈。

（2）拆下一个车轮螺栓，用螺丝刀通过车轮螺栓孔向上拨动楔形块，使制动蹄摩擦片与制动鼓放松，如图 5-20 所示。

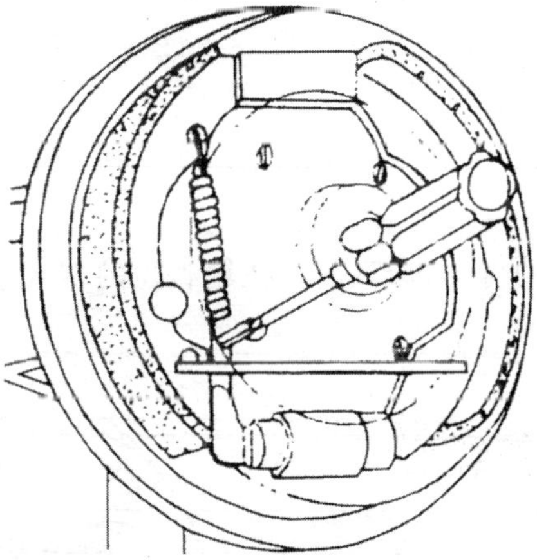

图 5-20　拨松制动蹄摩擦片与制动鼓

（3）拉出车轮和制动鼓，并带出车轮外轴承。

（4）取出车轮内轴承和油封，用铜冲头敲出内、外轴承外圈。

2. 后桥轮毂轴承的检查

（1）检查轴承或座圈，如有损坏应更换新件。

（2）检查制动鼓表面磨损情况（图 5-21），如果磨损严重或端面圆跳动大于 0.2mm，则应更换制动鼓。

（3）检查后轮毂短轴的弯曲情况。用游标卡尺和直尺沿圆周方向测量直尺和轴颈的距离。至少测量 3 点，比较各次测得的数据，差值不得超过 0.25mm，否则应更换短轴。

3. 后桥轮毂轴承的安装

（1）用专用工具将内、外轴承外圈压入轮毂，如图 5-22 所示。

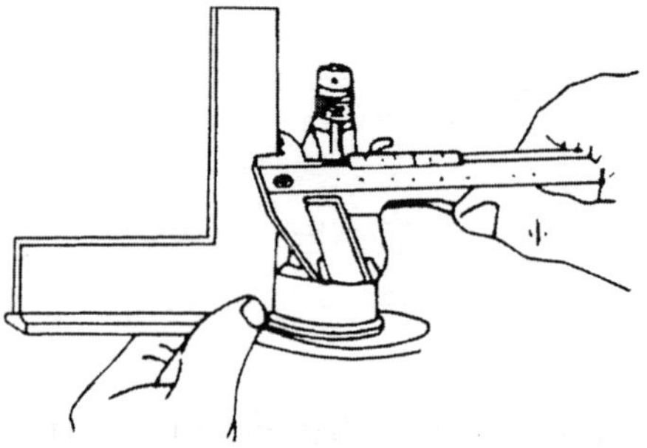

图 5-21　检查制动鼓表面磨损情况

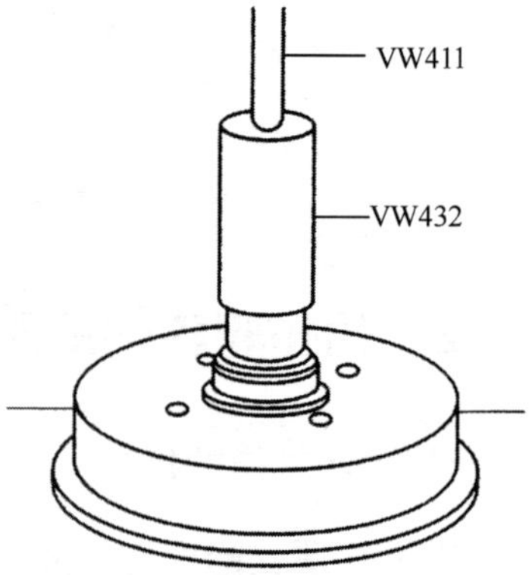

图 5-22　将外圈压入轮毂

（2）放上油封，用橡胶锤均匀地敲入。

（3）将内轴承装入，并涂以适量的锂基润滑脂。

（4）将制动鼓装入，如图 5-23 所示。注意不能使制动鼓内表面沾上油脂。

（5）装上外轴承和止推垫圈，旋上六角螺母。

（6）调整车轮轴承间隙，确保用一字螺丝刀在手指的加压下，刚好能够拨动止推垫圈，如图 5-24 所示。

（7）装上开槽垫圈，换上新的开口销，在轮毂盖内加入适量的润滑脂，用橡胶锤轻轻敲入。

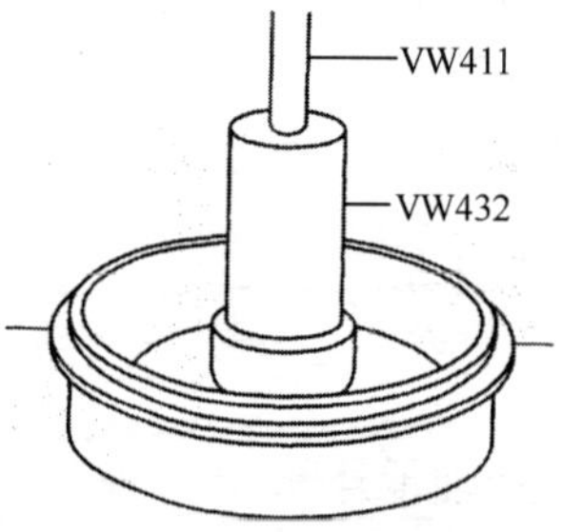

图 5-23　装入制动鼓

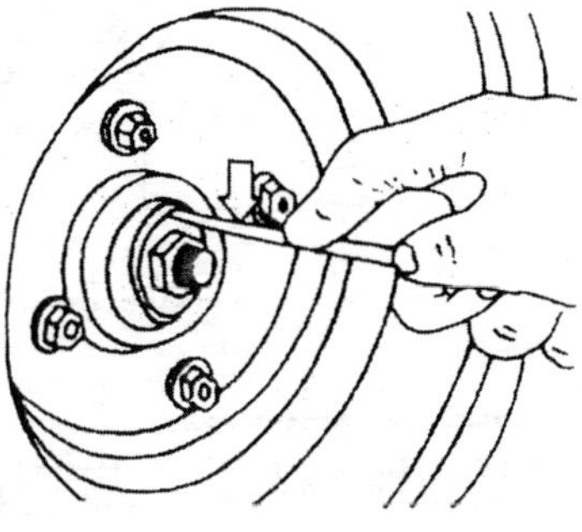

图 5-24　调整车轮轴承间隙

第6章　动力转向机构的结构与拆装

6.1　转向盘和转向柱的拆卸与安装

6.1.1　转向机构的作用与结构

汽车转向装置的作用是保证汽车按驾驶员的要求进行转向和正常行驶。转向装置分为机械式转向装置（所有的传力件都是机械零件）、动力转向装置（转向系统中增加动力转向装置）、电控动力转向装置（转向系统中增加电控装置，实现可变助力）等。

1．机械式转向装置的基本构成

机械式转向装置的结构，如图 6-1 所示。

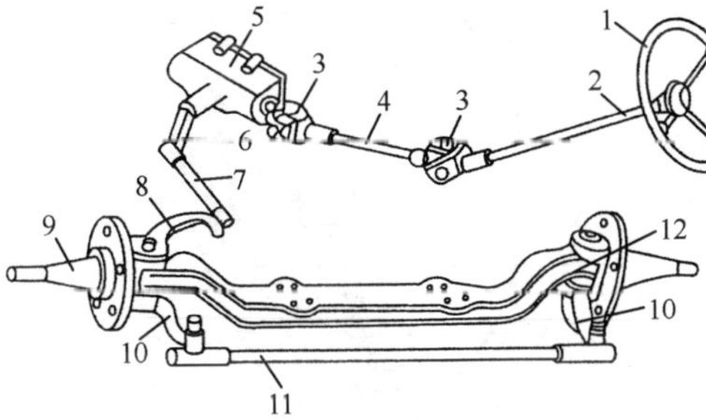

1—转向盘；2—转向柱；3—转向万向节；4—转向传动轴；5—转向器；6—转向摇臂；7—转向直拉杆；8—转向节臂；9—转向节；10—梯形臂；11—转向横拉杆；12—转向轴

图 6-1　机械式转向装置的结构

2．转向盘

转向盘由轮缘、轮辐、轮毂组成。

1）3 辐式转向盘

3 辐式转向盘，如图 6-2 所示。

2）4 辐式转向盘

4 辐式转向盘，如图 6-3 所示。

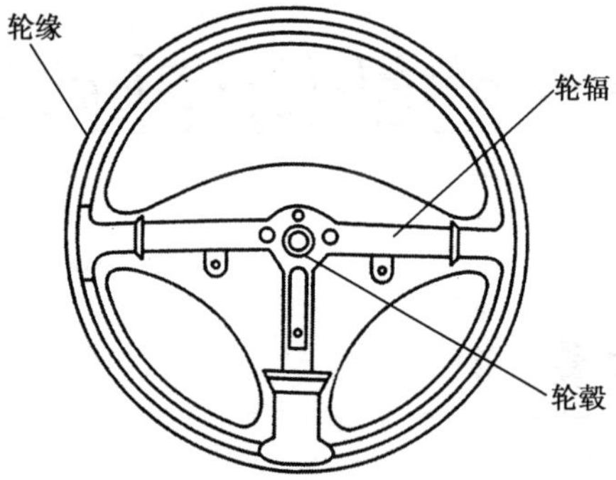

图 6-2　3 辐式转向盘

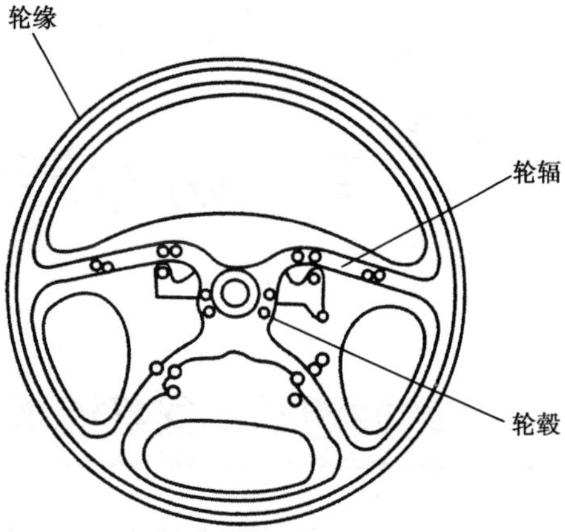

图 6-3　4 辐式转向盘

在汽车发生碰撞时，转向盘骨架应该发生变形，以吸收碰撞的能量，如图 6-4 所示。

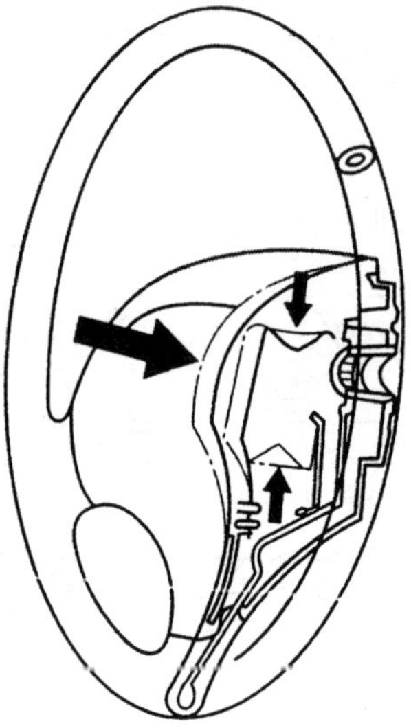

图 6-4　转向盘变形吸收碰撞能量

3. 转向柱

转向柱由把方向盘的转动传送到转向机的转向主轴和固定主轴的柱管组成。

现代汽车的转向柱大多装有碰撞吸能机构，该机构吸收推力，否则在撞击时该推力将会施加到驾驶员身上。某些车辆上的转向主轴还装有转向锁定机构、倾斜转向机构、伸缩式转向机构等控制系统，在汽车紧急制动或发生撞车事故时吸收冲击能量，减轻或防止对驾驶员的伤害。

碰撞吸能转向柱的类型有：弯曲托架式转向柱、网格状吸能转向柱、波纹管式吸能转向柱、分开式安全转向柱和轴向伸缩式转向柱等。

1）弯曲托架式转向柱

转向柱壳体在第一次碰撞过程中产生移动，中间轴收缩，这样可减少转向柱和转向盘伸进客厢的机会，如图 6-5（a）所示；第二次撞击中把碰撞动能传递给转向盘时，碰撞吸能机构和驾驶员安全气囊可帮助吸收碰撞动能，如图 6-5（b）所示。

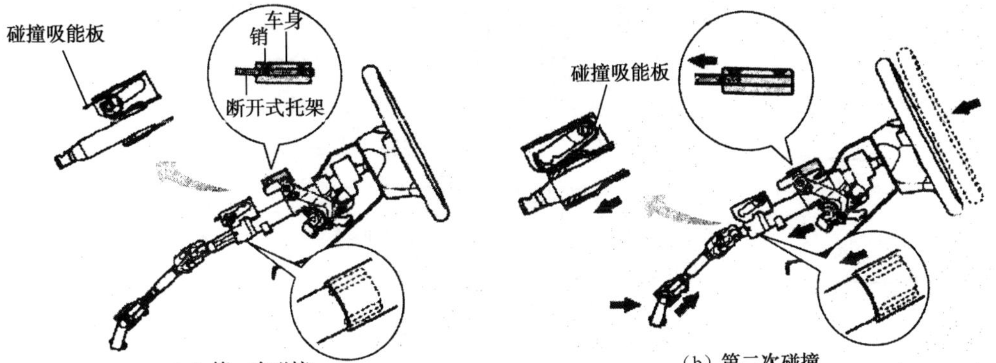

（a）第一次碰撞　（b）第二次碰撞

图 6-5　弯曲托架式转向柱

另外，断开式托架和下托架分离，使整个转向柱向前移动。此时，碰撞吸能板变形，帮助吸收第二次撞击的碰撞动能。

2）网格状吸能转向柱

网格状吸能转向柱，如图 6-6 所示。

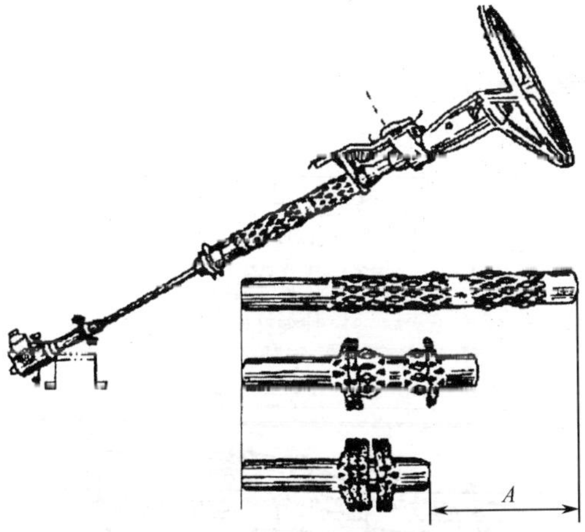

图 6-6　网格状吸能转向柱

3）波纹管式吸能转向柱

波纹管式吸能转向柱，如图 6-7 所示。

4）分开式安全转向柱

分开式安全转向柱，如图 6-8 所示。

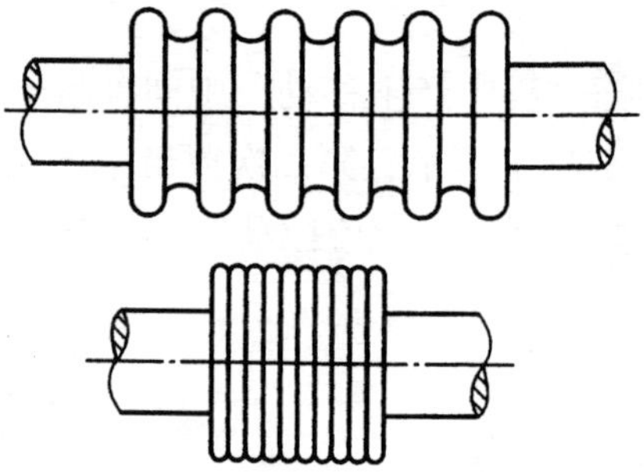

图 6-7　波纹管式吸能转向柱

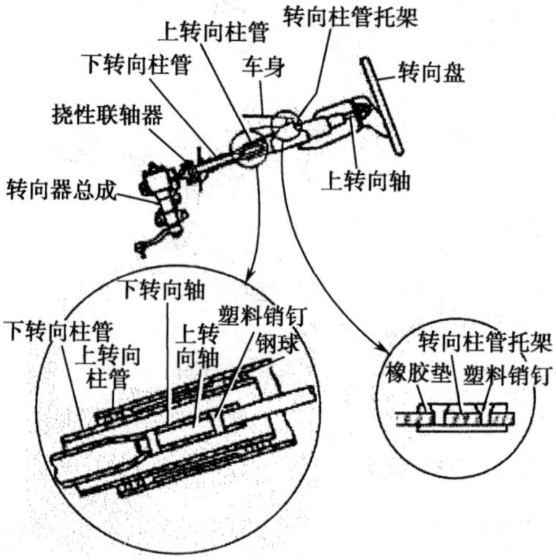

图 6-8　分开式安全转向柱

5）轴向伸缩式转向柱

轴向伸缩式转向柱，如图 6-9 所示。

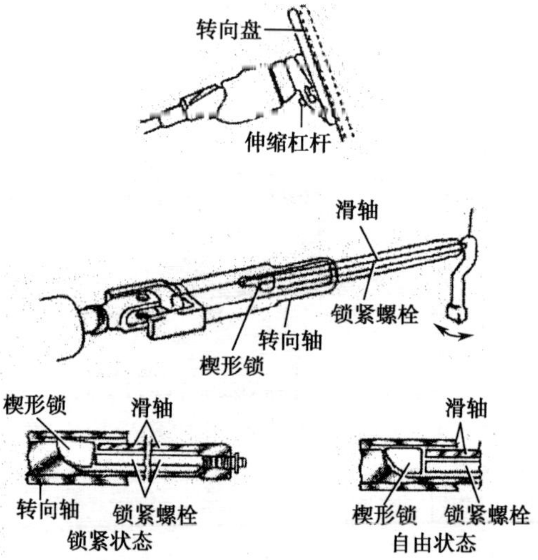

图 6-9　轴向伸缩式转向柱

6.1.2　转向机构的拆装实做

1．转向盘的拆装

汽车发生碰撞导致气囊展开时，必须更换气囊模块、螺旋弹簧等附加充气保护装置部件（注意操作时需要戴好手套和护目镜）。

1）转向盘的拆卸

（1）断开蓄电池负极电缆，如图 6-10 所示。

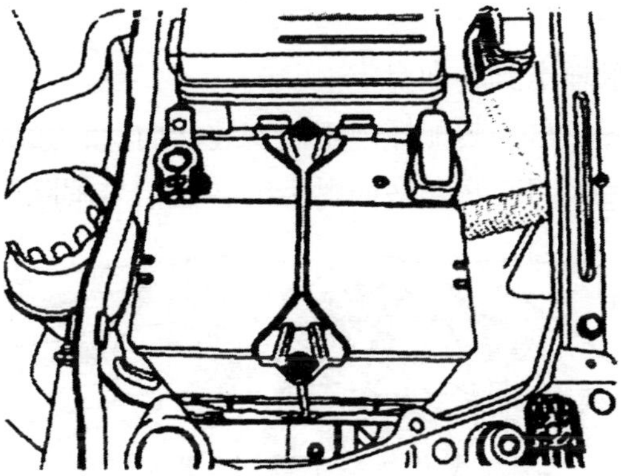

图 6-10　断开蓄电池负极电缆

（2）拆卸附加充气保护装置部件。

拆卸两个驾驶员气囊模块安装螺栓并报废，从驾驶员气囊模块上拆卸连接器，然后拆卸驾驶员气囊模块，如图 6-11 所示。

图 6-11　拆卸气囊模块

（3）拆卸转向盘螺母和固定卡夹。为正确安装转向盘，应做好转向主轴到转向盘的装配标记。

（4）用指定的方向盘拔出器（KM-210-A）拆卸方向盘，如图 6-12 所示。

（5）必要时松开方向盘上的接触环。

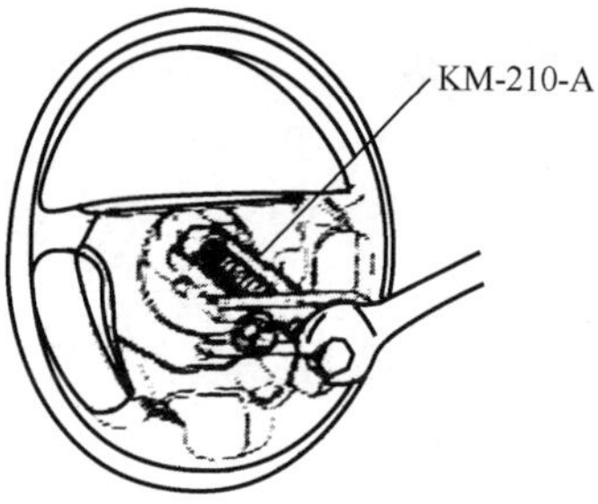

图 6-12　拆卸方向盘

2）转向盘的安装

（1）必要时，将接触环卡到转向盘上。

（2）按转向主轴到转向盘的装配标记正确安装转向盘，如图 6-13 所示。对准转向盘和转向主轴上的装配标记，向左转动转向盘上的转向信号解除凸轮。

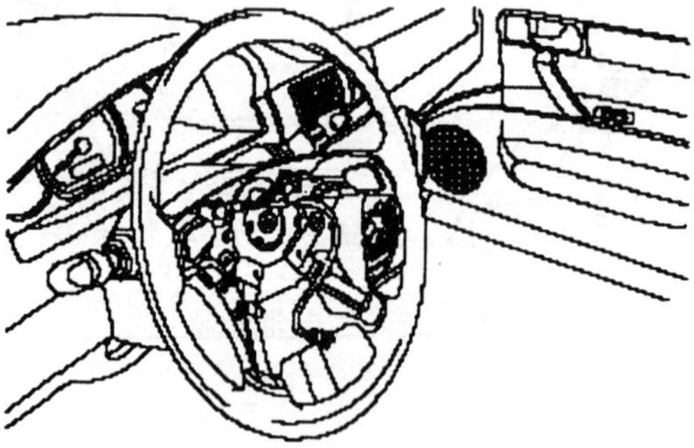

图 6-13　安装转向盘

（3）安装固定卡夹和转向盘螺母。紧固转向盘螺母至 38N · m。

（4）弯曲凸舌，以固定卡夹。

（5）安装附加充气保护装置部件。

安装驾驶员气囊模块（图 6-14），再安装连接器，最后安装两个新的驾驶员气囊模块安装螺栓。驾驶员气囊模块安装螺栓的紧固扭矩为 8N · m。

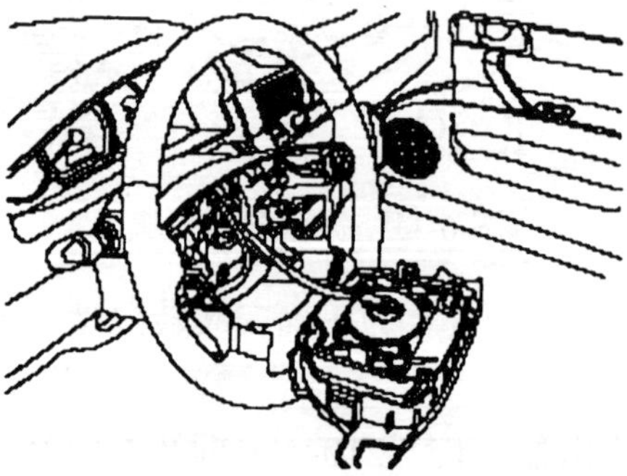

图 6-14　安装驾驶员气囊模块

（6）连接蓄电池负极电缆。

2. 转向柱的拆装

转向柱上装有一套组合开关，包括点火开关、前风窗刮水及清洗开关、转向灯开关和远近光变光开关。拆下转向盘后，拆下组合开关固定螺栓，取下开关。

注意：转向柱从车上拆卸后极易损坏。转向柱总成掉落或敲击转向轴会损坏转向轴，或导致保持转向柱刚性的注塑件松动。斜靠转向柱可导致其弯曲或变形。上述损坏都会影响转向柱的伸缩。

1）转向柱的拆卸

（1）断开蓄电池负极电缆（如气囊未展开，应等候1min以取消气囊功能）。

（2）拆卸下仪表装饰板。

（3）拆卸螺钉，以拆卸上、下转向柱盖板，如图6-15所示。

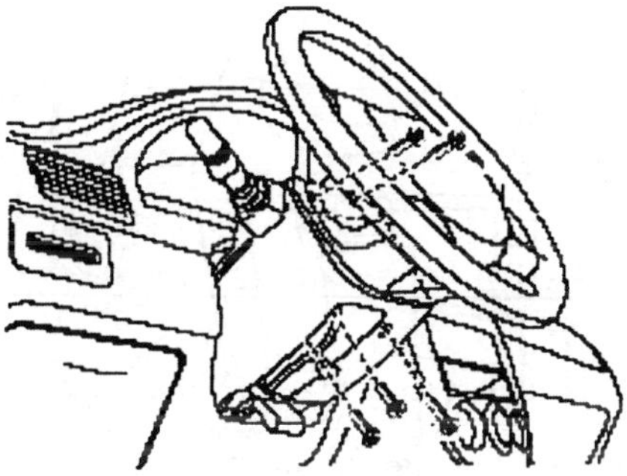

图6-15　拆卸上、下转向柱盖板

（4）拆卸开关操纵杆。

（5）拆卸阻断器模块。

（6）断开气囊电气连接器，如图6-16所示。

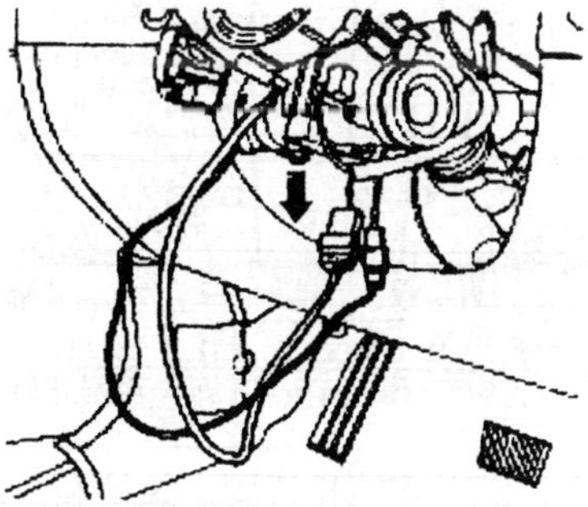

图6-16　断开气囊电气连接器

（7）断开点火开关电气连接器，如图6-17所示。

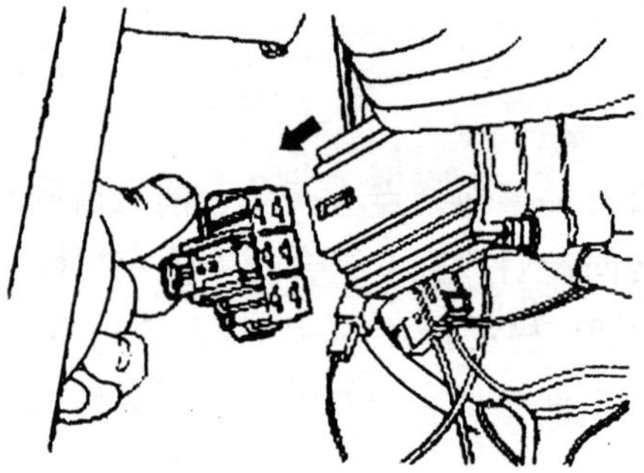

图 6-17　断开点火开关电气连接器

（8）将转向盘转到正前位置。

（9）从中间轴万向节上拆卸夹紧螺栓，如图 6-18 所示。

（10）断开车速传感转向系统的电气连接器。

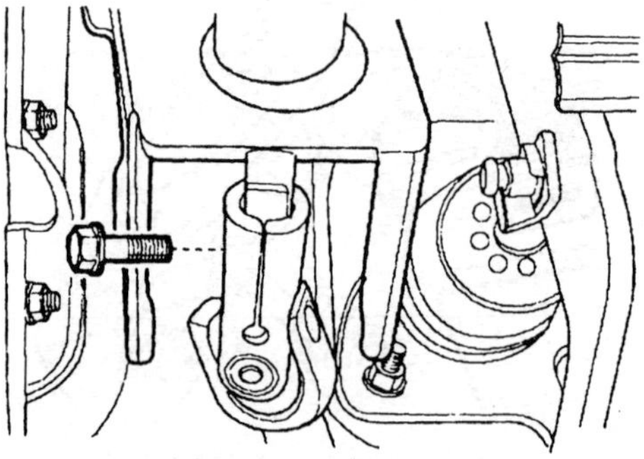

图 6-18　拆卸中间轴万向节夹紧螺栓

（11）拆卸转向柱衬套总成前托架固定螺栓和螺母，如图 6-19 所示。

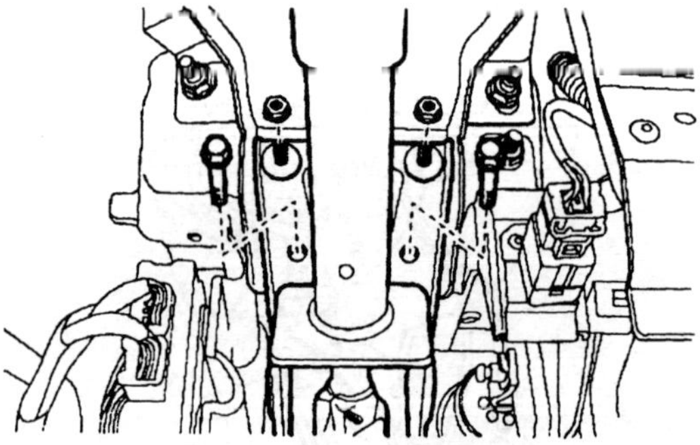

图 6-19　拆卸前托架固定螺栓和螺母

（12）拆卸转向柱衬套总成后托架固定螺母，如图 6-20 所示。

（13）从转向轴法兰中抽出转向柱总成并小心放置。

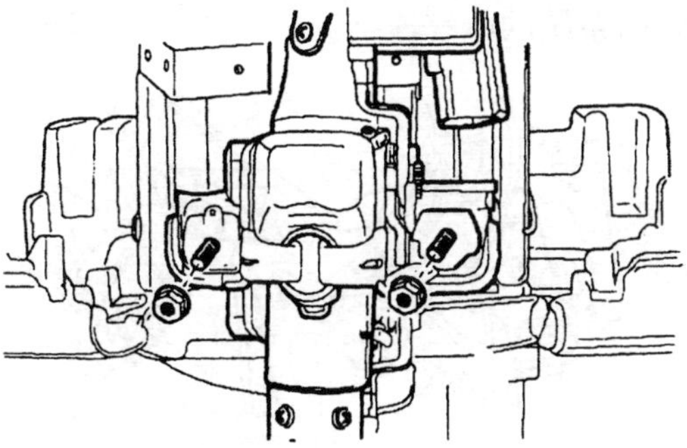

图 6-20　拆卸后托架固定螺母

2）转向柱的安装

为确保正确安装转向柱，务必将转向盘轮辐按对角线对中并朝下，且前轮处于正前位置。

（1）将转向轴小心导入中间轴万向节。支撑转向柱总成，直到安装螺母紧固。禁止使转向柱总成自由垂吊而无支撑。

（2）将夹紧螺栓安装到法兰不带螺纹的孔中。紧固转向轴万向节夹紧螺栓至 25N·m，如图 6-21 所示。

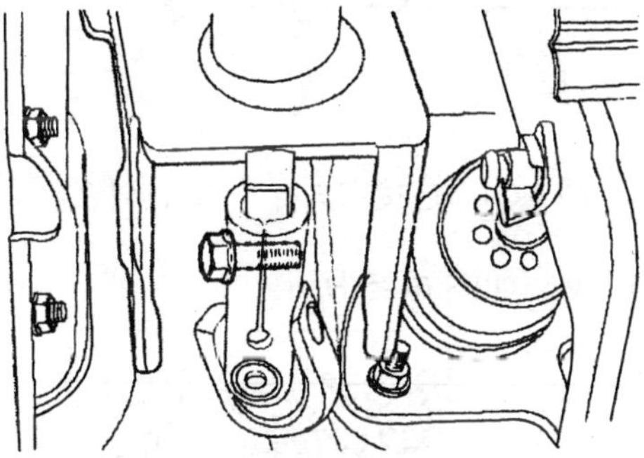

图 6-21　安装万向节螺栓

（3）安装转向柱衬套总成前托架螺栓和螺母，并紧固至 22N·m，如图 6-22（a）所示。

（4）安装转向柱衬套总成后托架螺母，并紧固至 22N·m，如图 6-22（b）所示。

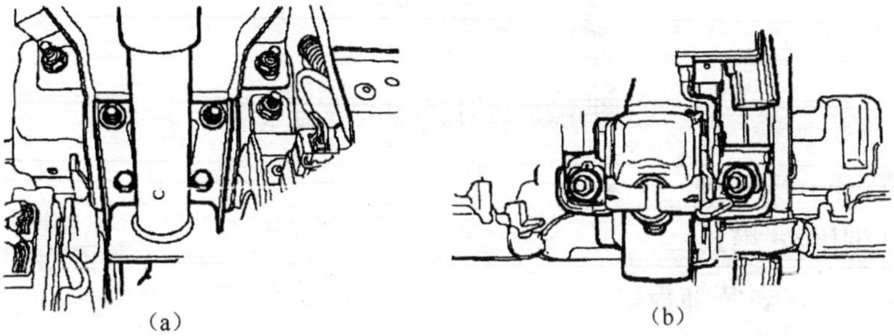

（a）　（b）

图 6-22　安装托架螺栓和螺母

（5）连接车速传感转向系统的电气连接器，如图 6-23 所示。

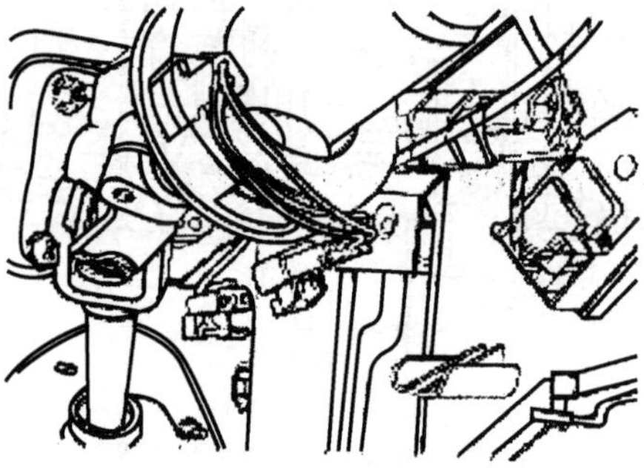

图 6-23　连接车速传感转向系统的电气连接器

（6）连接点火开关电气连接线，如图 6-24 所示。

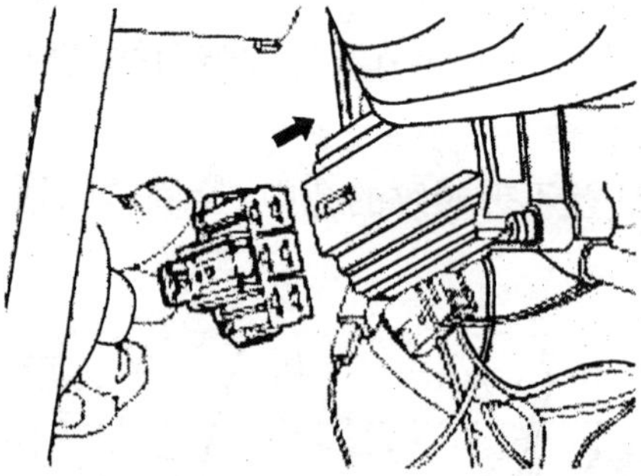

图 6-24　连接点火开关电气连接线

（7）连接气囊电气连接线，如图 6-25 所示。

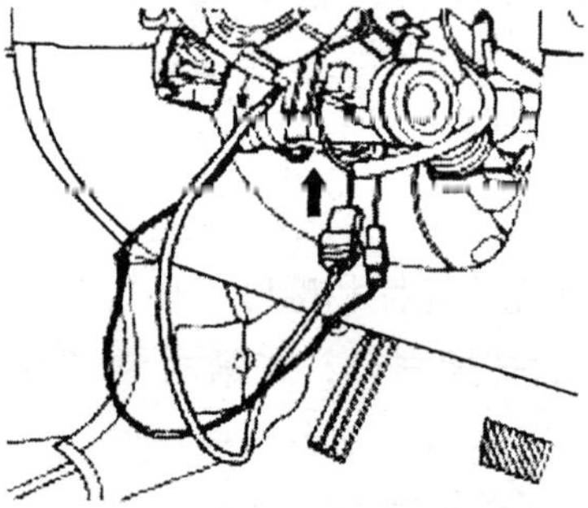

图 6-25　连接气囊电气连接线

（8）安装开关操纵杆。

（9）安装阻断器模块。

（10）安装下仪表装饰板。

（11）用螺钉安装上、下转向柱盖板，并紧固上、下转向柱盖板螺钉至 25N · m。

（12）检查方向盘是否处于正前位置。

（13）连接蓄电池负极电缆。

6.1.3　转向机构的调整

现在的轿车大多采用了可调整转向盘及转向柱等装置，使驾驶位置更为舒适，以减轻驾驶疲劳。常见的此类装置有以下几种。

1．倾斜转向机构（图 6-26）

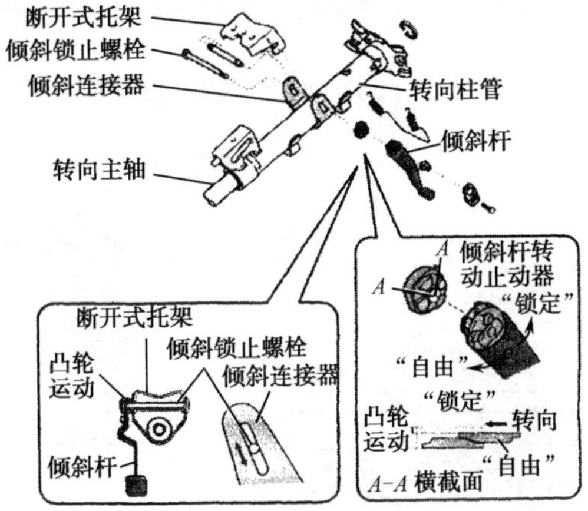

图 6-26　倾斜转向机构

倾斜转向机构可以用来选择转向盘的位置（以垂直方向）以匹配驾驶员的驾车姿式。倾斜转向机构可分为上支点式和下支点式两类。

倾斜转向机构一般由一对倾斜转动止动器、倾斜锁止螺栓、断开式托架和倾斜连接器等组成。

倾斜转动止动器的旋转与倾斜度调整手柄的操作一起进行。一方面，当倾斜度调整手柄处于锁定位置时，倾斜转动止动器的最高点向上抬起，顶到断开式托架和倾斜固定件，锁紧断开式托架和倾斜固定件。另一方面，把倾斜度调整手柄移动到自由位置上，消除倾斜转动止动器上的高度差，就可以在垂直方向调节转向柱。

2．伸缩转向机构（图 6-27）

伸缩转向机构可以向前或向后调整转向盘位置以匹配驾驶员的姿式。

伸缩转向机构由滑动轴管、两个楔形锁定块、止动器螺栓、伸缩调整杆等组成，如图 6-28 所示。

楔形锁定块的移动和伸缩调整杆的操作同时进行。一方面，当楔形锁定块处于锁定位置时，伸缩调整杆就压住楔形锁定块顶到滑动轴管上，锁定滑动轴管。另一方面，当把伸缩调整杆移动到自由位置时，在楔形锁定块与滑动轴管之间有间隙，并且可以把转向柱向前或向后调节。

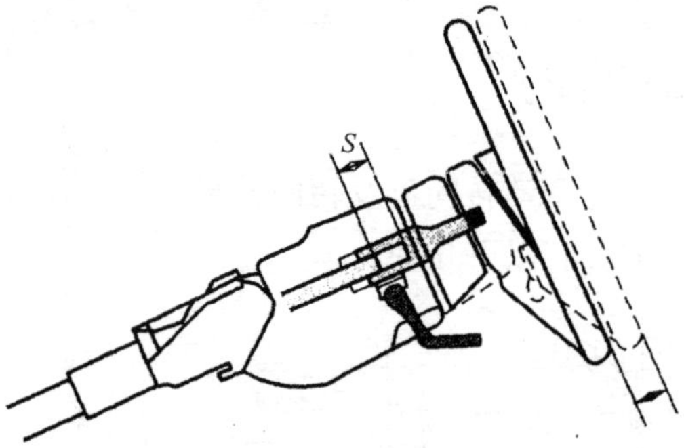

图 6-27　伸缩转向机构

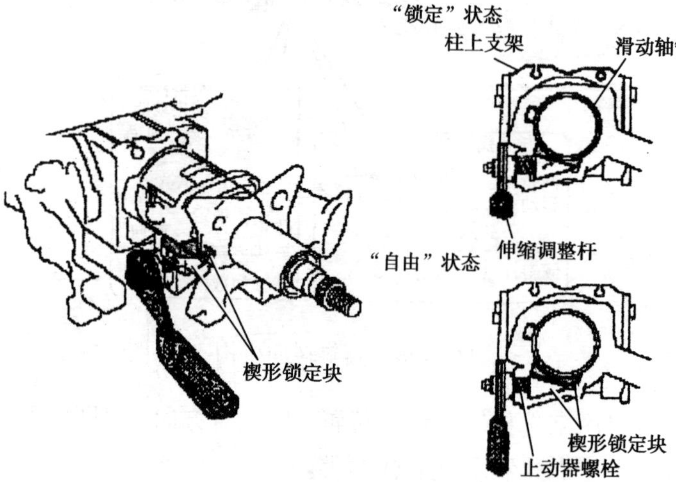

图 6-28　伸缩转向机构的结构

3．电动倾斜和电动伸缩式转向柱（图 6-29）

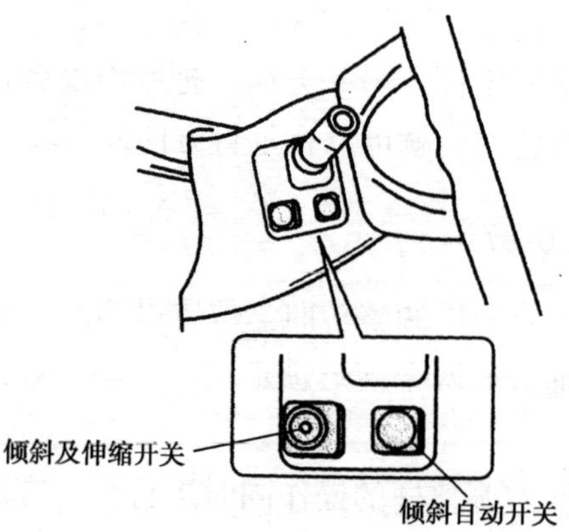

图 6-29　电动倾斜和电动伸缩式转向柱

这种转向柱可以电动调节倾斜机构和伸缩机构。各机构都使用电动机，电动机用开关操纵。

电动倾斜机构部分由倾斜电动机、倾斜蜗杆轴、倾斜蜗轮蜗杆传动装置和滑动套组成。电动伸缩机构部分由伸缩电动机、滑动管和伸缩螺杆组成。用于操纵这些电动机的开关安装在转向柱盖板上。

操作向上或向下开关来操纵倾斜电动机时，倾斜蜗轮蜗杆传动装置和倾斜蜗杆轴就开始转动并且使滑动套滑动，与连杆件连接的转向柱就会向上或向下倾斜。

操作向左或向右开关来操纵伸缩电动机时，伸缩螺杆开始转动，并且滑动管向前或向后滑动。

6.2　动力转向器的拆卸与安装

6.2.1　动力转向装置的组成、类型与工作原理

1. 动力转向装置的基本组成

动力转向系统在原机械式转向系统的基础上增加了贮油罐、转向油泵、控制阀及动力缸，能够减小汽车转向时驾驶员施加给转向盘的力，提高驾驶舒适性。液压式动力转向装置的组成，如图 6-30 所示。

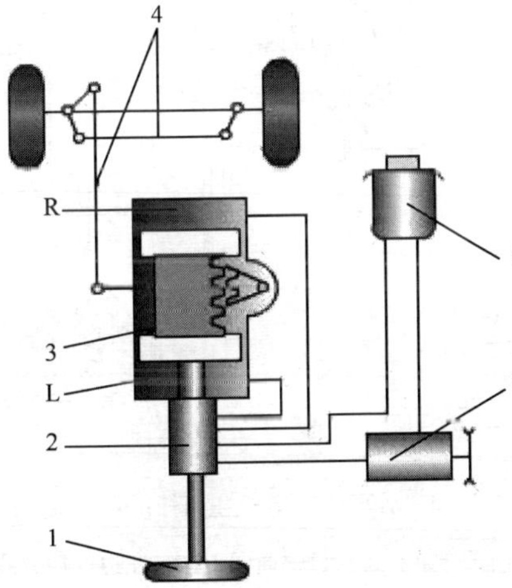

1—转向操纵机构；2—转向控制阀；3—机械转向器与转向动力缸总成；4—转向传动机构；
5—转向油罐；6—转向油泵；R—转向动力缸右腔；L—转向动力缸左腔

图 6-30　液压式动力转向装置组成示意图

2. 动力转向装置的类型

动力转向装置一般分为液压式和电动式两种类型。

液压式动力转向装置根据系统内部的压力不同可分为常压式和常流式两种。

常流式动力转向装置按布置方案的不同可分为以下三种：

（1）整体式动力转向装置（整体式转向器）——转向器、动力缸、控制阀组合成一体。

（2）半整体式动力转向装置（半整体式转向器）——转向器、控制阀组合成一体。

（3）转向加力器式动力转向装置——动力缸、控制阀组合成一体。

桑塔纳 2000 型轿车使用的是液压常流式动力转向方式、整体式动力转向器，其动力转向器管路布置如图 6-31 所示，动力转向器的结构如图 6-32 所示。

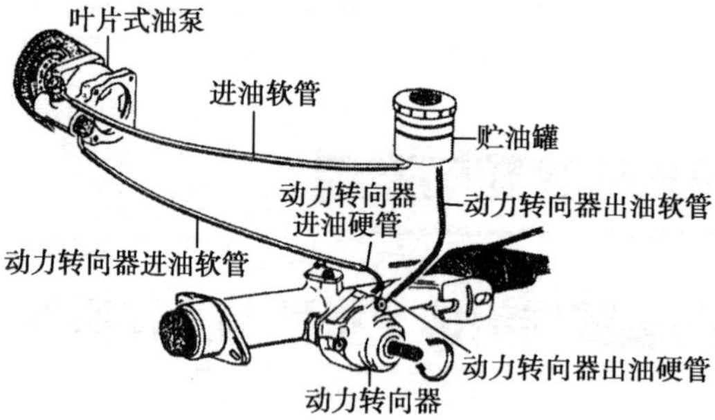

图 6-31　桑塔纳 2000 型轿车动力转向器管路布置

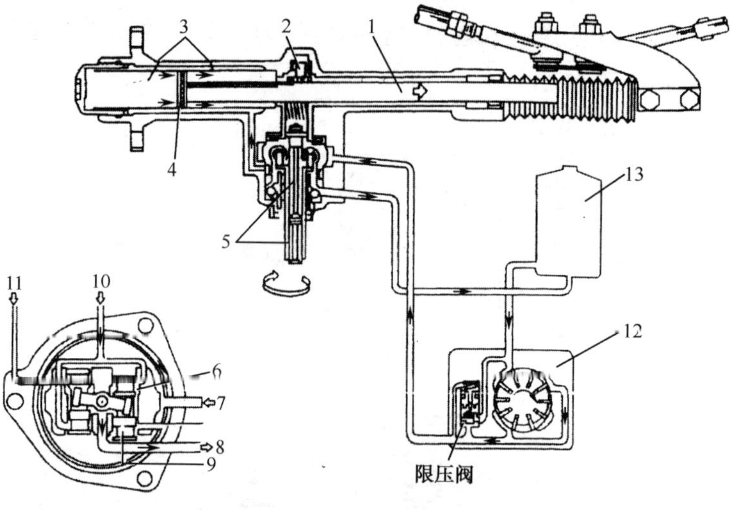

1—齿条；2—齿轮；3—工作主缸；4—活塞；5—弹性扭力杆；6—控制阀；7—进油口；8—出油口；9—柱塞阀芯；10—通向工作缸右边；11—通向工作缸左边；12—液压泵；13—贮油罐

图 6-32　桑塔纳 2000 型轿车动力转向器的结构

3．动力转向装置的工作原理

发动机驱动液压泵，液压泵的压力油通过控制阀作用于转向器的齿轮、齿条，从而实现转向。

当汽车直线行驶时，转向盘处于中间位置，阀芯和阀套也处于中间位置，所有的控制口接通，液压油流经控制阀时的阻力很小，液压泵处于空转状态，工作油缸不起作用。

当向右转动转向盘时，转向齿轮轴带动阀芯相对于阀套运动，改变了阀的控制口位置：右边旋转柱塞阀芯下降，开大进油通道，关闭回油通道；左边旋转柱塞阀芯上移，关闭进油通道，打开回油通道。根据右边旋转柱塞阀芯进油通道开度的大小，控制流入工作缸左边的液压油的流量和油压，油压推动活塞向右运动，起到助力作用。同时，工作缸右边的液压油在活塞的作用下，经打开的回油槽返回贮油罐。

当向左转动转向盘时，情况与向右转动转向盘时相反。

6.2.2　动力转向器的拆装实做

1. 动力转向器的拆卸

（1）吊起车辆，排放转向液压油（ATF 润滑油）。

（2）拆卸横拉杆固定螺母，如图 6-33 所示。

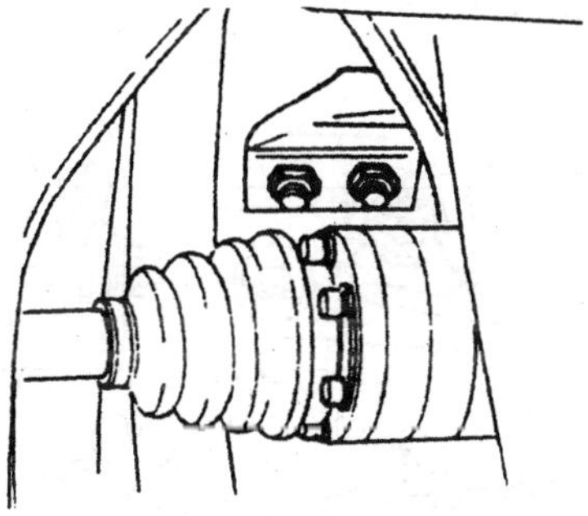

图 6-33　拆卸横拉杆固定螺母

（3）拆卸左前轮罩处的转向器固定螺栓，如图 6-34 所示。

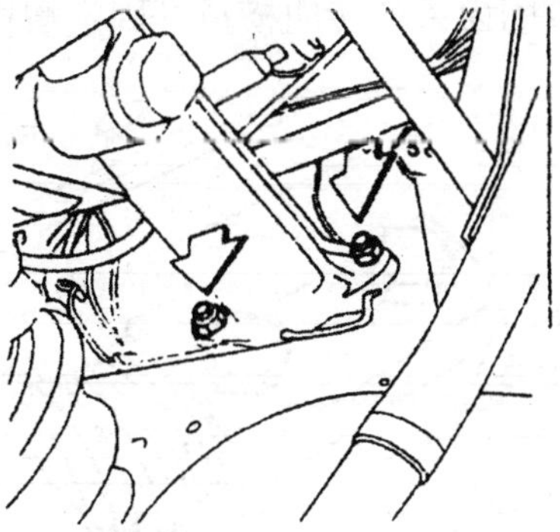

图 6-34　拆卸转向器固定螺栓

（4）松开转向控制阀外壳上的高压油管，如图 6-35 所示。

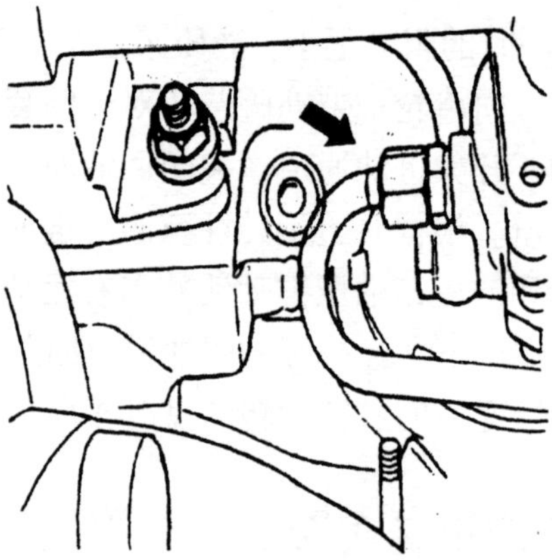

图 6-35　松开转向控制阀外壳上的高压油管

（5）拆卸后横板上固定转向器的左边自锁螺母，如图 6-36 所示。

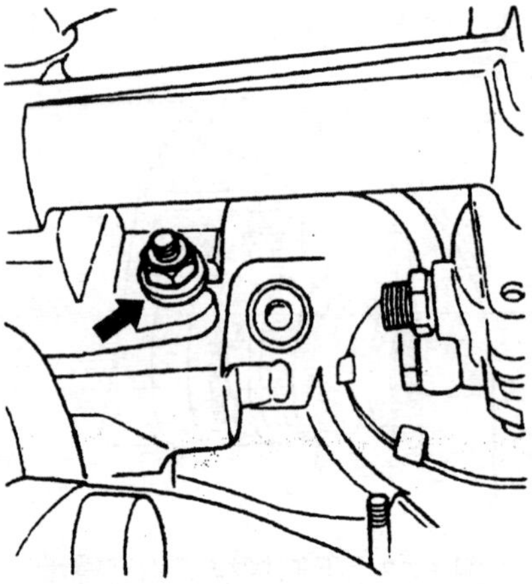

图 6-36　拆卸转向器固定自锁螺母

（6）把车辆放下。拆卸紧固齿条与转向横拉杆固定螺栓，如图 6-37 所示。

图 6-37　拆卸紧固齿条与转向横拉杆固定螺栓

（7）拆卸仪表板侧边下盖、通风管和踏板盖。

（8）拆卸转向小齿轮与下轴紧固螺栓（图 6-38），并使各轴分开。

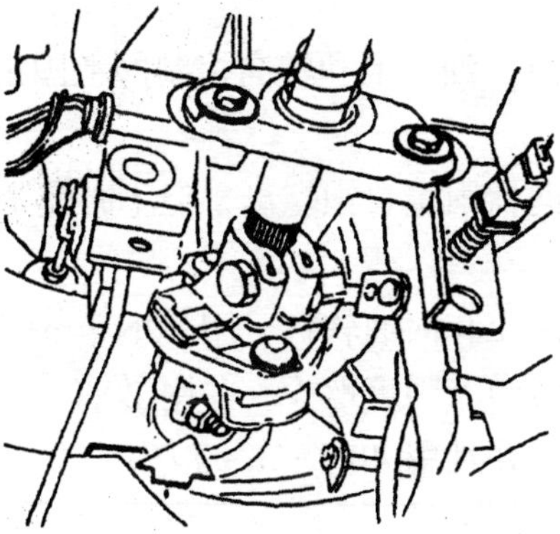

图 6-38　拆卸转向小齿轮与下轴固定螺栓

（9）拆卸防尘套。从汽车内部拆卸固定转向控制阀外壳上回油软管的泄放螺栓，如图 6-39 所示。

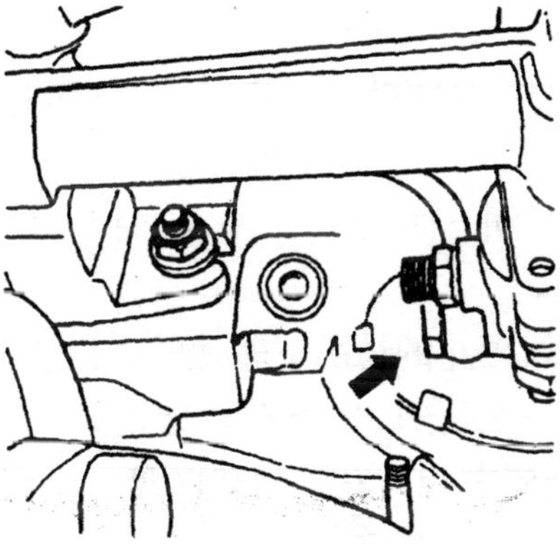

图 6-39　拆卸转向控制阀外壳上回油软管泄放螺栓

（10）拆卸后横板上转向器的固定自锁螺母，如图 6-40 所示。

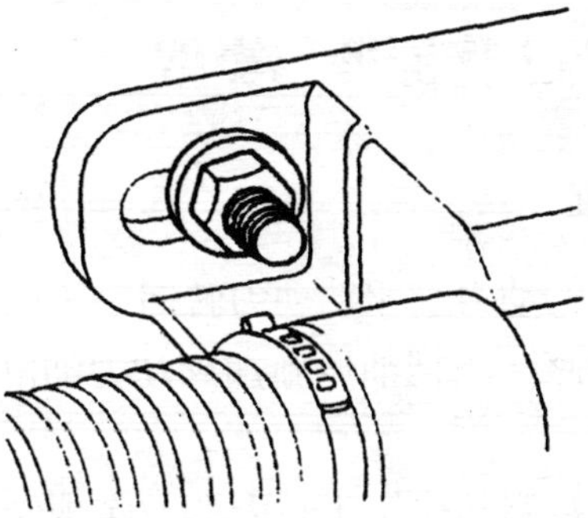

图 6-40　拆卸转向器固定自锁螺母

（11）拆下转向器。

2. 动力转向器的安装

安装动力转向器时应注意：油泵上和转向控制阀上固定泄放螺栓的密封圈只要被拆卸，就应该更换。

（1）安装后横板上的转向器固定自锁螺母，但不必完全拧紧。

（2）吊起车辆。

（3）在转向油泵上安装高压和回油软管，用 40N·m 的力矩拧紧螺栓，并使用新的密封圈；安装左前轮罩上的转向器固定螺栓，并用 20N·m 的力矩拧紧螺母；安装后横板上的转向器固定自锁螺母，并且用 40N·m 的力矩拧紧螺母；把高压管固定在转向控制阀外壳上。

（4）把车辆放下。

（5）用 40N·m 的力矩拧紧后横板上的转向器固定螺母；安装横拉杆支架固定螺栓，并用 45N·m 的力矩拧紧；从车辆内部把回油软管安装在转向控制阀外壳上；安装保护网（防尘套）；连接下轴，安装固定螺栓并用 25N·m 的力矩拧紧；安装踏板盖、通风管和仪表板盖。

（6）吊起车辆。

（7）安装固定横拉杆支架的自锁螺母，并用 45N·m 的力矩拧紧。

（8）把车辆放下。

（9）向贮油罐内注入 ATF 润滑油，达到“Max”标记处（决不允许使用已排出的 ATF 润滑油）。

（10）吊起车辆。在发动机停止的情况下转动转向盘数次，以便把系统中存在的空气排出，并补充 ATF 润滑油，使之达到“Max”标记处。

（11）启动发动机，完全向左和向右转动转向盘，观察油面高度，直到油面稳定在“Max”标记处为止。

6.3 动力转向泵的拆卸与安装

6.3.1 动力转向泵的工作原理与类型

1. 动力转向泵的工作原理

动力转向系统通过发动机的动力来驱动动力转向泵（图 6-41 中的叶轮泵）。当转向盘转动时，在控制阀上转换油路。当把油压施加到动力油缸的动力活塞上时，操纵转向盘的动力就减小了。

动力转向泵的压力油通过控制阀作用于转向器，实现转向。

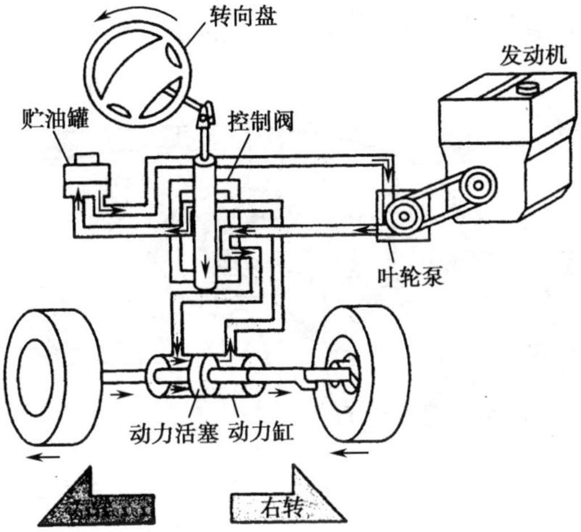

图 6-41　动力转向系统工作原理示意图

2. 动力转向泵的类型

动力转向泵的类型主要有齿轮式、叶片式、转子式和柱塞式。

常用的类型是叶片式动力转向泵，如图 6-42 所示。转子在固定到泵壳体上的凸轮圈内旋转。转子上有若干凹槽，滑片安装在凹槽里。转子的外周是圆的，但凸轮圈的内表面是椭圆的，这样转子与凸轮圈之间存在一个间隙。叶片将间隙分隔开形成油液腔。

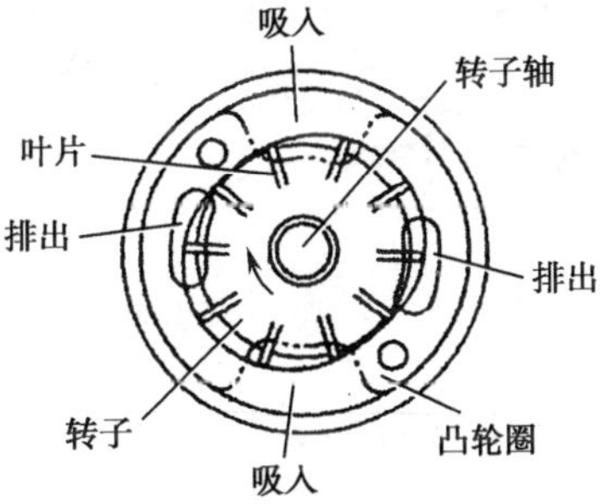

图 6-42　叶片式动力转向泵

为了保证转向系统的正常工作，防止液压系统工作压力超过允许的最大工作压力，在泵内装有 限压阀，当工作压力超过限压阀的额定值时，压力油通过限压阀卸压返回到吸油口。通过离心力作用和油液压力顶回滑片原理，叶片持续顶到凸轮圈的内表面，形成密封，这样当泵产生油液压力时，可防止滑片与凸轮圈之间的压力泄漏。转子每转一圈就吸入和排出油液两次。

6.3.2　动力转向泵的拆装实做

1. 动力转向泵的拆卸

（1）拆卸蛇形附件传动皮带。

（2）断开电子可调节节流孔电磁线圈执行器的电气连接器，如图 6-43 所示。

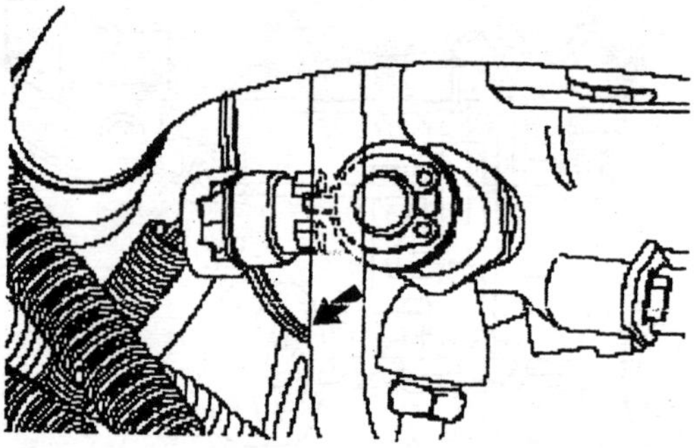

图 6-43　断开电磁线圈执行器的电气连接器

（3）从动力转向泵上断开高压软管接头，如图 6-44 所示。

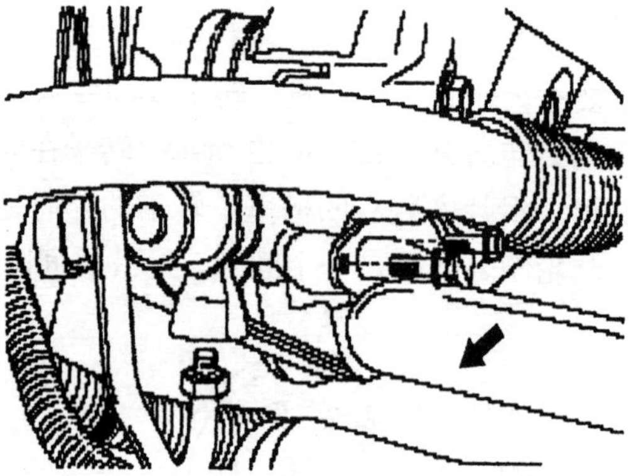

图 6-44　从动力转向泵上断开高压软管接头

（4）从动力转向泵上断开高压软管后，用接油盘收集从高压软管流出的动力转向液。

（5）从动力转向泵上断开供油软管。

（6）从动力转向泵上断开供油软管后，用接油盘收集从供油软管流出的动力转向液。

（7）拆卸动力转向泵右前侧螺栓，如图 6-45 所示。

图 6-45　拆卸动力转向泵右前侧螺栓

（8）拆卸两个动力转向泵螺栓（图 6-46），然后从车上拆卸动力转向泵。

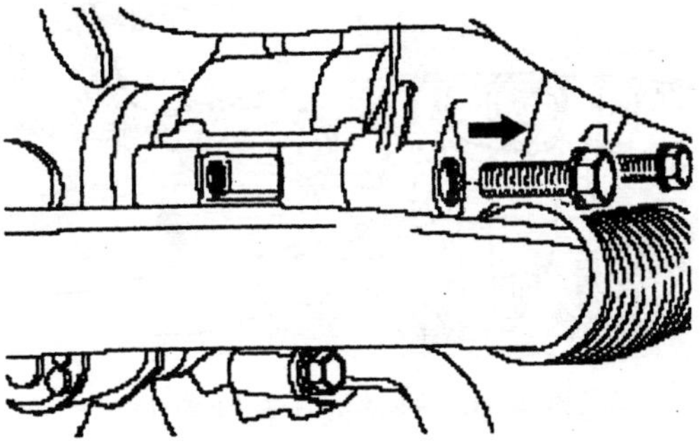

图 6-46　拆卸动力转向泵螺栓

2．动力转向泵的安装

（1）将动力转向泵安装到车上，然后安装两个动力转向泵螺栓（图 6-47），并紧固至 25N・m。

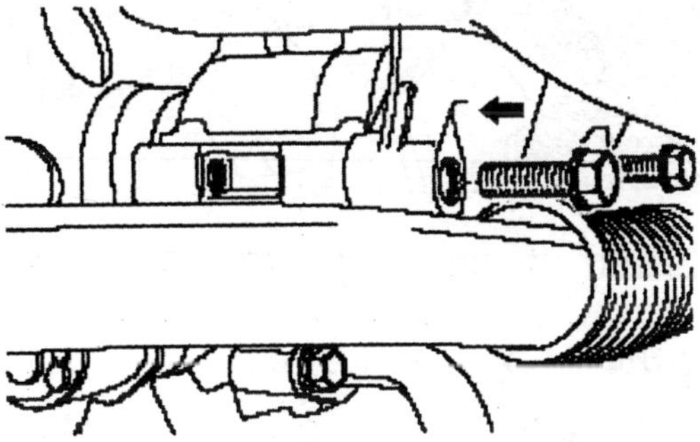

图 6-47　安装动力转向泵螺栓

（2）向下转动动力转向泵托架，然后安装右前侧螺栓，并紧固至 35N・m。

（3）将供油软管连接至动力转向泵，如图 6-48 所示。

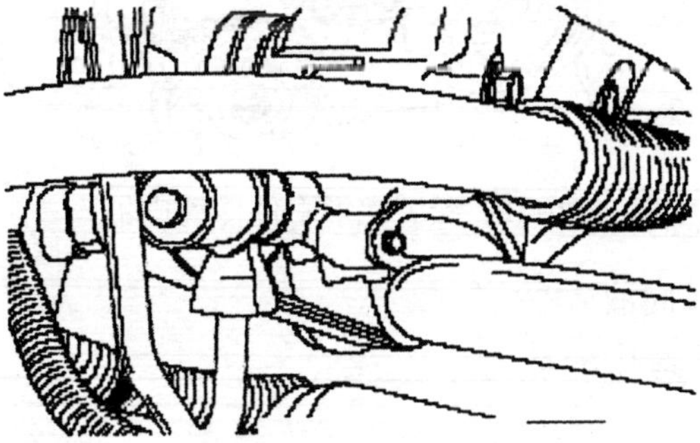

图 6-48　连接供油软管

（4）将高压软管接头连接至动力转向泵（图 6-49），并紧固高压软管接头至 28N・m。

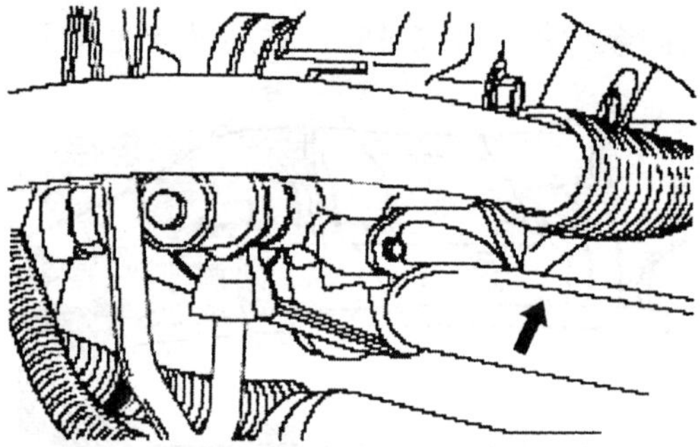

图 6-49　连接高压软管接头

（5）连接电子可调节节流孔电磁线圈执行器的电气连接器，如图 6-50 所示。

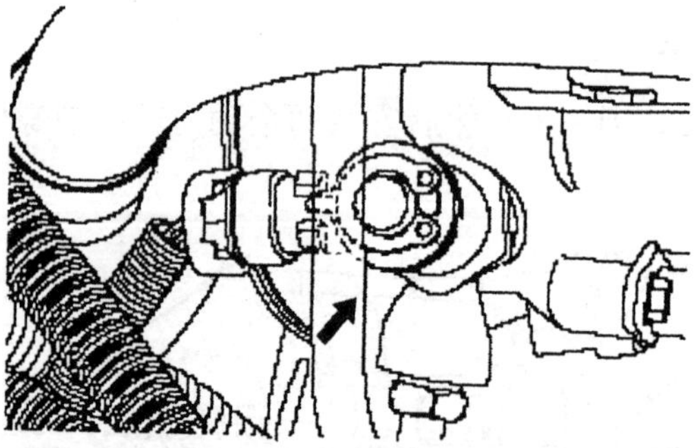

图 6-50　连接电磁线圈执行器的电气连接器

（6）安装蛇形附件传动皮带，如图 6-51 所示。

图 6-51　安装蛇形附件传动皮带

（7）重新加注动力转向液。

（8）排放动力转向系统中的空气。

第7章　传动系的结构与拆装

7.1　离合器的拆卸与安装

7.1.1　离合器主要组成部件的作用与结构

1．离合器

离合器位于发动机和手动传动桥（手动变速器）之间，通过操作离合器踏板可连接和切断发动机的动力，如图 7-1 所示。因而，离合器可将来自发动机的动力传送到驱动轮以便稳定起动汽车，并在驾驶汽车过程中根据各种条件稳定地变动变速器挡位。

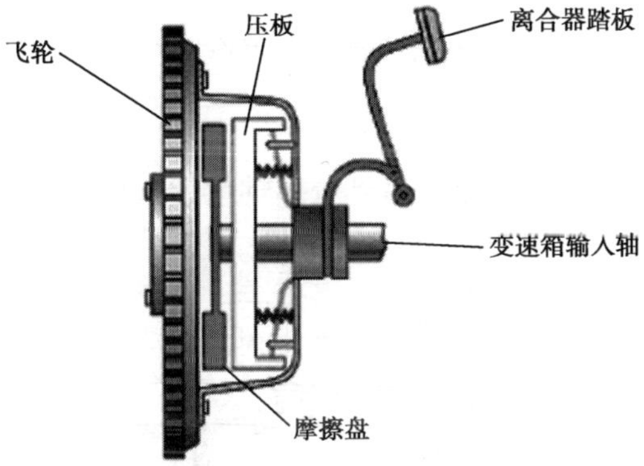

图 7-1　离合器的位置

1）对离合器的要求

（1）能够稳定地接合变速器和发动机。

（2）一旦接合变速器，必须完全传送动力而不滑转。

（3）能够迅速和精确地断开变速器。

2）离合器的分类

按所用传动装置类型的不同，离合器可分为机械式和液压式两种。

2．离合器踏板

1）工作过程

踩压离合器踏板时，推杆带动总泵中的活塞运动，产生液压力。此液压力被施加到离合器分离泵，最终接合和松开离合器，如图 7-2 所示。

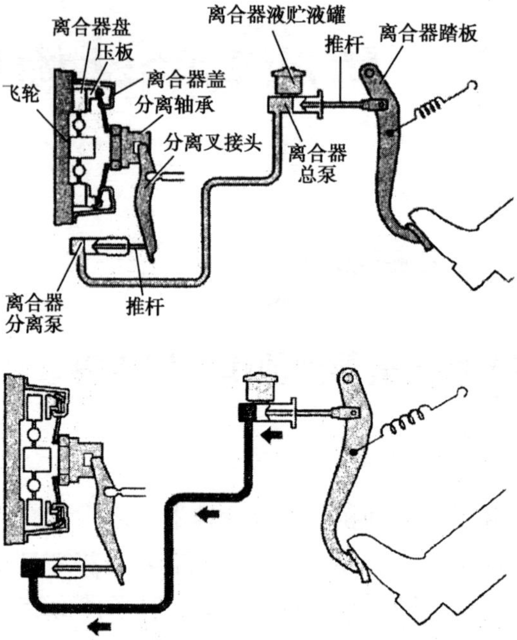

图 7-2　离合器工作过程

2）离合器踏板自由行程

离合器踏板自由行程是指踩压踏板直到分离轴承紧压膜片弹簧的距离，如图 7-3 所示。

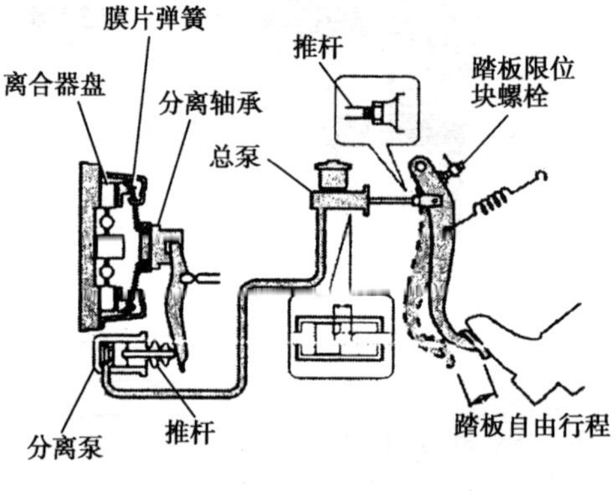

图 7-3　离合器踏板自由行程

离合器盘磨损时，自由行程便缩短。如果离合器从动盘进一步磨损，就不再有自由行程，这会导致离合器滑转。为此，有必要调节离合器分离泵推杆的长度并保持自由行程不变。在最新车型中，采用自调式离合器分离泵使得离合器踏板自由行程不再变动。

离合器踏板高度用踏板限位块螺栓调节，踏板自由行程通过推杆长度进行调节，如图 7-4 所示。

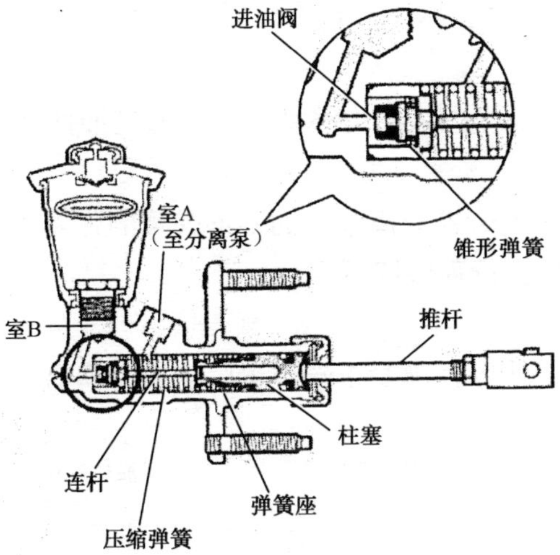

图 7-4　离合器踏板自由行程调整

3. 离合器总泵

在离合器总泵中，通过活塞的滑动而产生液压力；通过踏板回位弹簧的作用，离合器推杆始终被推向离合器踏板。

1）踩下离合器踏板

如图 7-5（a）所示，当踩下离合器踏板时，活塞通过推杆移到左侧。缸中的制动液通过进油阀流到贮液罐以及离合器分离泵。

当活塞进一步左移时，连杆和弹簧座分开，进油阀通过锥形弹簧垫关闭进入贮液罐的通道，结果在室 A 中便出现聚集的液压力，该压力被传送到离合器分离泵活塞。

2）松开离合器踏板

如图 7-5（b）所示，松开离合器踏板时，压缩弹簧将活塞推回到右侧，并且液压力减小。当活塞完全返回时，连杆通过弹簧座被拉到右侧，进油阀打开至贮液罐的通道，从而室 A 和室 B 被接通。

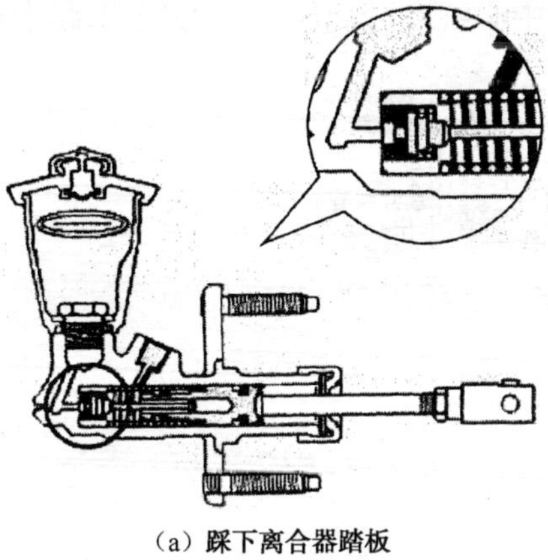

（a）踩下离合器踏板

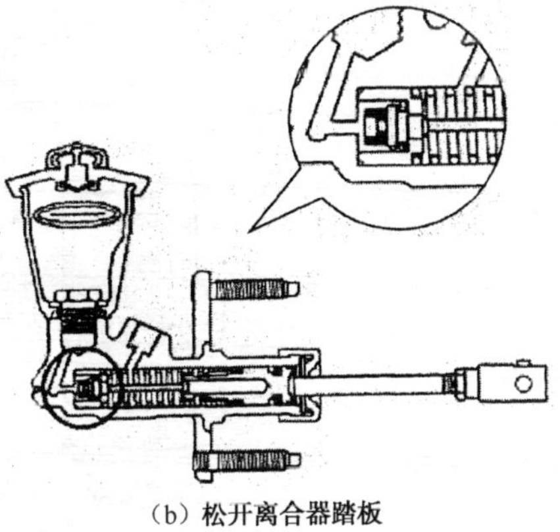

（b）松开离合器踏板

图 7-5　离合器总泵的工作状态

4. 离合器分离泵

离合器分离泵用来自总泵的液压力移动活塞并通过推杆操作分离叉。

1）自调式分离泵

如图 7-6（a）所示，离合器分离泵中的锥形弹簧的弹簧力不断地将推杆紧压住分离叉，从而使离合器踏板自由行程保持不变。

2）可调式分离泵

如图 7-6（b）所示，当膜片弹簧末端位置由于离合器盘的磨损已发生变动时，需用推杆调节自由行程。

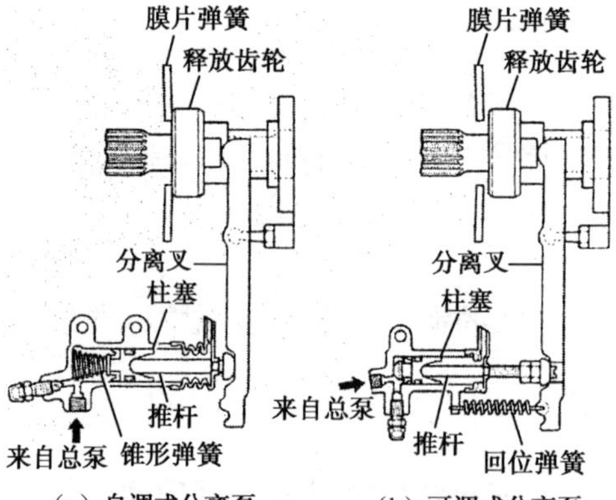

（a）自调式分离泵　（b）可调式分离泵

图 7-6　离合器分离泵

5. 离合器分离轴承

离合器分离轴承承受分离叉（不转动）和膜片弹簧（转动）之间的相对旋转运动并将分离叉的推动力传送给膜片弹簧，如图 7-7 所示。

自定心分离轴承在 FF 车的传动桥中，曲轴和输入轴稍许移位，这就使得膜片弹簧和分离轴承之间因摩擦而产生噪声。

为防止噪声的产生，此机构可实现膜片弹簧中心线和分离轴承中心线自动对中。

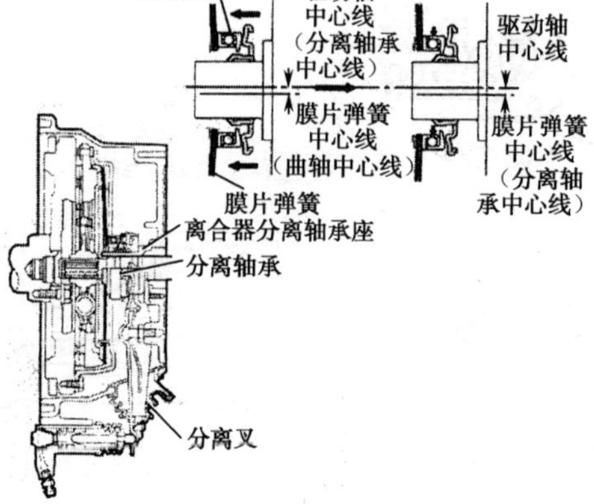

图 7-7　离合器分离轴承

6．离合器盖

离合器盖的主要用途是连接和切断发动机动力，如图 7-8 所示。离合器盖在旋转时必须保持完全平衡，并且在离合器啮合时能够有效散热。离合器盖有一弹簧用来推动压板紧靠离合器盘。这些弹簧或是螺旋弹簧，或是膜片弹簧，现今大多数离合器采用后者。

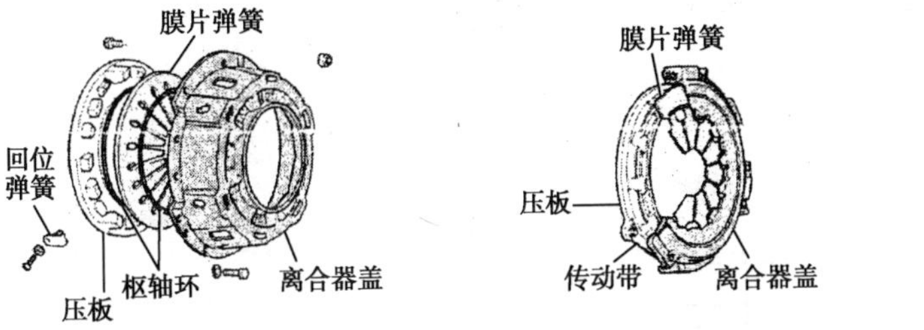

（a）常规型离合器盖　（b）DST（膜片弹簧翻转式）离合器盖

图 7-8　离合器盖

膜片弹簧由弹簧钢制成，被铆接或栓接到离合器盖上。枢轴环位于膜片弹簧的两侧，在操作膜片弹簧的同时起枢轴的作用。

分离弹簧钩用来将膜片弹簧连接到压板上。新型号离合器已采用 DST（膜片弹簧翻转式）离合器盖。在此类离合器盖中，离合器盖的末端被翻转以将膜片弹簧直接维持在恰当的位置。传动带按切线方向连接以便传送转矩。

7．离合器盘

离合器盘均匀地触及压板和飞轮的摩擦面以平稳地传送动力，它还用于缓和离合器的啮合冲击，如图 7-9 所示。

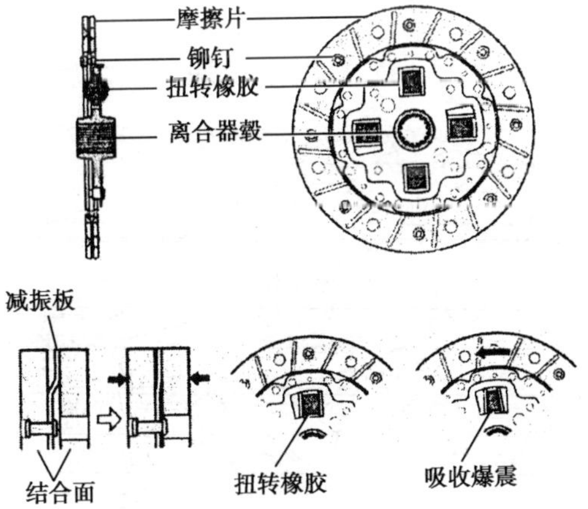

图 7-9　离合器盘

1）扭转橡胶

扭转橡胶装在离合器毂上，并且按圆周方向稍微移动的方式缓和离合器啮合的旋转冲击。

2）减震板

减震板接在两层结合面之间。离合器突然啮合时，冲击力被此弯曲部分吸收以缓和换挡冲击，实现平稳传送动力。

7.1.2 离合器的拆装实做

1. 离合器的拆卸

1）从车上拆卸变速驱动桥

（1）安装发动机支架 J-28467-B。

（2）拆卸蓄电池和蓄电池托架。

（3）拆卸滑杆卡箍。

（4）拆卸万向节上的卡夹和螺栓。

（5）从变速驱动桥上拆卸万向节，如图 7-10 所示。

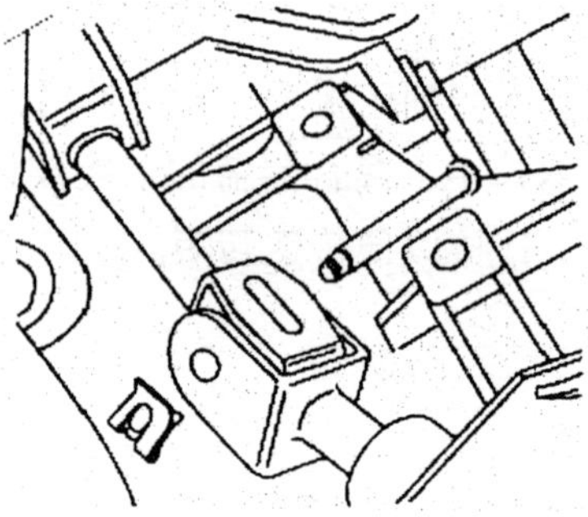

图 7-10 拆卸万向节

（6）拆卸固定轴销，如图 7-11 所示，并从变速驱动桥后支架上拆卸连杆连接件。

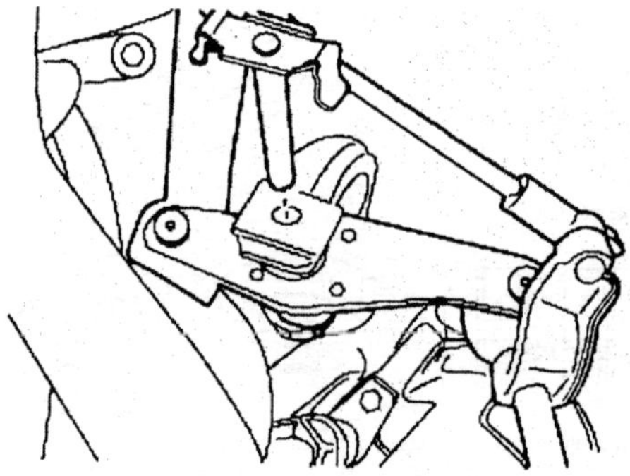

图 7-11 拆卸固定轴销

（7）拆卸换挡连杆总成。

（8）举升并妥善支承车辆。

（9）拆卸车轮。

（10）拆卸半轴轮毂螺母，如图 7-12 所示，并将螺母报废。

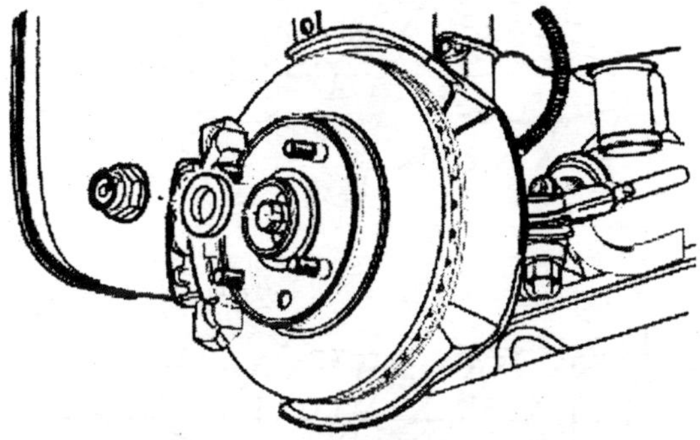

图 7-12　拆卸半轴轮毂螺母

（11）拆卸下球节夹紧螺栓和螺母。

（12）用球节拆卸工具 KM-507-B 从下球节上拆卸转向节，如图 7-13 所示。

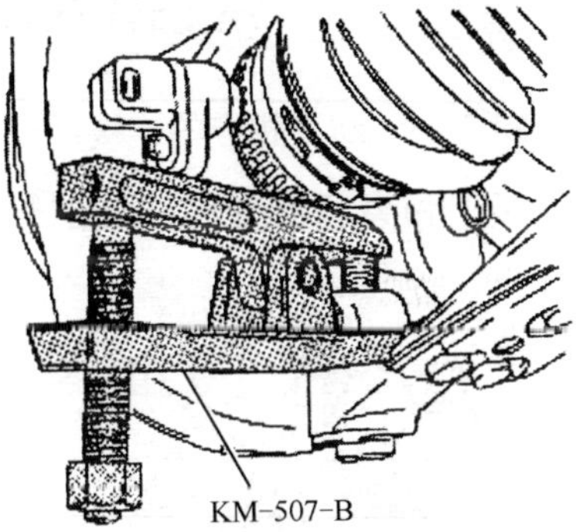

图 7-13　拆卸转向节

（13）拆卸转向横拉杆螺母。

（14）用球节拆卸工具 KM-507-B 拆卸转向横拉杆。

（15）用轮毂转动半轴。

注意：支撑未紧固的驱动轴端。驱动轴从轮毂上拆卸后不要让其长时间从变速驱动桥自由下垂。

（16）用半轴拆卸工具 KM-460-A 从变速驱动桥上拆卸驱动轴，如图 7-14 所示。

注意：将接油盘放在变速驱动桥下，接收溢出的油液。拆卸驱动轴后，堵塞变速驱动桥上的驱动轴开孔，防止油液流出和污染物进入。

（17）断开倒车灯开关连接器，如图 7-15 所示。

（18）断开车速表速度传感器连接器，如图 7-15 所示。

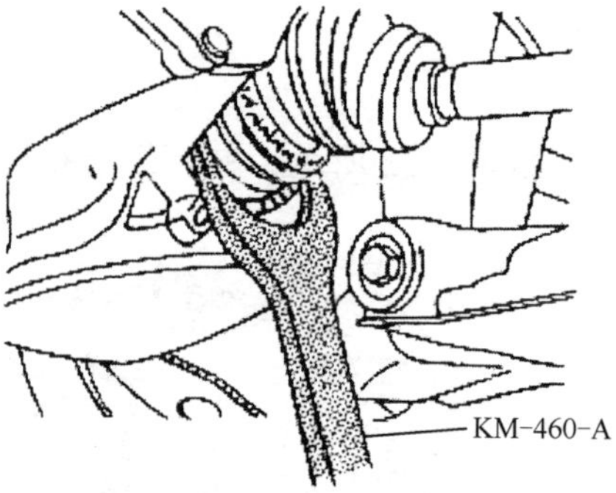

图 7-14　拆卸驱动轴

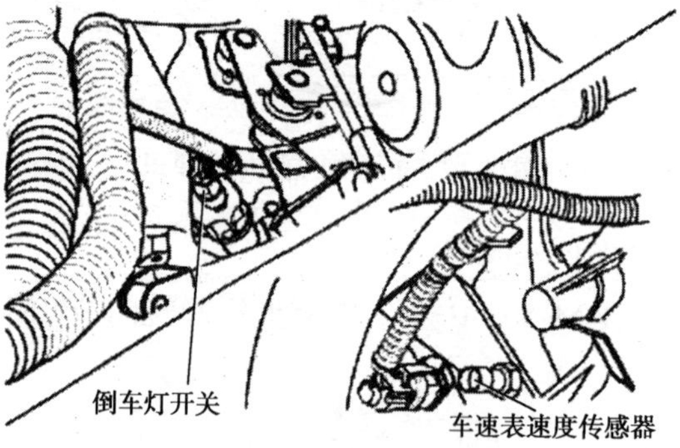

图 7-15　断开相应的连接器

（19）拆卸横拉杆销（图 7-16）和离合器分离油缸油管。

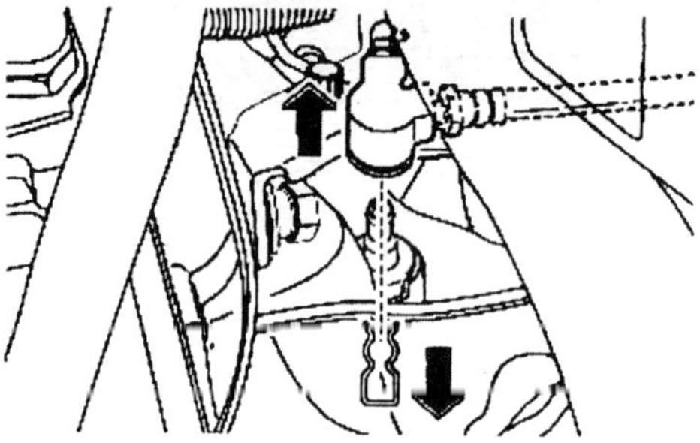

图 7-16　拆卸横拉杆销

（20）拆卸减震块连接螺母和螺栓，如图 7-17 所示。

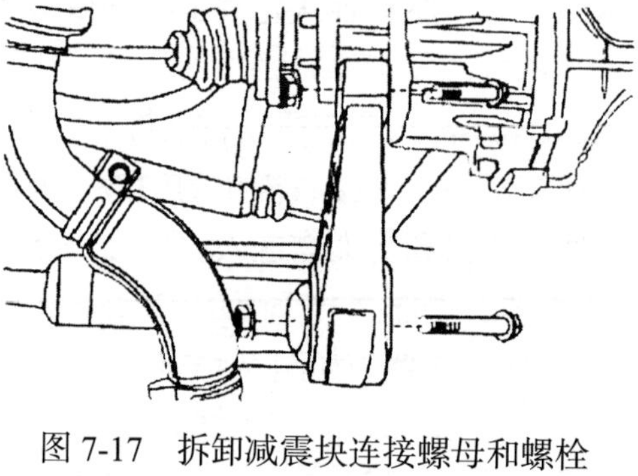

图 7-17　拆卸减震块连接螺母和螺栓

（21）拆卸 3 个后安装架螺栓。

（22）从变速驱动桥上拆卸后支架。

（23）拆卸后减震块固定螺栓，如图 7-18 所示。

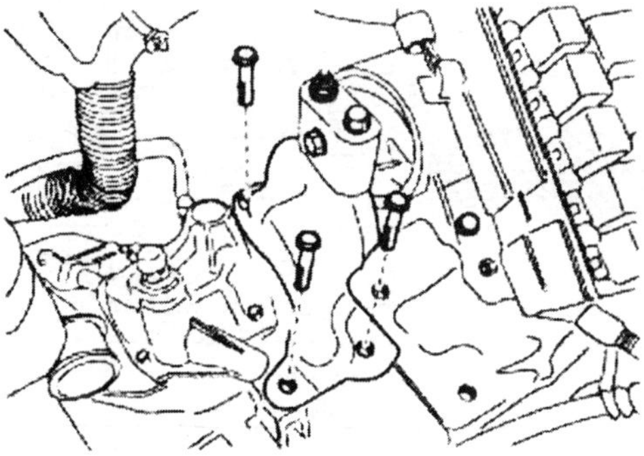

图 7-18　拆卸后减震块固定螺栓

（24）从前横梁上拆卸后减振块。

（25）拆卸 2 个壳体固定螺栓。

（26）拆卸 3 个变速驱动桥上安装架螺栓。

（27）拆卸上安装架，如图 7-19 所示。

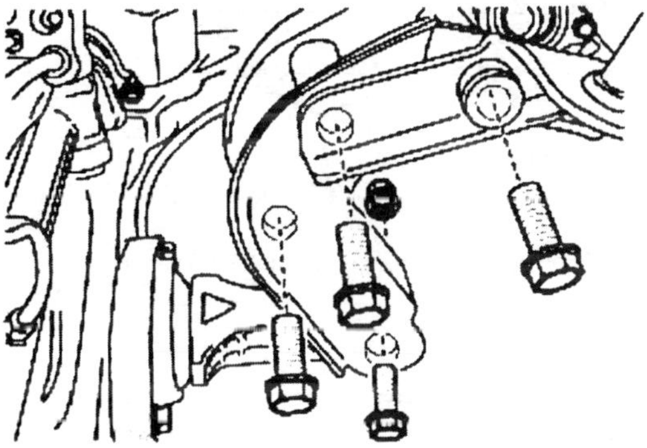

图 7-19　拆卸上安装架

（28）拆卸 3 个变速驱动桥上固定螺栓，如图 7-20 所示。

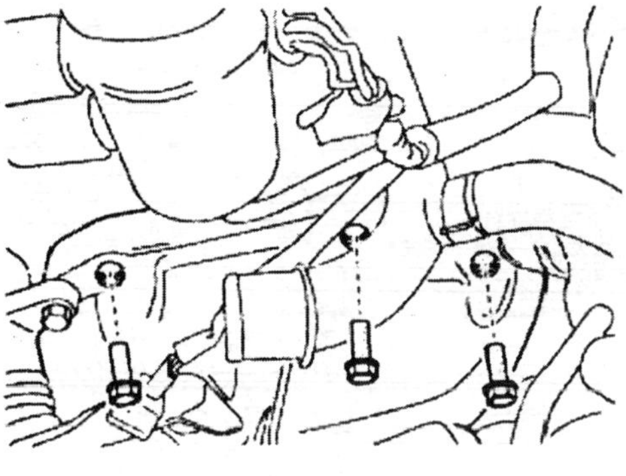

图 7-20　拆卸变速驱动桥上固定螺栓

（29）用变速驱动桥千斤顶支承变速驱动桥，如图 7-21 所示。

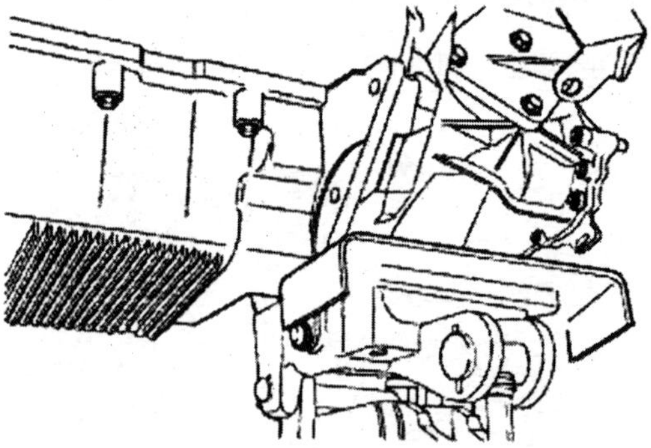

图 7-21　支承变速驱动桥

（30）拆卸 7 个变速驱动桥下固定螺栓，如图 7-22 所示。

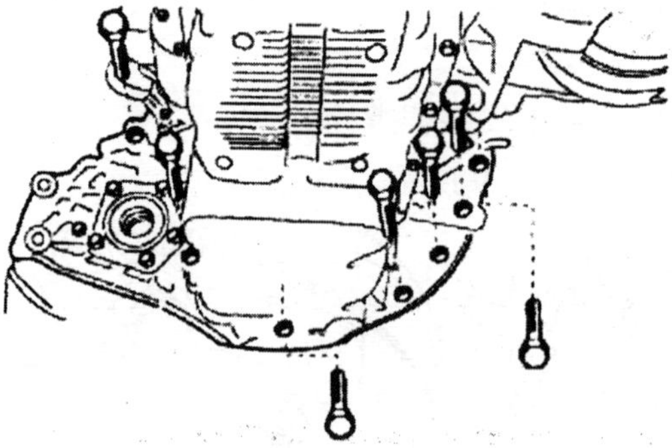

图 7-22　拆卸变速驱动桥下固定螺栓

（31）拆卸变速驱动桥。

注意：仅将变速驱动桥置于垂直位置。

（32）从发动机缸体上侧向滑出变速驱动桥。

（33）降下变速驱动桥，如图 7-23 所示。

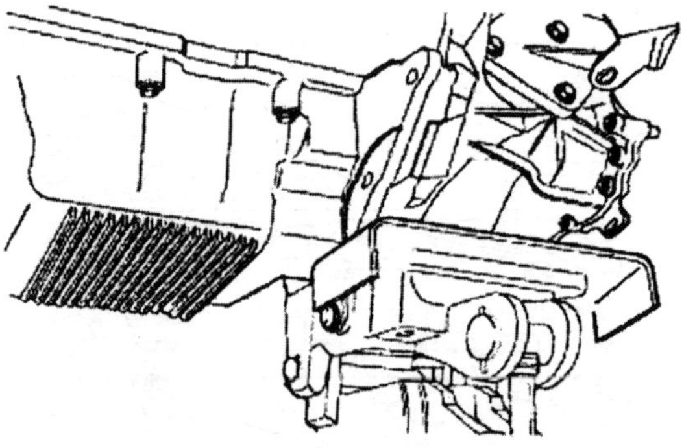

图 7-23　降下变速驱动桥

2）分解离合器

（1）拆卸压盘螺栓和压盘，如图 7-24 所示。

注意：在拆卸最后一个螺栓时支撑住压盘。

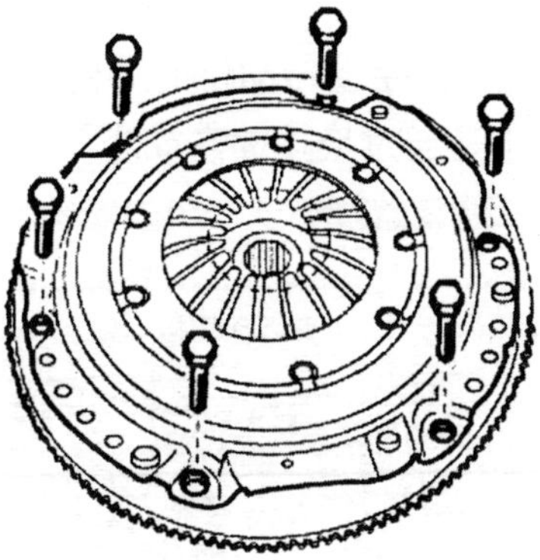

图 7-24　拆卸压盘螺栓和压盘

（2）从飞轮上拆卸离合器片，如图 7-25 所示。

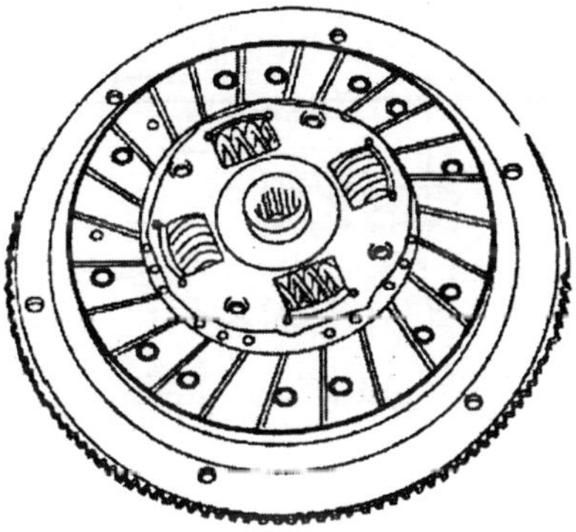

图 7-25　拆卸离合器片

2. 离合器的安装

离合器的安装顺序与拆卸顺序相反。

7.2　手动变速器的拆卸与安装

7.2.1　手动变速器的作用与减速比

1. 传动桥

1）传动桥的作用

（1）通过操作换挡杆接通或断开来自发动机的驱动动力。

（2）当发动和爬坡时增加转矩。

（3）高速行驶时高速驱动车轮。

（4）倒车时驱动车轮。

2）传动桥的组成

传动桥由变速器和差速器组成。手动传动桥的结构，如图 7-26（b）所示。

手动变速器［图 7-26（a）］是通过换挡提高或降低发动机速度并相应转换到适当转矩以便将动力传送到驱动轮的一种装置。

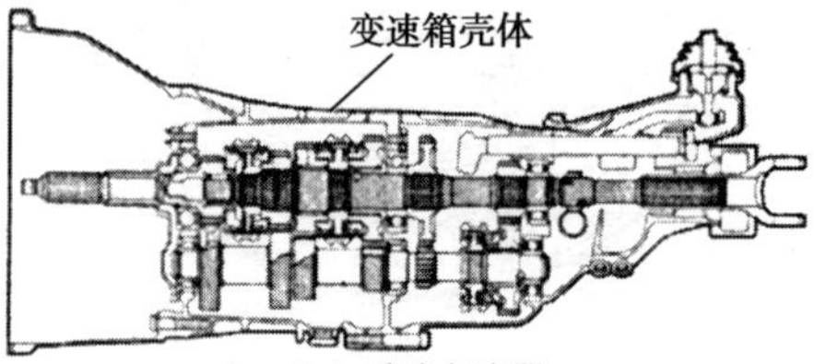

（a）手动变速器

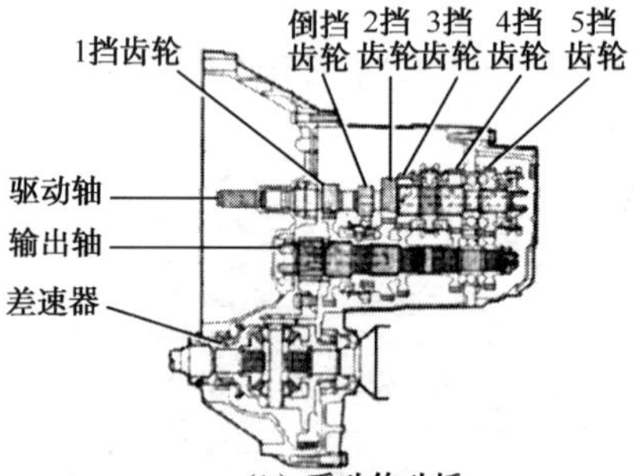

（b）手动传动桥

图 7-26　手动变速器和手动传动桥

2. 换挡的必要性

图 7-27 为驾驶性能曲线，它表示 1 ~ 6 挡的驱动力和车辆速度之间的关系。

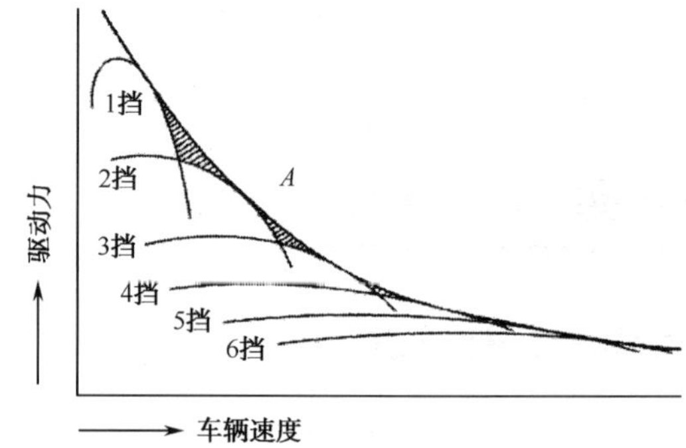

图 7-27　驾驶性能曲线

当挡位增加时可推测接近于驱动力的理想曲线 A，但传动桥的设计将变得复杂或者使驾驶员换挡操作复杂化。

鉴于此缘故，换挡数一般为4~6挡，多数使用5挡。

1）起动

汽车起动时需要大的动力，因此要使用具有最大驱动力的1挡。

2）驱动

起动之后，要使用2挡和3挡以提高车辆速度。

3）高速行驶

高速行驶时，要使用4挡、5挡和6挡以进一步提高车辆速度。采用驱动力小的挡位及降低发动机转速能减少燃油消耗量。

4）倒车

使用倒挡时，因加装倒挡惰轮，倒挡齿轮反转，车辆便倒车。

3. 减速比

减速比为从动齿轮的齿数与驱动齿轮的齿数之比。

例如：如图7-28所示，1挡从动齿轮有38个齿，1挡主动齿轮有12个齿，因此1挡的减速比为38/12≈3. 166。

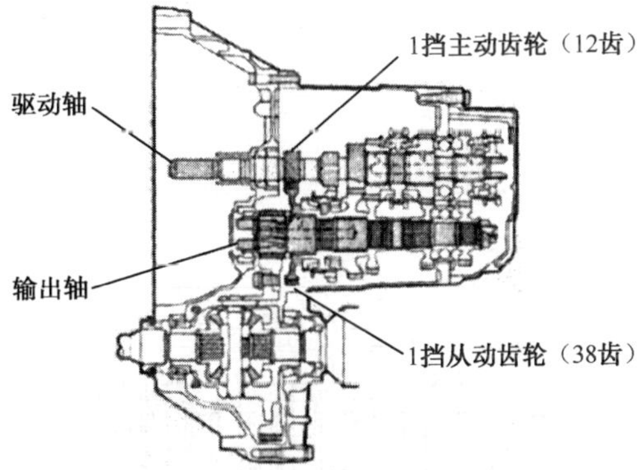

图7-28 减速比计算举例

当驱动轴的旋转及转矩被传送到输出轴时，根据齿轮的减速比，旋转速度降低，转矩增大。

输出转矩=输入转矩×齿轮减速比

输入转速=输出转速×齿轮减速比

这表示在减速比比较大时，输出转矩增大，输出转速变小。

这就是说，虽然传动力减小，但如果减速比较小，车辆仍可高速行驶。

7.2.2 手动变速器的操作与动力传动机构的结构

1. 操作机构

1）遥控式操作机构

如图 7-29（a）所示，遥控式操作机构用拉索或连杆等在换挡杆和传动桥之间进行连接。它具有易于布置换挡杆及振动噪声小的优点。

2）直控式操作机构

如图 7-29（b）所示，直控式操作机构将换挡杆直接安装在变速器上。这种安装方式具有换挡操作迅速准确的优点。

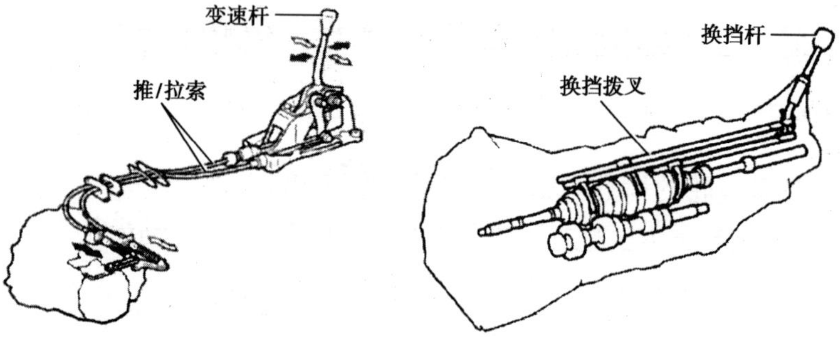

（a）遥控式　　（b）直控式

图 7-29　操作机构

2. 动力传递

动力传递如图 7-30 所示。

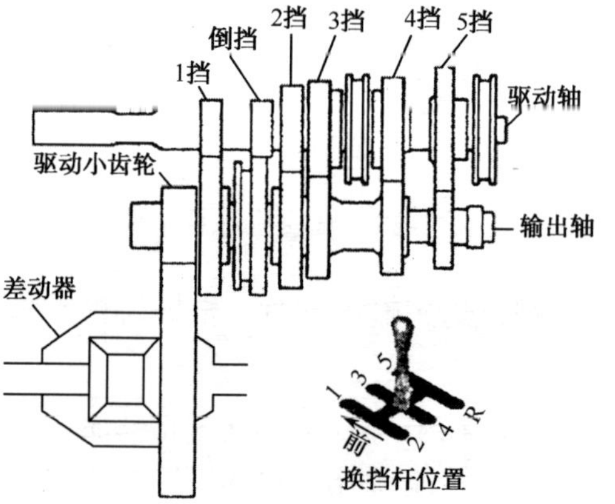

图 7-30　动力传递

在 FF 车上，手动传动桥位于横向安装的发动机的左端或右端。

在 FR 车中，手动变速器位于纵向安装的发动机的后部。

1）空挡动力传递，如图 7-31 所示

来自发动机的动力并未从输入轴传到输出轴，从而差速器上也无作用力。

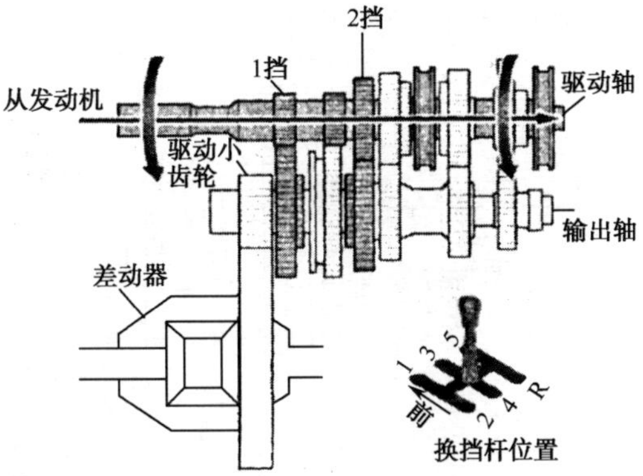

图 7-31　空挡动力传递

2）1 挡动力传递，如图 7-32 所示

输入轴和输出轴的 1 挡齿轮啮合，通过驱动小齿轮将动力传送到差速器（2 挡动力传递路线请读者自行分析）。

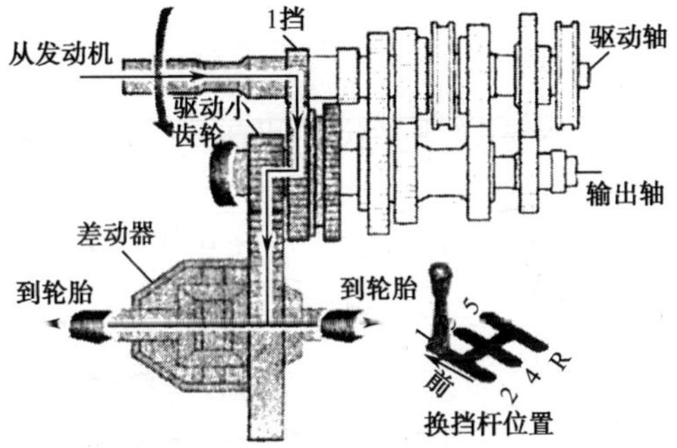

图 7-32　1 挡动力传递

3）3 挡动力传递，如图 7-33 所示

输入轴和输出轴的 3 挡齿轮啮合，通过驱动小齿轮将动力传送到差速器（4 挡动力传递路线请读者自行分析）。

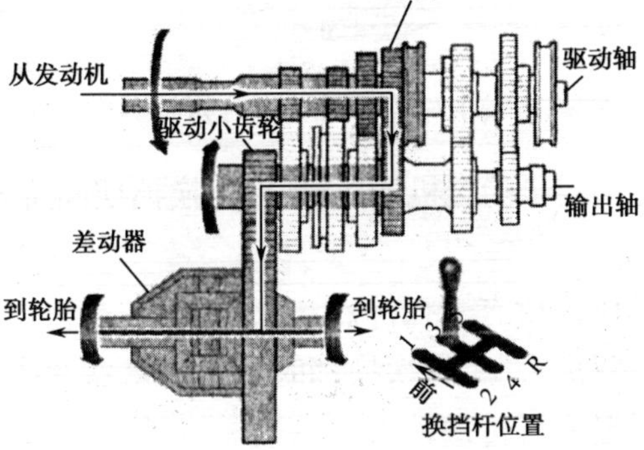

图 7-33　3 挡动力传递

4）倒挡动力传递，如图 7-34 所示

倒挡惰性齿轮与输入轴倒挡齿轮啮合。与倒挡惰性齿轮啮合的输出轴倒挡齿轮将倒挡旋转用的动力通过驱动小齿轮传送到差速器。

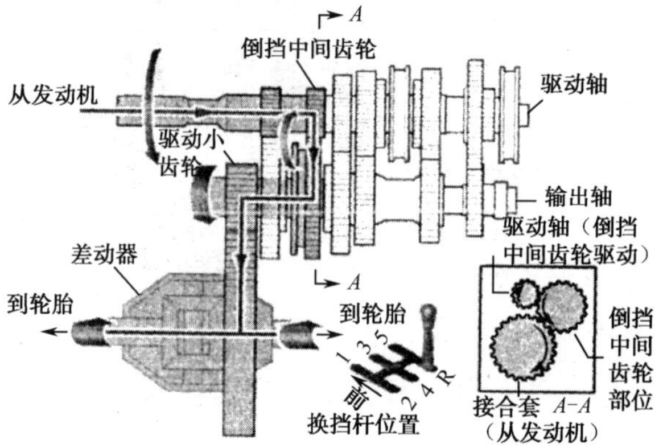

图 7-34　倒挡动力传递

3. 同步啮合机构

1）作用

同步啮合机构（图 7-35）用来防止“齿轮噪声”，使换挡较为顺当。

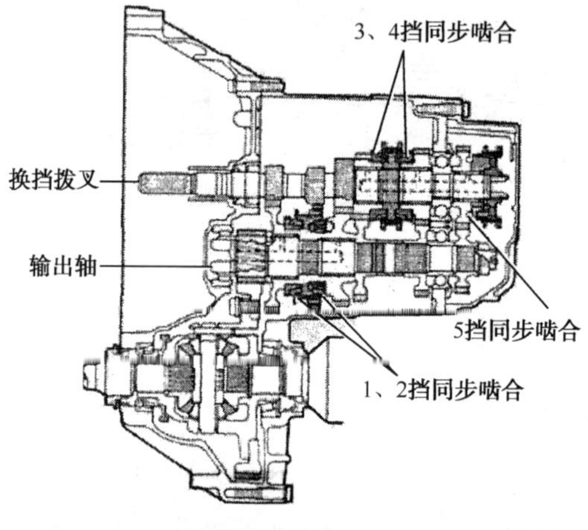

图 7-35　同步啮合机构

此结构之所以被称为“同步啮合机构”，是因为换挡期间旋转速度不同的两个挡通过摩擦力的作用而同步。

带有同步啮合机构的传动桥有下列优点：

（1）不需要驾驶员“双离合”（每次换挡时压下离合器两次）。

（2）换挡时，稍微延迟便可传送动力。

（3）可更平稳地进行换挡而不损伤齿轮。

2）锁环式同步啮合机构（图 7-36）

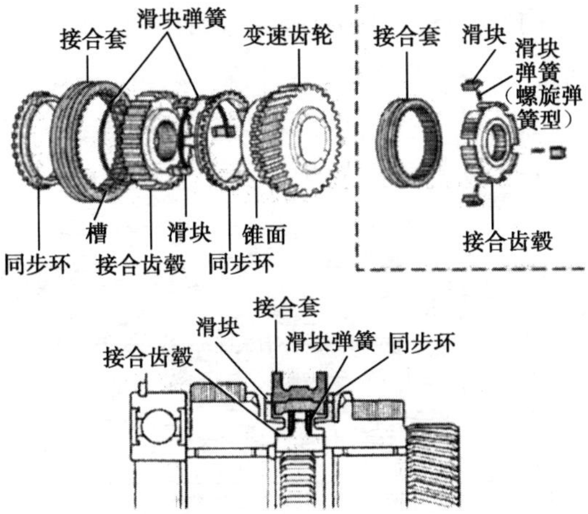

图 7-36　锁环式同步啮合机构

（1）在输入轴上的每个前进挡齿轮始终与输出轴上的相应齿轮啮合。即使在离合器啮合之后，这些齿轮也始终旋转，因为它们不固定在轴上，只是空转。

（2）接合齿毂通过其内部的花键与轴啮合。此外，接合套与接合齿毂的外圆周花键啮合。接合套前移时，能同时与轴上的花键和接合齿毂的外圆周花键接合。

（3）在轴向位置上，接合齿毂有 3 个凹槽，换挡键进入该凹槽，通过键弹簧始终顶住接合套。

（4）当换挡杆处于空挡位置时，每个换挡键的突起部位紧密接合在接合套的槽内。

（5）锁环位于接合齿毂和转速齿轮的锥体之间，并顶在锥体上。在锁环内的整个锥形区内有小的凹槽以改善摩擦。此外，对换挡键来说，该环有 3 个凹槽以便装入滑块。

3）同步啮合机构的运行

（1）空挡。

空挡时的啮合机构，如图 7-37 所示。每个转速齿轮与相应的从动齿轮啮合并在轴上空转。

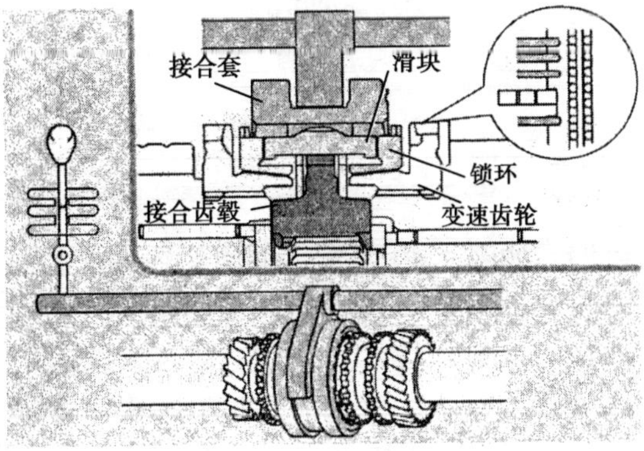

图 7-37　空挡时的啮合机构

（2）同步开始。

同步开始时的啮合机构，如图 7-38 所示。移动换挡杆时，装在接合套凹槽内的换挡叉按箭头所示的方向移动。

由于换挡键中央突起部位装到接合套凹槽内，换挡键也同时按箭头方向移动，并将锁环推到转速齿轮锥体部分，从而导致同步开始。

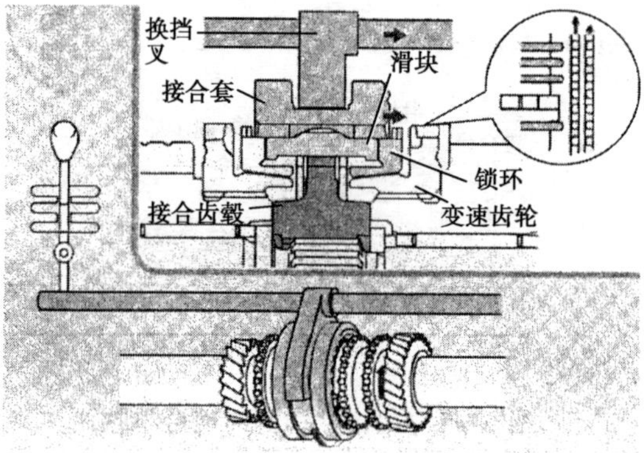

图 7-38　同步开始时的啮合机构

（3）中途直到同步。

中途时的啮合机构，如图 7-39 所示。当换挡杆进一步移动时，施加到接合套上的力克服换挡键弹簧的力，使接合套向上进入该键的突起部位。

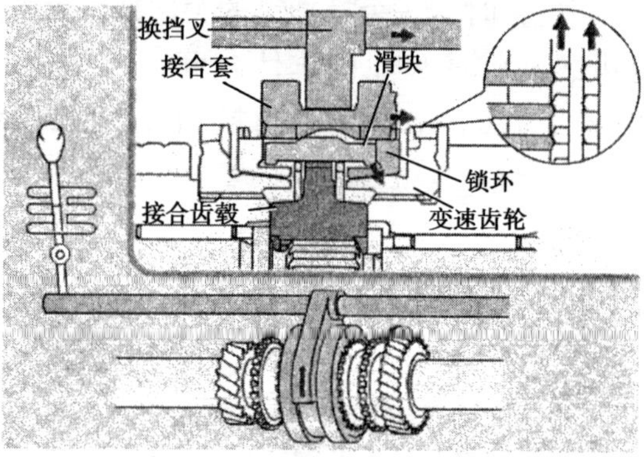

图 7-39　中途时的啮合机构

（4）同步结束。

同步结束时的啮合机构，如图 7-40 所示。施加到锁环上的力变得更强并推动转速齿轮锥形部分。这使得转速齿轮的速度与接合套速度同步。当接合套和转速齿轮的速度变得相等时，锁环开始按旋转方向稍许转动。结果，接合套花键与锁环相啮合。

（5）换挡结束。

换挡结束时的啮合机构，如图 7-41 所示。接合套花键与锁环花键相啮合后，接合套进一步移动并与转速齿轮花键啮合，换挡结束。

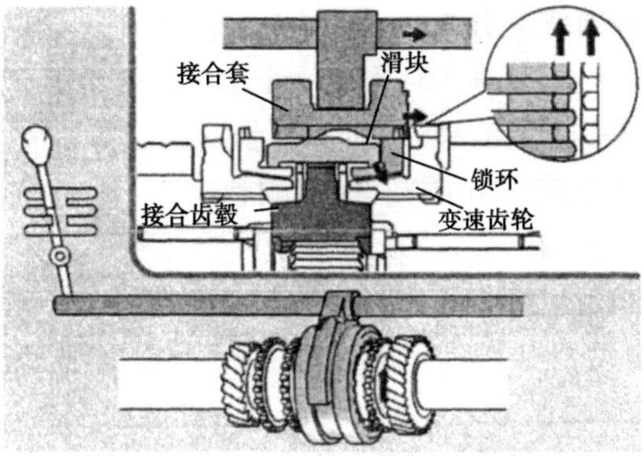

图 7-40　同步结束时的啮合机构

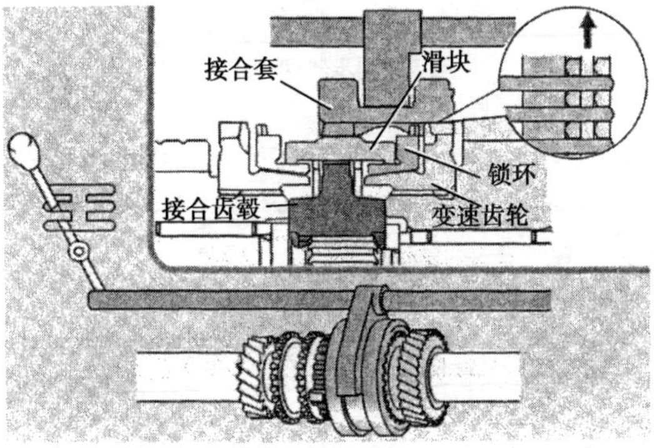

图 7-41　换挡结束时的啮合机构

4）三锥式/双锥式同步啮合机构

为了增强同步啮合能力，目前已采用特别适用于 2 挡和 3 挡的三锥式或双锥式同步啮合机构。

（1）三锥式同步啮合机构（图 7-42）。

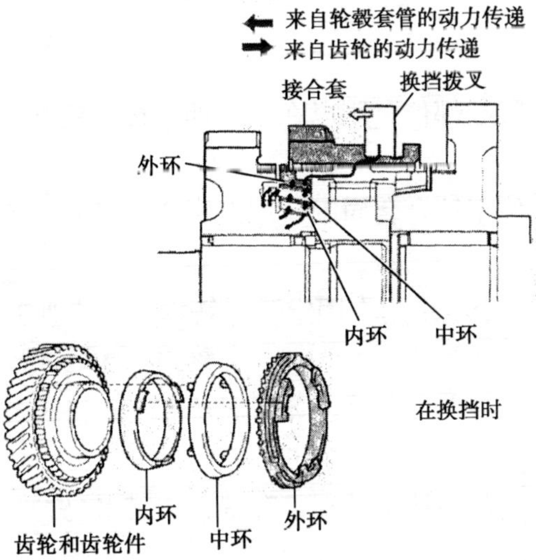

图 7-42　三锥式同步啮合机构

三锥式同步啮合机构将锁环分为外环、中环和内环。

当换挡键推动外环时，外环和中环形成一个单锥，然后中环和内环变为一个单锥。此外，内环和齿轮件形成一个单锥部分，所以摩擦是由所有3个锥形部分产生的。因此，吸收两挡之间转速差的能力强，同步过程完成顺利。

（2）双锥式同步啮合机构。

除了不能提供内环和齿轮件之间的同步外，双锥式同步啮合机构基本上与三锥式同步啮合机构相同。

5）无键式同步啮合机构

无键式同步啮合机构装有起换挡键作用的键弹簧，在某些型号中用于传动桥5挡的换挡（图7-43）。

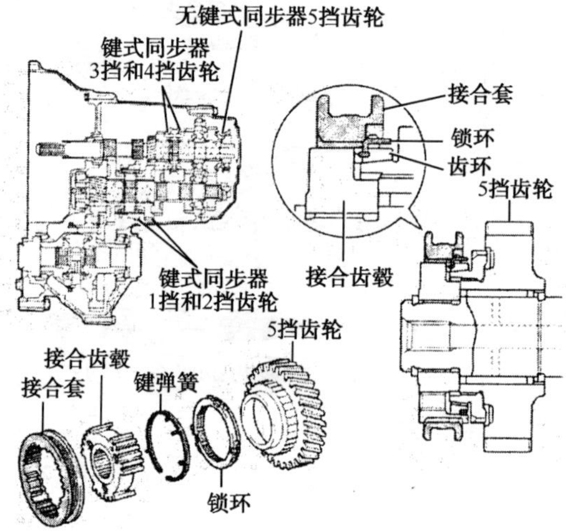

图7-43　无键式同步啮合机构

（1）接合套。

接合套内有3个槽式突起部位，用以在同步期间推动键弹簧。

（2）接合齿毂。

接合齿毂的3个凹口位于接合套周围，用以固定锁环和键弹簧。

（3）键弹簧。

键弹簧有4个卡爪。一个卡爪用来固定键弹簧本身，其他3个卡爪用来固定换挡键。

（4）锁环。

锁环有3个凹槽，键弹簧卡爪沿着锁环圆周从3个点进入其中。凹槽部分倒角。

6）倒挡同步啮合机构

倒挡齿轮换挡之前，供前进挡用的锁环降低输入轴的转速。这样，倒挡惰性齿轮和输入轴齿轮便可平稳地连接。

7）倒挡预阻机构（图 7-44）

齿轮被换挡到倒挡齿轮上时，3 号换挡内杆与 1 号换挡拨叉轴的销接触，并由 1 号换挡拨叉轴带动朝着“2 挡齿轮”方向移动距离 A。这导致 2 挡锁环动作，以便降低输入轴的转速。当 3 号换挡内杆和 1 号换挡拨叉轴的销分开时，倒挡齿轮换挡结束。

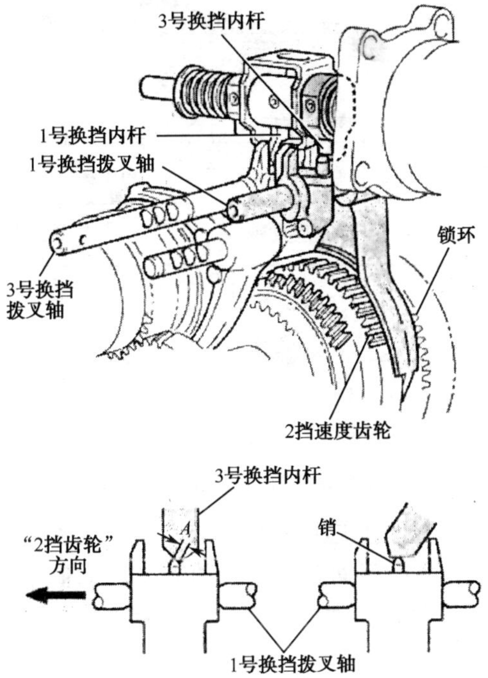

图 7-44　倒挡预阻机构

4．换挡机构

换挡机构如图 7-45 所示。

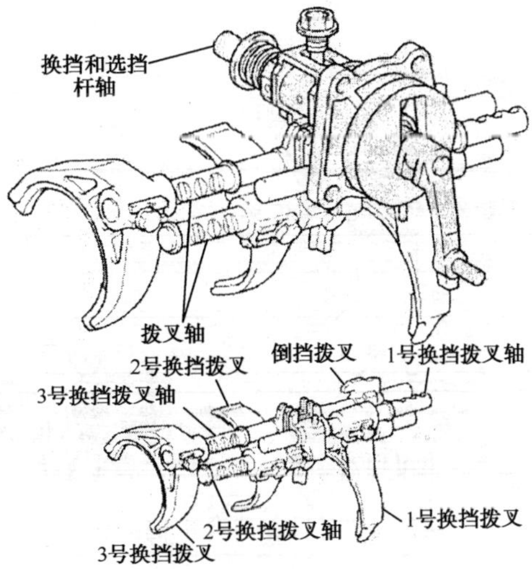

图 7-45　换挡机构

1）结构

换挡和选挡杆轴按直角固定在传动桥壳顶部的叉式轴上。采用防止双重啮合机构和防止误换倒挡机构。在拨叉轴上也同样采用了类似的换挡锁止机构和倒挡锁止机构。

2）防止双重啮合机构（图 7-46）

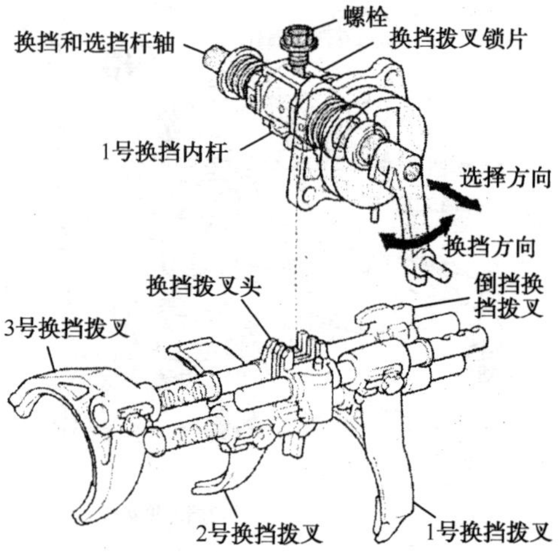

图 7-46 防止双重啮合机构

此机构可防止同时换挡至两个挡位。两个换挡拨叉同时移动时，会使两个挡位的齿轮同时进入啮合，导致齿轮不再转动，汽车制动器表现为似乎已被塞住不动，轮胎锁紧，从而导致非常危险的状态。用只允许换挡和选挡杆轴按选择方向滑动的螺栓来防止换挡拨叉锁片转动。

3）防止双重啮合机构的操作

换挡拨叉锁片始终装入 3 个换挡拨叉头槽的两个槽中，并且锁紧所有的变速叉，有待使用的齿轮除外。

例如，当将换挡杆置于 1 挡或 2 挡时，换挡拨叉锁片和 1 号换挡内杆移到右侧，如图 7-47 所示。

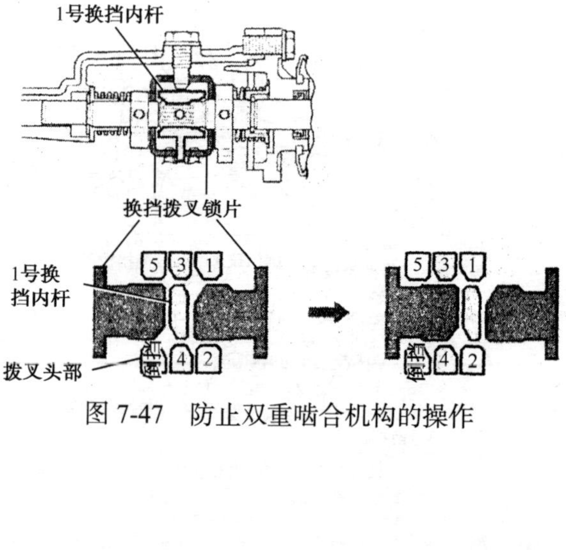

图 7-47 防止双重啮合机构的操作

换挡拨叉锁片防止 3 挡/4 挡和 5 挡/倒挡换挡拨叉头移动，使 1 挡/2 挡换挡拨叉头可移动。

4）倒挡误换挡预防机构（图 7-48）

汽车行驶时，如果传动桥转换到倒挡齿轮，会使离合器和手动传动桥断开并同时锁紧轮胎，从而导致非常危险的局面。

因此，要安装此机构使得驾驶员在移入倒挡齿轮之前必须先换到空挡位置。

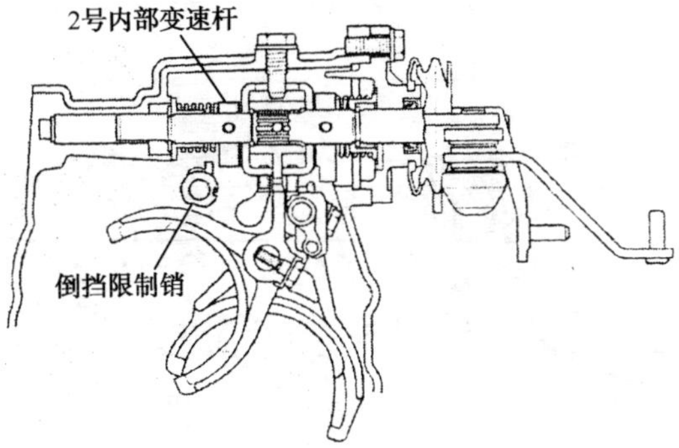

图 7-48　倒挡误换挡预防机构

5）倒挡误换挡预防机构的操作

（1）选挡时。

当将换挡杆移到 5 挡/倒挡选挡位置（5 挡和倒挡之间的空挡位置）时，2 号换挡内杆按“5 挡/倒挡”方向移动，从而按箭头 A 所示的方向移动倒挡限制销，如图 7-49（a）所示。

（2）换到 5 挡。

当传动桥已换到 5 挡时，2 号换挡内杆按箭头 B 所示的方向旋转，从而分离倒挡限制销，倒挡限制销通过复位弹簧的作用返回其原来的位置，如图 7-49（b）所示。

（3）试图从 5 挡换到倒挡。

如图 7-49（c）所示，试图直接从 5 挡换到倒挡（如箭头 C 所示）时，2 号换挡内杆接触倒挡限制销，从而防止传动桥从 5 挡换到倒挡。

（4）换到倒挡。

在换挡杆返回到 3 挡和 4 挡之间的空挡位置，然后移到 5 挡/倒挡选挡位置后，2 号换挡内杆和倒挡限制销的相对位置如图 7-49（d）所示。

此时，按箭头 D 所示的方向旋转 2 号换挡内杆，换入倒挡，不会受到倒挡限制销的任何干扰。

6）倒挡单向机构［图 7-50（a）］

倒挡惰性齿轮仅在传动桥换到倒挡时才移动。当换到 5 挡时，倒挡惰性齿轮保持在空挡位置。

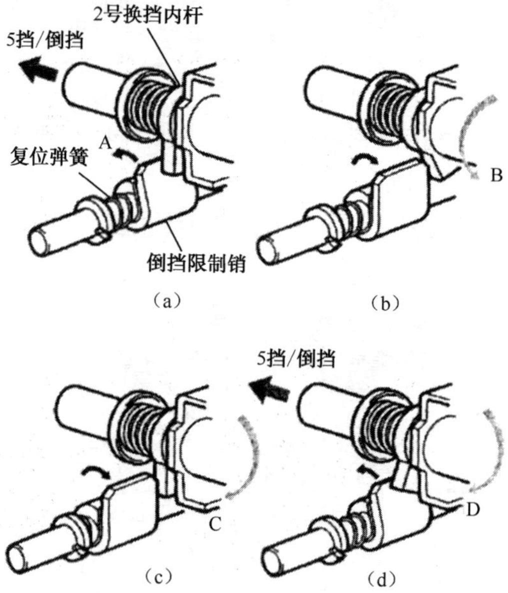

图 7-49　倒挡误换挡预防机构的操作

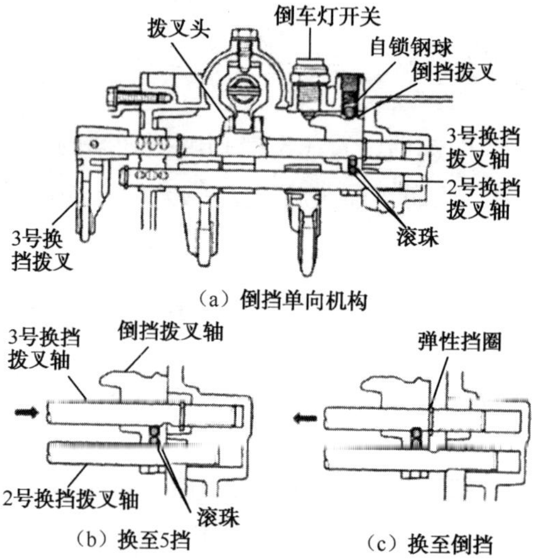

图 7-50　倒挡单向机构及其操作

7）倒挡单向机构的操作

（1）换到 5 挡。

当传动桥换到 5 挡时，3 号换挡拨叉轴移到右侧，从而使滚珠被推入 2 号换挡拨叉轴的凹槽，如图 7-50（b）所示。

（2）换至倒挡。

当传动桥被换到倒挡时，倒挡拨叉通过安装在 3 号换挡拨叉轴上的卡环而移至左侧，如图 7-50（c）所示。

（3）从倒挡换到空挡。

3 号换挡拨叉轴、滚珠和倒挡拨叉均整体移到右侧。

8）换挡锁止机构（图 7-51）

每个换挡拨叉轴上有三个凹槽，换挡时制动器滚珠通过弹簧被推入凹槽。这不仅能防止传动桥脱挡，也能给予驾驶员齿轮啮合的较好感觉。

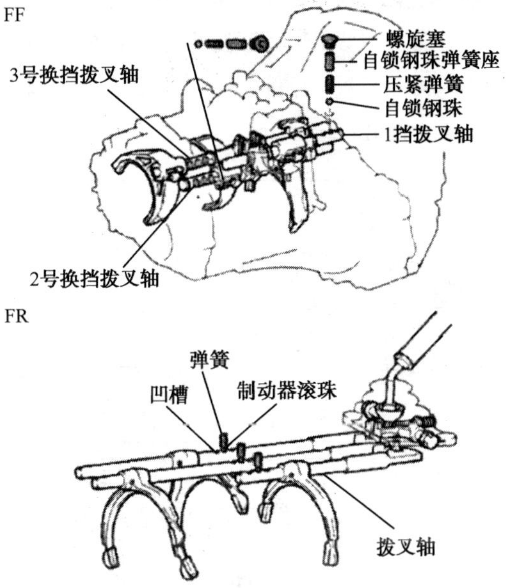

图 7-51　换挡锁止机构

9）接合套（图 7-52）

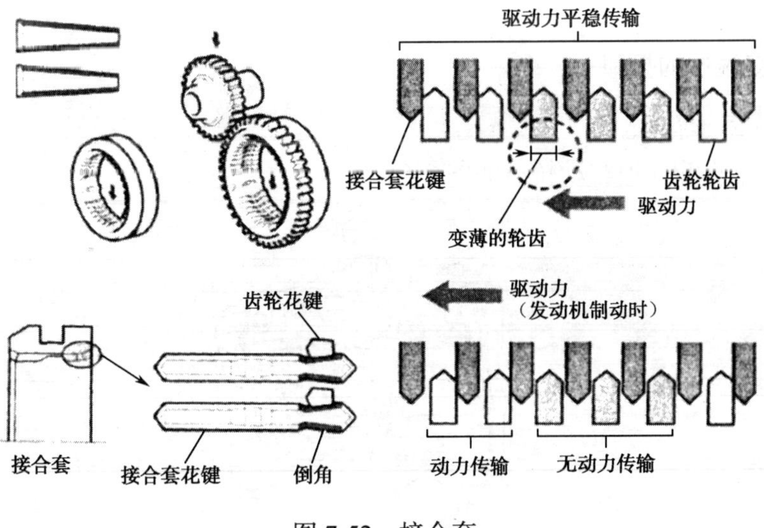

图 7-52　接合套

为防止齿轮跳出，接合套和转速齿轮之间的花键被制成倒角形状，以增进接合套和转速齿轮的啮合。

鉴于同一目的，输入齿轮、惰性齿轮和倒挡齿轮的轮齿也稍呈锥形。

（1）当驱动力从齿轮传送到接合套时，齿轮上的花键与所有接合套花键啮合。

（2）当驱动力从接合套传送到一齿轮（发动机断开期间）时，少量齿轮花键与接合套啮合。这导致接合套和齿轮的啮合压力增加，从而防止传动桥脱挡。

10）倒挡锁止机构（图 7-53）

倒挡拨叉上表面有一个凹槽，自锁钢球通过弹簧被推入该槽。当传动桥不换成倒挡时，凹槽防止倒挡惰性齿轮移动。同样，传动桥换成倒挡时，它告知驾驶员是否已完全啮合。

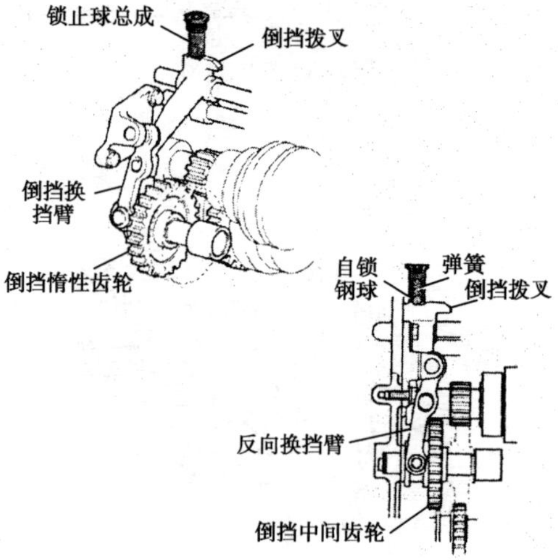

图 7-53　倒挡锁止机构

7.2.3　手动变速器的拆装实做

1. 手动变速器的拆卸

1）拆卸主要部件

（1）从车上拆卸变速驱动桥，如图 7-54 所示。

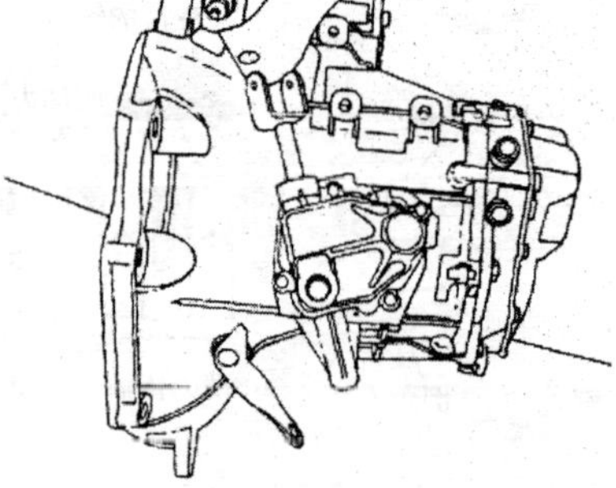

图 7-54　拆卸变速驱动桥

（2）从盖板上拆卸加注口塞，如图 7-55 所示。

（3）从换挡杆盖板上拆卸螺栓，如图 7-55 所示。

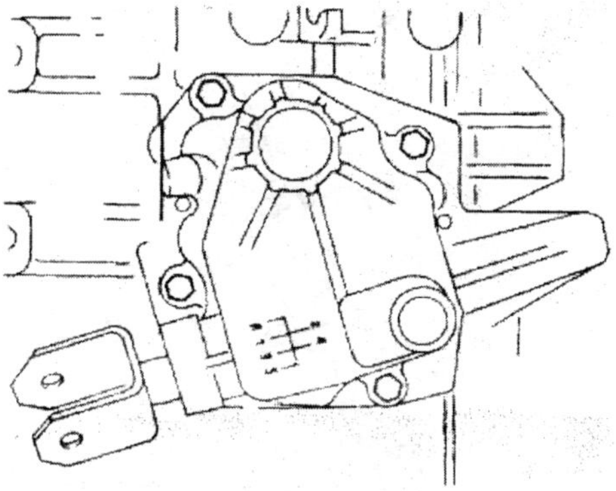

图 7-55 拆卸加注口塞和换挡杆盖板螺栓

（4）拆卸换挡杆盖板，如图 7-56 所示。

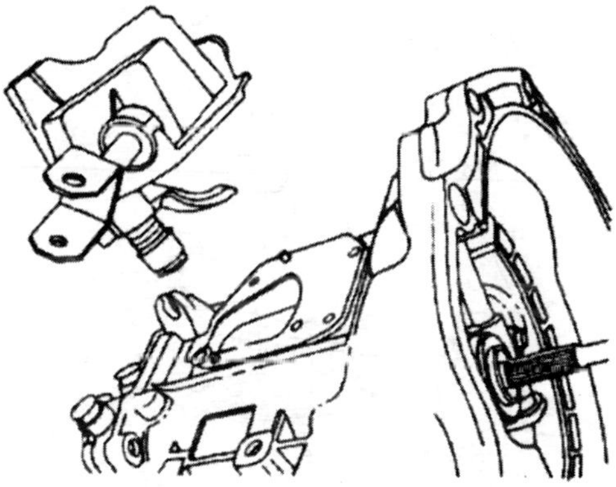

图 7-56 拆卸换挡杆盖板

（5）用螺栓将换挡杆盖板连接到支架 KM-552 上，如图 7-57 所示。

（6）将支架 KM-552 放在底座 KM-113-2 上，如图 7-57 所示。

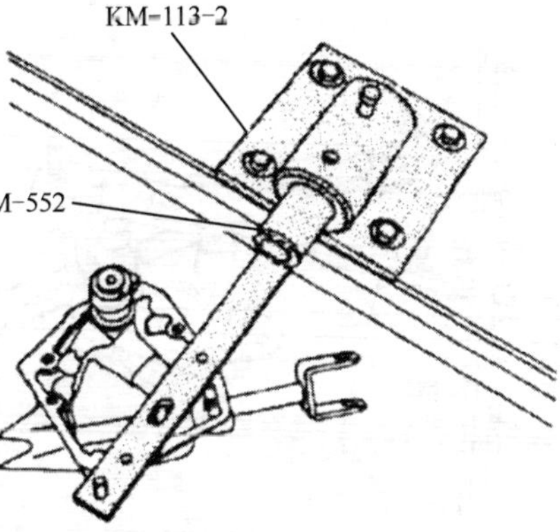

图 7-57 将换挡杆盖板连接到支架上

（7）拆卸弹簧卡环、轴套、弹簧和中间杆，如图 7-58 所示。

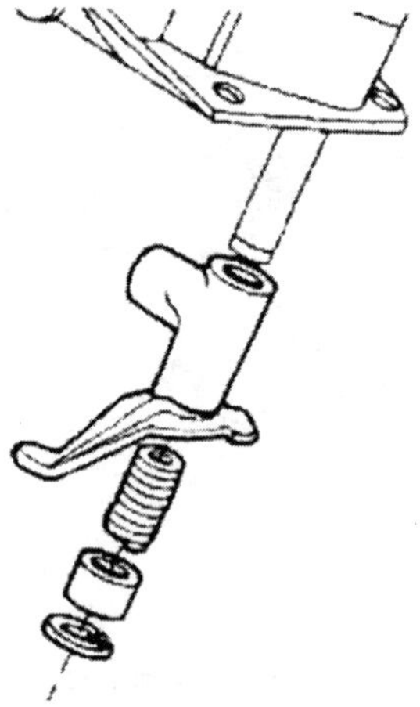

图 7-58　拆卸弹簧卡环、轴套、弹簧和中间杆

（8）拆卸换挡销钉杆销，如图 7-59 所示。

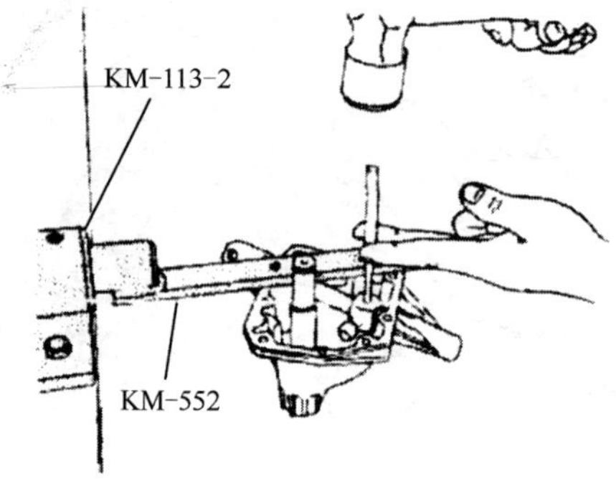

图 7-59　拆卸换挡销钉杆销

（9）拆卸换挡滑杆和换挡销钉杆，如图 7-60 所示。

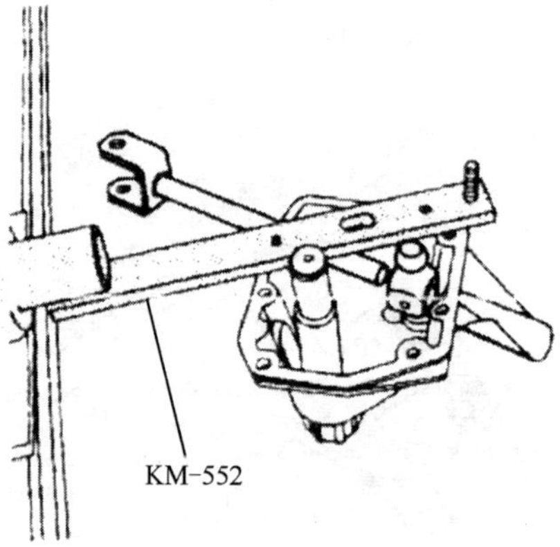

图 7-60　拆卸换挡滑杆和换挡销钉杆

（10）从变速驱动桥壳体上拆卸螺栓和车速表从动齿轮，如图 7-61 所示。

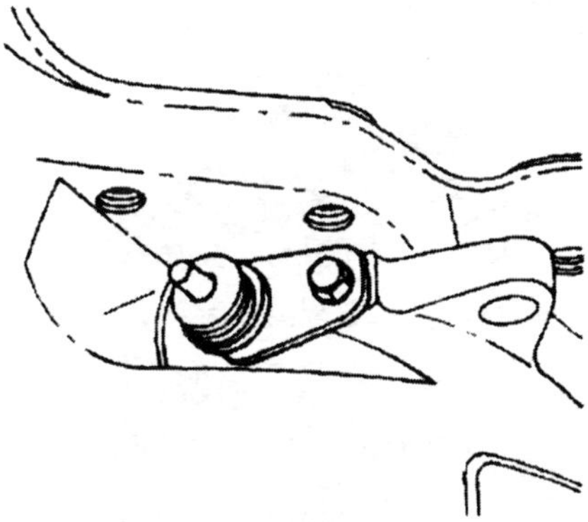

图 7-61　拆卸螺栓和车速表从动齿轮

（11）拆卸变速驱动桥盖板螺栓，如图 7-62 所示。

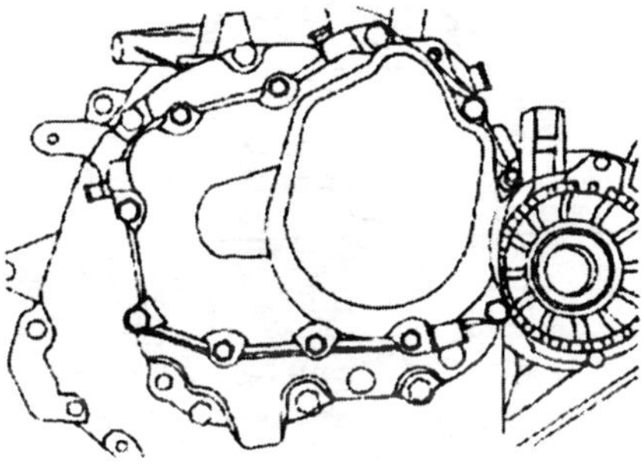

图 7-62　拆卸变速驱动桥盖板螺栓

（12）拆卸变速驱动桥盖板，如图 7-63 所示。

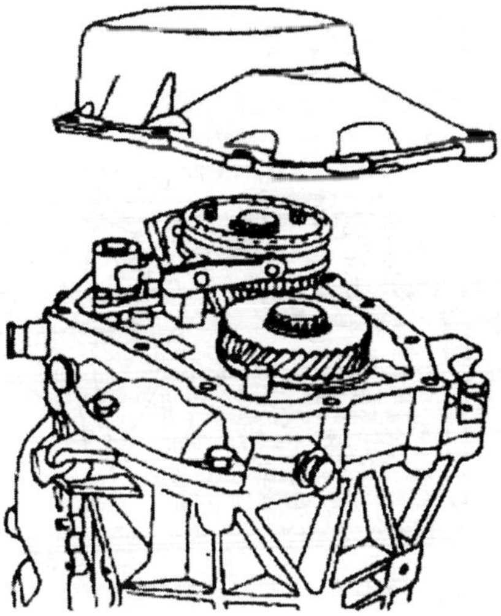

图 7-63　拆卸变速驱动桥盖板

（13）将变速驱动桥换到2挡。

（14）拆卸轴承板螺栓，如图7-64所示。

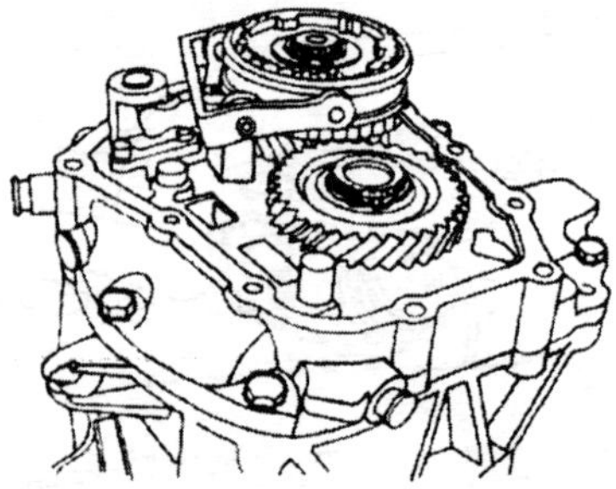

图7-64　拆卸轴承板螺栓

（15）连同换挡机构一起从壳体上拆卸轴承板，如图7-65所示。

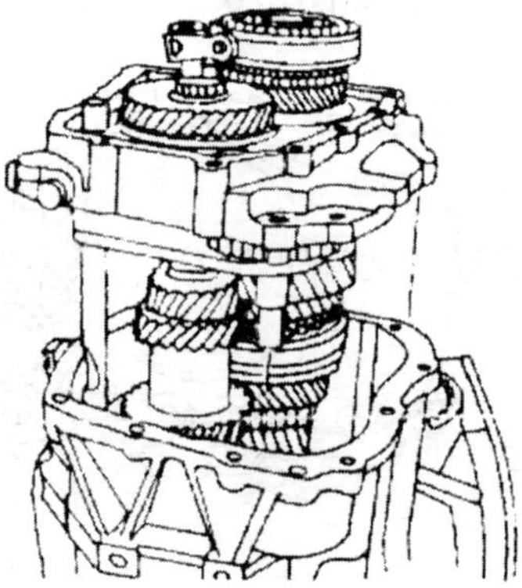

图7-65　拆卸轴承板

（16）将变速驱动桥换到倒挡。

（17）用螺栓将轴承板连接到支架KM-552上，并将支架KM-552装到底座KM-113-2上，如图7-66所示。

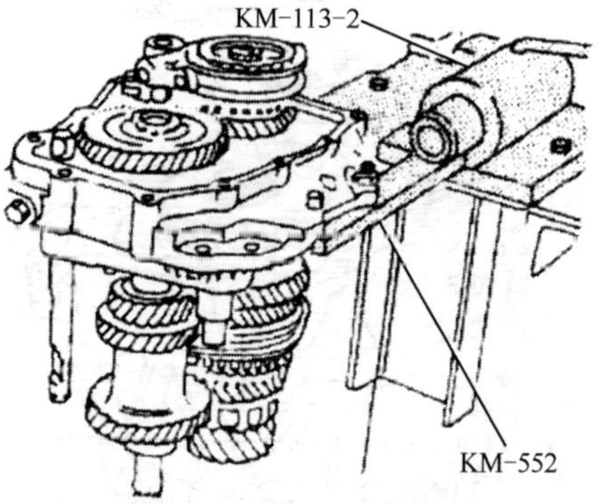

图7-66　将轴承板连接到支架上

(18) 从轴承板上拆卸螺栓和 5 挡拨叉，如图 7-67 所示。

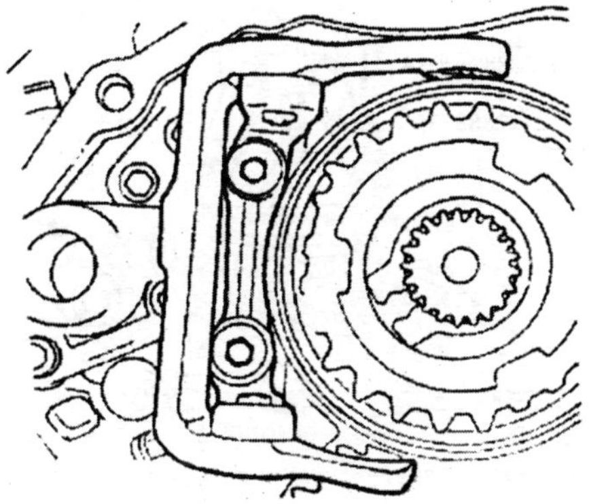

图 7-67　拆卸螺栓和 5 挡拨叉

(19) 拆卸主轴驱动 5 挡总成弹簧卡环，如图 7-68 所示。

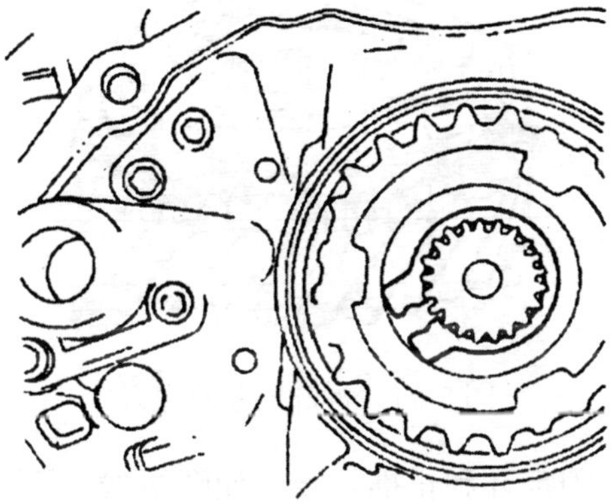

图 7-68　拆卸主轴驱动 5 挡总成弹簧卡环

(20)用轴承拔出器 J-22888-20-A 及拔出器爪 J-22888-35 拆卸 5 挡从动齿轮同步器和同步器齿轮，如图 7-69 所示。

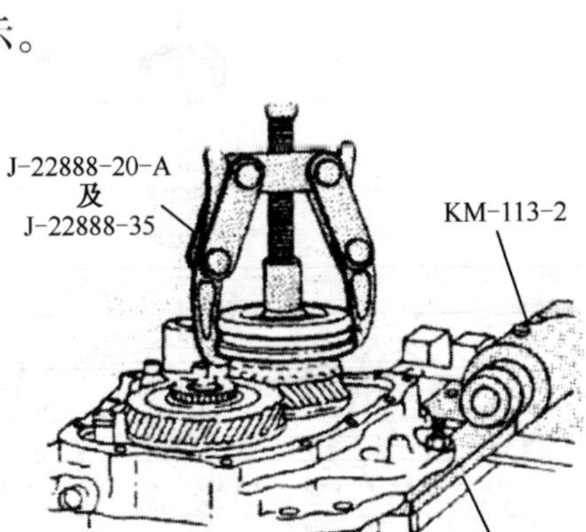

图 7-69　拆卸 5 挡从动齿轮同步器和同步器齿轮

（21）拆卸主轴驱动 5 挡总成，如图 7-70 所示。

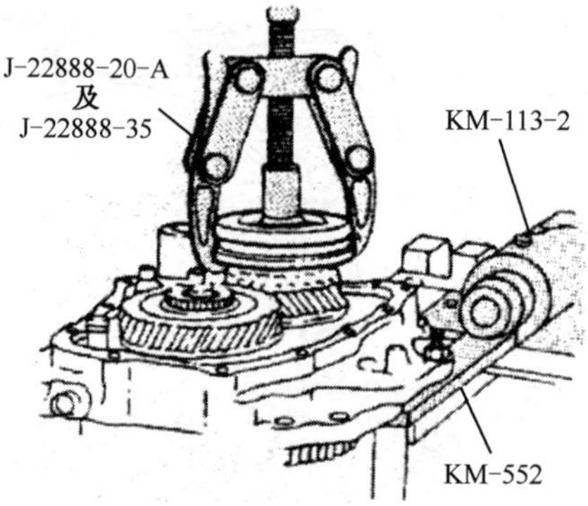

图 7-70　拆卸主轴驱动 5 挡总成

（22）拆卸同步器锁环，如图 7-71 所示。

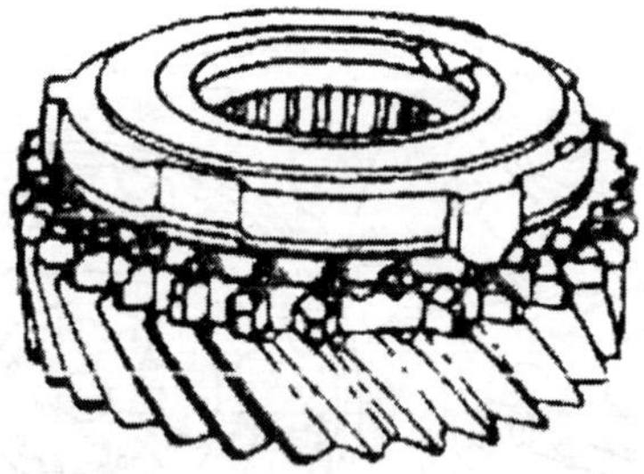

图 7-71　拆卸同步器锁环

（23）拆卸滚针轴承、固定环和止推垫圈，如图 7-72 所示。

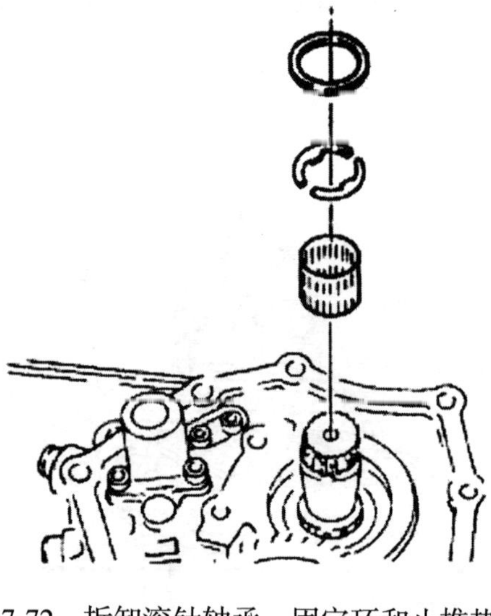

图 7-72　拆卸滚针轴承、固定环和止推垫圈

（24）拆卸输入驱动 5 挡弹簧卡环，如图 7-73 所示。

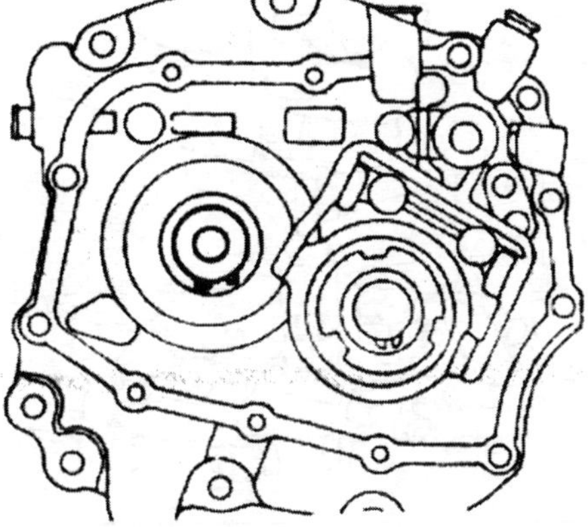

图 7-73　拆卸输入驱动 5 挡弹簧卡环

（25）用 5 挡齿轮拔出器 KM-553-A 拆卸输入驱动 5 挡齿轮，如图 7-74 所示。

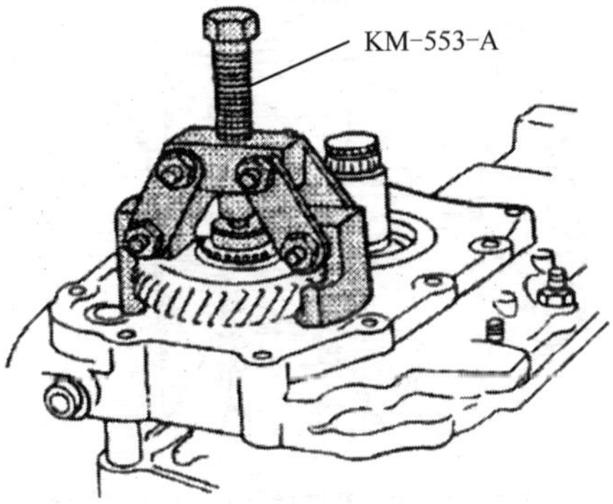

图 7-74　拆卸输入驱动 5 挡齿轮

（26）用棘爪从轴承板上拆卸螺栓和 5 挡换挡连接器，如图 7-75 所示。

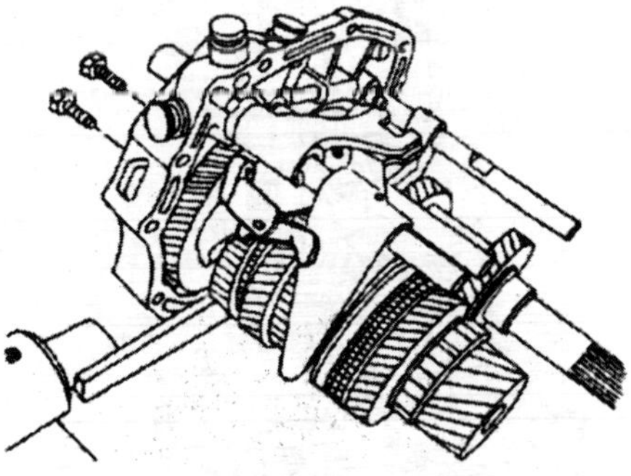

图 7-75　拆卸螺栓和 5 挡换挡连接器

（27）用换挡滑杆拆卸工具 J-42469 和惯性锤 J-6125-B 拆卸 4 挡换挡滑杆孔塞，如

图 7-76 所示。

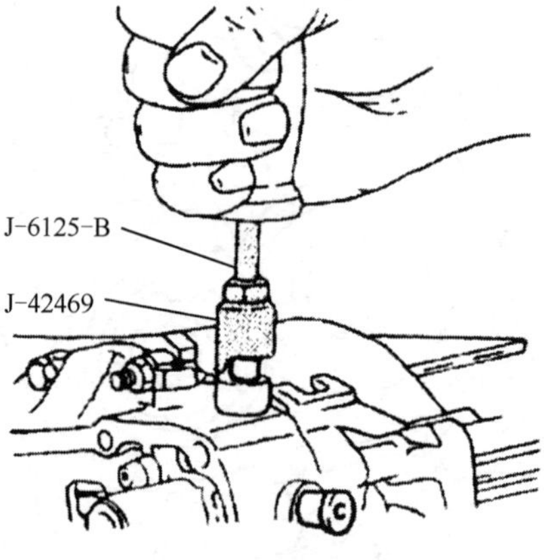

图 7-76　拆卸 4 挡换挡滑杆孔塞

（28）从小塞孔中拆卸弹簧和滑杆锁定销，如图 7-77 所示。

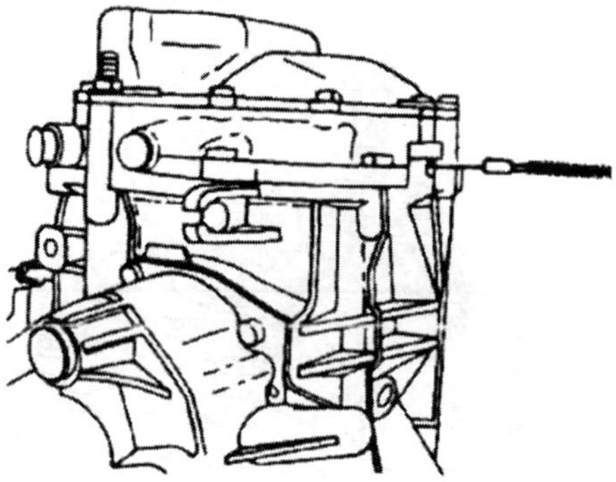

图 7-77　拆卸弹簧和滑杆锁定销

（29）从倒挡换挡滑杆/拨叉总成上拆卸销，如图 7-78 所示。

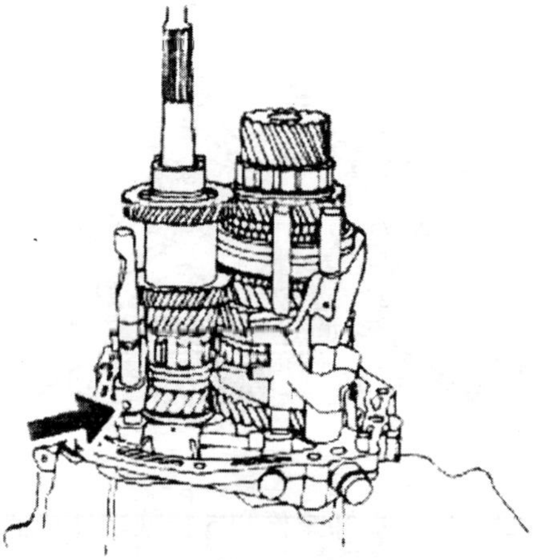

图 7-78　拆卸倒挡换挡滑杆/拨叉总成上的销

（30）从轴承板上拆卸倒挡换挡滑杆/拨叉总成，如图 7-79 所示。

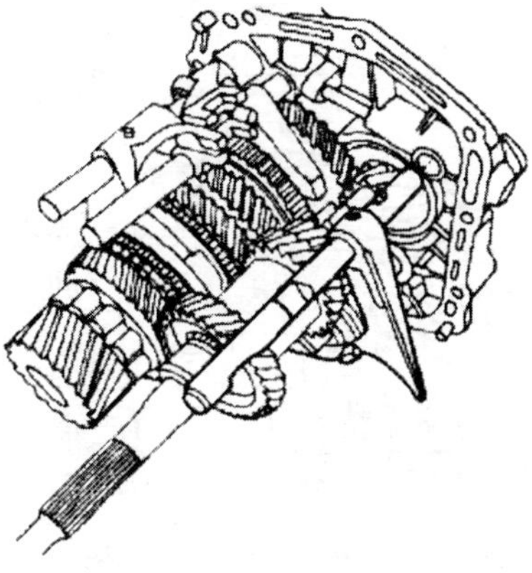

图 7-79 拆卸倒挡换挡滑杆/拨叉总成

（31）从支架上拆卸螺栓，如图 7-80 所示。

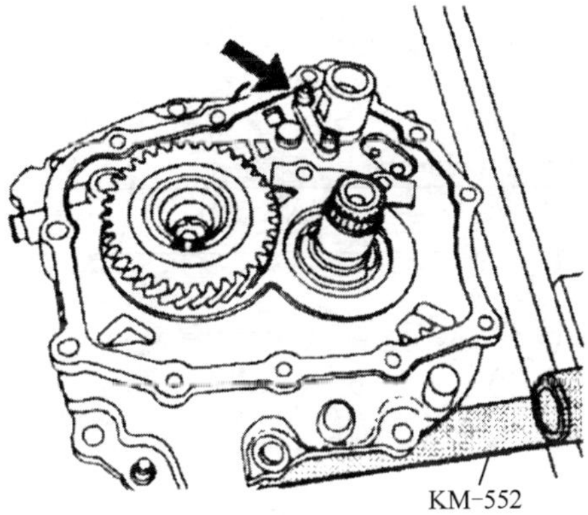

图 7-80 从支架上拆卸螺栓

（32）拆卸 1/2 挡换挡拨叉固定销，如图 7-81 所示。

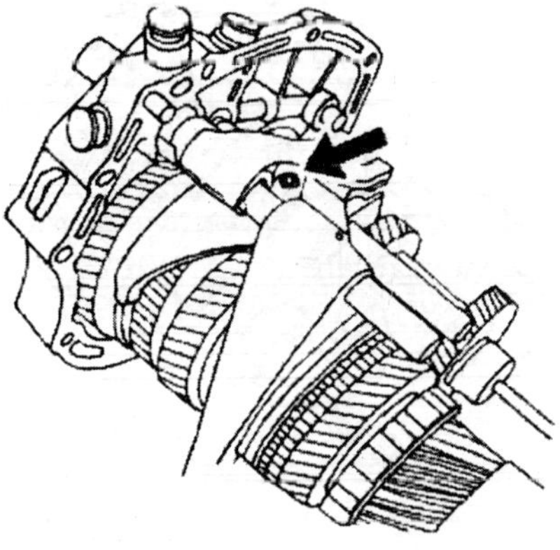

图 7-81 拆卸 1/2 挡换挡拨叉固定销

（33）拆卸 1/2 挡换挡滑杆，直到其刚刚脱开轴承板，如图 7-82 所示。

图 7-82　拆卸 1/2 挡换挡滑杆

（34）从轴承板上拆卸支架，如图 7-83 所示。

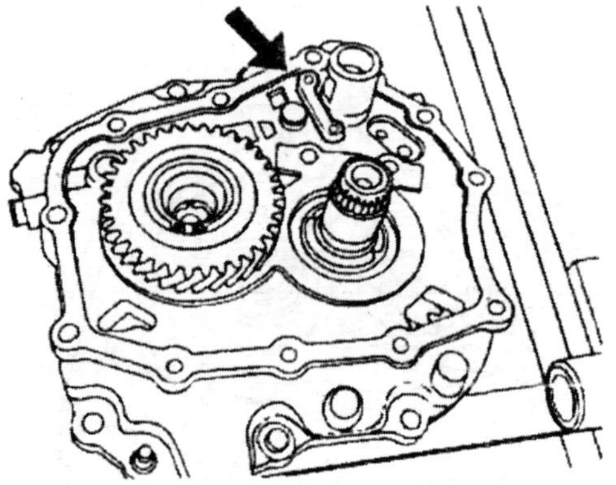

图 7-83　拆卸支架

（35）拆卸 3/4 挡换挡拨叉固定销（图 7-84）和 3/4 挡换挡滑杆。

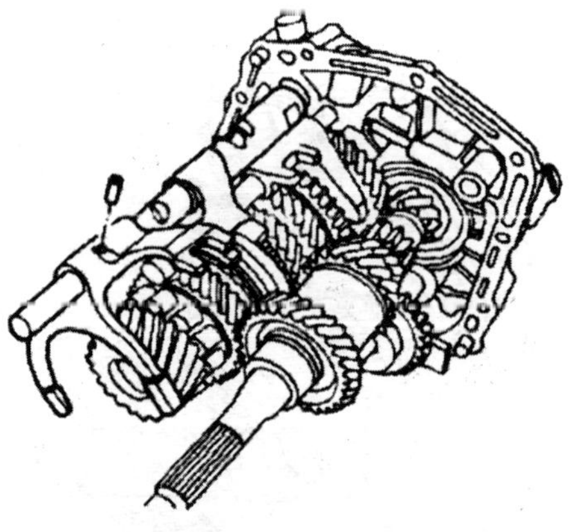

图 7-84　拆卸 3/4 挡换挡拨叉固定销

（36）从轴承板上拆卸 5 挡换挡杆，如图 7-85 所示。

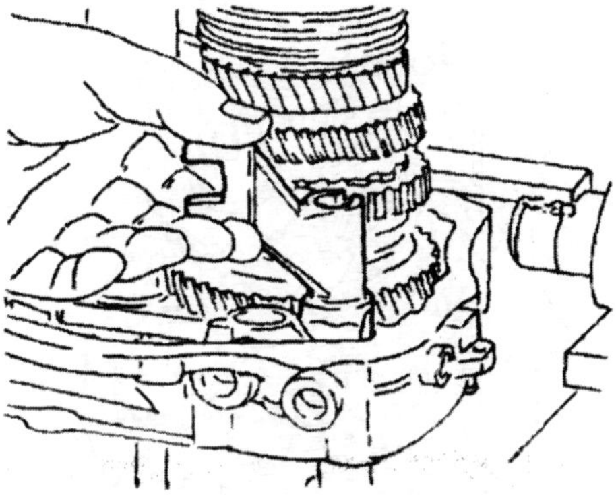

图 7-85　拆卸 5 挡换挡杆

（37）拆卸 1/2 挡换挡滑杆，如图 7-86 所示。

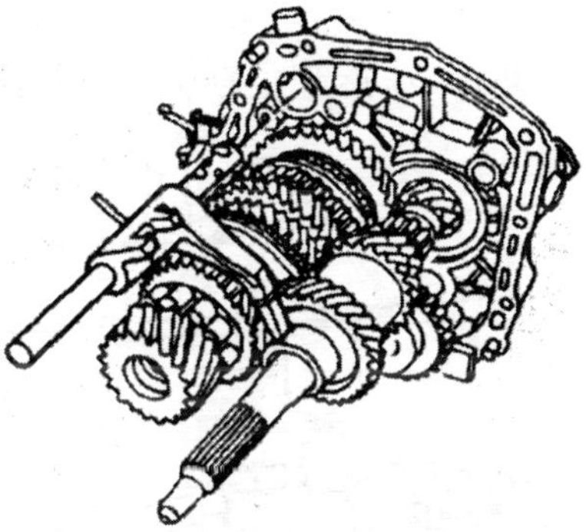

图 7-86　拆卸 1/2 挡换挡滑杆

（38）压缩固定主轴的弹簧卡环并用弹簧卡环固定器 J-36633 固定，如图 7-87 所示。

（39）用弹簧卡环钳子从输入轴底部打开弹簧卡环。

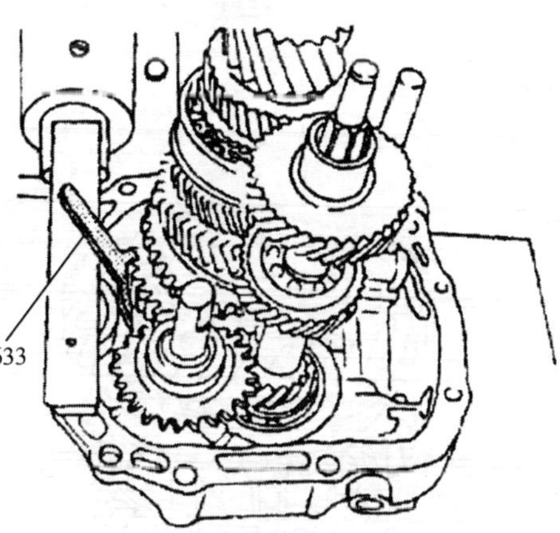

图 7-87　压缩固定主轴的弹簧卡环并固定

（40）从轴承板上拆卸主轴总成和输入轴总成，如图 7-88 所示。

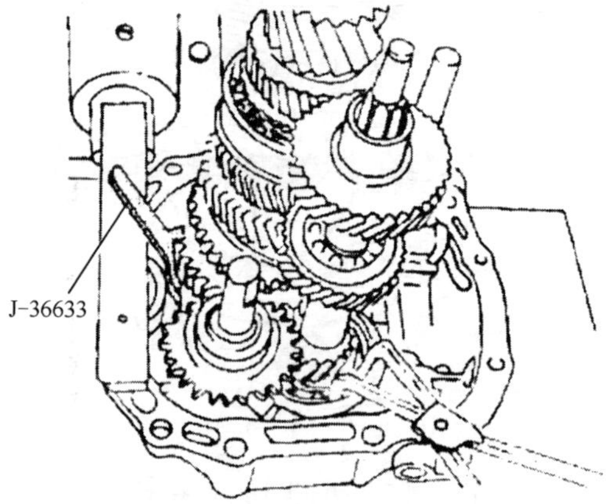

图 7-88　拆卸主轴总成和输入轴总成

2）拆卸主轴

（1）用通用轴承拔出器 J-22912-01 拆卸主轴轴承，如图 7-89 所示。

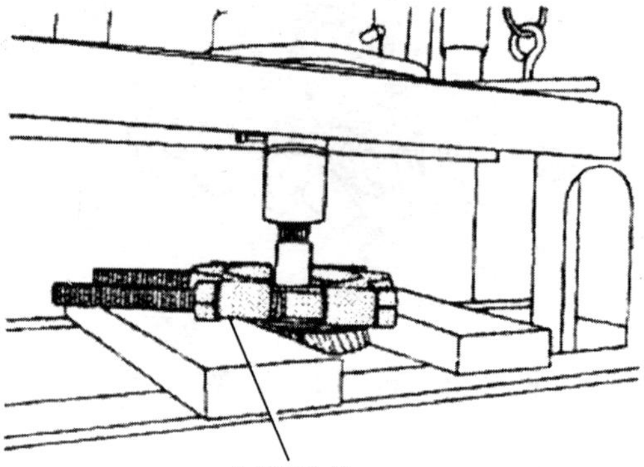

图 7-89　拆卸主轴轴承

（2）拆卸弹簧卡环，如图 7-90 所示。

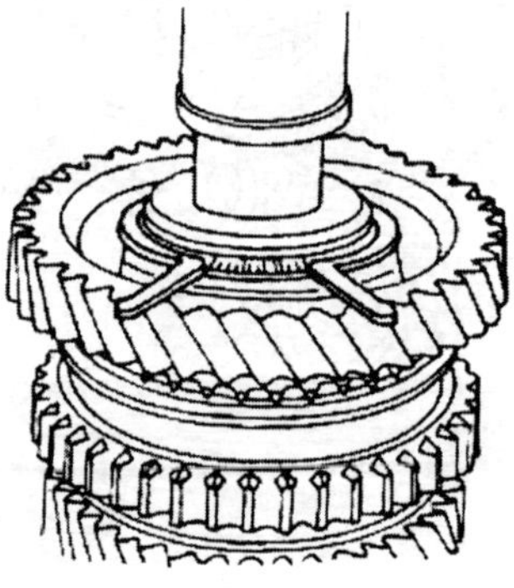

图 7-90　拆卸弹簧卡环

（3）拆卸 1 挡齿轮、平板形 1 挡滚针轴承和主轴防磨板，如图 7-91 所示。

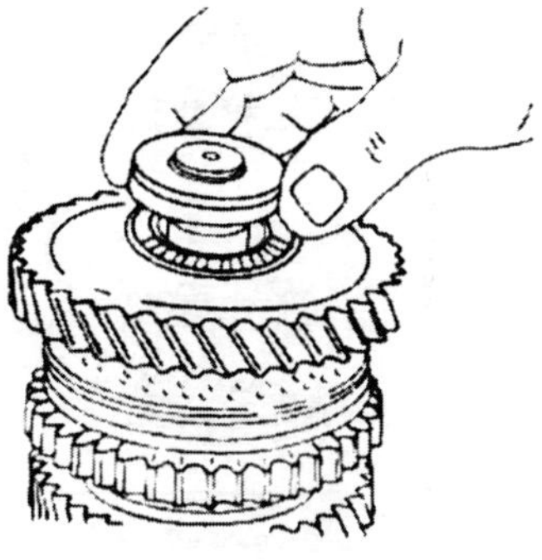

图 7-91　拆卸 1 挡齿轮等

（4）拆卸同步器毂衬套，包括同步器弹簧，如图 7-92 所示。

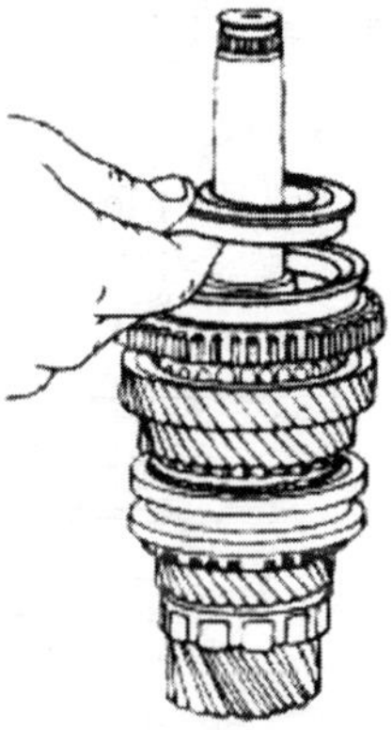

图 7-92　拆卸同步器毂衬套

（5）拆卸外锁环。

（6）从 1/2 挡同步器齿轮上拆卸键，如图 7-93 所示。

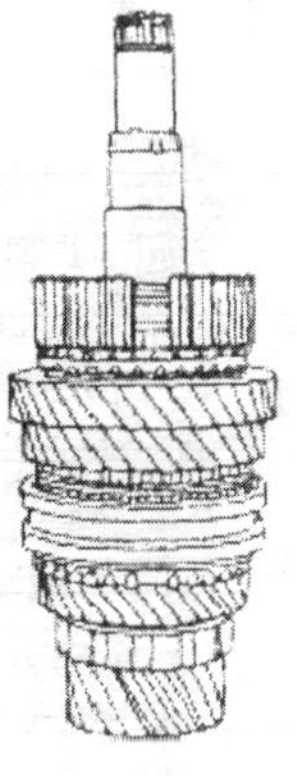

图 7-93　从 1/2 挡同步器齿轮上拆卸键

（7）拆卸圆柱形 1 挡齿轮滚针轴承，如图 7-94 所示。

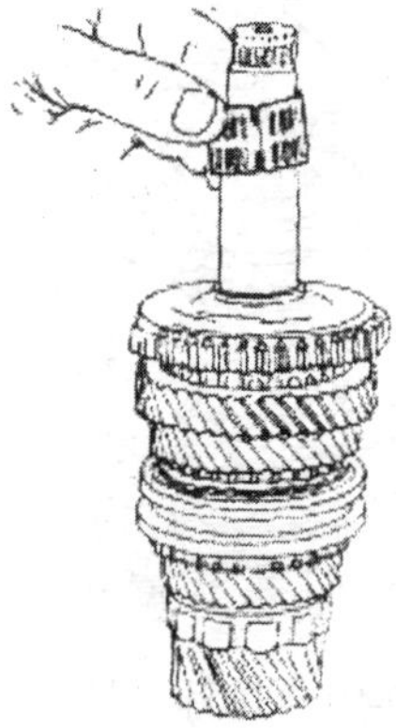

图 7-94　拆卸圆柱形 1 挡齿轮滚针轴承

（8）拆卸弹簧卡环和垫圈，如图 7-95 所示。

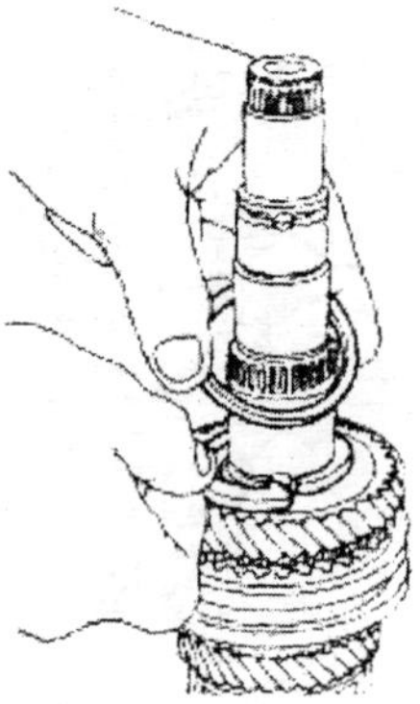

图 7-95　拆卸弹簧卡环和垫圈

（9）从主轴上拆卸 1/2 挡同步器齿轮，如图 7 96 所示。

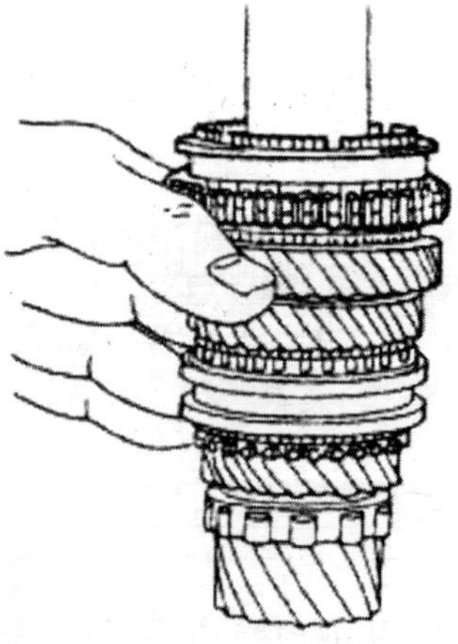

图 7-96　拆卸 1/2 挡同步器齿轮

（10）拆卸 1/2 挡锁环，如图 7-97 所示。

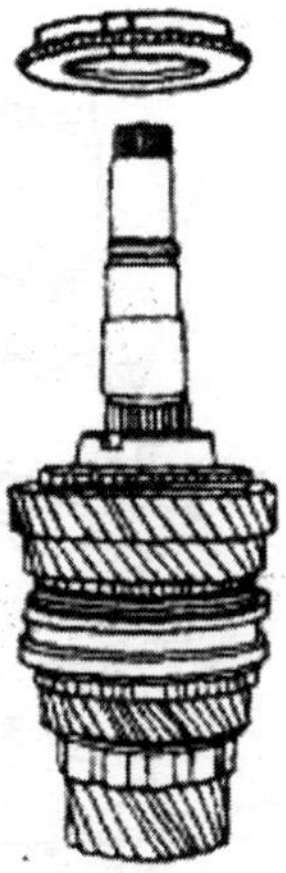

图 7-97　拆卸 1/2 挡锁环

（11）用通用轴承拔出器 J-22912-01 拆卸 2 挡齿轮，如图 7-98 所示。

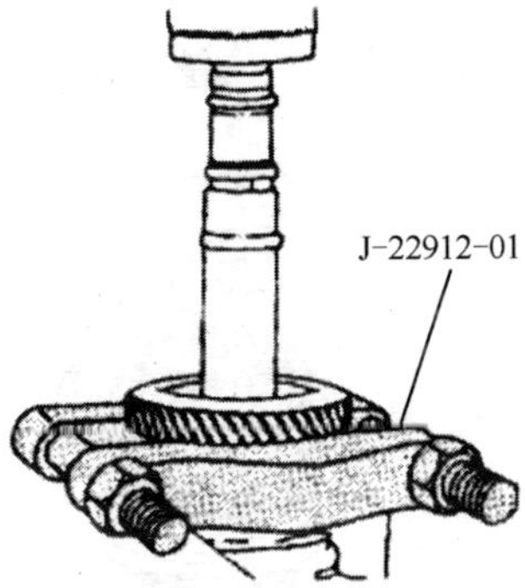

图 7-98　拆卸 2 挡齿轮

（12）拆卸 2 挡滚针轴承，如图 7-99 所示。

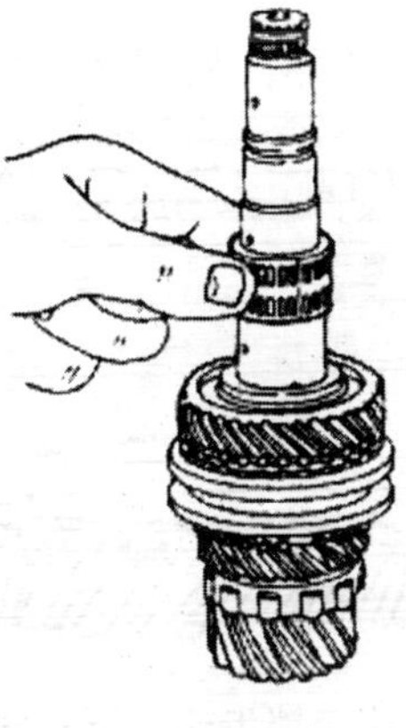

图 7-99　拆卸 2 挡滚针轴承

（13）拆卸弹簧卡环和止推垫圈，如图 7-100 所示。

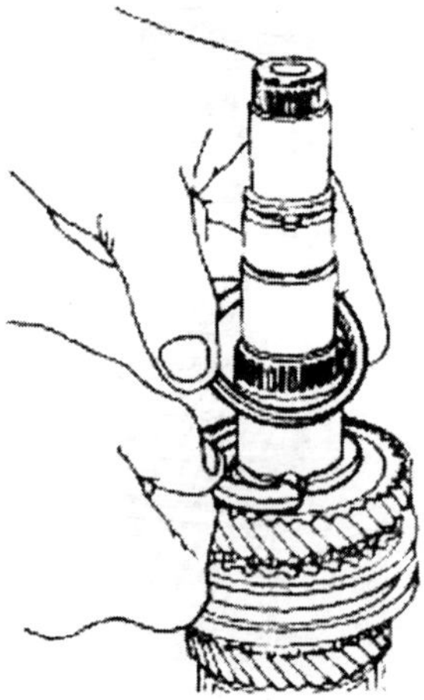

图 7-100　拆卸弹簧卡环和止推垫圈

（14）拆卸 3 挡齿轮和同步器锁环，如图 7-101 所示。

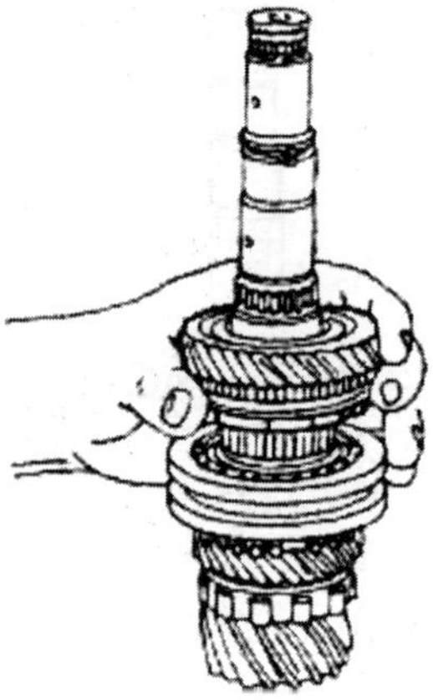

图 7-101　拆卸 3 挡齿轮和同步器锁环

（15）从 3 挡齿轮上拆开同步器锁环，如图 7-102 所示。

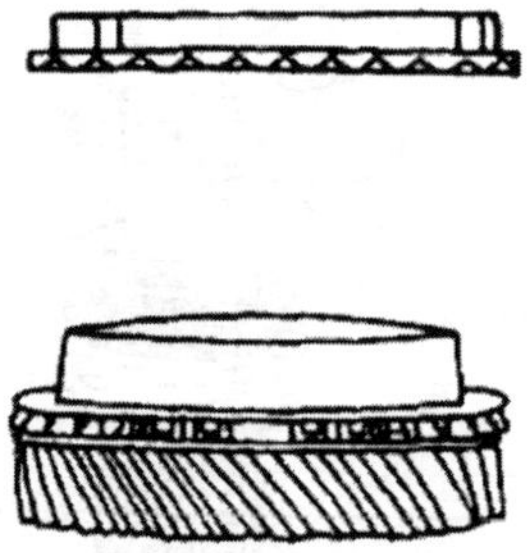

图 7-102　从 3 挡齿轮上拆开同步器锁环

（16）从主轴上拆卸 3 挡滚针轴承，如图 7-103 所示。

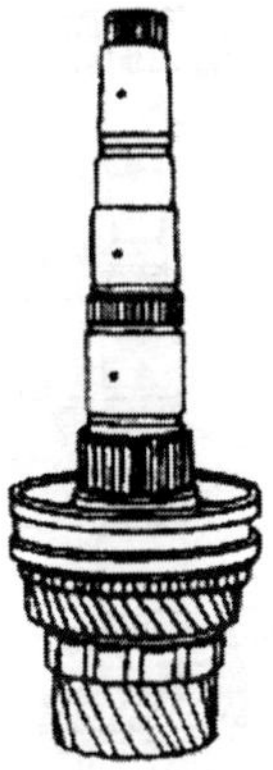

图 7-103　拆卸 3 挡滚针轴承

（17）拆卸同步器套及键和弹簧，如图 7-104 所示。

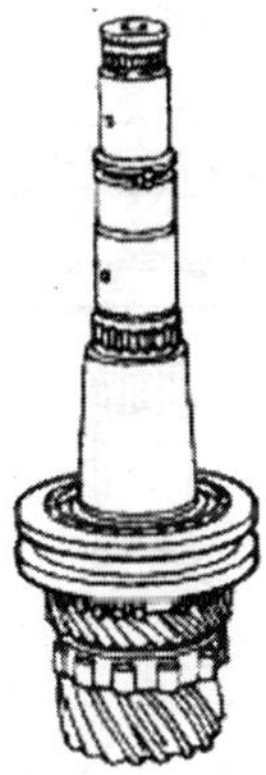

图 7-104　拆卸同步器套及键和弹簧

（18）从主轴上拆卸弹簧卡环和垫圈，如图 7-105 所示。

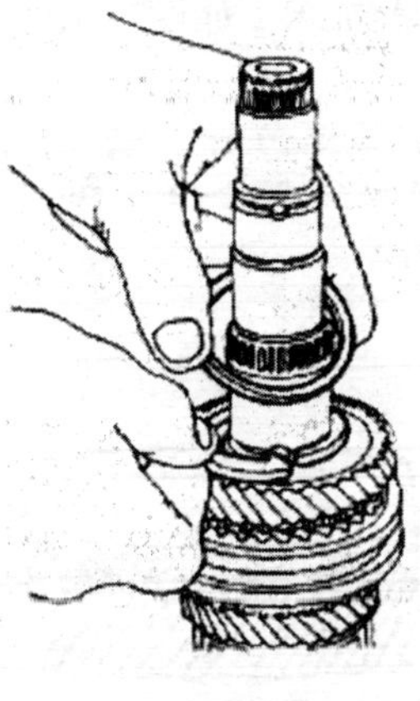

图 7-105　拆卸弹簧卡环和垫圈

（19）拆卸 3/4 挡同步器齿轮及弹簧，如图 7-106 所示。

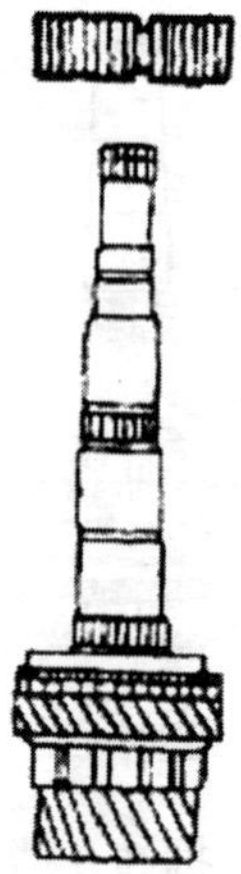

图 7-106　拆卸 3/4 挡同步器齿轮及弹簧

（20）拆卸 4 挡齿轮总成，如图 7-107 所示。

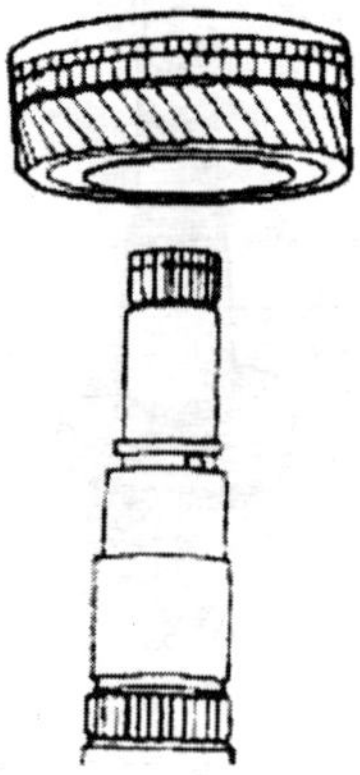

图 7-107　拆卸 4 挡齿轮总成

（21）从 4 挡齿轮上拆开同步器锁环，如图 7-108 所示。

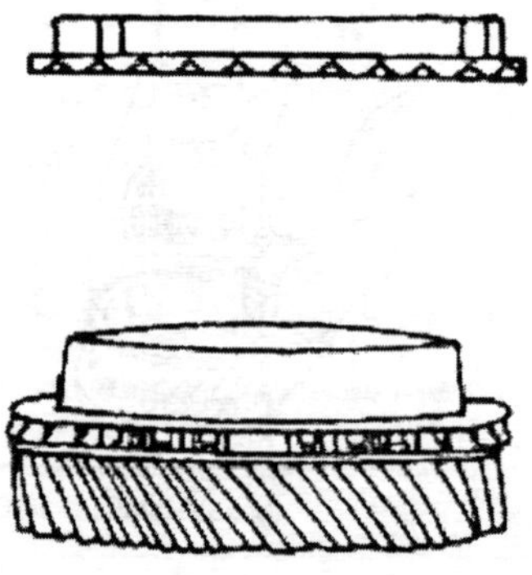

图 7-108　从 4 挡齿轮上拆开同步器锁环

（22）拆卸 4 挡滚针轴承、固定环和止推垫圈，如图 7-109 所示。

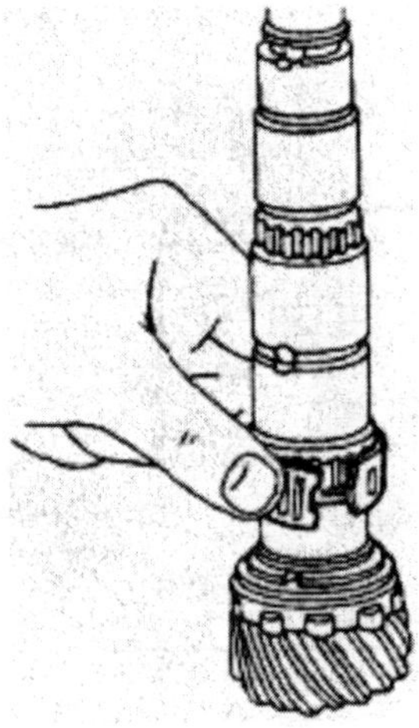

图 7-109　拆卸 4 挡滚针轴承等

（23）拆卸主轴轴承，如图 7-110 所示。

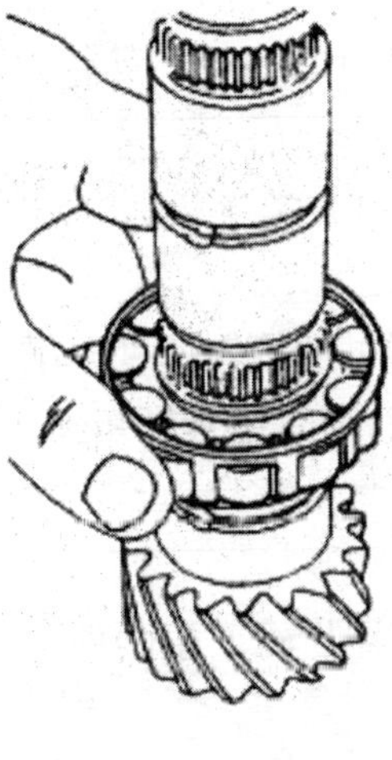

图 7-110　拆卸主轴轴承

2. 手动变速器的安装

手动变速器的安装步骤与拆卸步骤相反。

7.3　主减速器和差速器的拆卸与安装

7.3.1　主减速器和差速器的结构

FF 车和 FR 车主减速器和差速器的结构，如图 7-111 所示。差速器进一步增大通过变速器传送的转矩，并把驱动力分配给左侧和右侧驱动轴。

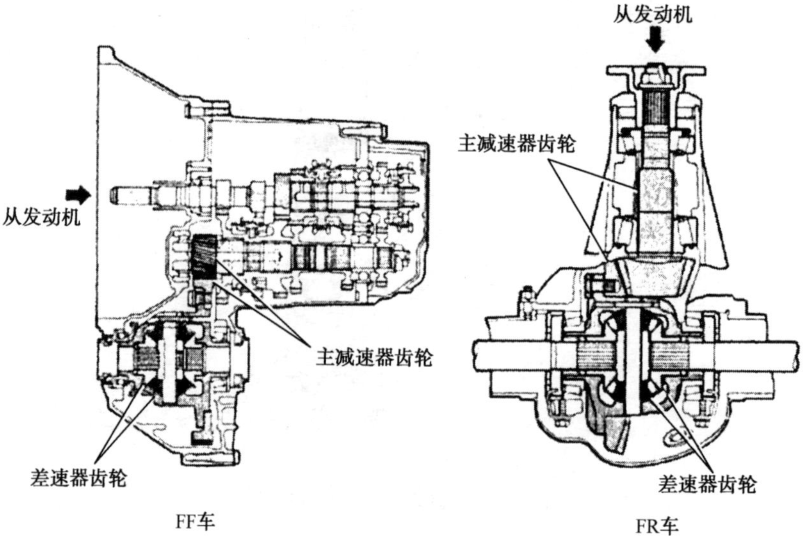

图 7-111　FF 车和 FR 车主减速器和差速器的结构

此外，安装差速器可使汽车转弯时内轮与外轮以不同的转速旋转，从而使汽车能在弯道上平稳行驶。

1. 主减速器

主减速器降低传动桥（变速器）的旋转速度以增大转矩。

FR 车主减速器在改变其方向的同时增大转矩。

2. 差速器齿轮

当汽车在弯道上行驶时，差速器齿轮产生两种不同的车轮旋转速度。

3. FF 车差速器（图 7-112）

在配置横向安装的发动机的 FF 车中使用的差速器是与变速器结合在一起的。

差速器组件安装在变速器壳和传动桥壳之间。

斜齿圆柱齿轮用做齿圈。该齿轮与差速器壳结合在一起，并通过两个侧向轴承安装在传动桥上。

驱动轴与半轴齿轮内的花键啮合。

通常有两个小齿轮，但在大功率发动机的差速器中，常使用 4 个小齿轮。

4. FR 车差速器（图 7-113）

在实际成品中，主减速器和差速器作为整体组装在一起，并直接安装在差速器支座上，该支座又安装到后桥壳、车身或车架上。

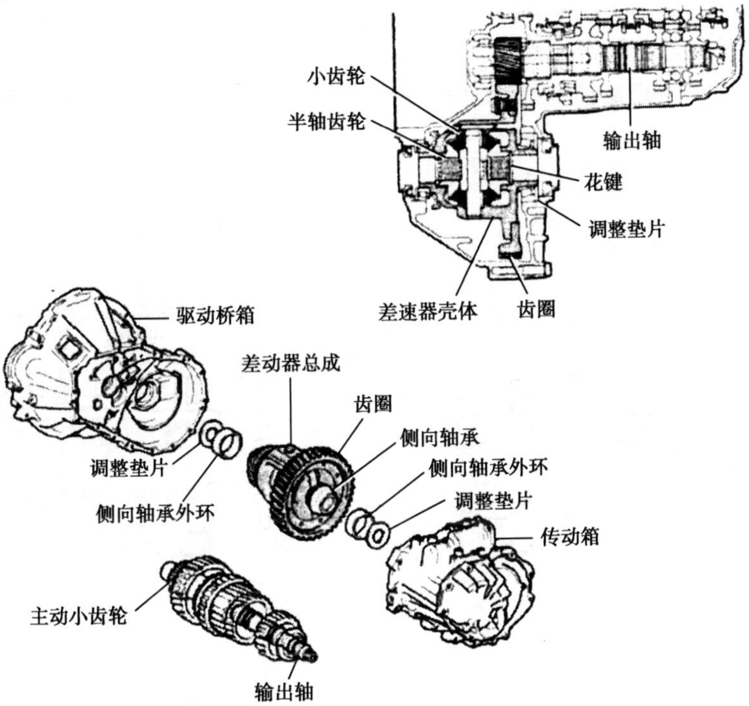

图 7-112　FF 车差速器

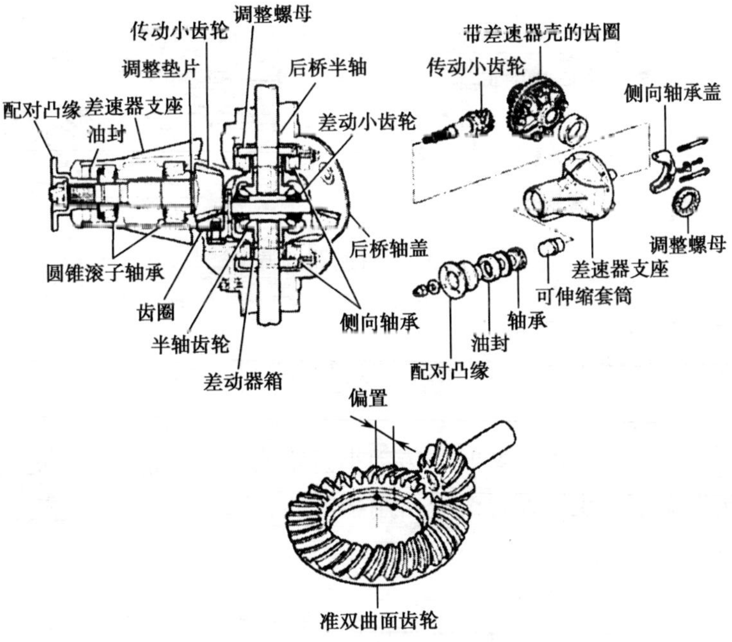

图 7-113　FR 车差速器

传动轴万向节固定到配对凸缘上，并通过配对凸缘转动传动小齿轮。

传动小齿轮通过两个圆锥滚子轴承安装到差速器支座上。齿圈和差速器壳通过两个侧向轴承整体安装到差速器支座上。

传动小齿轮和齿圈是轴外伸部互相偏置的准双曲面齿轮副，因此必须用专用的准双曲面齿轮副油润滑。

半轴齿轮和后桥半轴通过花键安装在一起。

5．减速器的调节（图 7-114）

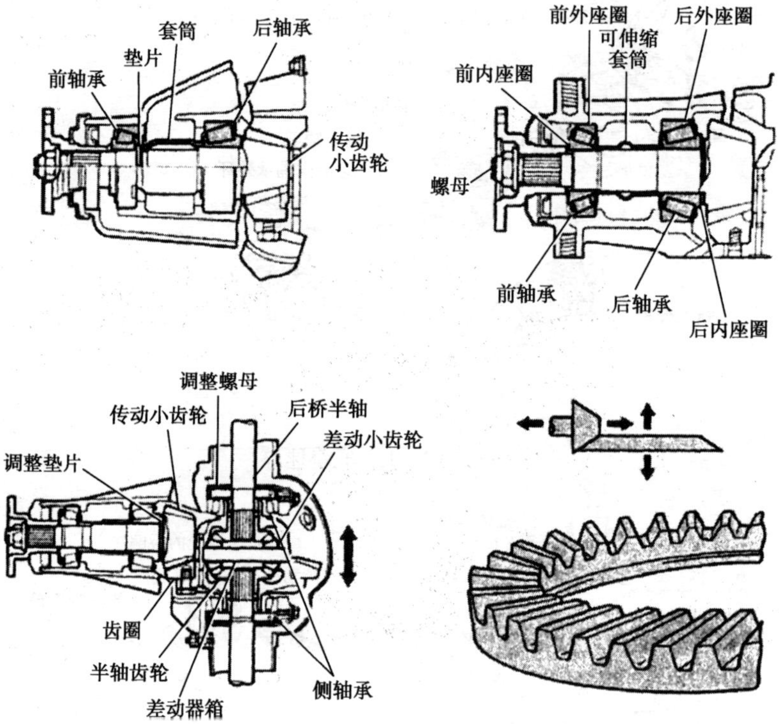

图 7-114　减速器的调节

1）侧向轴承预紧力的调节

侧向轴承使用圆锥滚子轴承，因而需要进行预紧力调节。

2）传动小齿轮预紧力的调节

外轴承座圈固定到差速器支座时，传动小齿轮轴承的预紧力通常通过改变前后内轴承座圈的距离进行调节。也可通过改变所用垫片的总厚度或给可伸缩套筒施加压力（通过拧紧螺母）以改变其长度。

3）准双曲面齿轮齿隙的调节

传动小齿轮和齿圈之间的间隙需要调节。

当齿隙较大时，朝着传动小齿轮调节差速器壳；当齿隙较小时，调节差速器壳，使其离开传动小齿轮。通过调整螺母来进行调节。

4）准双曲面齿轮轮齿接触调节

通过应用调整垫片来偏置主动小齿轮和齿圈的方法，调节准双曲面齿轮轮齿接触。

7.3.2 差速器的工作原理

差速器的工作原理，如图 7-115 所示。

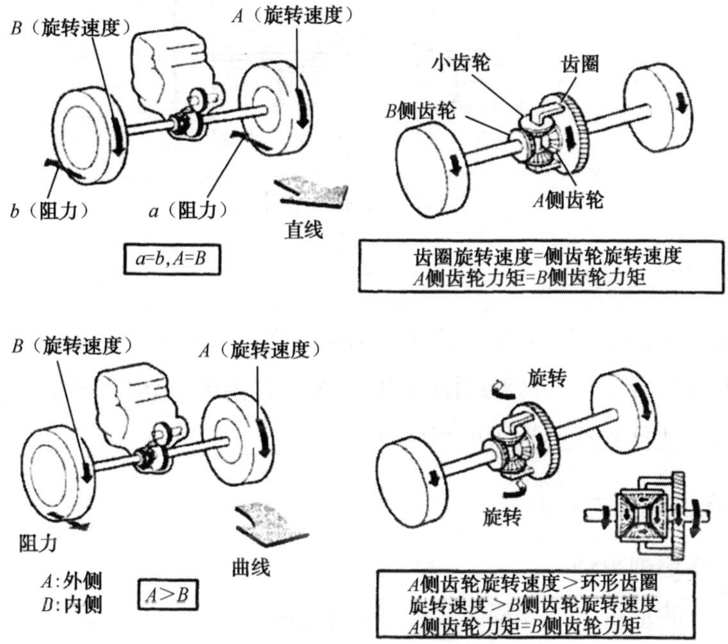

图 7-115　差速器的工作原理

1．直线行驶时

直线行驶时，均匀的阻力施加到右侧和左侧车轮上，因而齿圈、小齿轮和半轴齿轮作为一个整体旋转，使得驱动力被传送到两个车轮。

2．弯道行驶时

弯道行驶时，外轮胎和内轮胎的旋转速度是不同的。换而言之，在差速器内，内侧 *B* 半轴齿轮慢速转动，小齿轮旋转使得外侧 *A* 半轴齿轮旋转较快。

这就是差速器让汽车平稳行驶通过弯道的原理。

7.3.3 驱动轴和半轴的结构

驱动轴和半轴的作用是将驱动力传送给车轮，如图 7-116 所示。

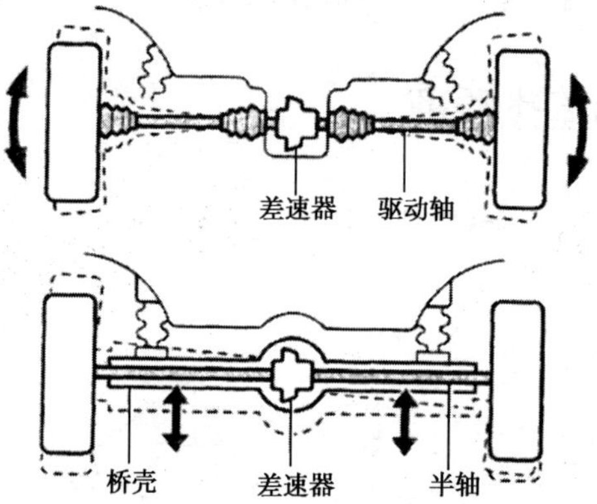

图 7-116　驱动轴和半轴

1. 驱动轴（独立悬挂式）

必须装有吸收车轮上下移动而产生的驱动轴长度变化的机构。

在 FF 车中，由于转向和行驶使用相同的车轮，在前轮正转向的同时它们必须能保持相同的运行角度，并且必须以均匀的速度使车轮转动。

2. 半轴（刚性悬挂式）

右轮和左轮连接到半轴上。

桥壳支承汽车的重量，与此同时也使差速器保持在其中心位置。

3. 等速万向节

不管万向节的角度怎样，等速万向节都能防止驱动轴和从动轴之间发生转动差。等速万向节主要在带有独立悬架的汽车驱动轴中使用。

1）球笼式（birfield）万向节（图 7-117）

内球座装入活塞形外球座，6 个钢球由它们之间的保持架来限位。此系统结构简单，传动能力强，通常用在驱动轴轮胎侧。

内外滚道凹槽的曲线可保证驱动轴与从动轴中心线的交点（O）始终在各钢球中心点（P）连线上。因此，驱动轴的角速度始终等于从动轴的角速度。

2）三脚头万向节（图 7-118）

在这种万向节中，有一个在同一平面上带有 3 个耳轴的三脚架。三个滚柱安装在万向节上，安装到其中每一滚柱上的是 3 个带有平行凹槽的喇叭形件。这种万向节结构简单，价格便宜。这类万向节可轴向移动，通常用在驱动轴差速器侧。

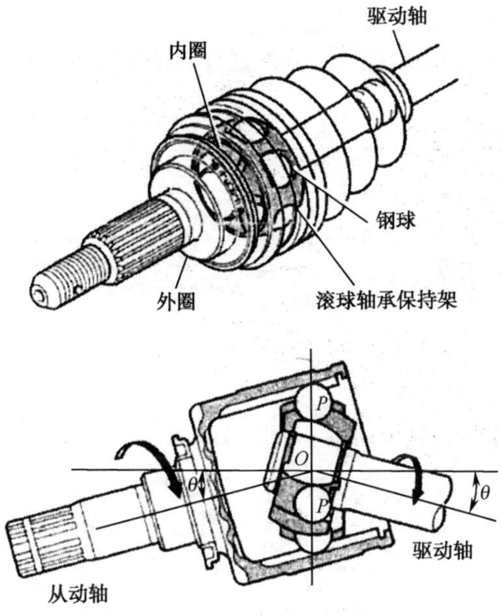

图 7-117　球笼式万向节

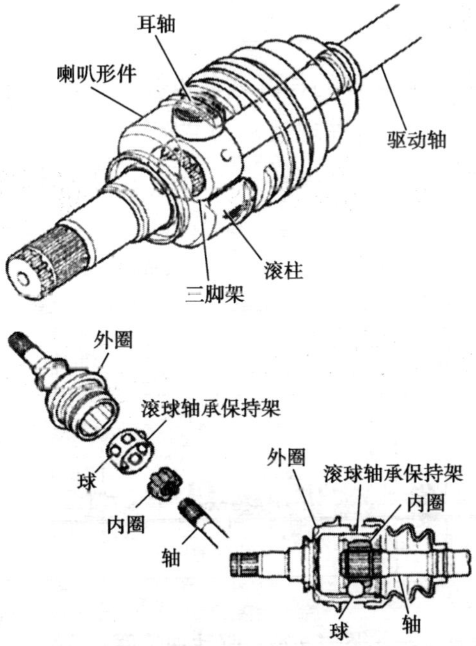

图 7-118　三脚头万向节

3）双偏置等速万向节（双效补偿等速万向节）

这类万向节的结构类似于球笼式万向节的结构，但它可轴向滑动，钢球保持架的外表面和内表面互相轴向偏移。

4）十字槽等速万向节（交叉槽等速万向节）

这是一种重量轻的小型万向节，其中外球座的球槽和内球座的球槽按一定角度布置（图 7-119）。

这类万向节有两种类型：一种可以轴向滑动，另一种不能轴向滑动。

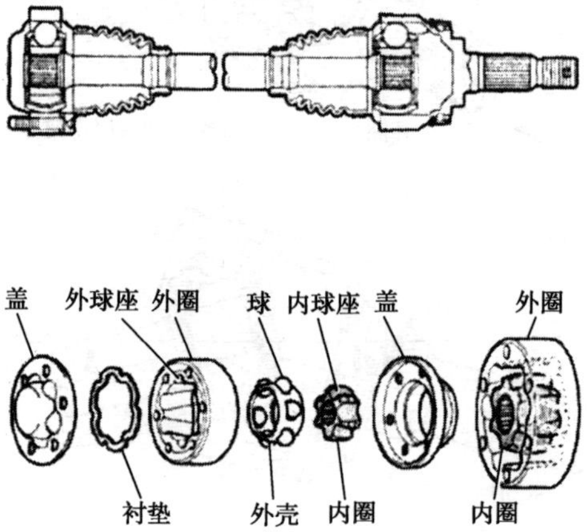

图 7-119　十字槽等速万向节

4．驱动轴长度（图 7-120）

在 FF 车中，左边和右边驱动轴的长度之差也会导致转向轮急跳到一侧，或汽车在快速发动或突然加速时转变方向，这种现象称为“转矩转向”。

鉴于此缘故，某些型号的汽车在驱动桥中加入了中间轴，使左右半轴长度相同，以防止“转矩转向”现象发生。

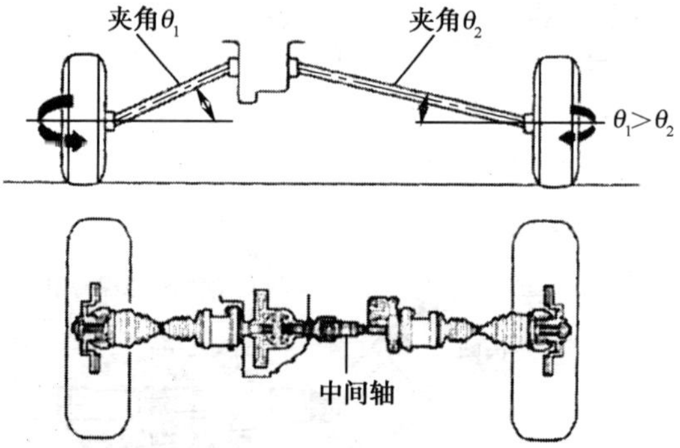

图 7-120　驱动轴长度

7.3.4　传动轴

1．传动轴的作用

传动轴（安装在 FR 车和 4WD 车上）将来自传动桥/变速器的动力传送到差速器。

为响应路面状况，传动轴可上下摆动并通过花键吸收长度变化。

传动轴安装在位置低于传动桥/变速器的差速器上，因而它是倾斜的，如图 7-121 所示。为此，传动轴可以平稳地将来自传动桥/变速器的动力传送到差速器。

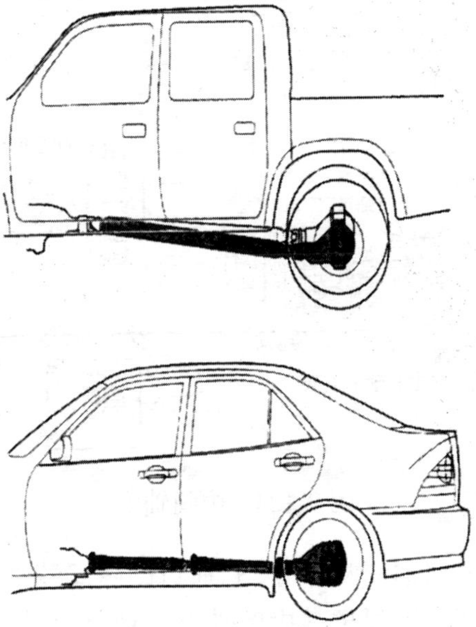

图 7-121　传动轴的安装位置

2. 传动轴的结构

传动轴是一种轻质空心碳钢管，它的强度足以抗扭矩和弯曲。在它的两端有两个接头以形成万向节叉。由于高速时有小的振动，现今使用三节型传动轴更为常见。

1）两节型传动轴（图 7-122）

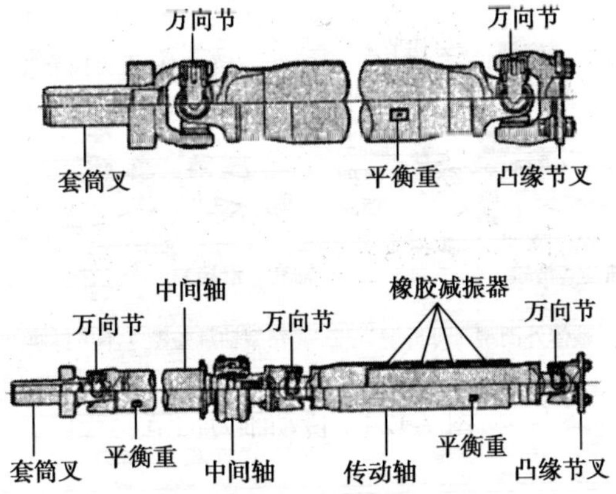

图 7-122　两节型传动轴

两节型传动轴的每段相对较长，当传动轴高速旋转时，该轴稍弯曲，由于残余失衡而振动更大。

2）三节型传动轴

就轴长而言，三节型传动轴较短，由于失衡较少而弯曲也较少，因此减少了高速下的振动。

3）中间轴承（图 7-123）

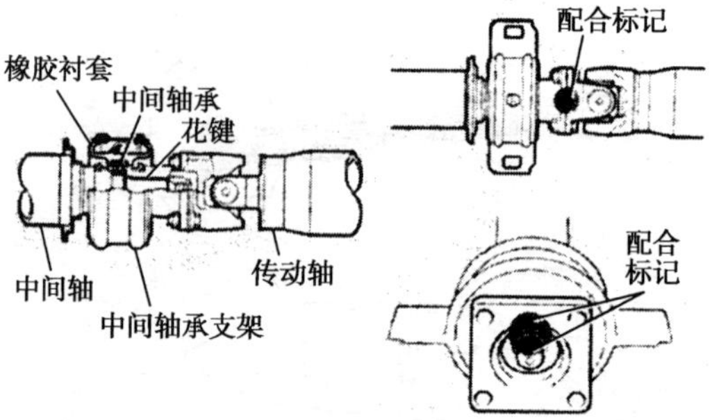

图 7-123　中间轴承

中间轴承从中部支承传动轴的两部分，它通过凸缘安装到位于中间轴端部的花键上。中间轴承外部覆盖橡胶衬套，以保护其内的轴承。轴承通过支架安装在车身上，以支承传动轴。

由于传动轴分为两段，传动轴的振动由橡胶衬套吸收，以防振动达到车身。因此，高速范围内传动轴的振动和噪声可减小到最低程度。

3. 传动轴万向节

传动轴万向节的用途是吸收由于差速器相对于变速器的位置变化而引起的传动轴的角度变化，平稳地将来自变速器的动力传送到差速器，如图 7-124 所示。

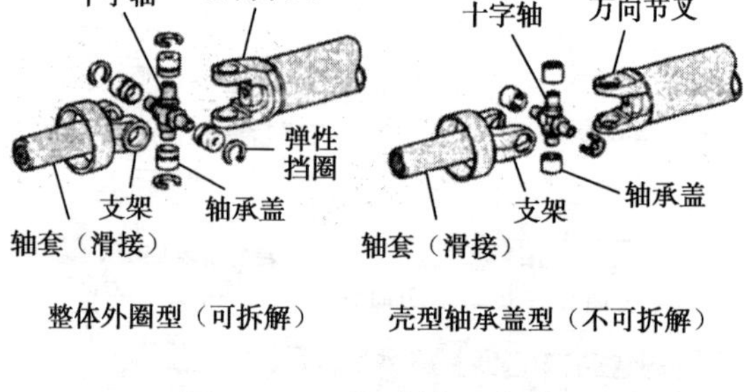

图 7-124　传动轴万向节

1）十字轴万向节

十字轴万向节由于结构简单、功能准确而得到普遍使用。两个万向节叉中的一个被焊接到传动轴上，另一个万向节叉则形成一个类似接合凸缘或接合套筒的整体。

为了防止轴承外圈在驱动轴高速旋转时飞脱，用卡环或锁止板来紧固整体外圈型轴承中的轴承外圈。

壳型外圈型万向节不能拆卸。

十字轴万向节中，驱动轴 A 与成 30° 角的从动轴 B 的转速变化，如图 7-125 所示。十字轴万向节的驱动轴 A（变速器输出轴）转动一次，从动轴 B 也转动一次。

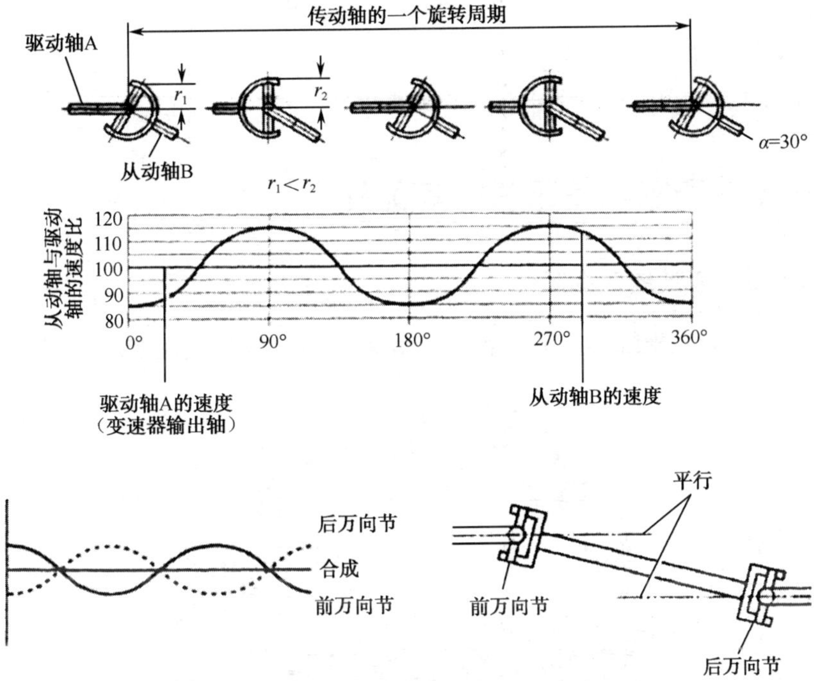

图 7-125　驱动轴 A 与成 30° 角的从动轴 B 的转速变化

当十字轴与驱动轴成直角时（旋转角度为 90° 或 270° ），该十字轴万向节转向半径最大（r_2）。当十字轴与驱动轴不成直角时（0° 、180° 或 360° ），转向半径较小（r_1）。

由于从动轴万向节叉的圆周速度每转动 90° 发生周期性变化，与驱动轴有关的角速度也发生相应变化。当驱动轴 A 和从动轴 B 之间的角度（α）较大时，此角速度的变化也较大。角速度的变化由于位于十字轴万向节驱动端（传动桥/变速器侧）和从动端（差速器侧）的万向节而消失。此外，驱动轴和从动轴相互平行安置，以防止转速和转矩发生变化。

2）挠性万向节（图 7-126）

连接变速器、传动轴和差速器的中心线越直，振动和噪声就越小。

因此，在某些最新的 FR 小客车中，使用零角度的传动轴。这样的传动轴还装有挠性万向节以保证振动和噪声小。

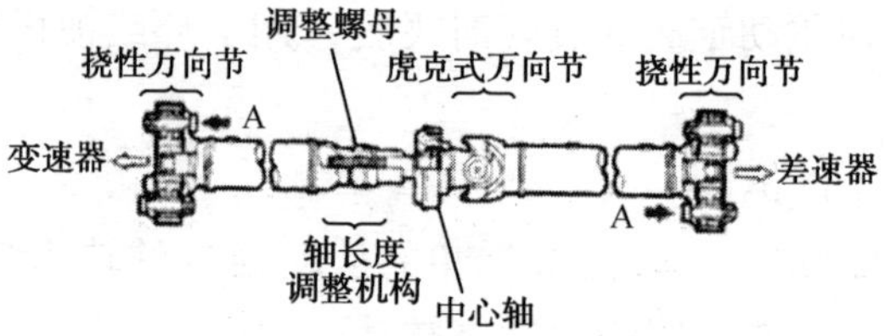

图 7-126　挠性万向节

3）等速万向节

等速万向节传送转矩比十字轴万向节更为平顺，但价格更贵。

7.3.5　主减速器和差速器拆装实做

1．主减速器和差速器的拆卸

（1）拆卸差速器盖板螺栓、差速器盖板和差速器盖板衬垫，如图 7-127 所示。

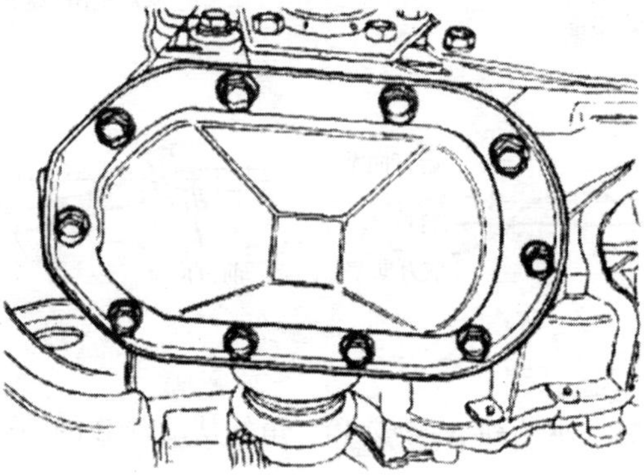

图 7-127　拆卸差速器盖板螺栓、盖板和衬垫

（2）拆卸轴承调节环固定板螺栓和轴承调节环固定板，如图 7-128 所示。

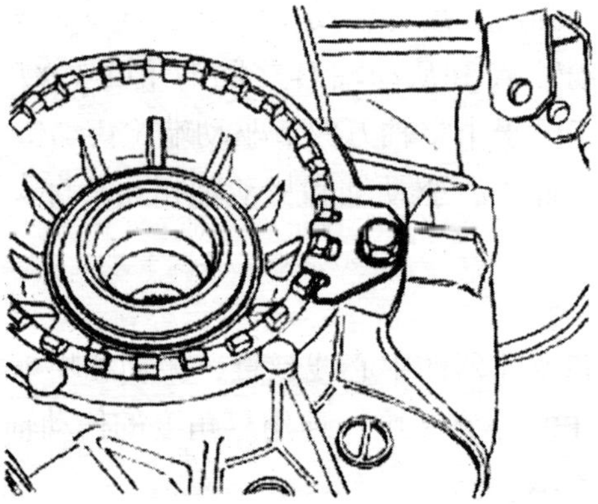

图 7-128　拆卸轴承调节环固定板螺栓和固定板

（3）用拆卸工具 KM-520 拆卸轴承调节环，如图 7-129 所示。

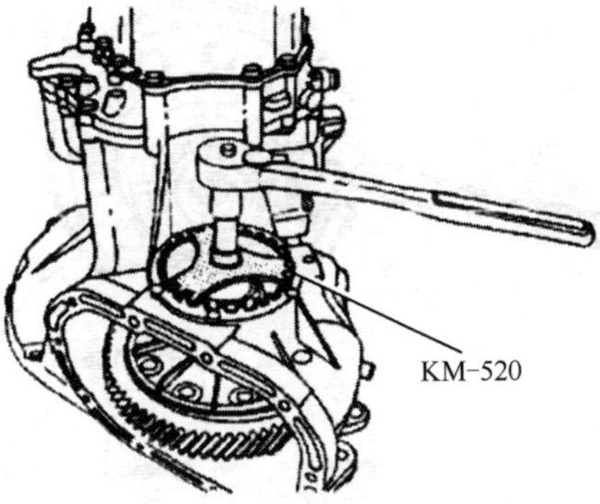

图 7-129　拆卸轴承调节环

（4）拆卸右侧轴承固定螺栓和右侧轴承固定器，如图 7-130 所示。

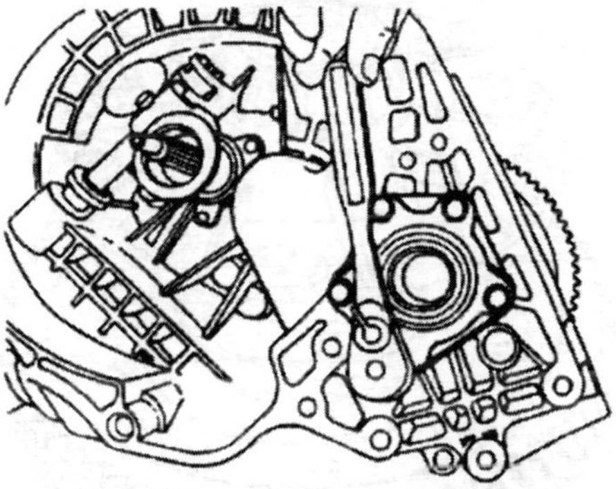

图 7-130　拆卸右侧轴承固定螺栓和固定器

（5）从变速驱动桥外壳上拆卸差速器总成，如图 7-131 所示。

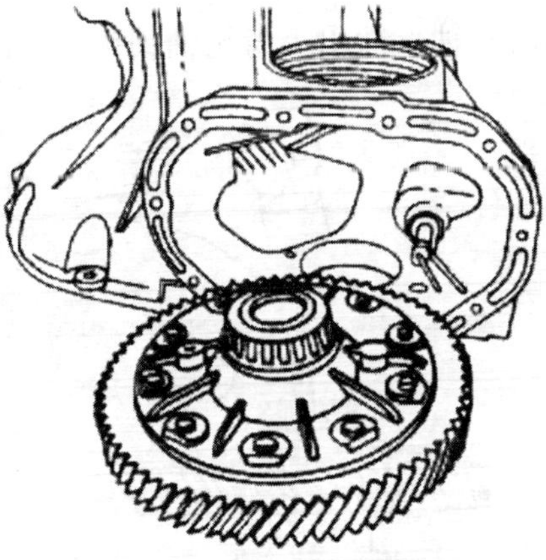

图 7-131　拆卸差速器总成

（6）拆卸齿圈螺栓，如图 7-132 所示。

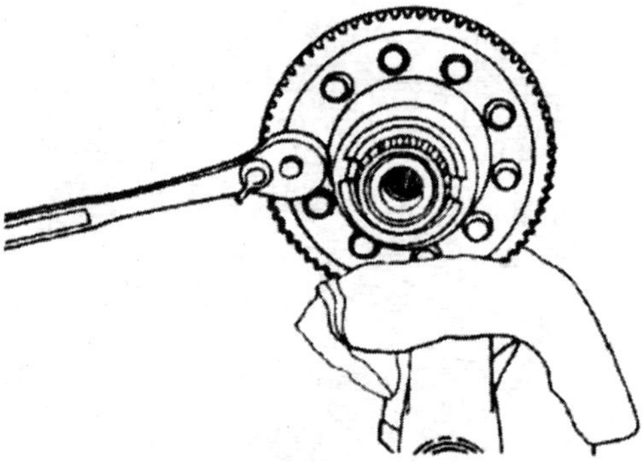

图 7-132　拆卸齿圈螺栓

（7）从差速器壳体上拆下齿圈，如图 7-133 所示。

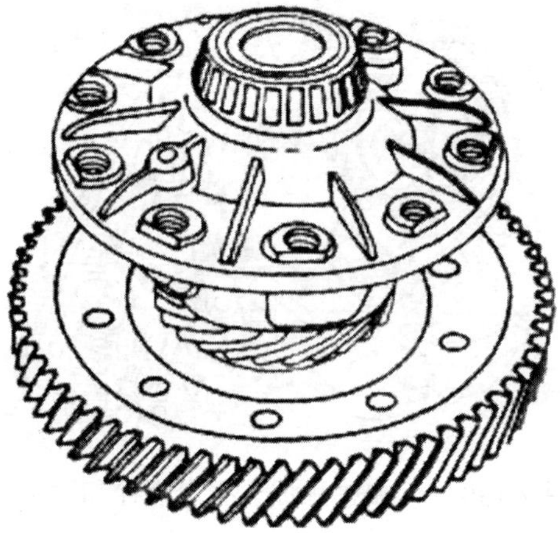

图 7-133　拆下齿圈

（8）从差速器壳体和小齿轮轴上冲出小齿轮轴锁销，如图 7-134 所示。

图 7-134　冲出小齿轮轴锁销

（9）拆卸小齿轮轴，如图 7-135 所示。

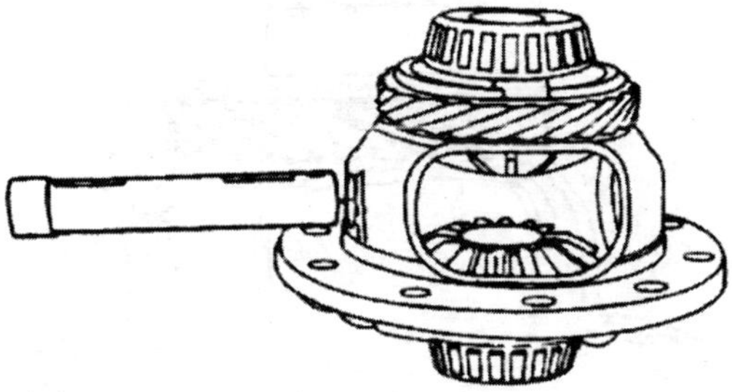

图 7-135　拆卸小齿轮轴

（10）拆卸小齿轮和垫圈，如图 7-136 所示。

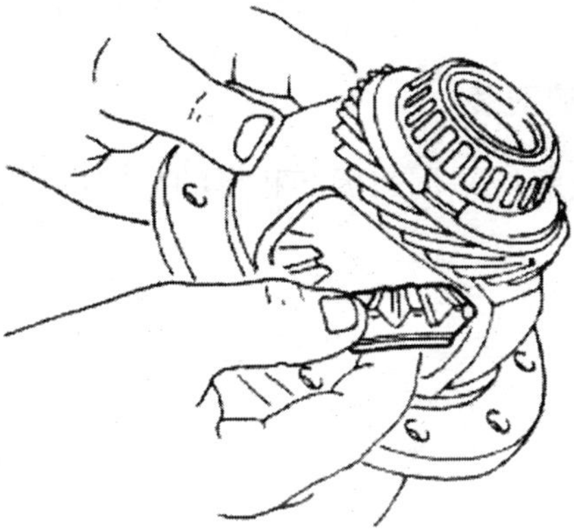

图 7-136　拆卸小齿轮和垫圈

（11）拆卸侧齿轮和侧止推垫圈。

（12）用轴承拔出器 J-22888-20-A 及拔出器爪 J-22888-35 拆卸两个差速器轴承，如图 7 137 所示。

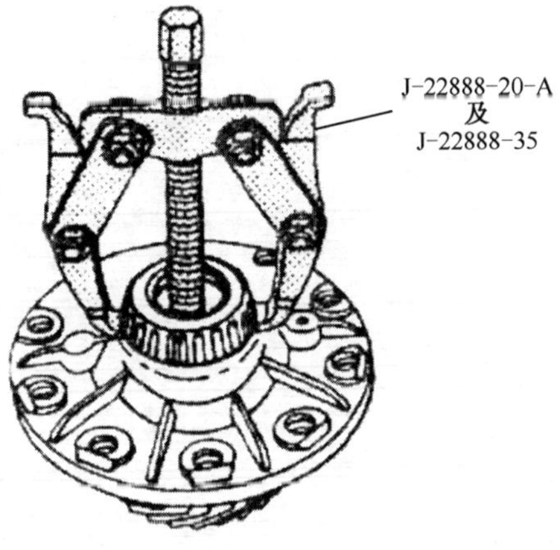

图 7-137　拆卸两个差速器轴承

（13）从差速器齿轮箱上拆卸车速表驱动齿轮，如图 7-138 所示。

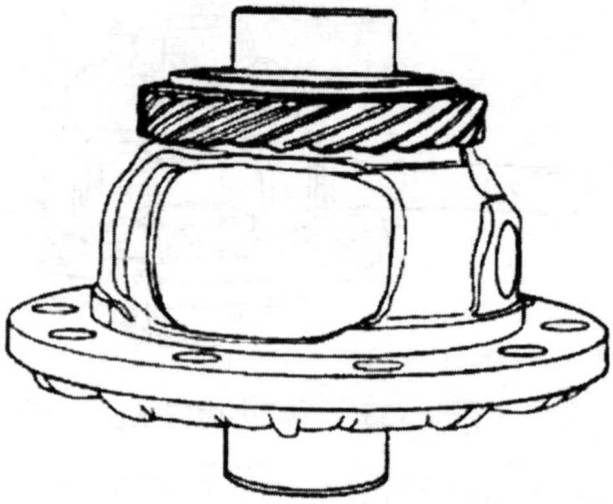

图 7-138　拆卸车速表驱动齿轮

2. 主减速器和差速器的安装

主减速器和差速器的安装应采用与拆卸相反的顺序进行。

第8章 汽车制动系的结构与拆装

8.1 行车制动装置的作用与拆装

8.1.1 行车制动装置的作用与工作原理

根据功能不同，制动装置可分为行车制动装置和驻车制动装置。

行车制动装置有鼓式制动器和盘式制动器两种，它们通常是通过液压力来操纵的，其作用是使行驶中的汽车减速或停止。

现代轿车一般采用前盘后鼓或四轮盘式的结构。

盘式制动器的结构如图 8-1 所示，其摩擦副为旋转的制动盘和盘式制动钳。

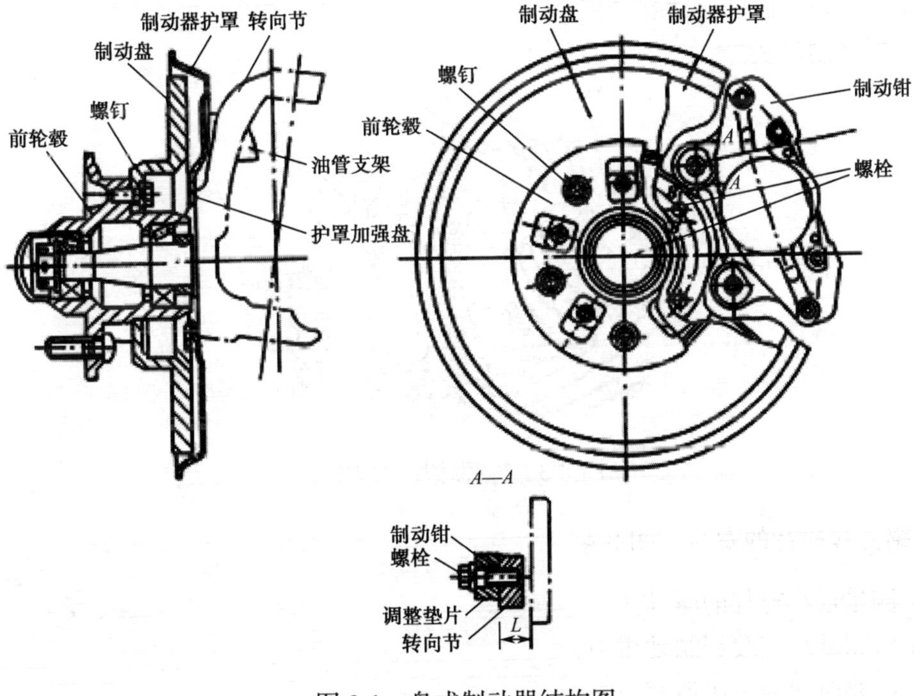

图 8-1 盘式制动器结构图

如图 8-2 所示，为盘式制动器工作原理图。

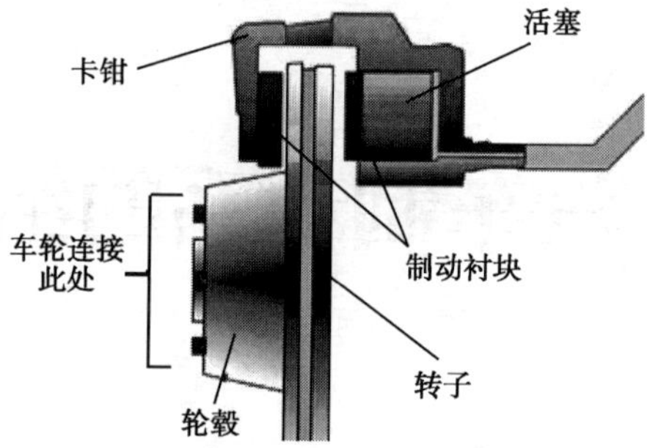

图 8-2　盘式制动器工作原理图

8.1.2　盘式制动器的拆装实做

1．蹄片和衬片的拆卸（图 8-3）

（1）举升并妥善支承车辆。

（2）拆卸车轮。

（3）拆卸制动钳总成固定架下螺栓。

注意：维修制动块时，不需要拆卸制动钳总成。

（4）向上拔出制动钳活塞壳体。

（5）拆卸制动块。

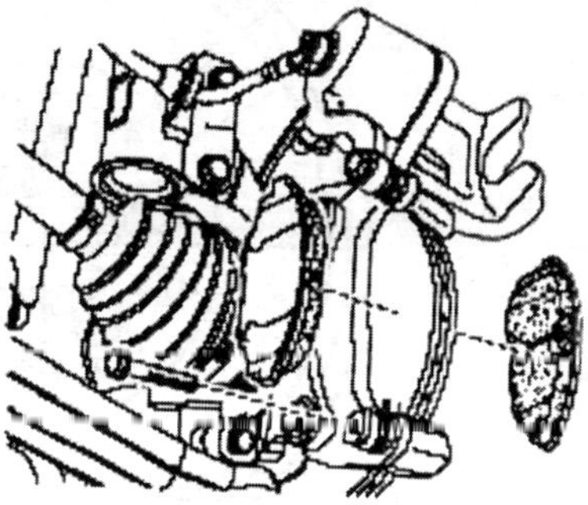

图 8-3　拆卸蹄片和衬片

2．蹄片和衬片的安装（图 8-4）

（1）测量最小衬片的厚度。

（2）将制动块安装到制动钳中。

（3）必要时向内按压活塞。

注意：在向下拉活塞壳体时，不要损坏活塞密封。

（4）向下拉制动钳活塞壳体并用下螺栓将其固定到固定架上。紧固固定架至制动钳壳体螺栓至 27N·m。

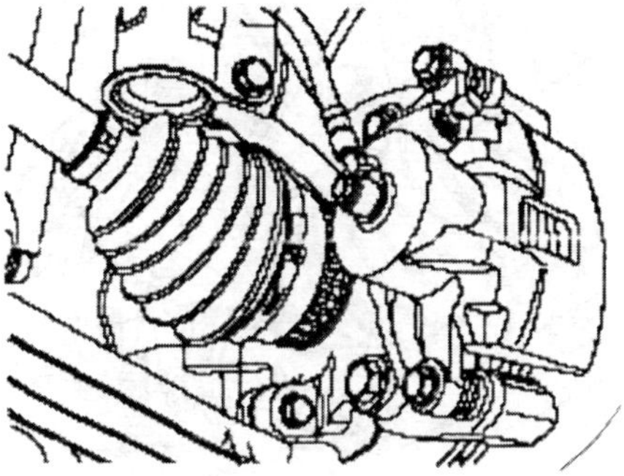

图 8-4　安装蹄片和衬片

（5）安装车轮。

（6）降下车辆。

3．制动钳总成的拆卸（图 8-5）

（1）举升并妥善支承车辆。

（2）标记车轮对轮毂的相对位置，然后拆卸车轮。

（3）拆卸制动软管连接至制动钳的螺栓和垫圈。

（4）断开制动软管，堵塞制动钳和制动软管开口，以免制动液流失和污染。

（5）拆卸制动钳安装螺栓和总成。

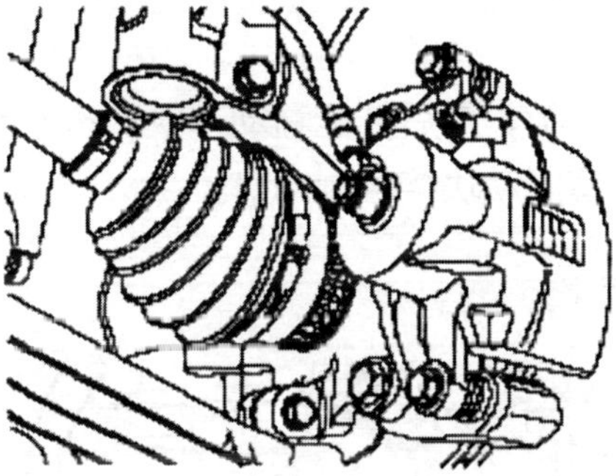

图 8-5　拆卸制动钳总成

4．制动钳总成的安装（图 8-6）

（1）安装制动钳总成。紧固制动钳至转向节安装螺栓至 95N · m。

（2）连接制动软管。紧固制动软管进口接头至制动钳螺栓和垫圈至 40N · m。

（3）安装车轮。

（4）降下车辆。

（5）将清洁的制动液加注到贮液罐中，直到液面合适，如图 8-7 所示。

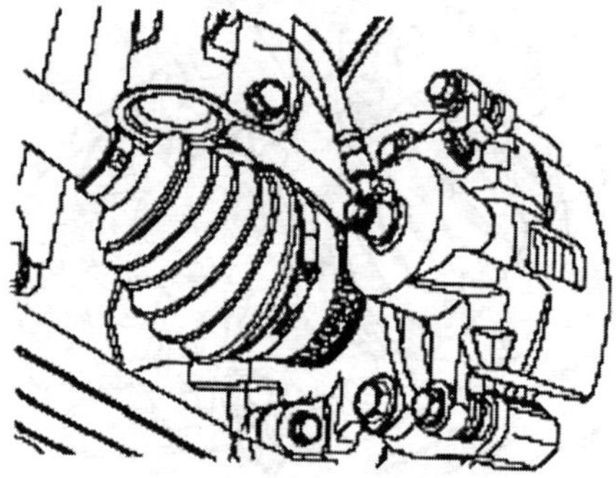

图 8-6　安装制动钳总成

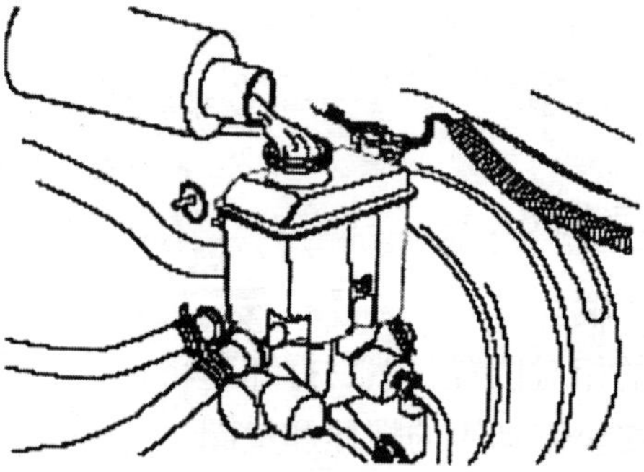

图 8-7　加注制动液

（6）排放制动钳中的空气。

（7）重新检查液面。

注意：必须先调好制动踏板，然后才能移动车辆，否则会影响制动效果。

（8）反复踩制动踏板，使制动块接触制动盘。

5．制动盘的拆卸（图 8-8）

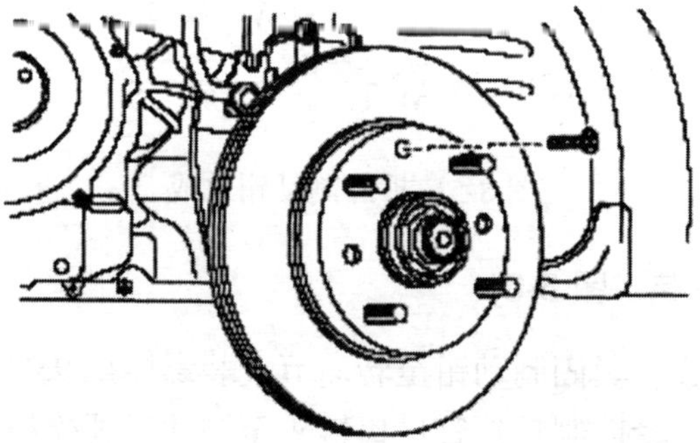

图 8-8　拆卸制动盘

为确保两侧均匀制动，两个制动盘的光滑度和划痕深度必须相同。为此，务必同时更换两个制动盘。

（1）在不断开制动软管的条件下拆卸制动钳总成。
（2）拆卸制动盘至前轮轮毂锁止螺钉。
（3）拔下制动盘。

6．制动盘的安装（图 8-9）

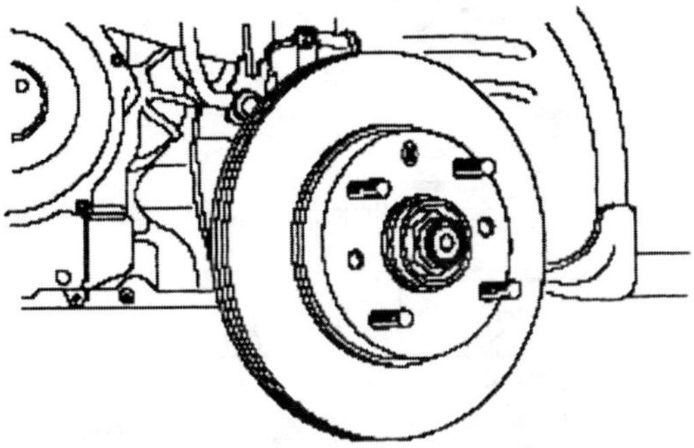

图 8-9　安装制动盘

（1）检查制动盘。
（2）紧固锁止螺钉，将制动盘安装到车轮轮毂上。紧固制动盘至前轮轮毂锁止螺钉至 4N · m。
（3）安装制动钳总成。

7．制动钳的拆卸

（1）拆卸制动钳总成，如图 8-10 所示。
（2）拆卸制动钳活塞壳体至固定架的制动钳导向销。

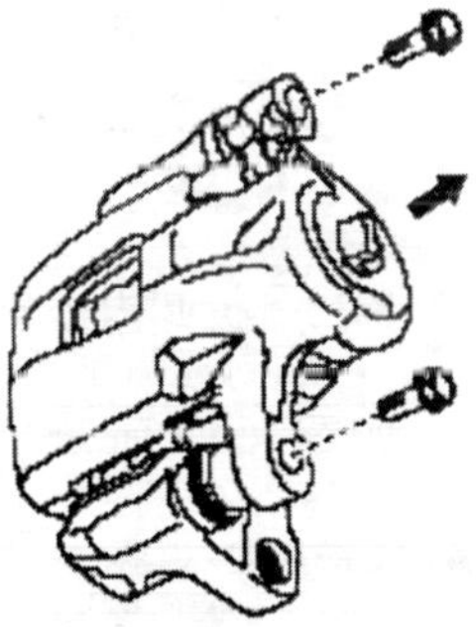

图 8-10　拆卸制动钳总成

（3）从制动钳上拆卸前制动块组件，包括制动块弹簧，如图 8-11 所示。
（4）使用压缩空气，从壳体内吹出活塞（图 8-12）并拆卸活塞外密封。

注意：在吹入压缩空气时，不要将手指放在活塞前部，试图抓住或保护它，否则会严重伤人。在拆卸活塞时，将硬木块插入制动钳壳体内。

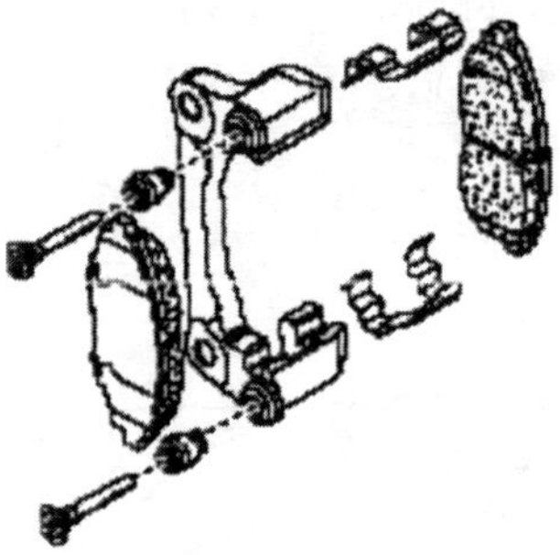

图 8-11　拆卸制动块组件

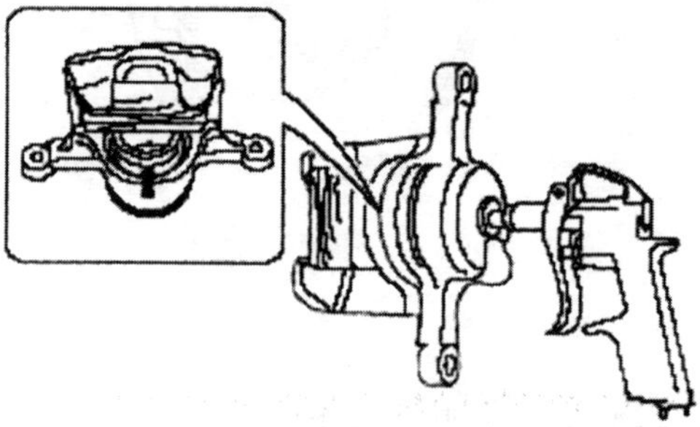

图 8-12　吹出活塞

（5）拆卸内密封，如图 8-13 所示。

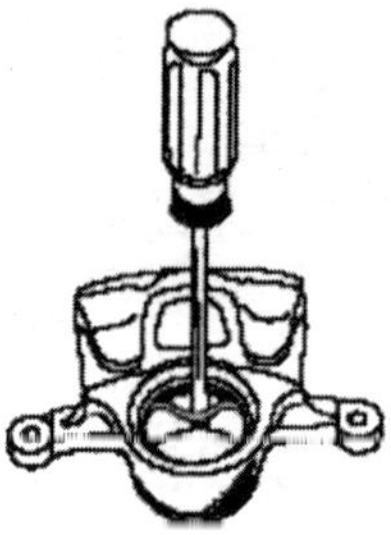

图 8-13　拆卸内密封

（6）拆卸放气阀护帽和放气阀，如图 8-14 所示。

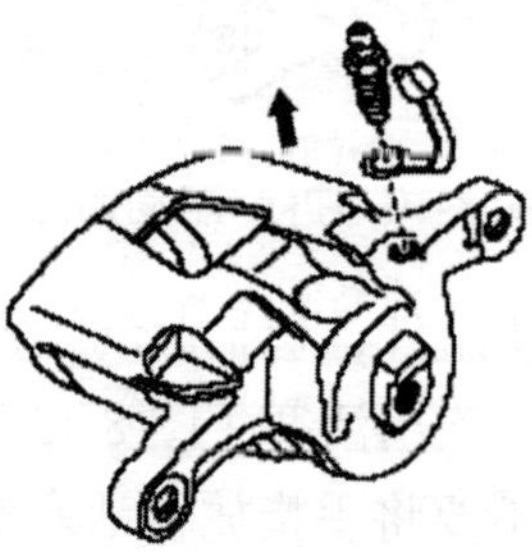

图 8-14　拆卸放气阀护帽和放气阀

8. 制动钳的装配

（1）用工业酒精或制动液清洁所有零件。用不带润滑油的压缩空气吹干零件，吹通壳体和放气阀中的所有油道。

（2）检查活塞和制动钳是否有划痕、伤口和腐蚀。如果发现问题，应更换部件。

（3）检查制动钳放气阀，如图 8-15 所示。

注意：不要去掉活塞或制动钳缸径上的材料。

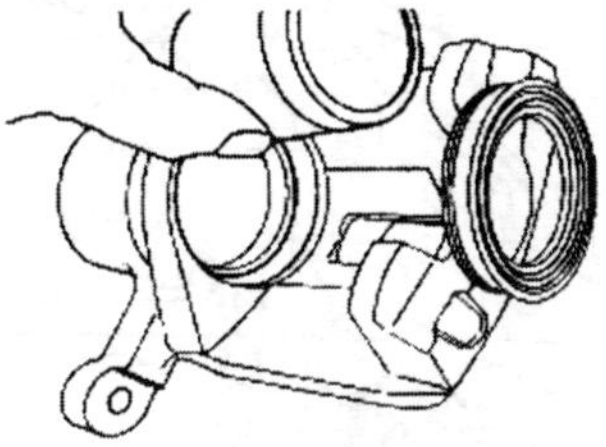

图 8-15　检查制动钳放气阀

（4）润滑新的活塞内密封。

（5）将活塞内密封安装到制动钳壳体槽中，确保密封不扭曲，如图 8-16 所示。

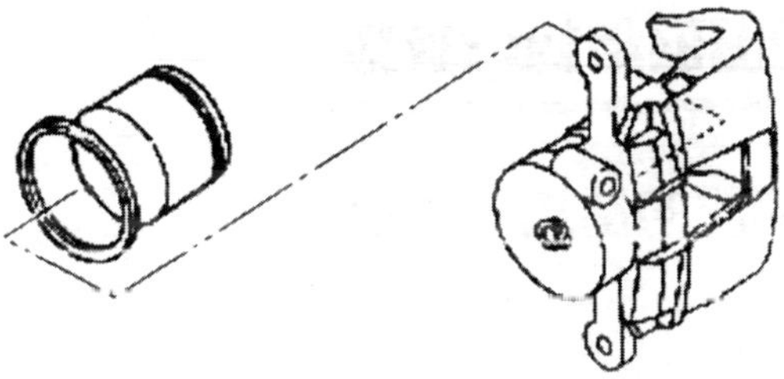

图 8-16　安装活塞内密封

（6）将活塞外密封安装到槽中。

（7）用制动液润滑活塞。

（8）向内推动活塞，直到其正确就位。

（9）将销涂上橡胶润滑脂并安装护套。

（10）安装制动钳放气阀和护帽，如图 8-17 所示。紧固制动钳放气阀至 8N · m。

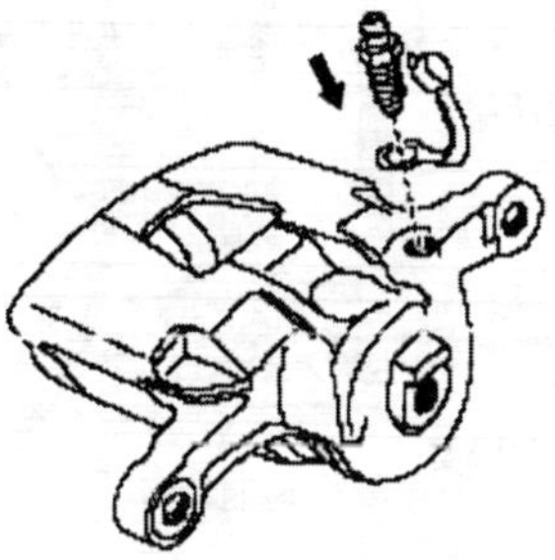

图 8-17　安装制动钳放气阀和护帽

（11）连接制动块和制动块弹簧。确保制动块弹簧正确安装。

（12）用导向销螺栓将固定架连接到制动钳壳体上，如图 8-18 所示。紧固固定架至制动钳壳体螺栓至 27N·m。

（13）安装制动钳总成。

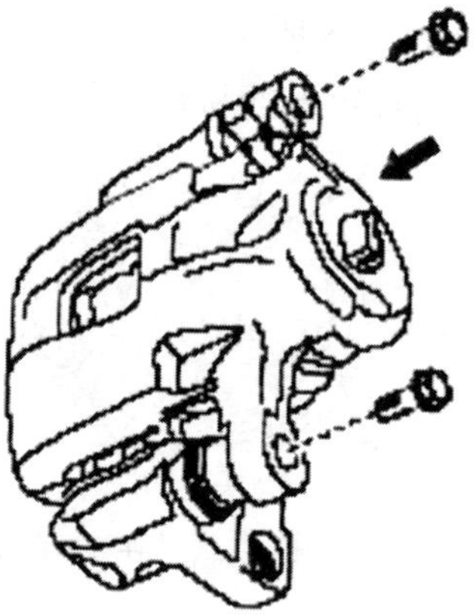

图 8-18　连接固定架

8.2　鼓式制动器的结构与拆装

8.2.1　鼓式制动器的结构与类型

1．鼓式制动器的结构

鼓式制动器是利用从总泵传送到制动轮缸的液压力压下制动蹄片使轮胎停止旋转的。其结构如图 8-19 所示，其摩擦副为旋转的制动鼓和固定不动的制动蹄（或制动带）。

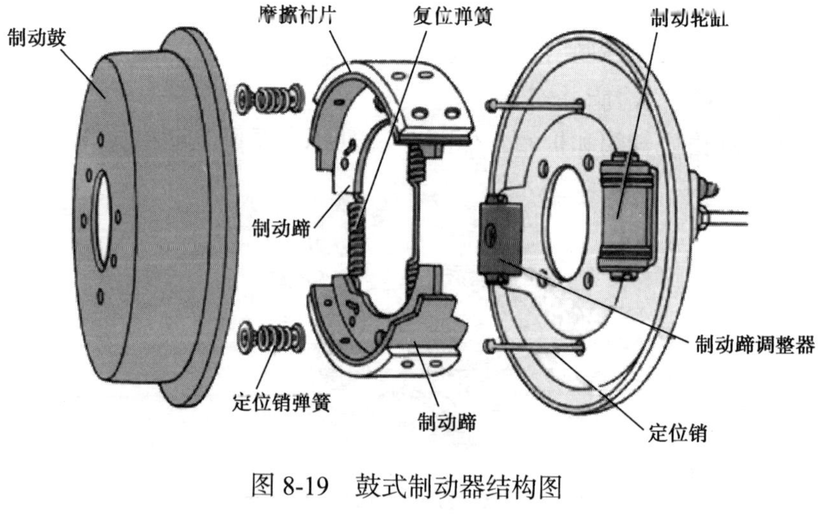

图 8-19　鼓式制动器结构图

2．鼓式制动器的类型

根据领蹄和从蹄的不同组合，鼓式制动器可分为不同的类型。

领蹄是指在汽车制动时，蹄片张开的旋转方向与制动鼓的旋转方向一致的蹄片，如图 8-20 所示。

从蹄是指在汽车制动时，蹄片张开的旋转方向与制动鼓的旋转方向相反的蹄片，如图 8-20 所示。

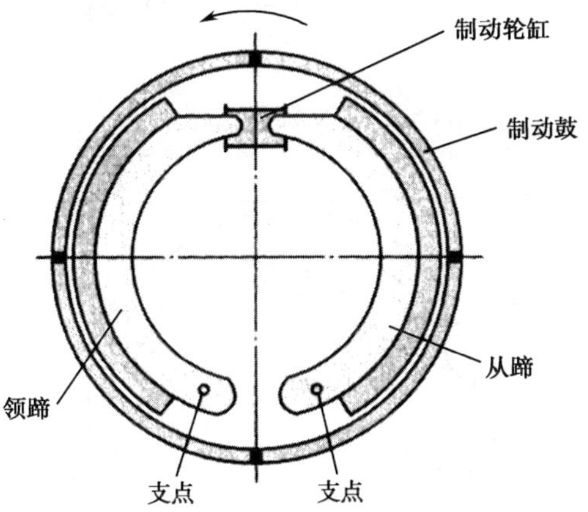

图 8-20　领蹄和从蹄

1）领从蹄式制动器（图 8-21）

此类制动器结构简单，使用一个促动力装置。因制动蹄片给制动鼓的法向反力不平衡，所以它是非平衡式制动器。在汽车倒车时领从蹄功能互换，且制动效能相等。

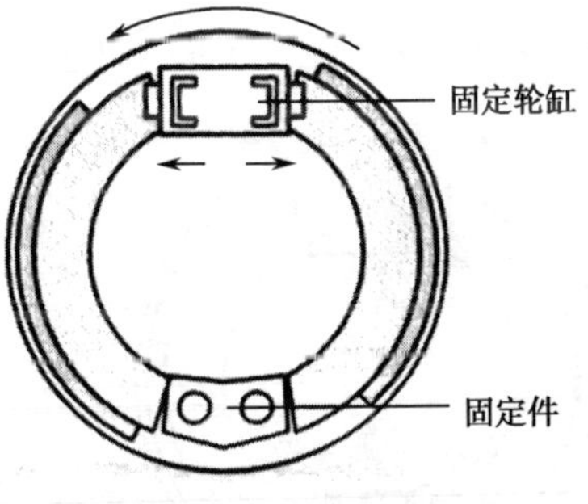

图 8-21　领从蹄式制动器

2）双领蹄式制动器（图 8-22）

在车轮正向旋转时，两制动蹄均为领蹄。

3）双向双领蹄式制动器（图 8-23）

无论车轮旋转方向如何，制动蹄均为领蹄。

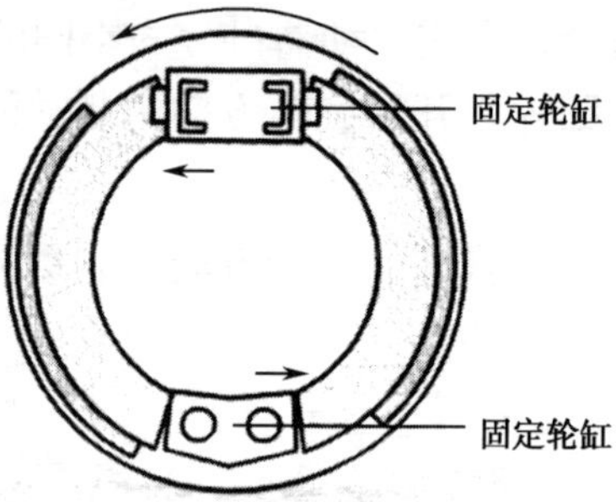

图 8-22　双领蹄式制动器

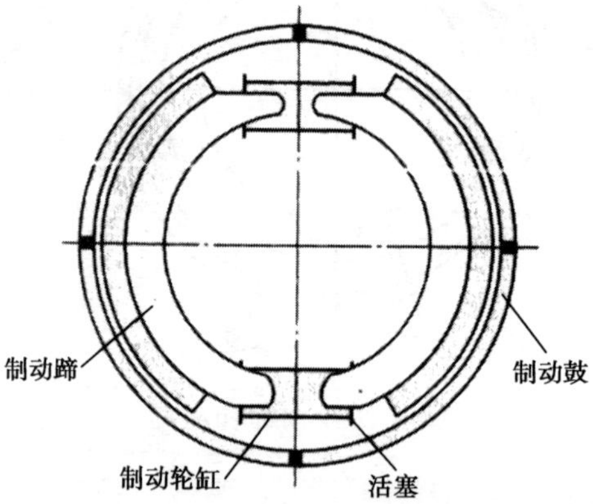

图 8-23　双向双领蹄式制动器

4）单向自增力式制动器（图 8-24）

只在汽车前进时才具有自增力作用，在汽车倒车时的制动效能很低。

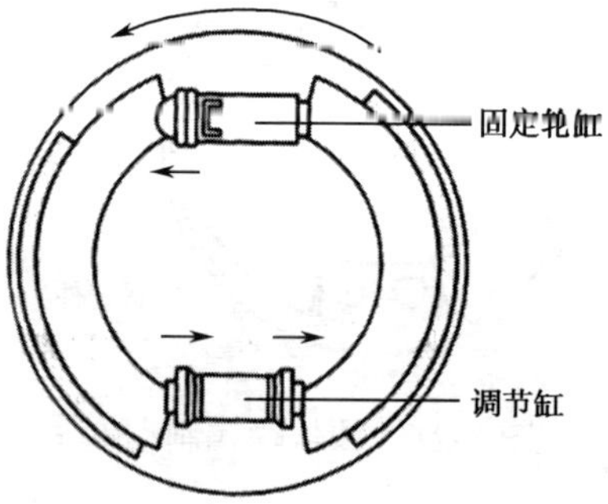

图 8-24　单向自增力式制动器

5）双向自增力式制动器（图 8-25）

在汽车前进和倒车时，都具有自增力作用。

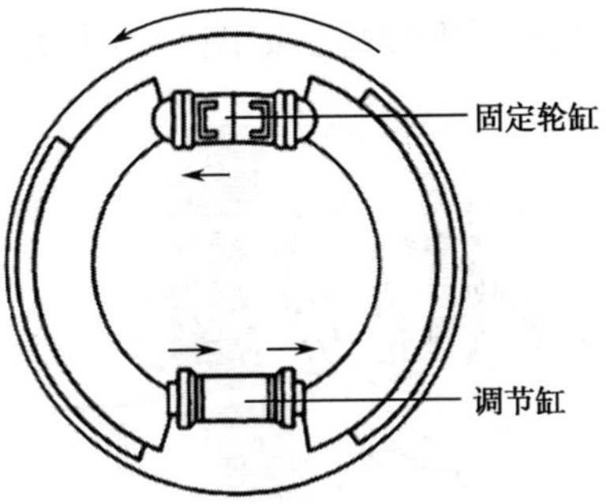

图 8-25　双向自增力式制动器

8.2.2　鼓式制动器的拆装实做

鼓式制动器的拆装可参考后轮制动器的分解图，如图 8-26 所示。

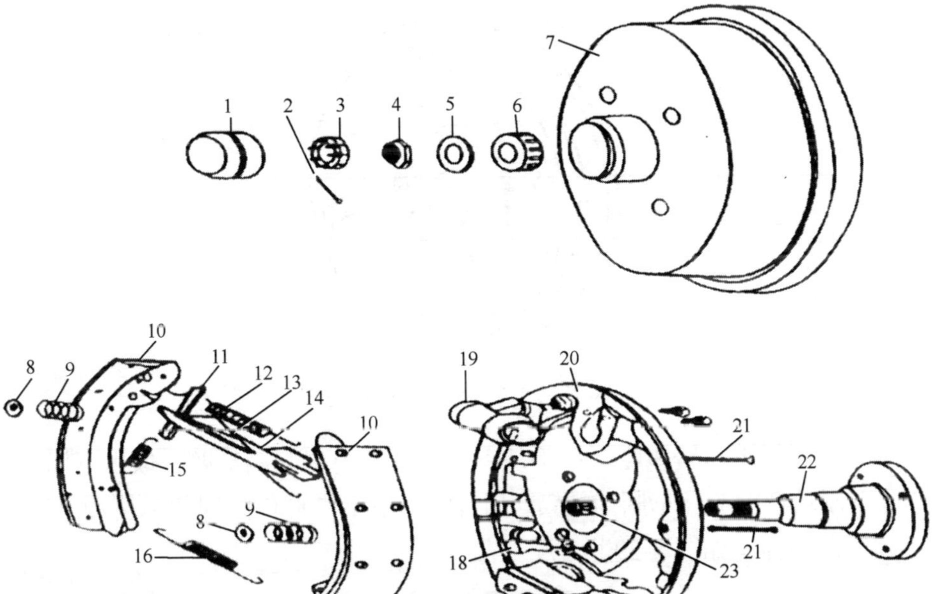

1—轮毂盖；2—开口销；3—开槽垫圈；4—调整螺母；5—止推垫圈；6—轴承；7—制动鼓；8—弹簧座；9—弹簧；10—制动蹄；11—楔形件；12—回位弹簧；13—上回位弹簧；14—压力杆；15—楔形件回位弹簧；16—下回位弹簧；17—固定板；18—螺栓（拧紧力矩 60N・m）；19—后制动轮缸；20—制动底板；21—定位销；22—后桥车轮支承短轴；23—观察孔橡胶塞

图 8-26　后轮制动器分解图

1．制动鼓和制动蹄的拆卸

（1）拧松车轮螺栓和螺母，取下车轮。

（2）用专用工具 VW637/2 卸下轮毂盖，如图 8-27 所示。

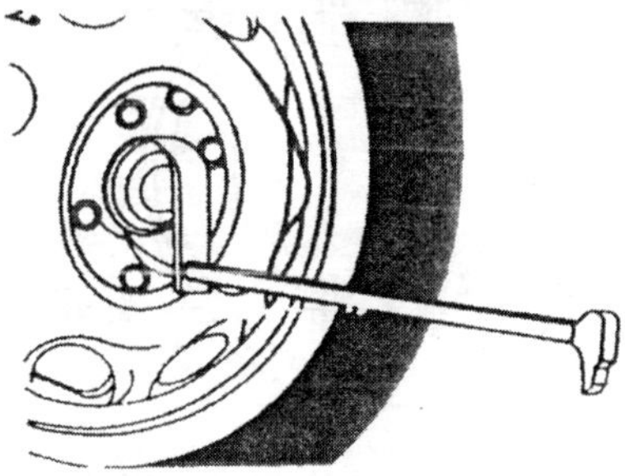

图 8-27　卸下轮毂盖

（3）取下开口销，旋下后车轮轴承上的六角螺母，取出止推垫圈。

（4）用螺丝刀通过制动鼓螺孔向上拨动楔形块，使制动蹄与制动鼓放松，如图 8-28 所示。

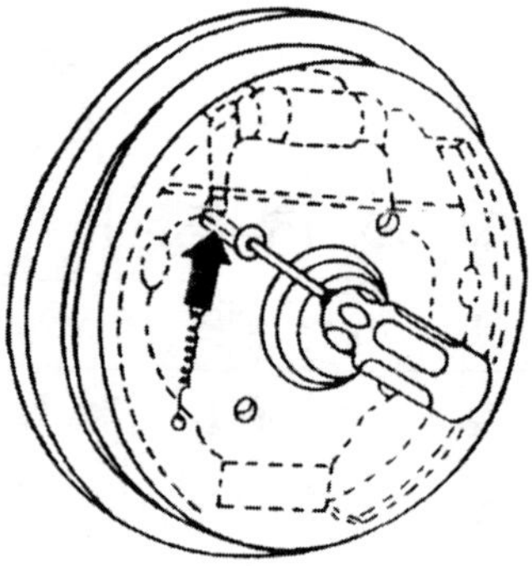

图 8-28　放松制动蹄与制动鼓

（5）用鲤鱼钳拆下压簧座圈。用手从下面的支架上提起制动蹄，取出下回位弹簧。

（6）取下制动杆上的驻车制动拉索。用鲤鱼钳取下楔形件的回位弹簧和上回位弹簧。

（7）卸下制动蹄，如图 8-29 所示。

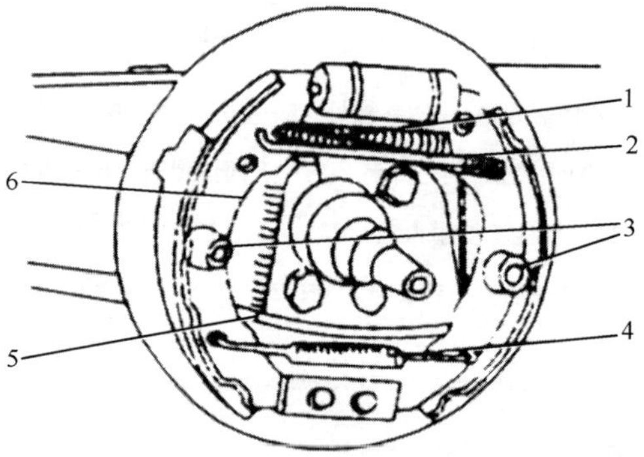

1—上回位弹簧；2—压力杆；3—弹簧及座圈；4—下回位弹簧；5—驻车制动拉索；6—楔形件回位弹簧

图 8-29　卸下制动蹄

（8）把带压力杆的制动蹄卡紧在台虎钳上，拆下定位弹簧，取下制动蹄，如图 8-30 所示。

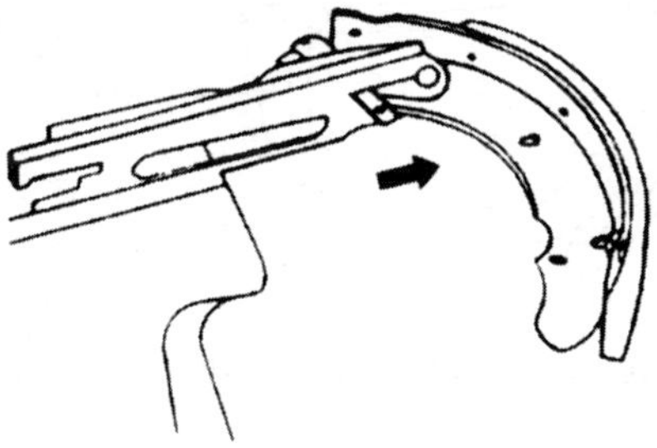

图 8-30　取下制动蹄

（9）如有必要，拆下制动轮缸并解体，如图 8-31 所示。

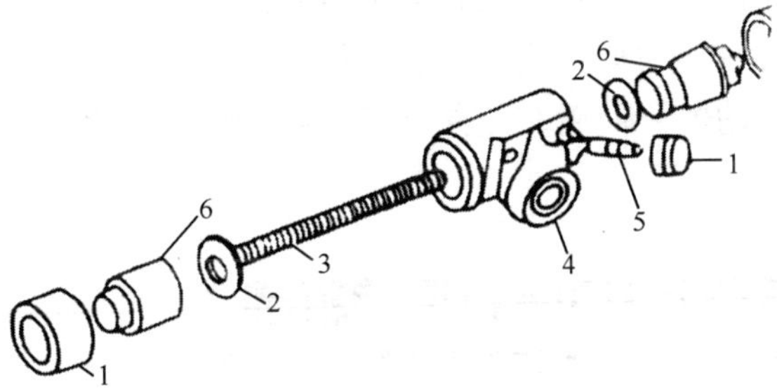

1—防尘罩；2—皮圈（安装时涂上制动液）；3—弹簧；4—车轮制动轮缸外壳；

5—放气阀；6—活塞（安装时涂上制动液）

图 8-31　制动轮缸

2. 制动鼓和制动蹄的安装

（1）装上回位弹簧，将制动蹄装在压力杆上，如图 8-32 所示。

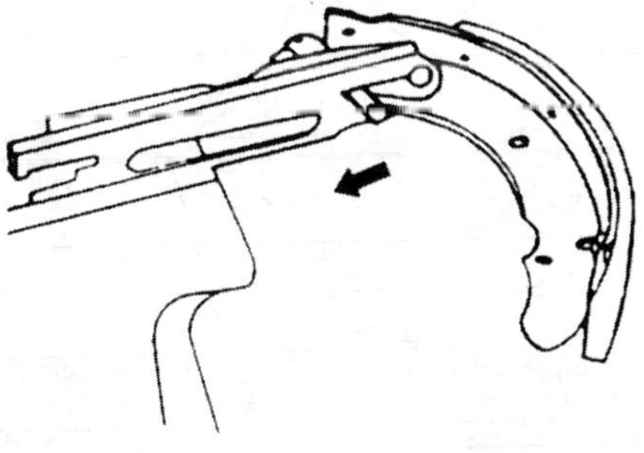

图 8-32　将制动蹄装在压力杆上

（2）装上楔形件，凸块朝制动器底板。

（3）将带有传动臂的制动蹄装在压力杆上，如图 8-33 所示。

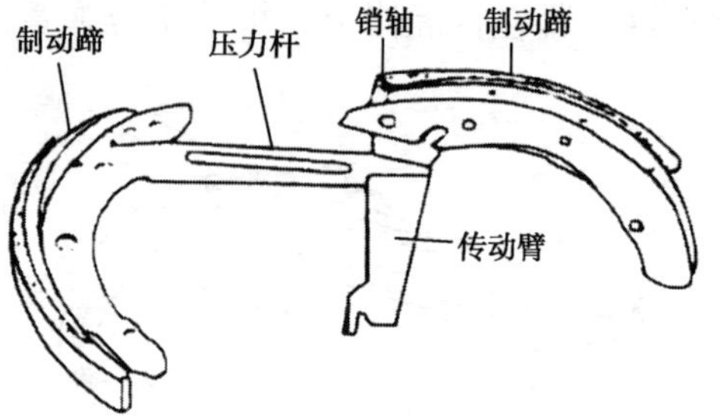

图 8-33　将带有传动臂的制动蹄装在压力杆上

（4）装入上回位弹簧，在传动臂上套上驻车制动拉索。

（5）把制动蹄装在车轮制动轮缸的活塞外槽上。

（6）装入下回位弹簧，并把制动蹄提起，装到下面的支座上。

（7）装楔形件回位弹簧，再装压簧和弹簧座圈。

（8）装上制动鼓及后轮轴承，然后调整轮毂轴承的间隙。

（9）用力踩一下制动器，使后车轮制动蹄片正确就位，摩擦片与制动鼓的间隙得到自动调整。

8.3 制动总泵和动力助力器的拆装

8.3.1 制动总泵与动力助力器的原理和结构

1．制动总泵

制动总泵也称制动主缸，它把制动踏板施加的操作力转换成液压力输出，制动原理如图 8-34 所示。

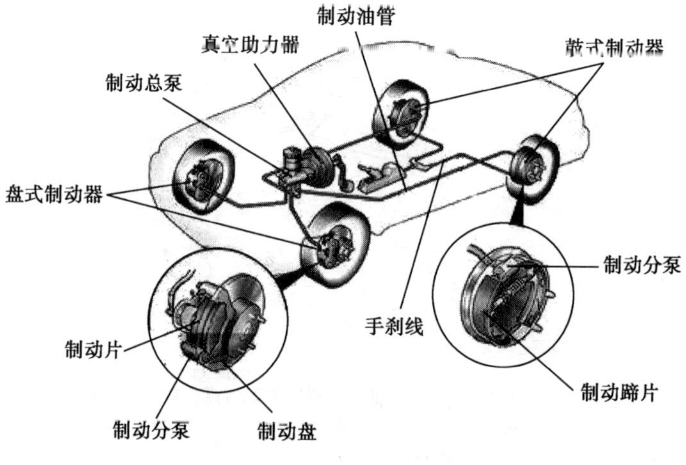

图 8-34　制动原理图

为了配合双回路制动系统，通常采用串联双腔主缸（图 8-35）的结构形式，而且大部分为伺服制动系统或动力制动系统。其中贮油罐用来吸收由油液温度变化引起的制动油液容积的变化；液位传感器检测到贮油罐里的液面落到最低液面以下时，就会通过制动系统警告指示向驾驶员发出警告。

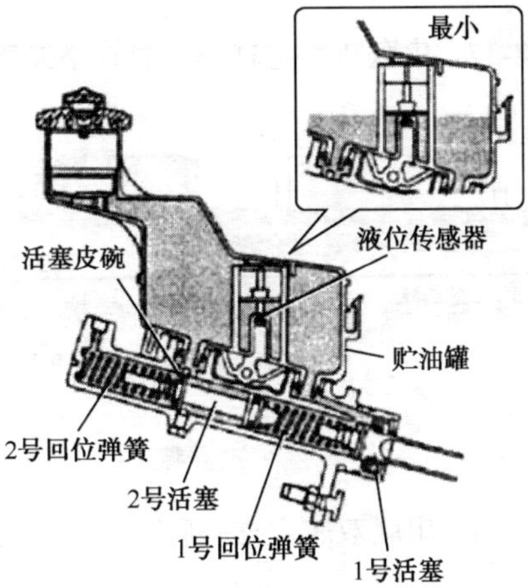

图 8-35　串联双腔主缸

当踩下制动踏板时，串联双腔主缸推杆前移，2 号活塞移动，1 号活塞移动，如图 8-36 所示。

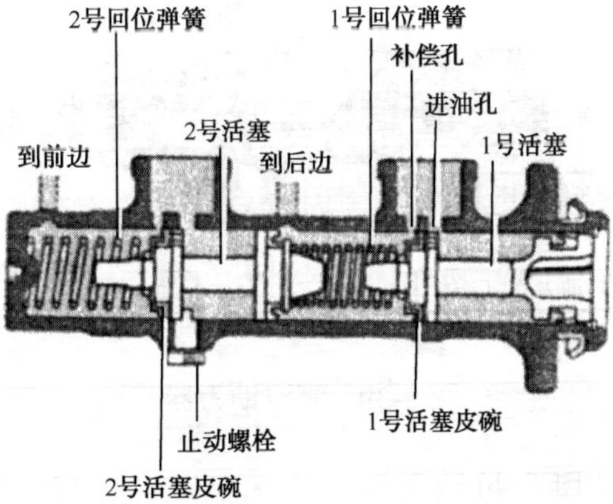

图 8-36　串联双腔主缸—踩下制动踏板时

当前腔管路失效时，前活塞运动至接触缸体，后活塞建立压力，如图 8-37 所示。

当后腔管路失效时，后活塞运动至接触前活塞，前活塞建立压力，如图 8-38 所示。

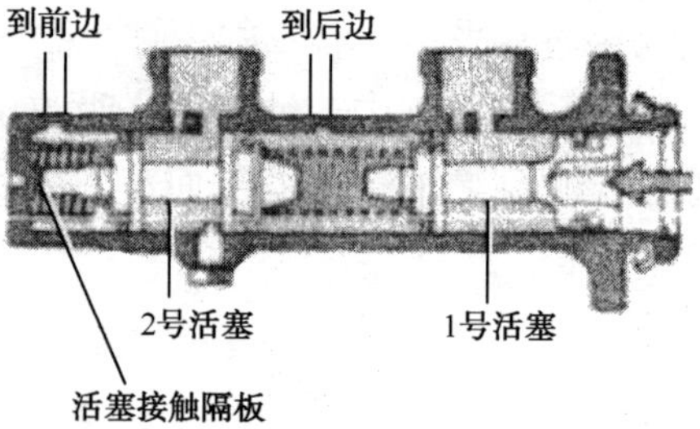

图 8-37　串联双腔主缸—前腔管路失效时

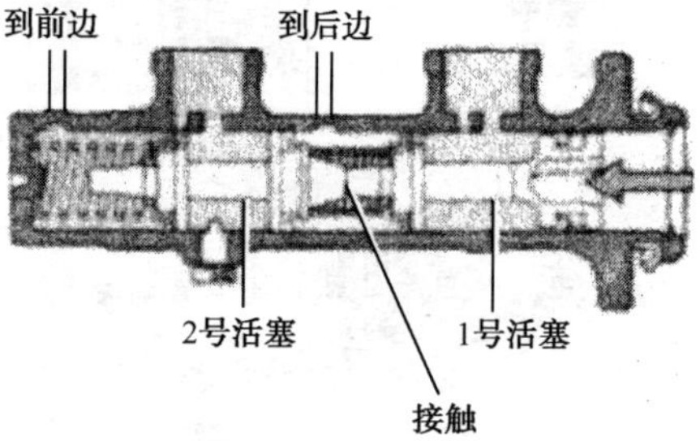

图 8-38　串联双腔主缸—后腔管路失效时

2．制动助力器

制动助力器利用发动机进气歧管里产生的真空与大气压之间的差值，产生与制动踏板力成正比的强大力（动力助力）来操纵制动器。真空助力器如图 8-39 所示。

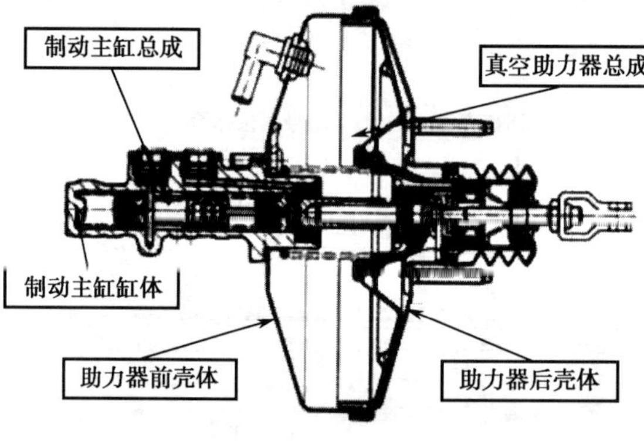

图 8-39　真空助力器

1）制动器不工作时（图 8-40）

空气阀连接在阀操纵杆上，并由空气阀回位弹簧将其向右拉动。

控制阀由控制阀弹簧向左推动，阀体的真空阀是与控制阀分开的，在通道 A 与通道 B 之间形成一个开口。由膜片弹簧将活塞向右推动。

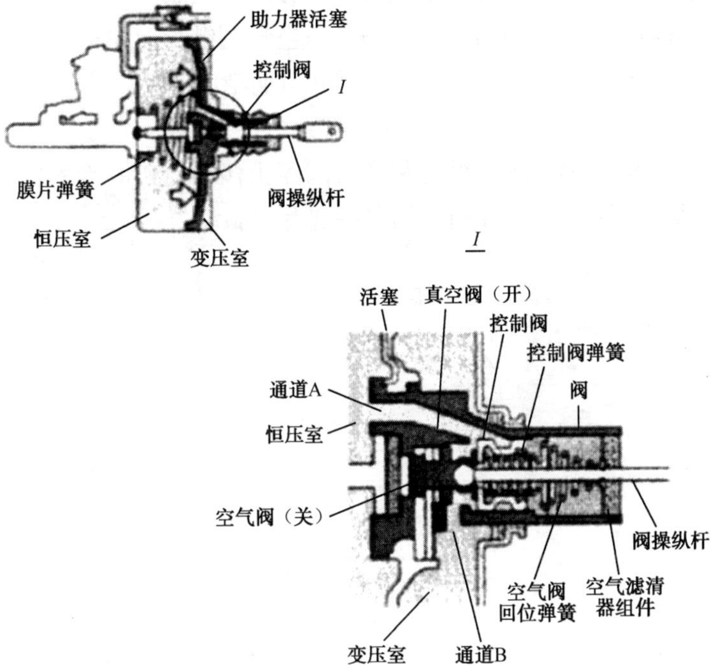

图 8-40　制动助力器—制动器不工作时

2）制动器工作时（图 8-41）

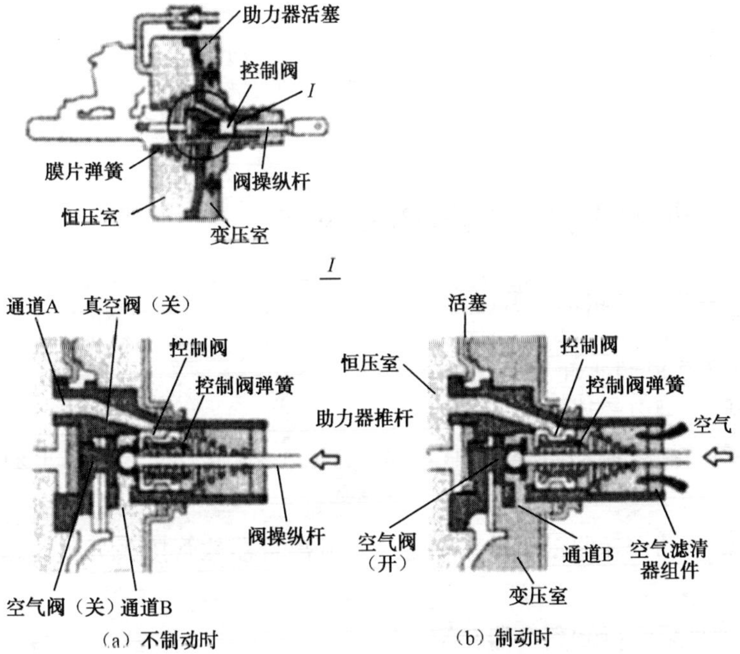

图 8-41　制动助力器—制动器工作时

踩下制动踏板时，阀操纵杆推动空气阀向左移动，控制阀也向左移动，直到接触到真空阀为止，阻塞通道 A 与通道 B 之间的开口。空气阀继续向左移动，大气由通道 B 进入变压室。压力差使得活塞向左移动助力器推杆增加制动力。

3）保持状态（图 8-42）

如果踩下制动踏板一半，阀操纵杆和空气阀停止移动，在恒压室与变压室之间有一个恒定的压差，因此，活塞停止移动，仍保持现有的制动力。

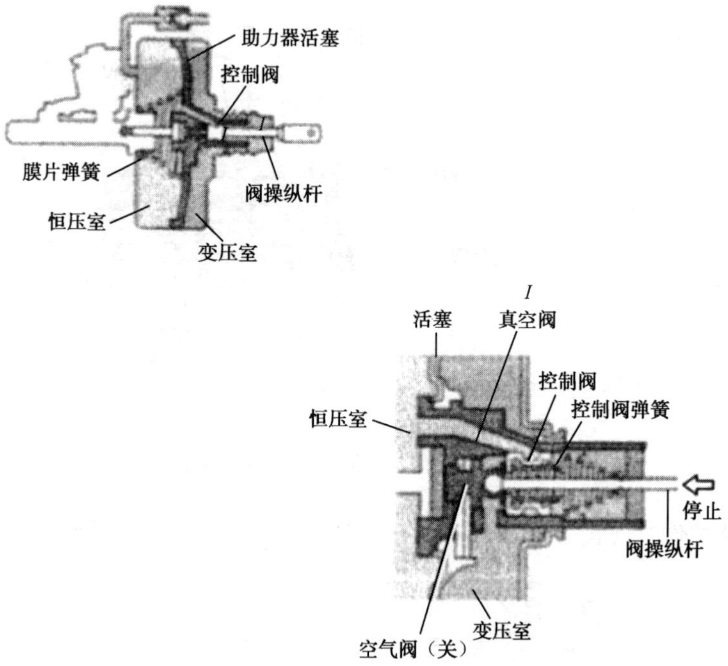

图 8-42　制动助力器—保持状态

8.3.2　制动总泵与助力器的拆装实做

1. 制动总泵总成的拆装

1）制动总泵总成的拆卸

（1）断开贮液罐电气连接器。

（2）在装备防抱死制动系统（ABS）的车辆上，从制动总泵壳体上断开制动油管，如图 8-43 所示。

（3）在装备手动变速驱动桥的车辆上，断开离合器软管接头至制动总泵的卡夹并移开卡夹。

（4）从制动总泵上拆卸离合器软管。

（5）堵塞制动油管开口，以免制动液流失和污染。

（6）从动力助力器上拆卸连接螺母。

（7）拆卸制动总泵总成，如图 8-44 所示。

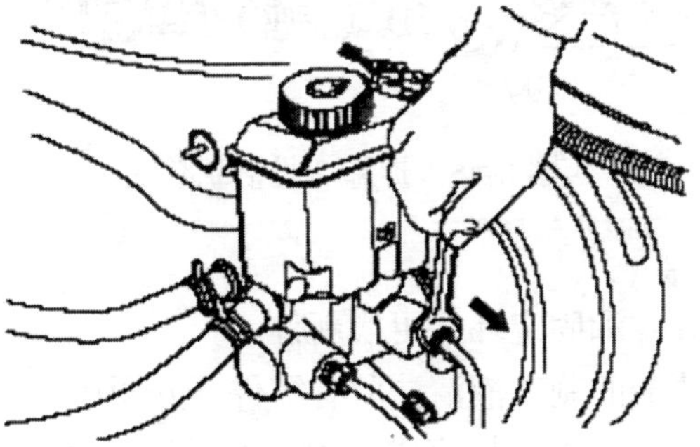

图 8-43　断开制动油管

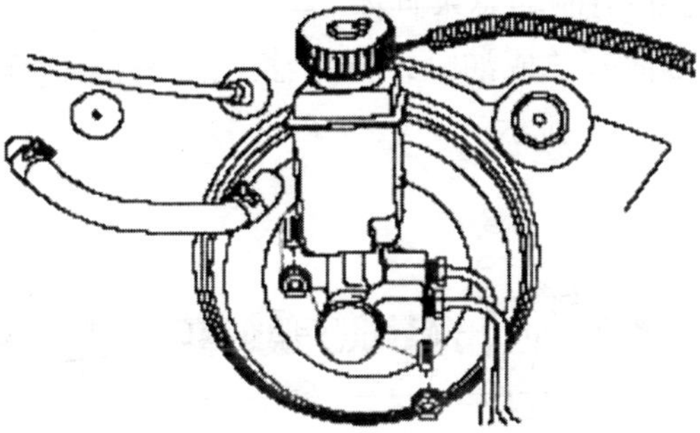

图 8-44　拆卸制动总泵总成

（8）放出制动液。

2）制动总泵总成的分解

（1）用合适的螺丝刀从制动总泵缸体上拆卸固定环并报废，如图 8-45 所示。

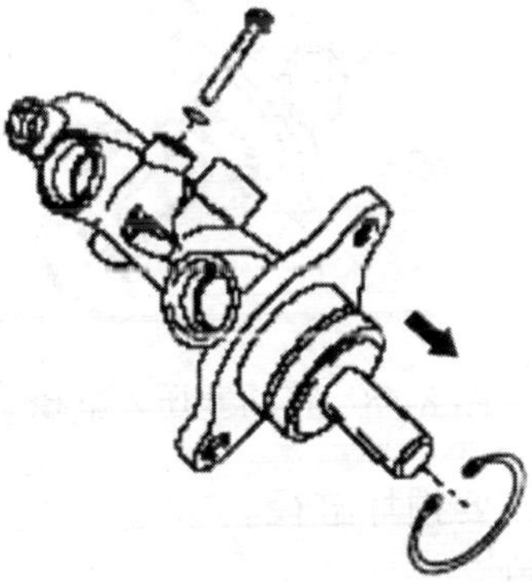

图 8-45　从制动总泵缸体上拆卸固定环

（2）拆卸 1 号活塞。

（3）从制动总泵油缸中小心地拆卸 2 号活塞总成，包括弹簧，如图 8-46 所示。

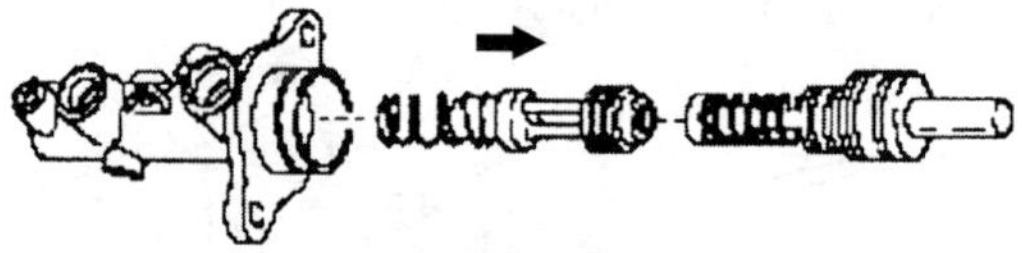

图 8-46　拆卸 2 号活塞总成

3）制动总泵总成的装配

注意：必须报废橡胶件和固定环并更换新件。

（1）用工业酒精或清洁的制动液清洁所有零件，并用压缩空气吹干。

（2）检查制动总泵油缸是否有划痕或腐蚀。如果发现明显划伤或腐蚀，应更换制动总泵缸体。

（3）用清洁的制动液润滑制动总泵缸体。

（4）小心地插入 2 号活塞总成油缸，直到辅助活塞接触到缸体的底部。必要时，使用木制或塑料冲子，如图 8-47 所示。

（5）插入 1 号活塞。

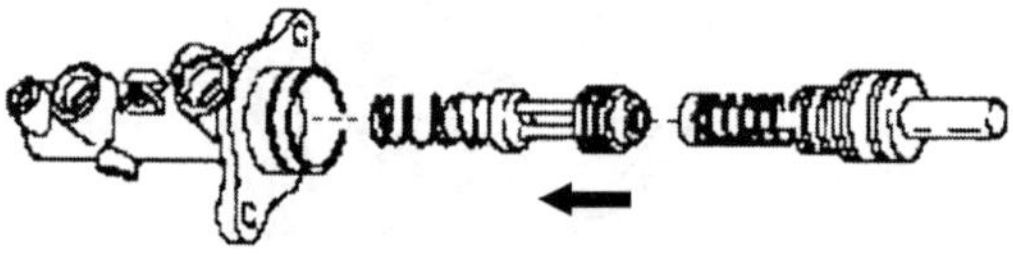

图 8-47　插入 2 号活塞总成油缸

（6）使用木制或塑料冲子将活塞压入缸径，如图 8-48 所示。

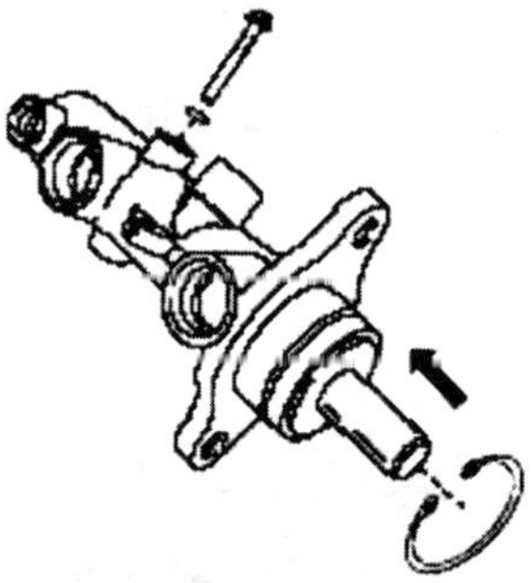

图 8-48　将活塞压入缸径

注意：安装新固定环时，不要损坏缸径。

（7）将新固定环插入缸径槽。

（8）安装后前后移动活塞，检查其是否可以自由移动。

（9）润滑密封环并将密封插入缸径。开口侧必须朝外，直到密封在活塞上就位。

（10）将制动液贮液罐安装到制动总泵上。

4）制动总泵总成的安装

（1）用新的连接螺母安装制动总泵总成，紧固制动总泵连接螺母至 18N·m，如图 8-49 所示。

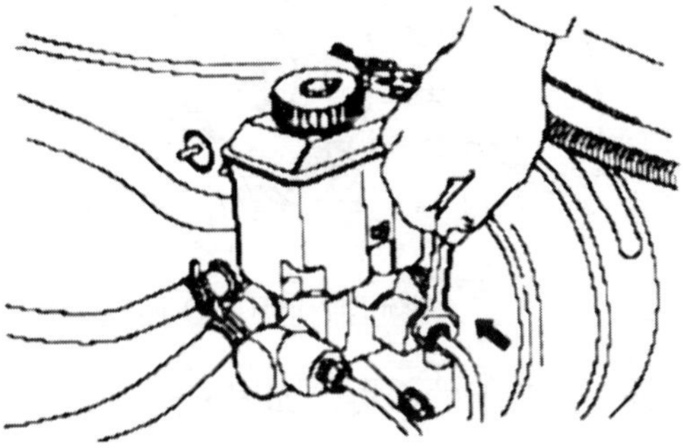

图 8-49　安装制动总泵总成

（2）在装备防抱死制动系统（ABS）的车辆上，将制动油管连接到总泵缸体上。紧固制动油管至 16N·m。

（3）在装备手动变速驱动桥的车辆上，连接离合器软管接头至制动总泵贮液罐卡夹（若装备）。

（4）连接电气连接器，如图 8-50 所示。

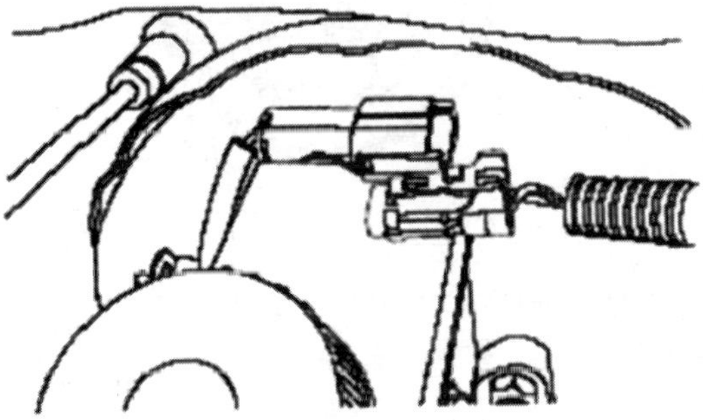

图 8-50　连接电气连接器

（5）添加制动液。

（6）检查制动液是否泄漏并重新检查液面。

（7）排出制动系统中的空气。

2．动力助力器总成的拆装

1）动力助力器总成的拆卸

（1）拆卸制动总泵。

（2）拆卸轴和橡胶 O 形圈，如图 8-51 所示。

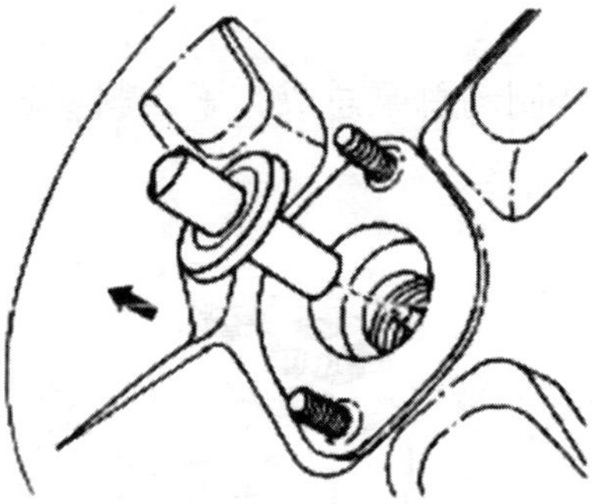

图 8-51　拆卸轴和橡胶 O 形圈

（3）拆卸助力器真空软管接头上的卡夹，如图 8-52 所示。

（4）断开制动停车灯开关。

（5）拆卸制动踏板弹簧。

（6）从踏板托架总成上断开卡夹和推杆销。

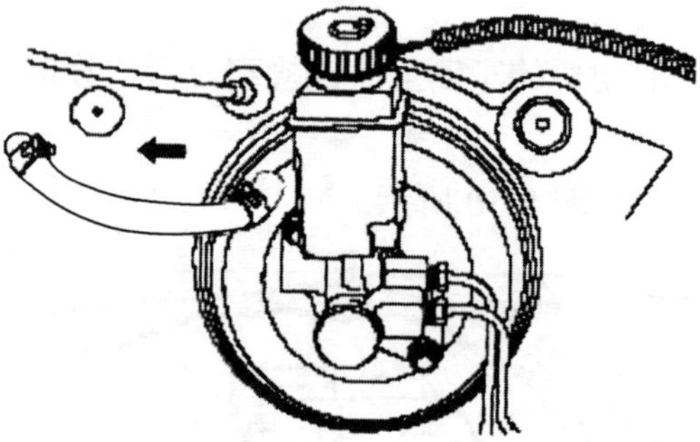

图 8-52　拆卸真空软管接头卡夹

（7）从仪表板中伸出的双头螺栓上拆卸助力器安装螺母并拆卸助力器，如图 8-53 所示。

（8）拆卸橡胶护套。

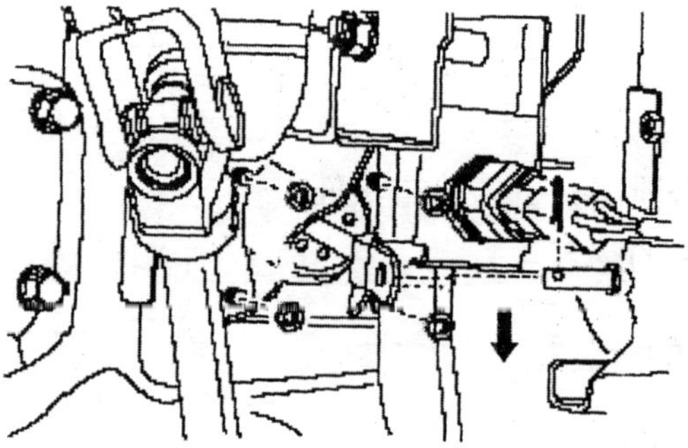

图 8-53　拆卸助力器

（9）握住六角螺母，拧动推杆 U 形钩。

（10）从推杆上拆卸六角螺母，如图 8-54 所示。

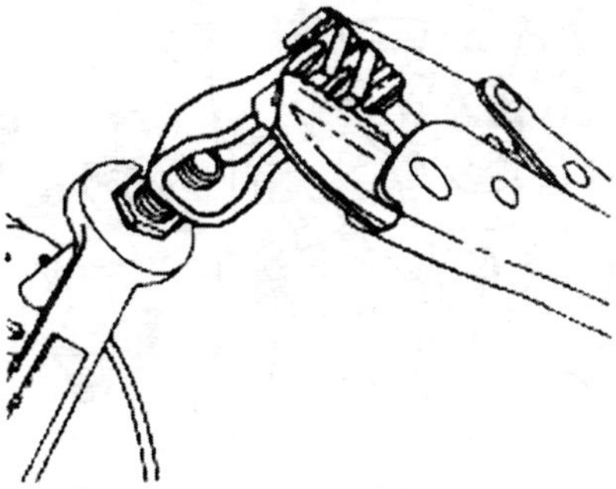

图 8-54　拆卸六角螺母

2）动力助力器总成的安装

（1）检查推杆和推杆 U 形钩是否损坏，装配是否正确。

（2）将六角螺母和推杆 U 形钩安装在助力器轴上，如图 8-55 所示。紧固助力器六角螺母和推杆 U 形钩至 18N · m。

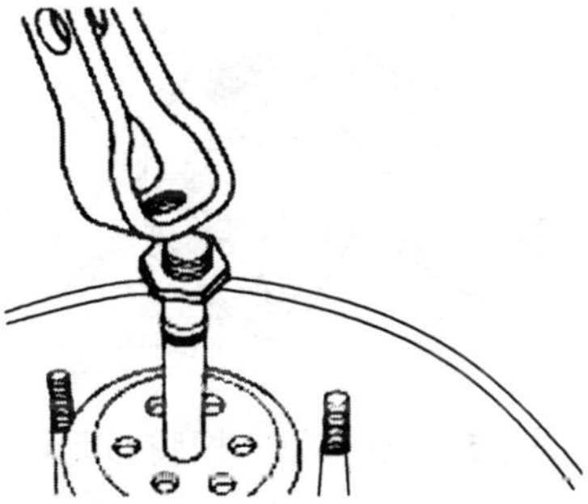

图 8-55　安装六角螺母和推杆 U 形钩

（3）测量助力器至拨叉销孔中心的距离 L，应为 120mm，如图 8-56 所示。将橡胶护套安装到助力器上。

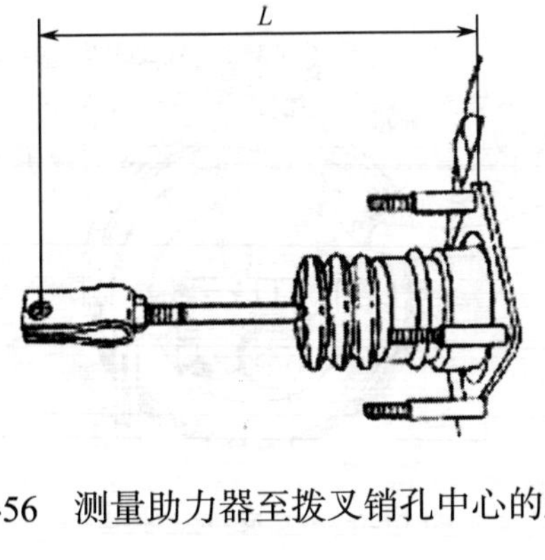

图 8-56　测量助力器至拨叉销孔中心的距离

（4）将助力器和安装螺母安装到仪表板上，如图 8-57 所示。

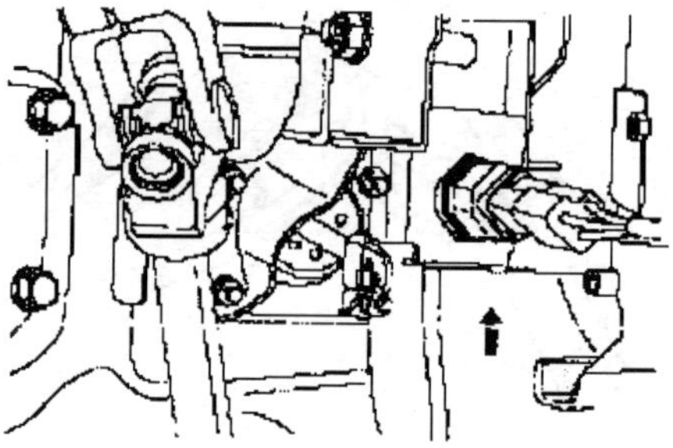

图 8-57　安装助力器和安装螺母

（5）连接轴和橡胶 O 形圈，如图 8-58 所示。

（6）将制动总泵连接到助力器上。

（7）将制动油管接头连接到液压调节器上。紧固制动油管接头至 16N · m。紧固制动总泵连接螺母至 24N · m。

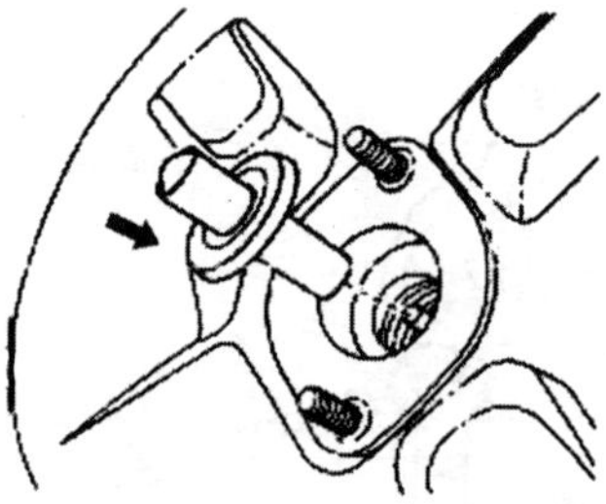

图 8-58　连接轴和橡胶 O 形圈

（8）将真空软管安装到助力器上，如图 8-59 所示。

（9）将软管卡箍安装到真空软管上，将真空软管卡在回转卡夹上。

（10）将推杆销安装到制动踏板托架总成上并连接卡夹和弹簧。

（11）安装制动停车灯开关。

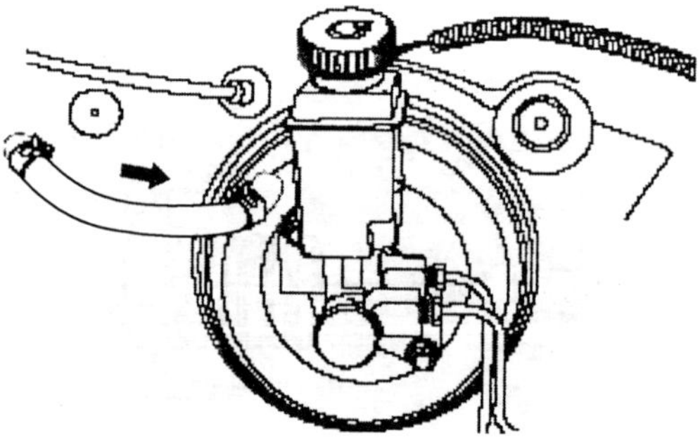

图 8-59　安装真空软管

第9章 桑塔纳轿车主要工作系统拆装综合实例

9.1 桑塔纳轿车发动机机械系统拆装

9.1.1 曲柄连杆机构的拆装

1．汽缸体的拆卸

（1）发动机从汽车上抬下后，将其安装在发动机拆装架上。

（2）拆除发动机所有附件，如起动机、发电机、机油滤清器等。

（3）拆卸同步带，如图 9-1 所示。

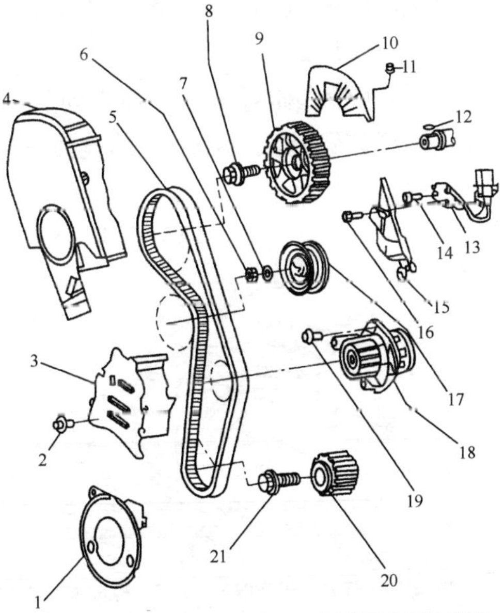

1—同步带下防护罩；2—中间防护罩螺栓（拧紧力矩 10N · m）；3—同步带中间防护罩；4—同步带上防护罩；5—同步带；6—张紧轮固定螺栓（拧紧力矩 15N · m）；7—波纹垫圈；8—凸轮轴同步带轮固定螺栓（拧紧力矩 100N · m）；9—凸轮轴同步带轮；10—同步带后上防护罩；11—防护罩固定螺栓（拧紧力矩 10N · m）；12—半圆键；13—霍尔传感器；14—螺栓（拧紧力矩 10N · m）；15—同步带后防护罩；16—螺栓（拧紧力矩 20N · m）；17—半自动张紧轮；18—水泵；19—螺栓（拧紧力矩 15N · m）；20—曲轴同步带轮；21—曲轴同步带轮螺栓（拧紧力矩 90N · m+1/4 圈）

图 9-1　桑塔纳发动机同步带的分解

① 将曲轴转到第一缸的上止点位置，如图 9-2 所示，拆下同步带上防护罩。

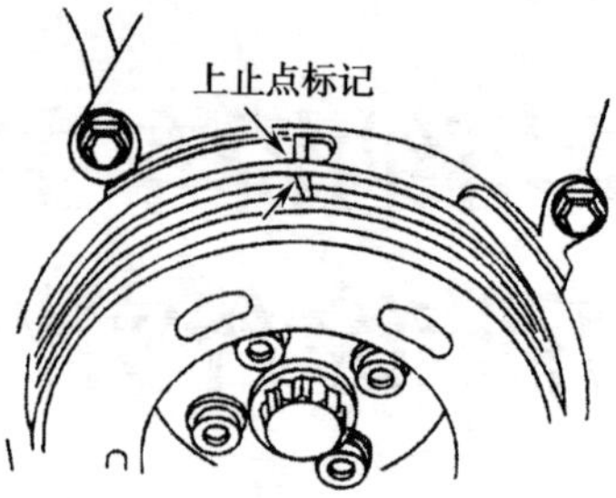

图 9-2　桑塔纳发动机第一缸上止点标记

② 将凸轮轴同步带轮上的标记对准同步带防护罩上的标记，如图 9-3 所示。

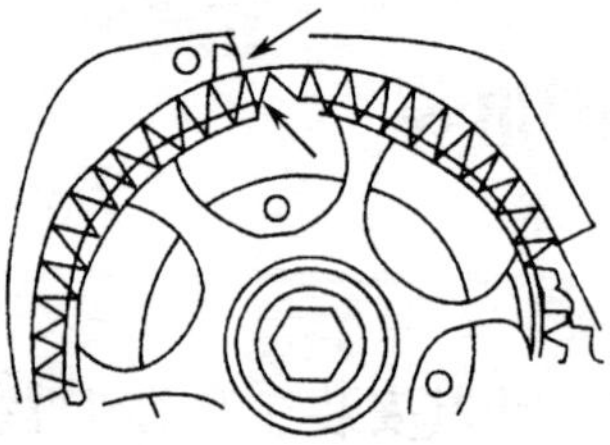

图 9-3　对准标记

③ 拆下曲轴同步带轮、同步带中间防护罩及下防护罩。

④ 松开半自动张紧轮并拆下同步带。

⑤ 可用粉笔或其他工具在同步带上做好记号，检查同步带是否完好。

（4）拆卸进气歧管。拆除进气歧管和汽缸盖之间的连接螺栓（上、下各 4 颗），拆下进气歧管及衬垫，如图 9-4 所示。

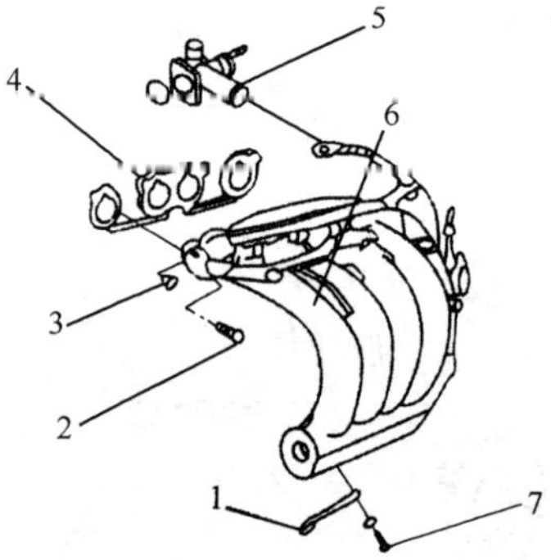

1—进气歧管支架；2—螺栓（拧紧力矩 20N·m）；3—螺母（拧紧力矩 20N·m）；
4—进气歧管衬垫；5—凸缘；6—进气歧管；7—进气歧管支架紧固螺栓

图 9-4　桑塔纳发动机进气歧管的分解

（5）拆下同步带后上防护罩，拧下气门罩盖的螺母，依次取下支架、压条、气门罩盖、气门罩盖衬垫和机油反射罩，如图 9-5 所示。

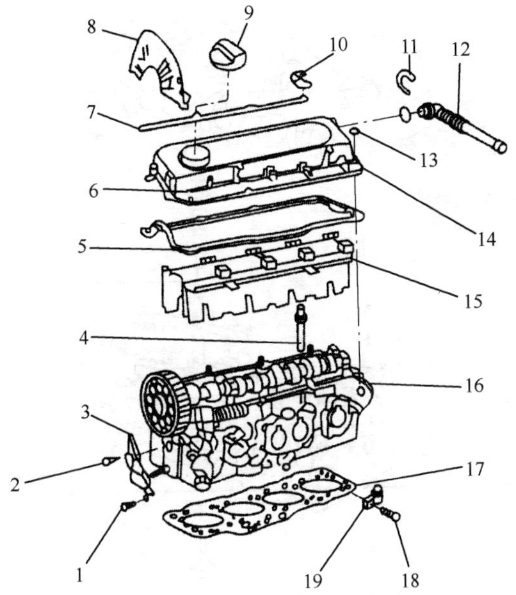

1—螺栓（拧紧力矩 15N · m）；2—螺栓（拧紧力矩 20N · m）；3—齿形皮带后下防护板；4—汽缸盖螺栓；5—汽缸盖罩衬垫；6—紧固压条；7—压条；8—齿形皮带后上防护罩；9—加机油口盖；10—支架；11—夹箍；12—曲轴箱通气软管；13—螺栓（拧紧力矩 12N · m）；14—汽缸盖罩；15—机油反射罩；16—汽缸盖总成；17—汽缸盖衬垫；18—螺栓（拧紧力矩 20N · m）；19—吊耳

图 9-5　桑塔纳发动机汽缸盖的分解

（6）旋下同步带后下防护罩的螺栓，拆下同步带后下防护罩。

（7）按照图 9-6 所示，用扭力扳手按 1～10 的顺序松开汽缸盖螺栓，将汽缸盖和汽缸垫取下。

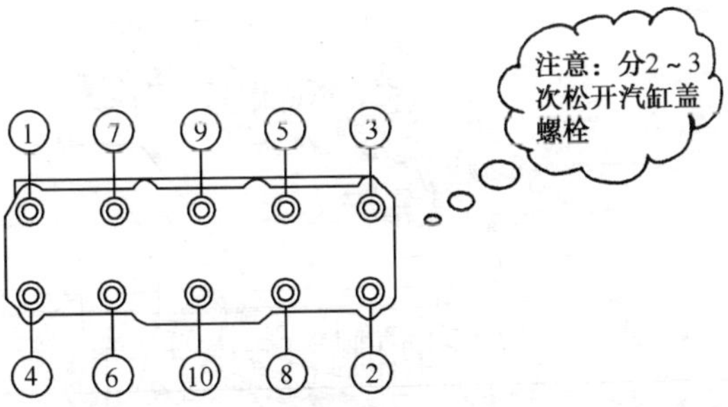

图 9-6　桑塔纳发动机汽缸盖螺栓拆卸顺序

（8）拆除凸轮轴、液压挺柱及气门，如图 9-7 所示。

（9）拆除油底壳。预先放掉油底壳内的机油，将汽缸体倒置，松开油底壳螺栓，即可取下油底壳。

（10）装配按照相反的顺序进行。

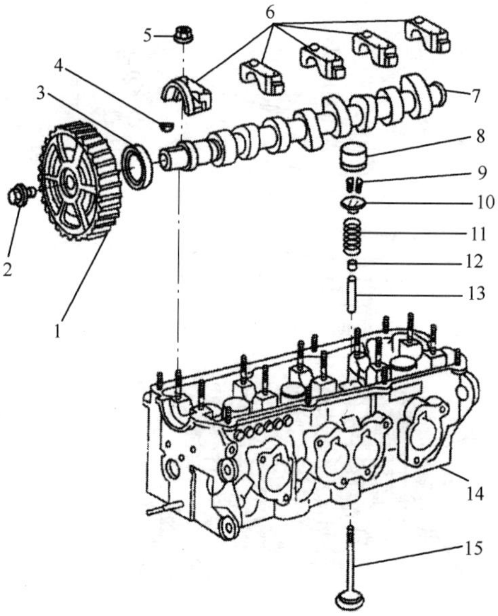

1—凸轮轴同步带轮（常用于霍尔传感器的脉冲盘）；2—同步带轮螺栓（拧紧力矩 100N·m）；3—密封圈；4—半圆键；5—螺母（拧紧力矩 20N·m）；6—轴承盖；7—凸轮轴；8—液压挺柱；9—气门锁片；10—气门弹簧座；11—气门弹簧；12—气门杆密封圈；13—气门导管；14—汽缸盖；15—气门

图 9-7　桑塔纳发动机凸轮轴与气门、液压挺柱的分解

2. 曲轴飞轮组的拆装

如图 9-8 所示，为 AJR 型发动机曲轴飞轮组分解图。拆卸步骤如下。

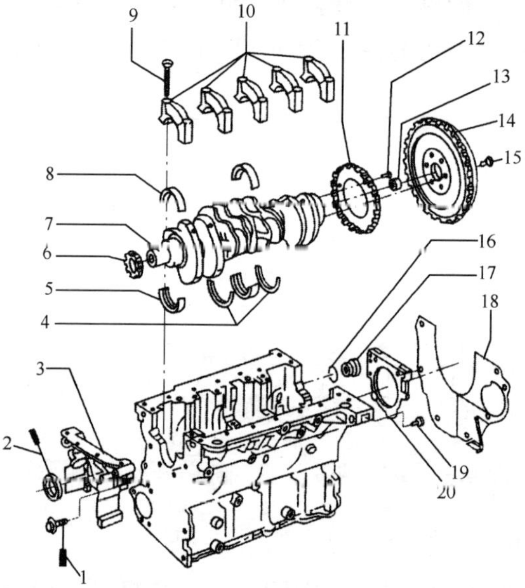

1—前密封凸缘螺栓；2—前油封；3—前密封凸缘；4—止推片；5—主轴承；6—链轮；7—曲轴；8—主轴承；9—主轴承盖螺栓；10—主轴承盖；11—脉冲传感器轮；12—脉冲传感器轮螺栓；13—滚针轴承；14—飞轮；15—飞轮螺栓；16—密封圈；17—螺塞；18—中间支架；19—后密封凸缘螺栓；20—后密封凸缘及油封

图 9-8　AJR 型发动机曲轴飞轮组分解图

（1）倒置发动机。

（2）拆卸曲轴前端。

① 拆卸曲轴前端油封（图 9-9）。在拉出器的螺纹头上涂机油，将其拧入油封内。松开拉出器滚花螺钉，将内件对着曲轴转动，拉出油封。

② 拆下前密封。

③ 用拉出器拉出曲轴链轮，如图 9-10 所示。

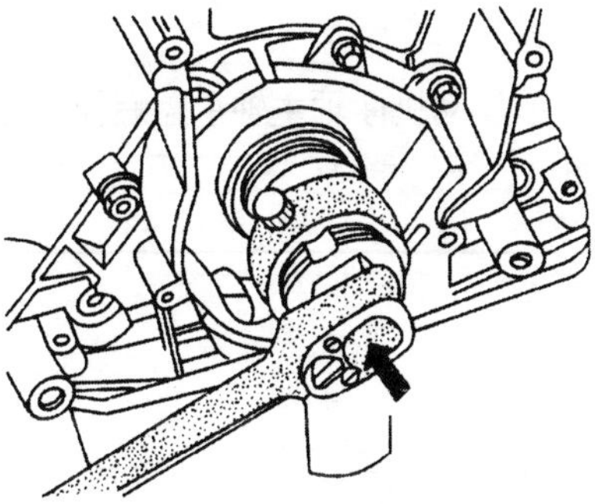

图 9-9　拆卸曲轴前端油封

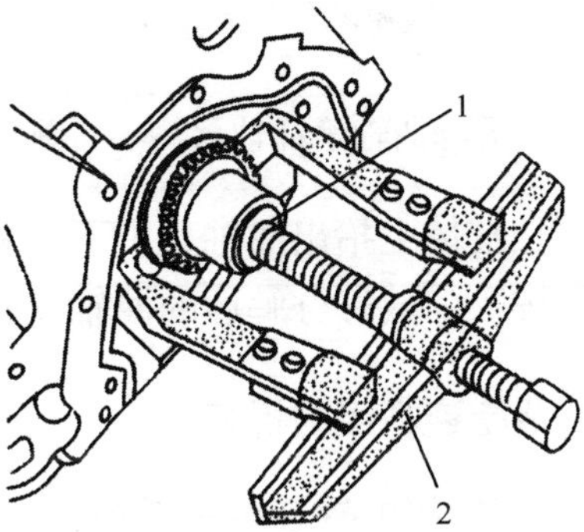

1—垫圈；2—拉出器

图 9-10　拉出曲轴链轮

（3）拆卸曲轴后端。

① 先用专用工具固定飞轮，如图 9-11 所示，再按图 9-12 所示拆下飞轮。

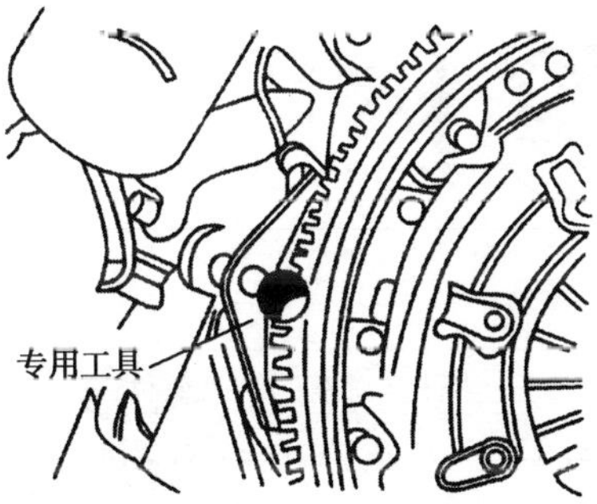

图 9-11　固定飞轮

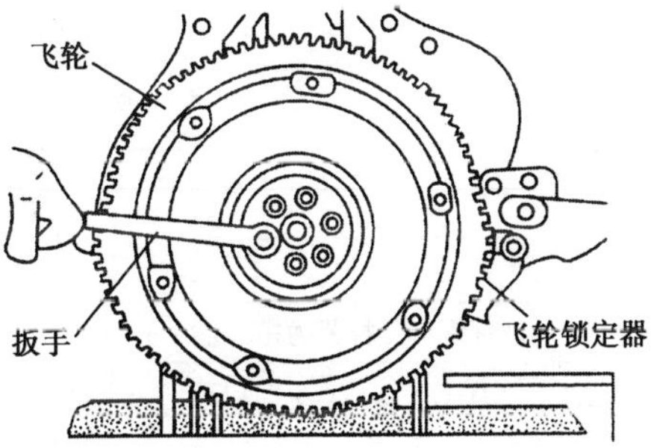

图 9-12　拆下飞轮

② 使用专用工具拆卸曲轴滚针轴承，如图 9-13 所示。

③ 拆除曲轴后端其他部件。

（4）拆卸曲轴。

① 检查曲轴主轴承盖上有无顺序标记。

② 按图 9-14 所示的顺序，用扭力扳手从两侧向中间分数次拧松曲轴主轴承盖螺栓，取出曲轴主轴承盖和曲轴主轴承。注意：第三道主轴承盖两侧装有止推片。

③ 卸下脉冲传感器齿轮盘固定螺栓，取下齿轮盘。

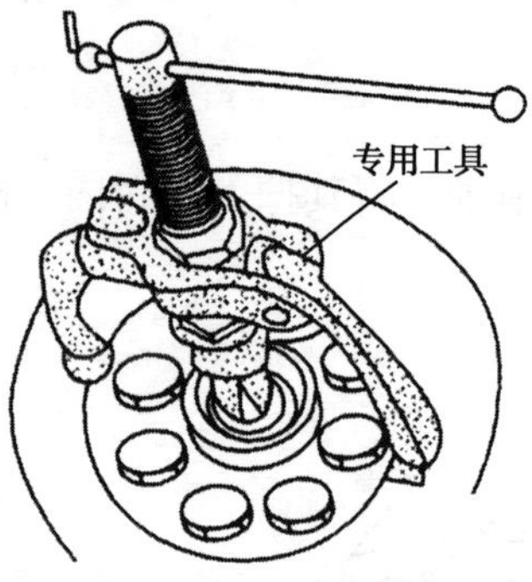

图 9-13　拆卸曲轴滚针轴承

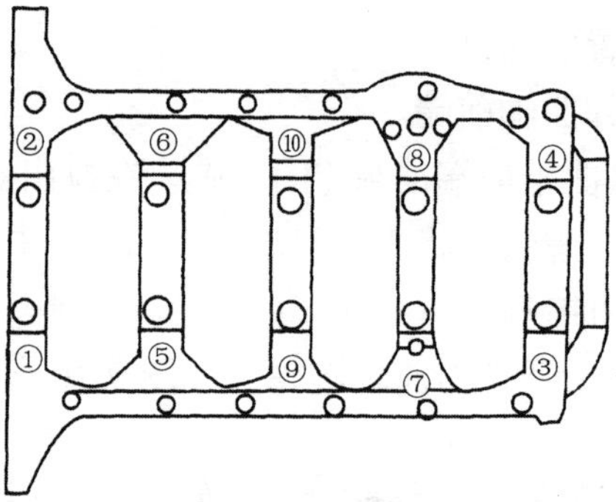

图 9-14　桑塔纳 AJR 型发动机曲轴主轴承盖螺栓拆卸顺序

④ 从缸体上抬出曲轴，拆下另一半曲轴主轴承。

⑤ 按顺序放好分解后的曲轴飞轮组零件。

3．活塞连杆组的拆装

活塞连杆组的拆装可参考图 9-15 进行。拆装时有如下注意事项。

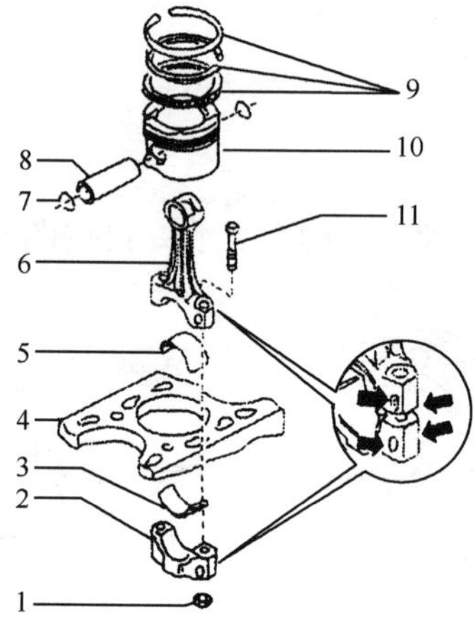

1—连杆螺母（拧紧力矩 30N·m+90°）；2—连杆轴承盖；3—连杆下半轴承；4—汽缸体；
5—连杆上半轴承；6—连杆；7—夹箍；8—活塞销；9—活塞环；10—活塞；11—连杆螺栓

图 9-15　AJR 型发动机活塞连杆组的分解

（1）安装活塞时应注意活塞的标记位置和所配对的汽缸，活塞裙部的箭头必须朝向发动机前方。

（2）使用活塞环钳拆卸和安装活塞环，如图 9-16 所示。安装活塞环时，其开口应错开 120°。活塞环上的“TOP”标记必须朝向活塞顶部。

（3）拆卸活塞销时，将活塞销卡簧用尖嘴钳取下，如图 9-17 所示。使用专用工具将活塞销拆下，如图 9-18 所示。

（4）活塞销应使用专用工具 VW222a 进行拆卸和安装，如果安装困难，可将活塞加热到 60℃，如图 9-19 所示。

图 9-16　拆装活塞环

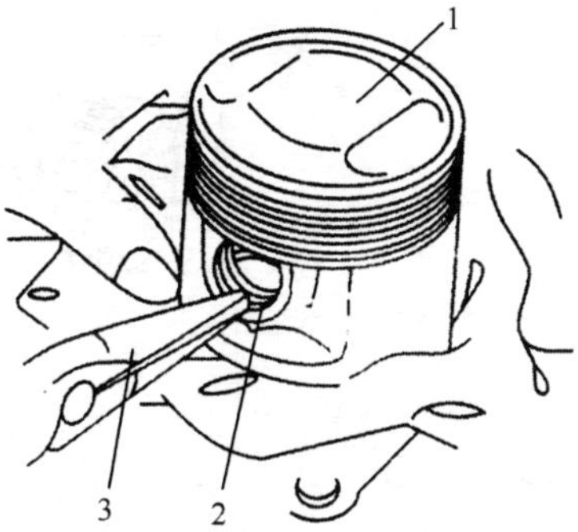

1—活塞；2—卡簧；3—尖嘴钳

图 9-17　拆卸活塞销卡簧

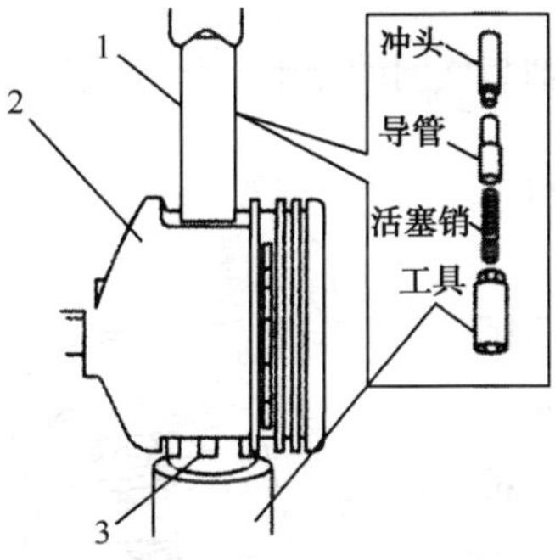

1—冲头；2—活塞；3—调整窗口

图 9-18　拆卸活塞销

图 9-19　装配活塞销

（5）连杆螺栓和螺母在拆卸后应更换。安装时，先润滑螺纹和接触表面。在测量连杆径向间隙时，螺栓拧紧力矩为 30N · m，不要再拧 90°。

（6）安装连杆轴承盖时，应注意安装位置，安装时不要使用密封剂。

（7）连杆的轴向间隙为 0.10 ~ 0.35mm，磨损极限值为 0.40mm；连杆的径向间隙为 0.05 ~ 0.10mm，磨损极限值为 0.12mm。在测量连杆径向间隙时，不要转动曲轴。

9.1.2　配气机构的拆装

1．拆卸

桑塔纳 2000GSi 轿车 AJR 发动机配气机构的解体，应在专用的拆装架上进行。如图 9-20 所示，解体时，应使用专用工具先拆除发动机各附件，然后按照由外到内的顺序进行分解。具体步骤如下。

（1）从汽缸盖上拆下凸轮轴各道轴承盖的紧固螺母（先松开 1、3、5 道轴承盖螺母，再松开 2、4 道轴承盖螺母），取下轴承盖及凸轮轴，并把轴承盖按顺序排列或打上装配标记，不得错乱。

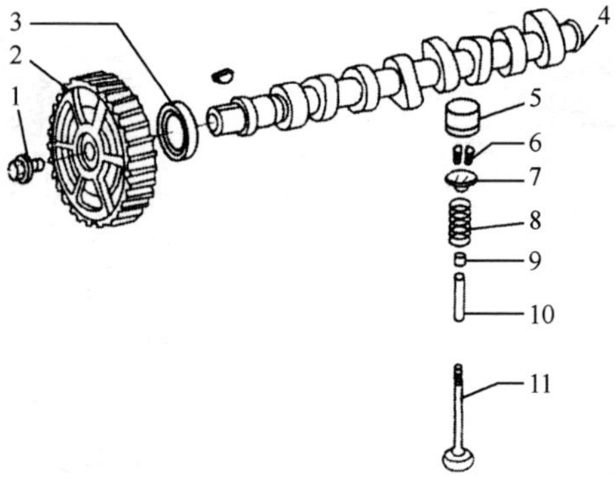

1—螺栓；2—凸轮轴齿形带轮；3—密封圈；4—凸轮轴；5—液压挺柱；6—气门锁片；
7—气门弹簧座；8—气门弹簧；9—密封圈；10—气门导管；11—气门

图 9-20　桑塔纳发动机凸轮轴与气门的分解

（2）取出液压挺柱，按顺序排列或在内壁上做上标记。

（3）用气门弹簧拆装钳拆气门弹簧。取出气门锁片、气门弹簧座、气门弹簧、气门油封及气门，各组件按顺序摆放好，不得错乱。气门弹簧拆装钳是一种专门拆装顶置气门弹簧的工具，如图 9-21 所示。使用时，将拆装架托架抵住气门，压环对正气门弹簧座，然后压下手柄，使得气门弹簧被压缩。这时可取下气门弹簧锁销（或锁片），慢慢地松抬手柄，即可取出气门弹簧座、气门弹簧和气门等零件。

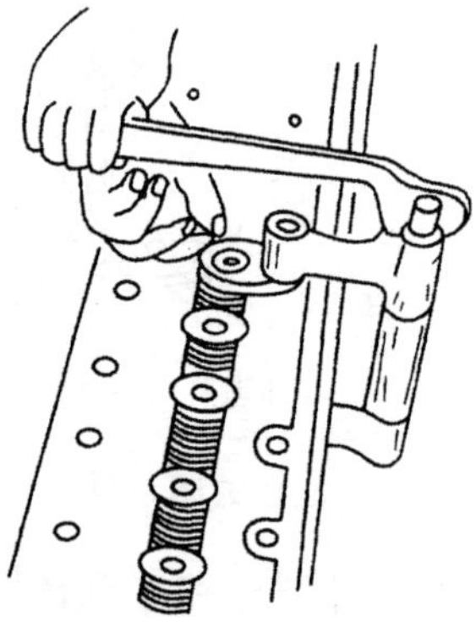

图 9-21　气门弹簧拆装钳的使用

2．装配

配气机构的装配按拆卸时的相反顺序操作，并应注意下列事项。

（1）装配前，必须对零部件进行清洗、检验。

（2）气门组件、液压挺柱、凸轮轴轴承盖等部件必须按原位装入，不得装错。

（3）各紧固件必须按规定顺序和拧紧力矩拧紧。

（4）安装齿形带时，必须使凸轮轴齿形带轮上的标记与气门罩盖平面平齐。

9.1.3　冷却系统的拆装

1．散热器的拆装

1）散热器的拆卸

（1）排放冷却液。

（2）松开冷却液管上的夹箍，拔下散热器的冷却液软管。

（3）拆下位于电控冷却风扇罩壳上的热敏开关插头，如图 9-22 所示。

（4）将双电控冷却风扇连同罩壳拆下。

（5）拆下散热器。

2）散热器的安装

（1）安装散热器。

（2）安装双电控冷却风扇及罩壳。

（3）连接电控冷却风扇罩壳上的热敏开关插头。

（4）连接冷却液软管。

（5）加注冷却液。

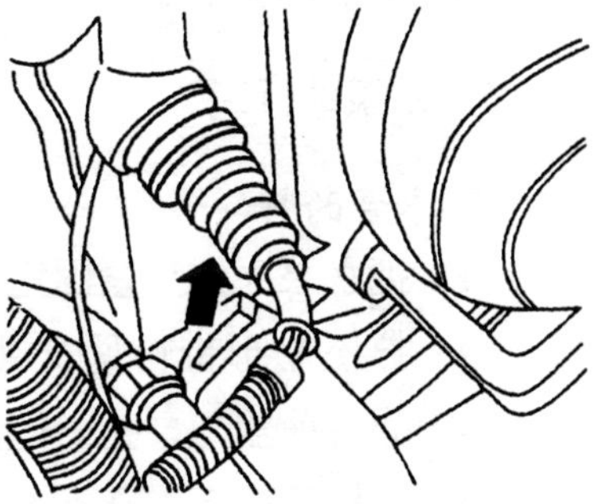

图 9-22　拆卸热敏开关插头

2. 冷却液的更换

1）排放冷却液

（1）将冷暖风开关拨至“warm（热）”位置，将暖气阀全开。

（2）打开散热器盖。

（3）拆下夹箍，拉出冷却液软管，放出冷却液。用容器收集冷却液，以便以后使用。

2）添加冷却液

（1）将冷暖气开关拨到“warm（热）”位置，将暖气阀全开。

（2）添加冷却液至膨胀水箱上的最高标记处。

（3）旋上散热器盖。

（4）使发动机运转至风扇转动。

（5）检查冷却液液面，必要时，补充冷却液至最高标记处。

3. 节温器的拆装

1）节温器的拆卸

（1）使发动机前端位于维修工作台上。

（2）在点火开关切断的情况下，拔下蓄电池搭铁线。

（3）排放冷却液。

（4）拆卸 V 形带，拆卸发电机。

（5）从连接体上拆下冷却液管。

（6）松开螺栓，取出节温器盖、O 形密封圈和节温器。

2）节温器的安装

（1）清洁 O 形密封圈的密封表面。

（2）安装节温器，节温器的感温部分必须在汽缸体内。

（3）用冷却液浸湿新的 O 形密封圈。

（4）拧紧螺栓，安装发电机。

（5）加注冷却液。

4．水泵的拆装

1）水泵的拆卸

（1）把水泵壳体夹紧固定在夹具中或台虎钳上。

（2）拧松 V 形带轮紧固螺栓，拆下 V 形带轮。

（3）分解前盖与泵壳，但注意分批拧松紧固螺栓。

（4）用拉具拆下 V 形带轮凸缘，再用拉具拆下水泵叶轮，注意防止损坏叶轮。

（5）压出水泵轴和轴承，并分解水泵轴与轴承。

（6）压出水封、油封。

（7）放松水泵壳体，换位夹紧，拆下进水口接头的紧固螺栓，取下接管。

（8）拆下密封圈，再拆下节温器。

2）水泵的安装

（1）装上节温器，再装上密封圈。

（2）装上进水口接头的紧固螺栓并拧紧。

（3）压入水封、油封。

（4）压入水泵轴和轴承。

（5）压入水泵叶轮，注意防止损坏叶轮。检查水泵叶轮与壳体的间隙，一般为 1mm。

（6）装上 V 形带轮。

9.1.4 润滑系统的拆装

1．机油泵的拆卸

（1）拆下油底壳。

（2）旋下机油泵的紧固螺栓。

（3）将机油泵链轮和机油泵一起拆下。

2．机油泵的安装

（1）将销钉插入机油泵上端，机油泵轴与链轮只能有一个安装位置。

（2）安装机油泵，再安装油底壳。

（3）用 22±3N · m 的力矩拧紧链轮与机油泵的紧固螺栓，用 16N · m 的力矩拧紧机油泵与汽缸体的紧固螺栓。

9.2　桑塔纳轿车传动系的拆装

9.2.1　离合器的拆装

1．离合器的拆卸

（1）首先拆下变速器。

（2）用专用工具 10-201 将飞轮固定，然后逐渐将离合器压盘的固定螺栓对角拧松，取下离合器盖及压盘总成，并取下离合器从动盘，如图 9-23 所示。

（3）离合器踏板装置零部件的分解，如图 9-24 所示。

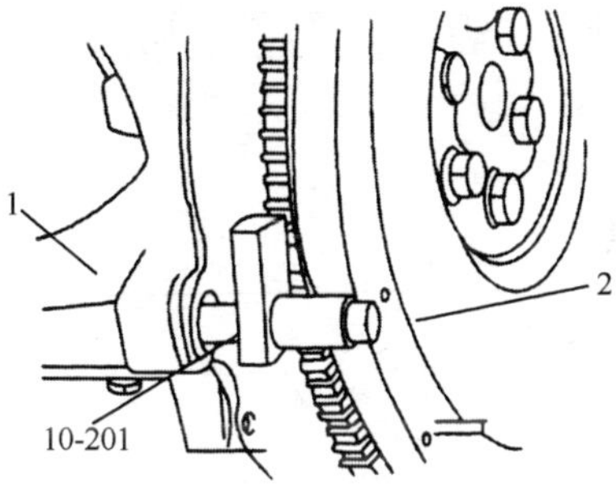

1—发动机；2—飞轮

图 9-23　拆卸离合器压盘固定螺栓

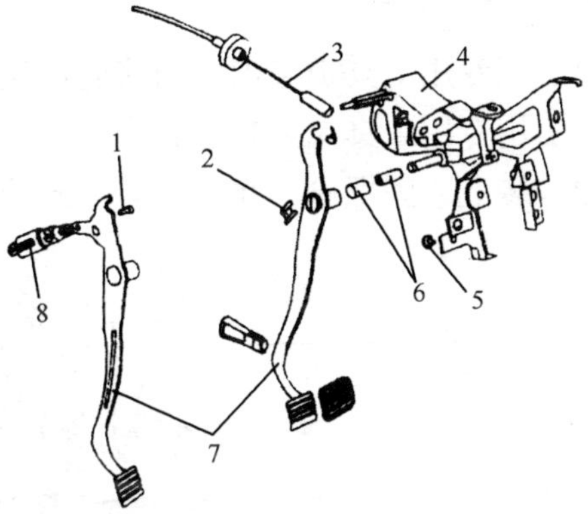

1—连接销；2—保险装置；3—离合器拉索；4—踏板支架；5—限位块；6—轴承衬套；7—离合器踏板；8—助力弹簧

图 9-24　离合器踏板装置零部件的分解

（4）膜片式离合器零部件的分解，如图 9-25 所示。

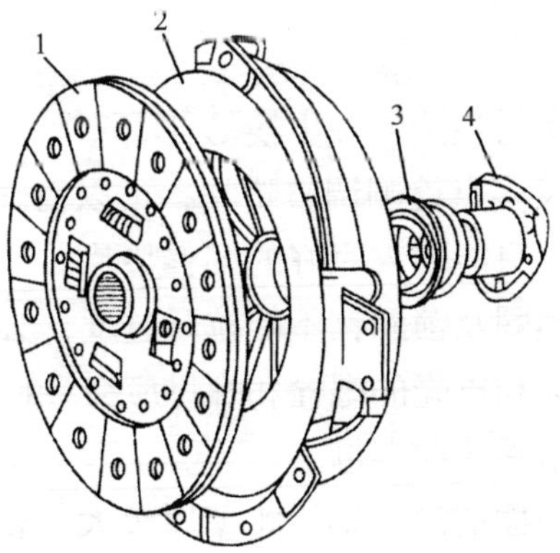

1—离合器从动盘；2—膜片弹簧与压盘；3—分离轴承；4—分离套筒

图 9-25　膜片式离合器零部件的分解

（5）离合器压盘和从动盘的分解，如图 9-26 所示。

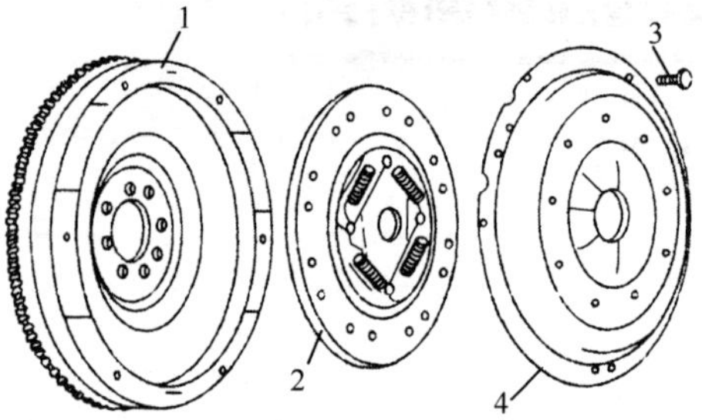

1—飞轮；2—从动盘（弹簧保持架朝向压盘）；3—六角螺栓或圆柱头螺栓（拧紧力矩 25N · m）；4—压盘

图 9-26　离合器压盘和从动盘的分解

2．离合器的安装

（1）用专用工具 10-201，将飞轮固定。

（2）用专用工具 10-213，将离合器从动盘定位于飞轮和压盘中心（图 9-27）。

（3）装上紧固螺栓，并用 25N · m 的力矩对角逐渐拧紧。

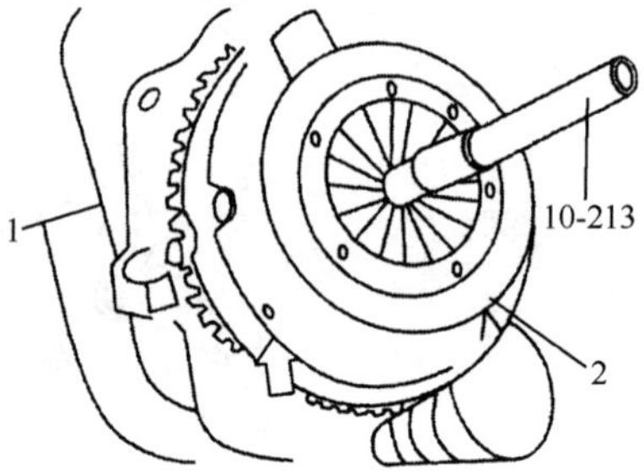

1—发动机；2—离合器

图 9-27　离合器从动盘的定位

3．维修注意事项

（1）衬垫：应更换纸质密封垫圈，并更换 O 形环。

（2）调整垫片：用千分尺多点检测调整垫片，可以精确地测出所需垫片的厚度。检查调整垫片边缘是否有损坏，只能装入完好的调整垫片。

（3）挡圈、锁圈：调整挡圈及锁圈，不能拉开过度，必须将其完全放在槽内。

（4）螺栓、螺母：固定盖和罩壳的螺栓和螺母应交叉拧紧和拧松（特别是易损件），并且应按规定的拧紧力矩拧紧螺栓和螺母。

（5）轴承：将有标志的一面的滚针轴承（壁厚较大）朝向安装工具，在轴与轴承之间涂一层润滑油。所有的轴承和接触表面均使用白色 ET-N r.AOS126 000 05 润滑脂润滑。

（6）在进行离合器踏板修理工作时，应将蓄电池搭铁线拆下。

9.2.2　传动轴的拆装

传动轴的拆装，见表 9-1。

表 9-1　传动轴的拆装

拆装内容	图示说明
1．从车上拆卸传动轴总成 （1）在车轮着地时，旋下传动轴与轮毂间的紧固螺母 （2）旋下传动轴凸缘上的紧固螺栓	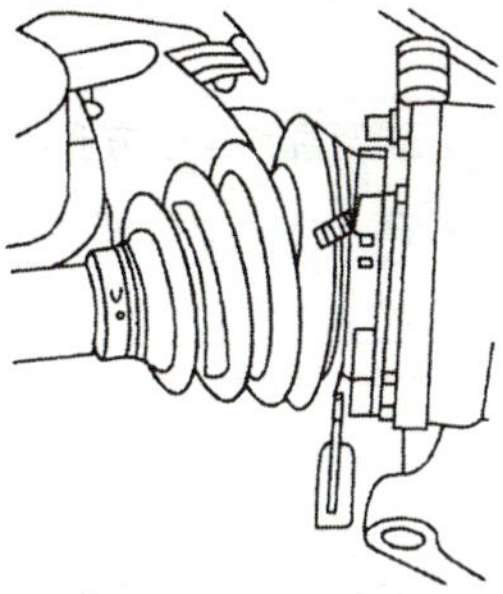
（3）将传动轴与凸缘分开 （4）从车轮轴承壳内拉出传动轴，或者利用压力装置 VAG1389 拉出传动轴	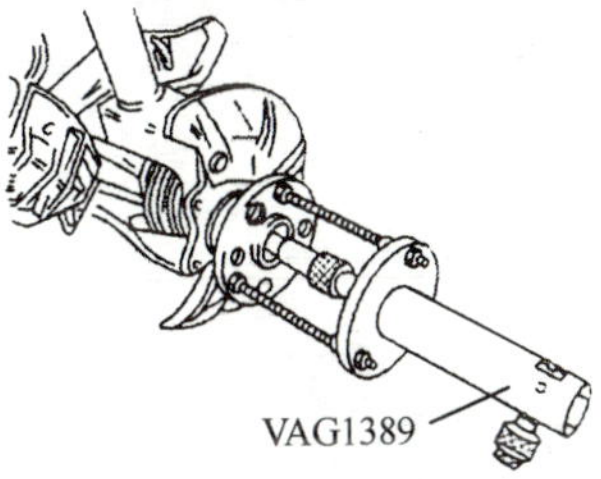
2．万向节的拆卸 （1）用钢锯将万向节防尘罩上的夹箍锯开，拆下防尘罩	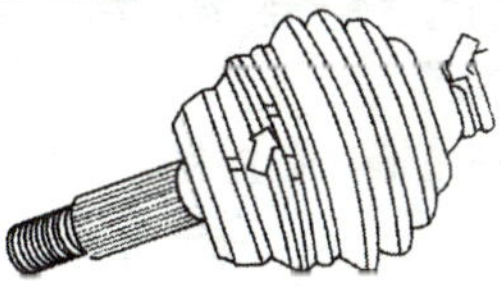
（2）用轻金属锤从传动轴上敲下外万向节	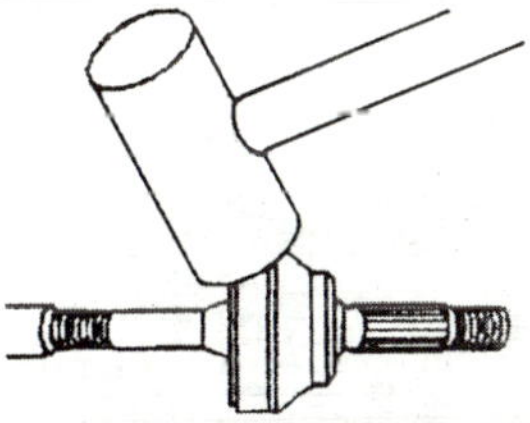
（3）压出内万向节	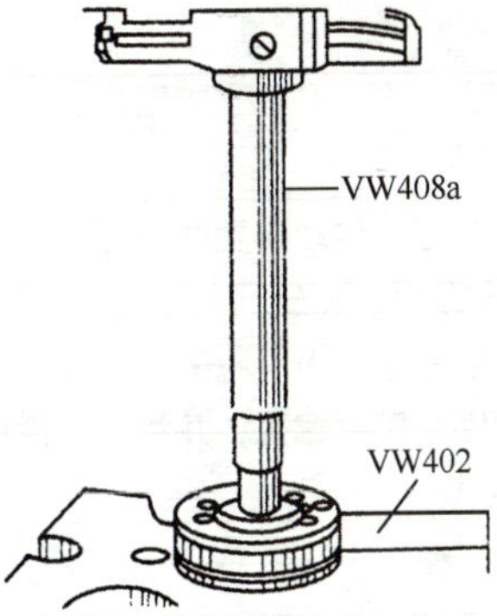

续表

拆装内容	图示说明
3．外万向节的分解（RF 万向节） （1）旋转内星轮与球笼，依次取出钢球	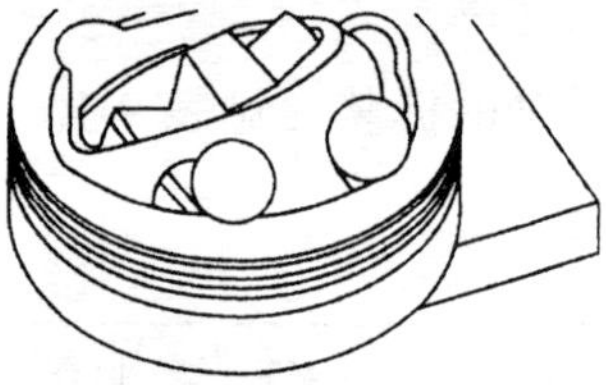
（2）转动钢球笼直到两个方孔与外星轮对直，连同外星轮一起拆下球笼	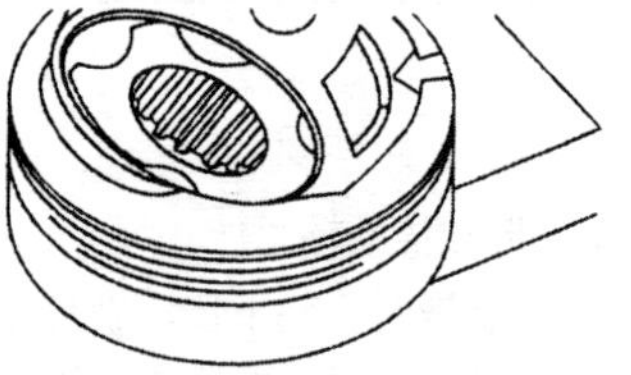
（3）把内星轮上扇形齿旋入球笼的方孔，然后从球笼中取下内星轮	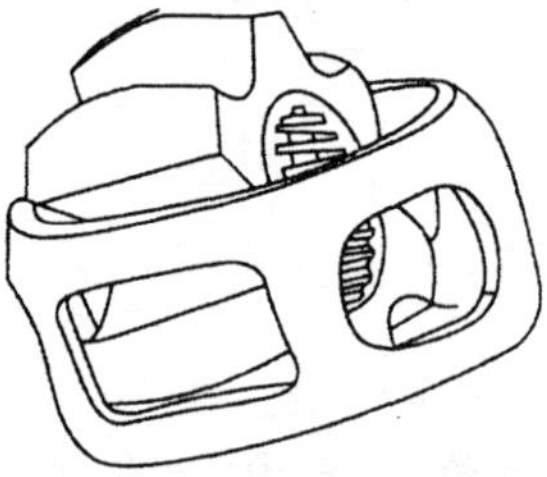
4．内万向节的分解 （1）转动内星轮与球笼，按右图中箭头所示方向压出球笼里的钢球 注意：内星轮与壳体是经选配安装的，不能互换	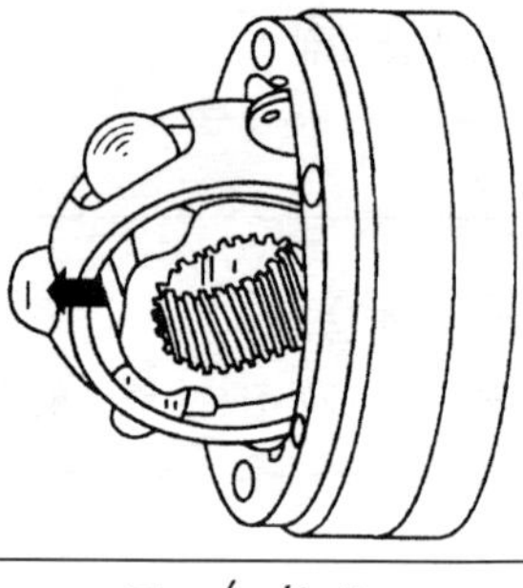
（2）从球槽上面取出球笼里的内星轮	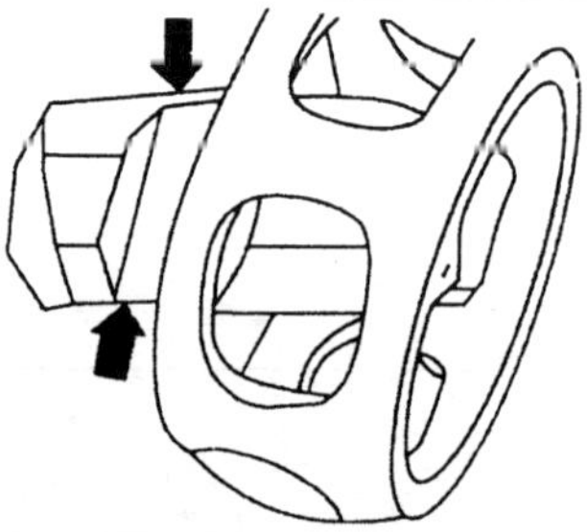
5．等速万向传动装置的装配 （1）内万向节装配 ① 对准凹槽将内星轮嵌入球笼 ② 将钢球压入球笼，并注入润滑脂 90g	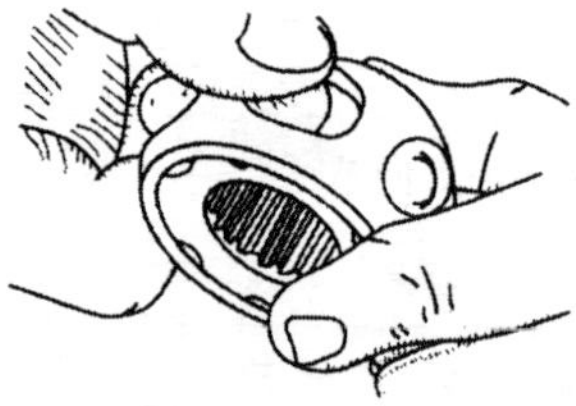

续表

拆装内容	图示说明
③ 将带钢球与球笼的外星轮垂直装入壳体 注意：旋转之后，使外星轮上的宽间隔 a 对准内星轮上的窄间隔 b，转动球笼以便嵌入到位，内星轮内径（花键齿）上的倒角必须对准外星轮的大直径端	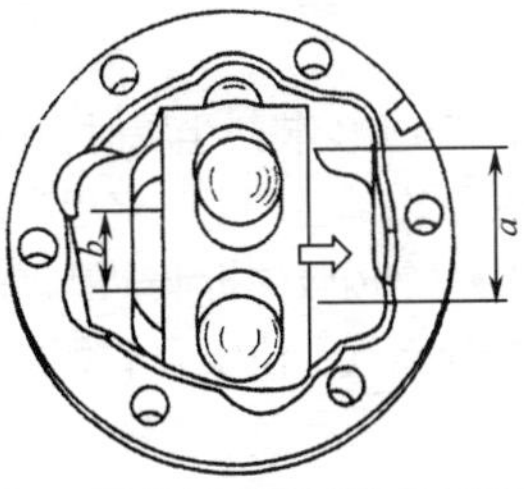
④ 扭转内星轮，这样内星轮就能转出球笼，使钢球与外星轮中的球槽相配合	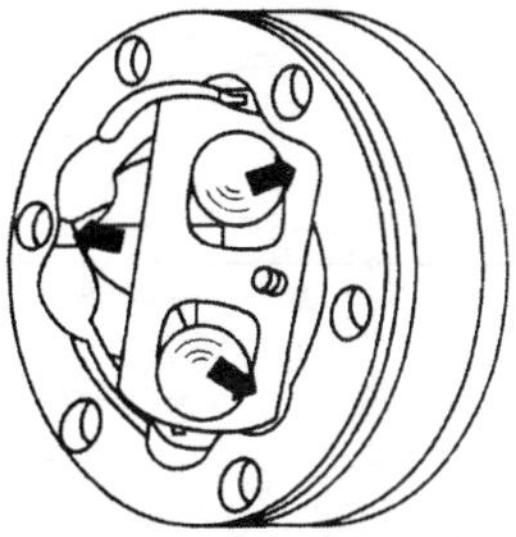
⑤ 用力挤压球笼，如右图中箭头所示，使装有钢球的内星轮完全转入外星轮内 ⑥ 用手将内星轮在轴向范围内来回推动，如果灵活，表示装配正确	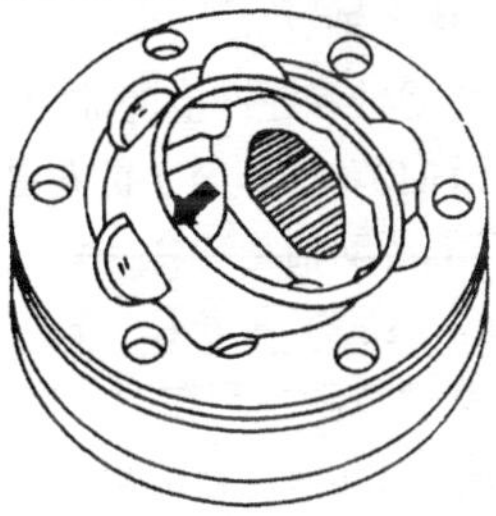
（2）外万向节装配 ① 用汽油清洗各部件 ② 将 G6 润滑脂总量的一半（45g）注入万向节内 ③ 将球笼连同内星轮一起装入外星轮中 ④ 在对角交替地压入钢球时，必须保持内星轮在球笼以及外星轮内的原位置 ⑤ 将弹簧锁圈装入内星轮 ⑥ 将剩余的润滑脂压入万向节 ⑦ 用手将内星轮在轴向范围内来回推动，检查安装是否正确	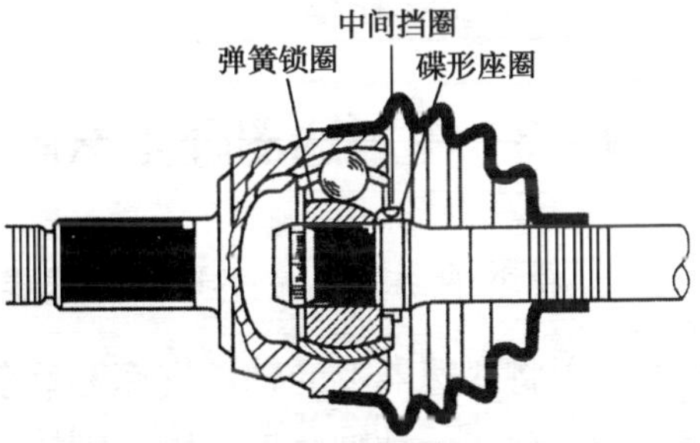
（3）万向传动装置的装配 ① 在传动轴上安装防尘罩 ② 正确安装碟形座圈 ③ 把内万向节压入传动轴，使碟形座圈贴合，内星轮内径（花键齿）上的倒角必须面向传动轴轴肩 ④ 安装弹簧锁圈 ⑤ 装上外万向节	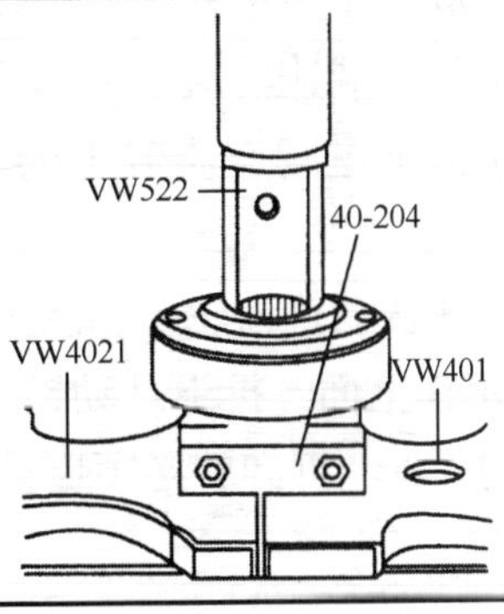

续表

拆装内容	图示说明
⑥ 在万向节上安装防尘罩时，防尘罩经常会受到挤压，因而在防尘罩内部会产生一定程度的真空，从而在车辆行驶中会产生一个内吸的折痕。因此在安装防尘罩小口径之后，要稍微充点气，使压力平衡，不产生皱褶	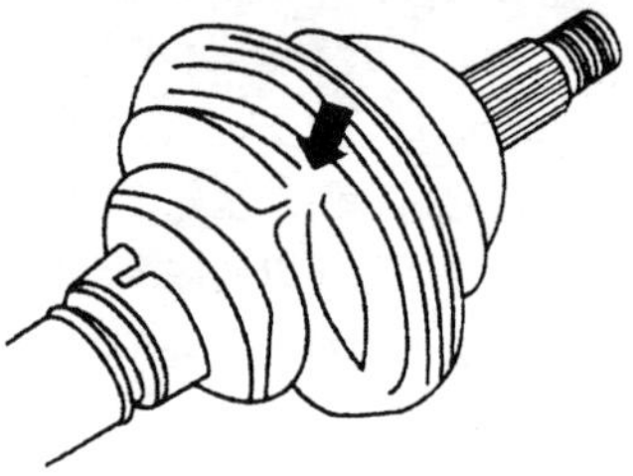
⑦ 用夹箍夹紧防尘罩	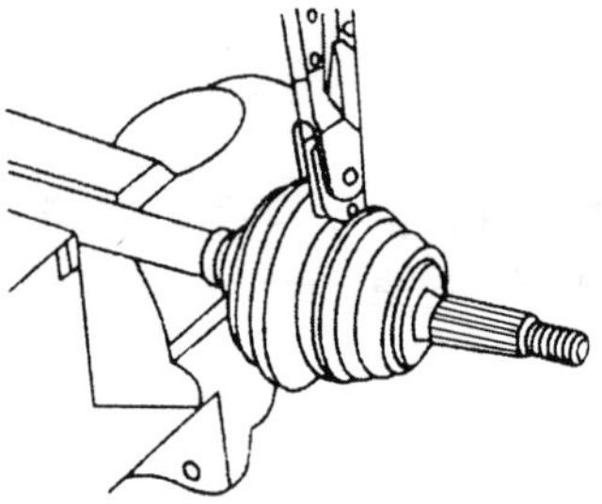
（4）安装传动轴总成 ① 擦净传动轴和花键上的油污，涂上钙基润滑脂 ② 在外万向节（RF 节）的花键上涂一圈 5mm 的防护剂，然后装上传动轴花键套。涂防护剂的传动轴安装后应停车 60min，然后才可使用汽车 ③ 将球头销重新装配在原位置，并拧紧螺母。在安装球头销时不能损坏波纹管护套 ④ 必要时，检查前轮外倾角 ⑤ 车轮着地后，拧紧轮毂固定螺母	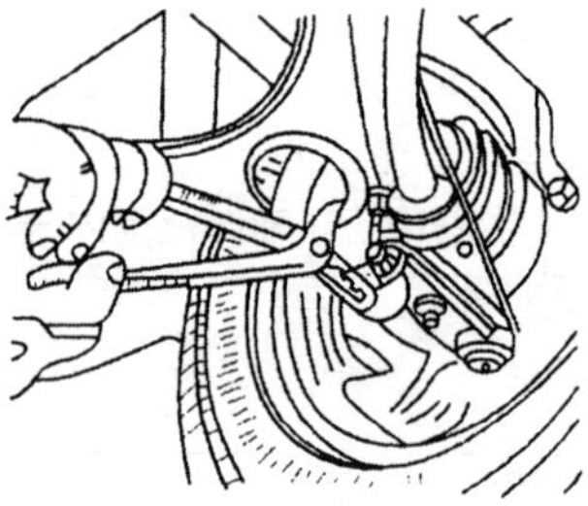

9.2.3 主减速器和差速器的拆装

1. 桑塔纳轿车主减速器和差速器的拆卸（图 9-28）

（1）将变速器上的轴承支座和后盖拆下，取出车速里程表传感器，如图 9-29 所示。

（2）锁住传动轴后拆下固定螺栓，取出传动轴，如图 9-30 所示。

（3）取下车速里程表的主动齿轮导向器和齿轮 10。

（4）从主减速器盖 1 上拆下车速表的从动齿轮及其轴套。

（5）拆下主减速器盖 1 的紧固螺栓，从变速器壳体上取下差速器总成，如图 9-31 所示。

（6）在从动锥齿轮 6 和差速器罩上做标记，在台虎钳钳口上垫上软金属并将差速器壳 7 固定在上面，拆下从动锥齿轮的紧固螺栓 9（注意：从动锥齿轮上的紧固螺栓是自动锁紧的，一经拆卸就必须更换），然后用冲子从差速器壳上敲下从动锥齿轮，如图 9-32 所示。

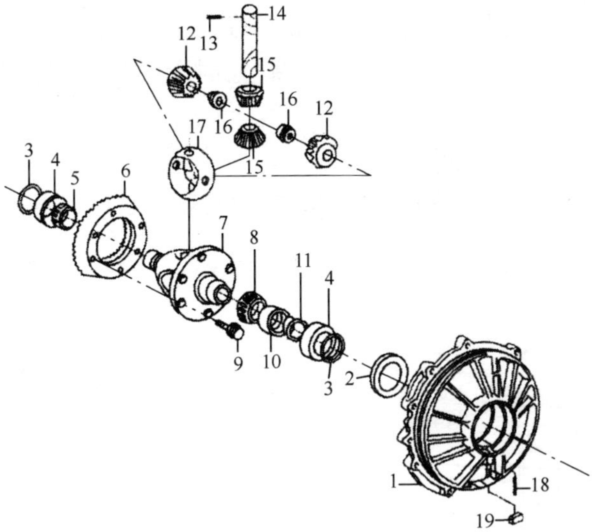

1—主减速器盖；2—密封圈；3—从动锥齿轮调整垫片；4—轴承外座圈；5—差速器轴承；6—从动锥齿轮；7—差速器壳；8—差速器轴承；9—螺栓；10—车速表主动齿轮；11—锁紧套筒；12—半轴齿轮；13—夹紧销；14—行星齿轮轴；15—行星齿轮；16—螺纹管；17—复合式止推垫片；18—磁铁固定销；19—磁铁

图 9-28　桑塔纳轿车主减速器和差速器的零件分解

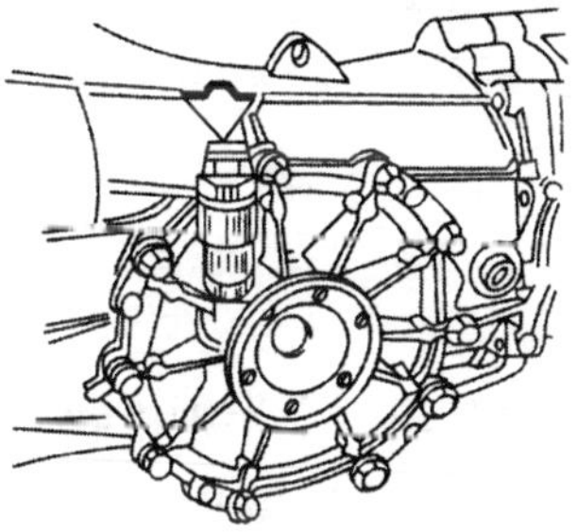

图 9-29　取下车速里程表传感器

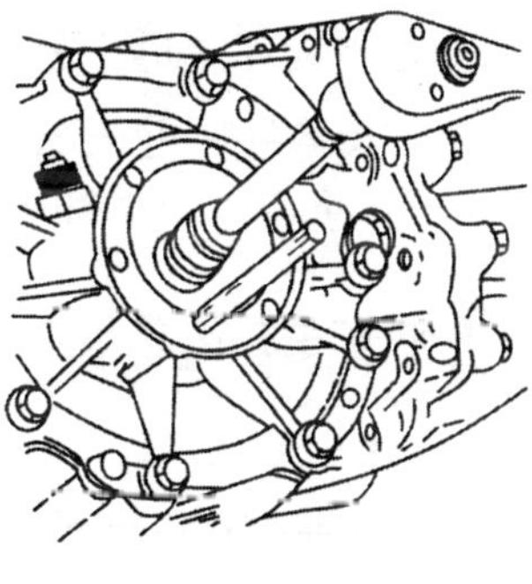

图 9-30　拆卸固定螺栓

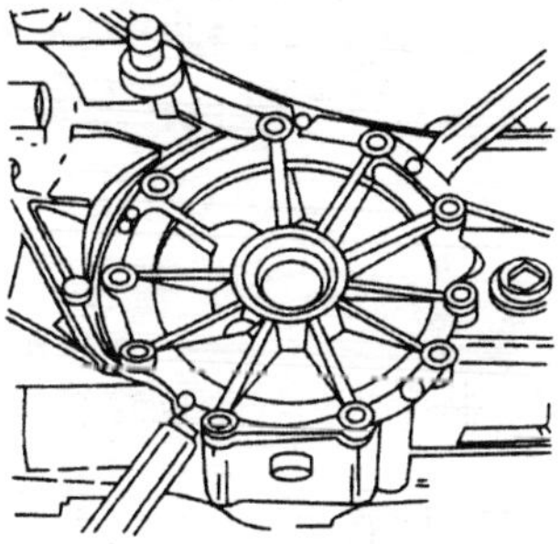

图 9-31　拆卸差速器总成

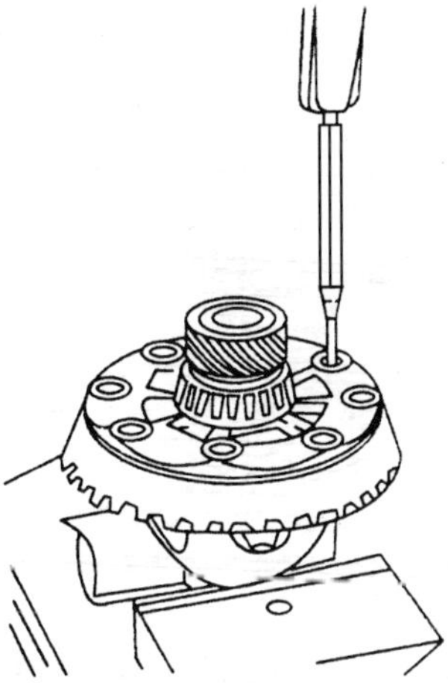

图 9-32　拆卸从动锥齿轮

（7）用专用拉器拉出与从动锥齿轮 6 相对一边的差速器轴承 5 的内圈，然后用同样的方法拉出从动锥齿轮 6 背面的轴承 8 的内圈，同时取下车速表主动齿轮 10 和锁紧套筒 11，如图 9-33 所示。

（8）拆下变速器侧面的密封圈 2。

（9）从主减速器盖内取出油封，然后拆下差速器轴承的外座圈 4 和调整垫片 3，如图 9-34 所示。

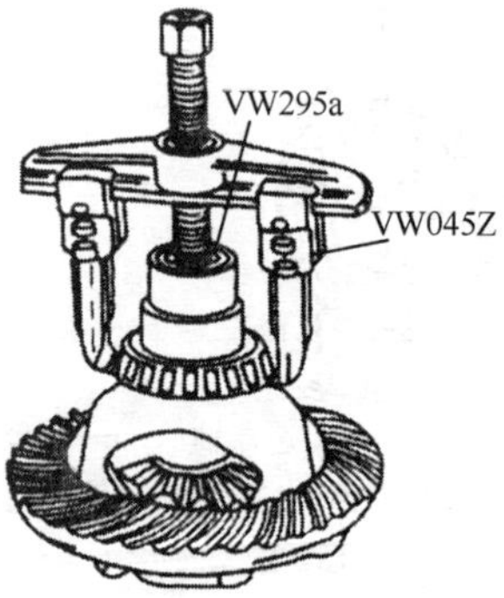

图 9-33　拉出轴承

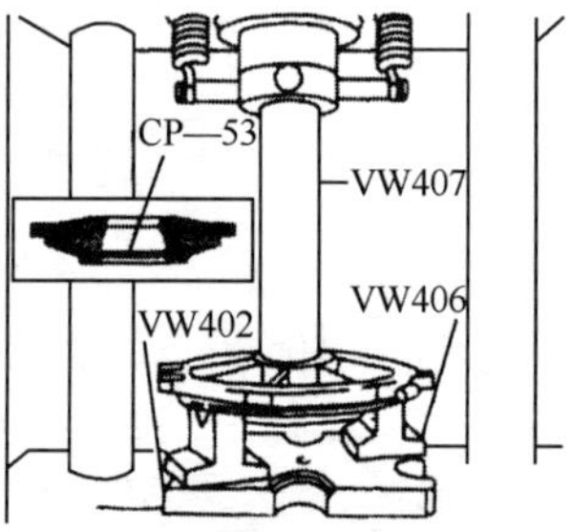

图 9-34　压出差速器圆锥滚子轴承外座圈

（10）从变速器壳体上拆下另一边的差速器轴承的外座圈 4 和调整垫片 3。

（11）拆下行星齿轮轴的夹紧销，敲击行星齿轮轴并拆下，如图 9-35 所示，即可从差速器壳内取出行星齿轮和半轴齿轮。

2．桑塔纳轿车主减速器和差速器的装配

（1）将复合式止推垫片 17 涂上润滑油装入差速器壳 7 内。在半轴齿轮 12 上装入螺纹管 16，然后将半轴齿轮连同螺纹管一同装入差速器壳 7 内，如图 9-36 所示。

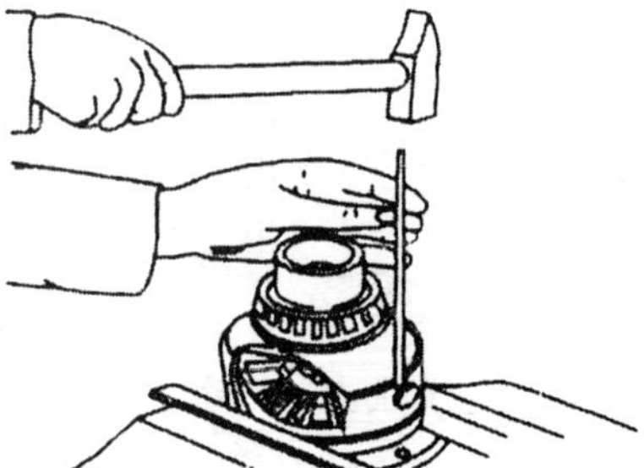

图 9-35　拆卸行星齿轮轴

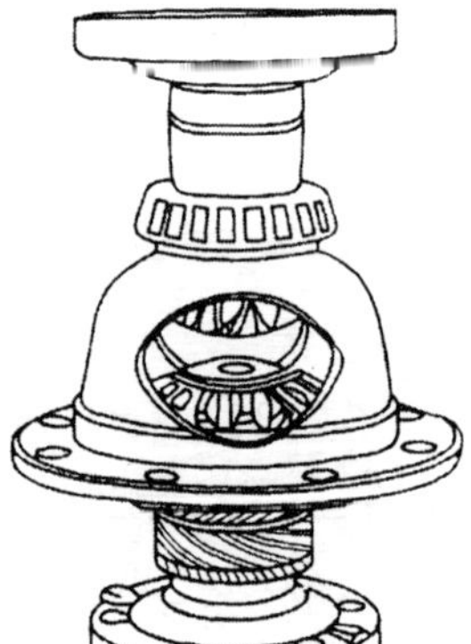

图 9-36　将半轴齿轮连同螺纹管装入差速器壳内

（2）将两个行星齿轮 15 错开 180°，放在适当的位置上，接着转动半轴齿轮 12 使行星齿轮 15 进入差速器壳 7 内，并注意使行星齿轮 15、止推垫片 17 和差速器罩壳对正，

如图 9-37 所示。

（3）用芯棒和锤子装入行星齿轮轴 14，如图 9-38 所示，再在行星齿轮轴上装上夹紧销 13。检查行星齿轮 15 和半轴齿轮 12 间的啮合间隙，应在 0.05 ~ 0.20mm，或者用塞尺检查半轴齿轮 12 与差速器壳 7 之间的间隙，应在 0.10 ~ 0.20mm。

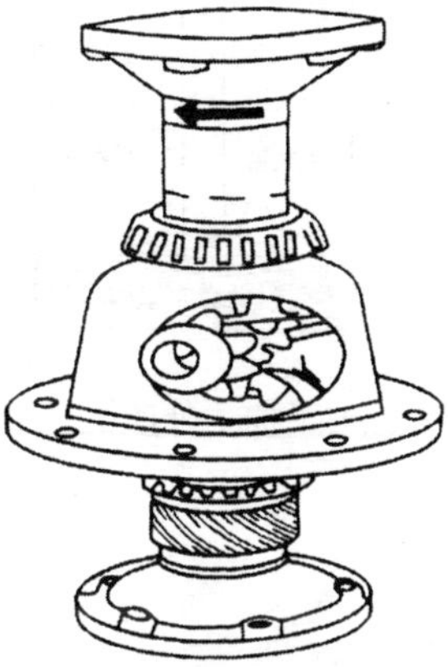
图 9-37　转动半轴齿轮使行星齿轮进入差速器壳内

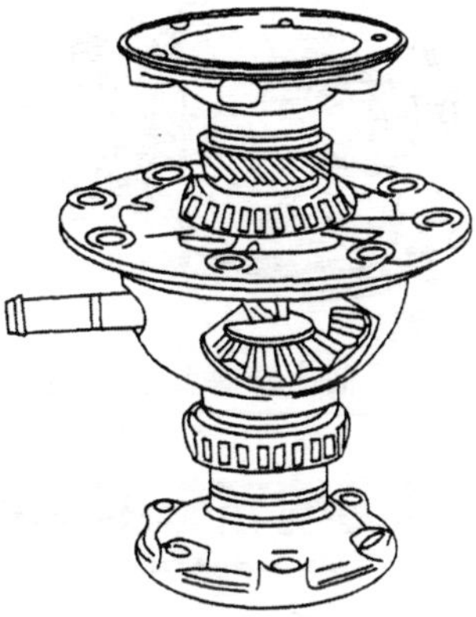
图 9-38　装入行星齿轮轴

4）将从动锥齿轮 6 加热到 120℃后，以两个螺纹销做导向，将从动锥齿轮 6 迅速装到差速器壳 7 上，如图 9-39 所示，然后在螺栓孔中涂上齿轮油并装上紧固螺栓 9。以对角方式分 2 ~ 3 次逐渐将螺栓 9 拧紧到 70N · m 的规定力矩。安装完毕后应检查从动锥齿轮的翘曲摆差值，该值应不超过 0.05mm。

（5）将与从动锥齿轮 6 相对一边的差速器轴承 5 的内圈加热至 120℃后，装在差速器壳 7 的轴颈上，并用专用压器把轴承压到位，如图 9-40 所示。

（6）压入车速里程表的主动齿轮 10，如图 9-41 所示，使 X≈1.8mm，然后旋紧锁紧套筒 11。

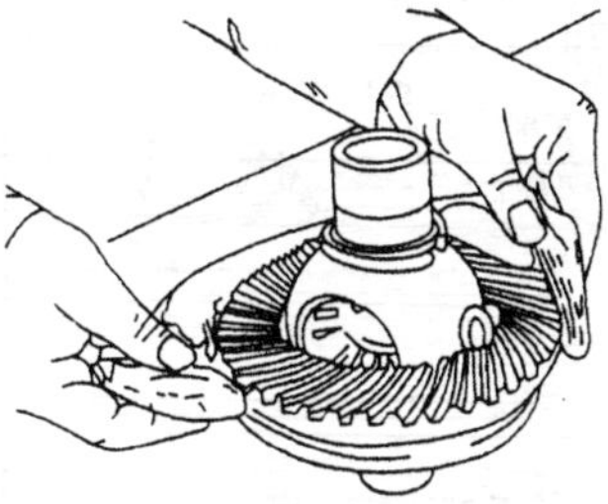
图 9-39　安装从动锥齿轮

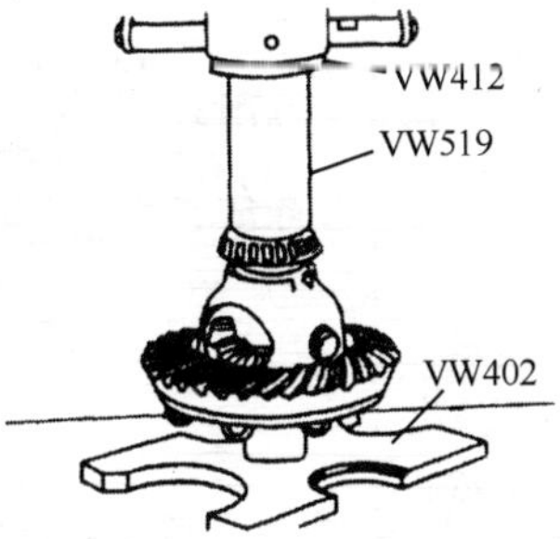

图 9-40　压入轴承

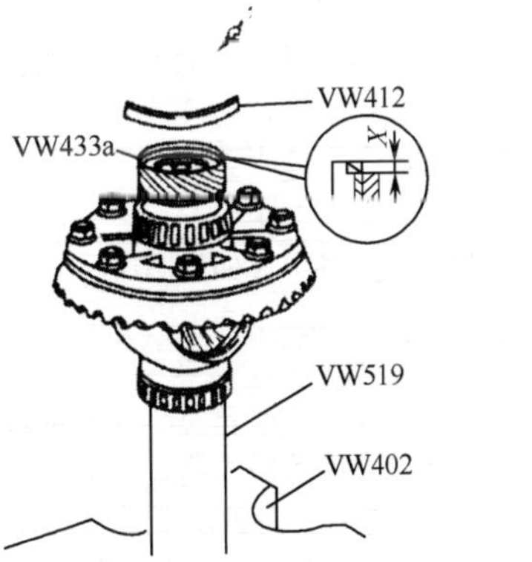

图 9-41　压入车速里程表的主动齿轮

（7）用同样的方法将从动锥齿轮 6 背面的差速器轴承安装到位。

（8）用专用工具将差速器轴承外座圈 4 分别压入变速器壳内和主减速器盖上，如

图 9-42 和图 9-43 所示。

（9）将差速器总成和主减速器盖一起装入变速器壳内，并用螺栓紧固。

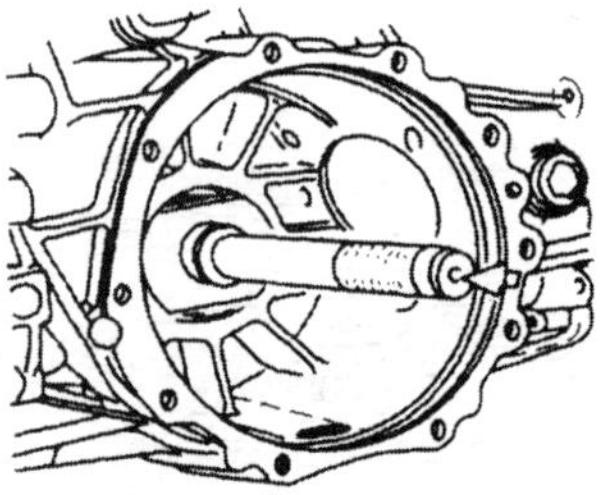

图 9-42　将差速器轴承外座圈压入变速器壳内

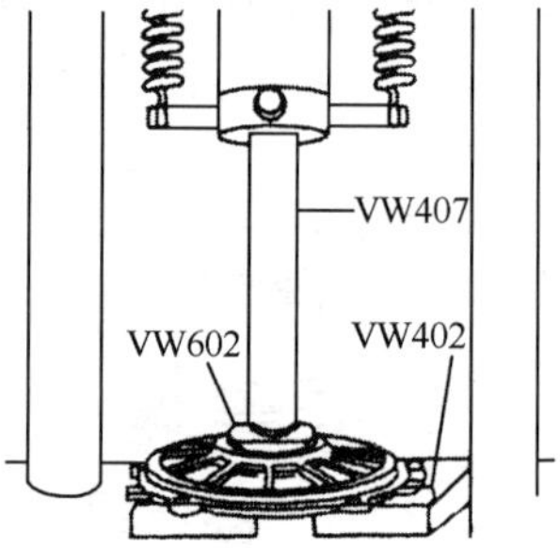

图 9-43　将差速器轴承外座圈压入主减速器盖

9.3　桑塔纳轿车变速器的拆装

9.3.1　手动变速器的拆装

拆装步骤及规范以桑塔纳手动变速器为例，见表 9-2。

表 9-2　桑塔纳手动变速器的拆装

拆装项目和内容	图 示 说 明
1．变速器壳体的拆卸 （1）拧出放油螺塞，放出变速器内的齿轮油 （2）拆下变速器后盖，取下调整垫片和密封垫圈，从后盖中取出内换挡杆和复位弹簧，用冲头冲出内换挡杆的衬套，并用专用工具 VW681 拉出后油封，最后用专用工具 VW 412、VW222A 压出后衬套	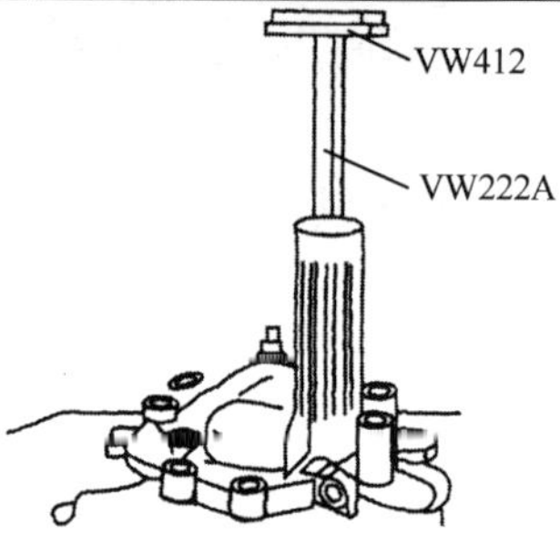
分解后的各零件如右图所示	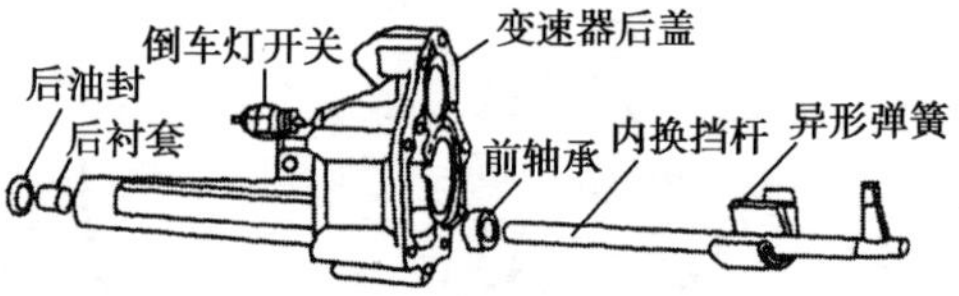
（3）从变速器后壳体向后（如图中箭头 1 所示）朝第 3 挡方向慢慢拉动 3、4 挡变速叉轴，直至露出小互锁销，并将其取出（如图中箭头 2 所示）。然后将变速叉轴重新推到空挡位置。取出小互锁销时，变速叉轴不得拉出过长，以防同步器滑块脱落，致使 3、4 挡变速叉轴不能回到空挡位置。拉出过多时，应先松开输出轴后端螺母，再将 3、4 挡变速叉轴推回空挡位置	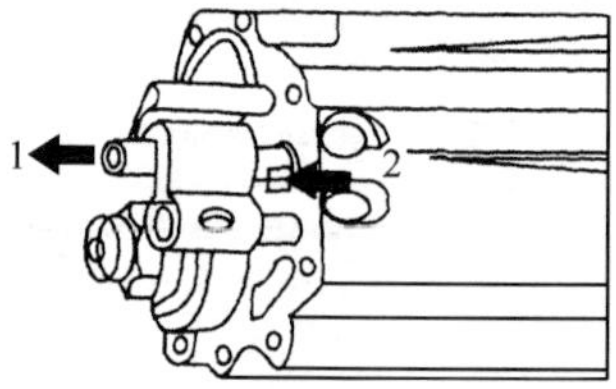

续表

拆装项目和内容	图 示 说 明
（4）使1、2挡及倒挡变速叉轴后移，同时挂入1挡和倒挡，使变速器输出轴不能转动，用套筒扳手拧下输出轴后轴承紧固螺母 （5）用专用工具30-A2112顶住输入轴前端（压具支撑桥的芯棒应位于输入轴中心，支撑桥的支脚应尽可能在同一直线上），然后拆下输入轴后端的挡圈和止推垫片，用向心球轴承拉具拉出输入轴后轴承 （6）拆除变速器前、后壳体的连接螺栓，使变速器前、后壳体分离	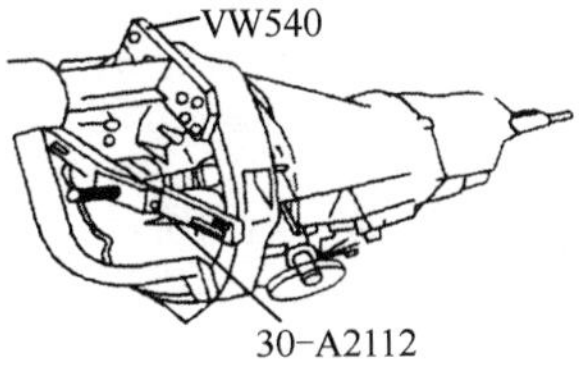
2. 输入轴与输出轴的拆卸与分解 （1）输入轴与输出轴的拆卸 ① 拆卸变速器 ② 拆下变速器后盖 ③ 拆下轴承支座 ④ 拆下输入轴、输出轴	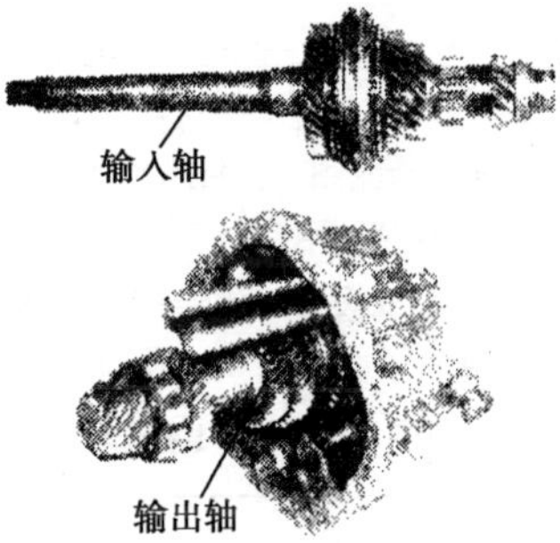
（2）输入轴的分解。用小冲头冲出3、4挡变速叉上的弹性销，向回拉动2、4挡变速叉轴，取下变速叉，取出输入轴总成 ① 拆下4挡齿轮的有齿锁圈 ② 取下4挡齿轮、同步环和滚针轴承 ③ 拆下同步器锁圈	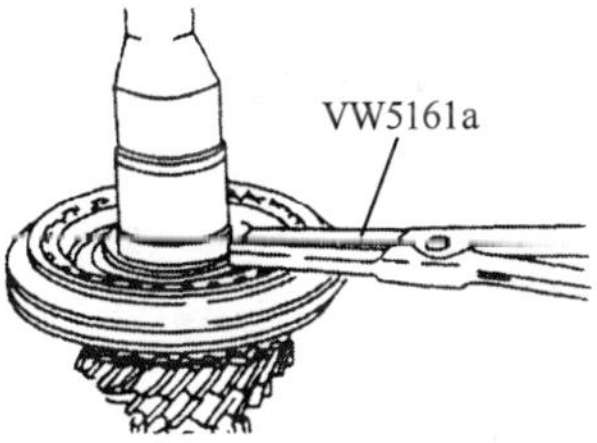
④ 取下3挡和4挡同步器、3挡同步环和齿轮	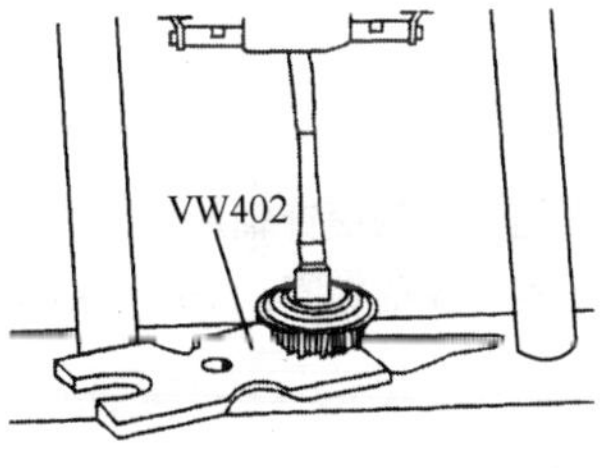
⑤ 取下3挡齿轮滚针轴承 ⑥ 取下输入轴的中间轴承内圈	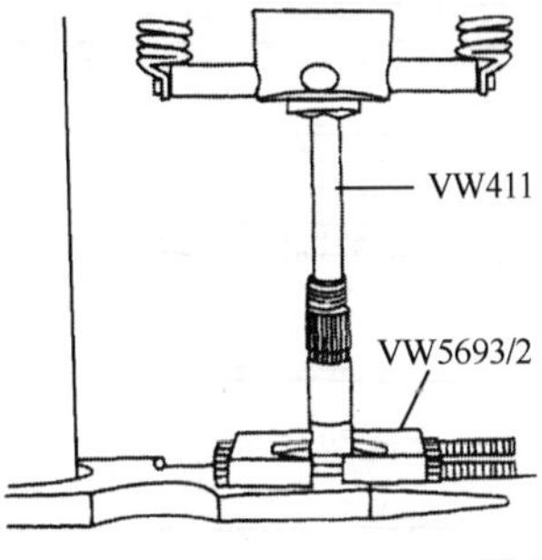

续表

拆装项目和内容	图 示 说 明
分解后的输入轴总成如右图所示	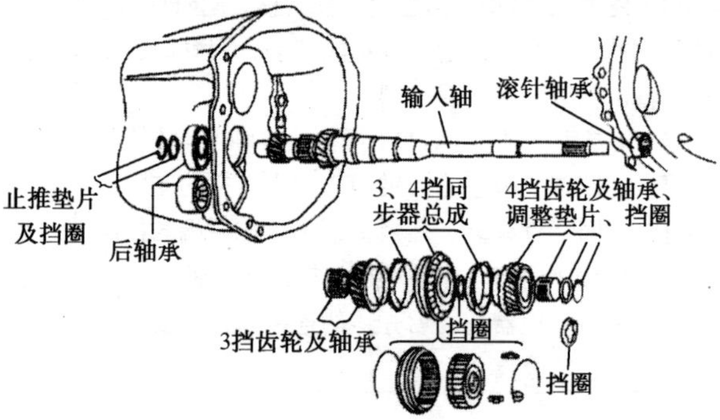
（3）拆卸倒挡齿轮。从前向后压出倒挡齿轮轴，取下倒挡齿轮，拆下倒挡传动臂 （4）输出轴的分解。用小冲头冲出 1、2 挡拨块的弹性销，取下拨块，用专用工具 VW，411 自后向前压出（或拉出）输出轴总成 ① 拆下输出轴内后轴承和 1 挡齿轮	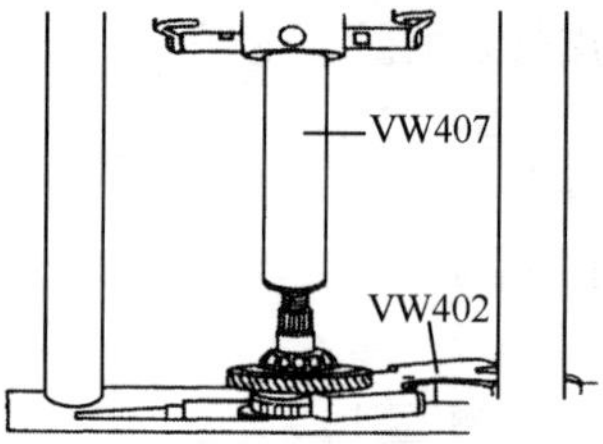
② 取下滚针轴承和 1 挡同步环 ③ 取下滚针轴承的内圈、同步器和 2 挡齿轮	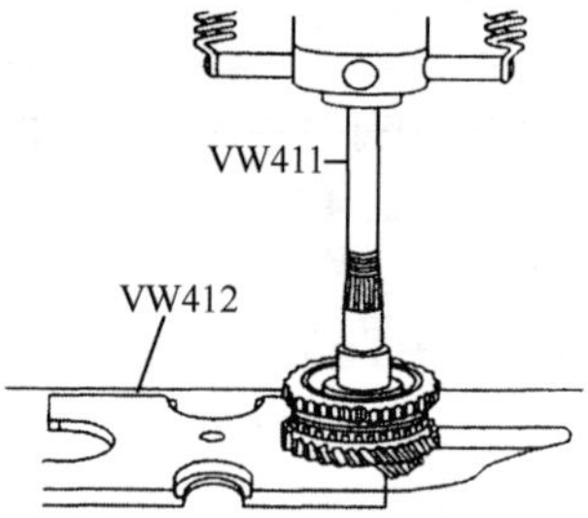
④ 取下 2 挡齿轮的滚针轴承 ⑤ 拆下 3 挡齿轮的锁圈，再拆下 3 挡齿轮	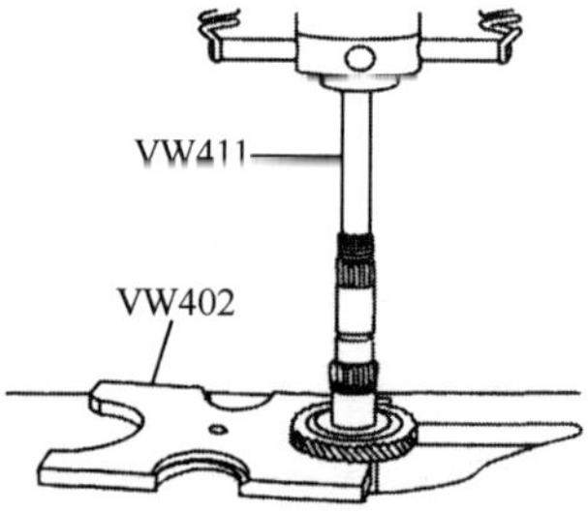
⑥ 拆下 4 挡齿轮的锁圈，接着拆下 4 挡齿轮	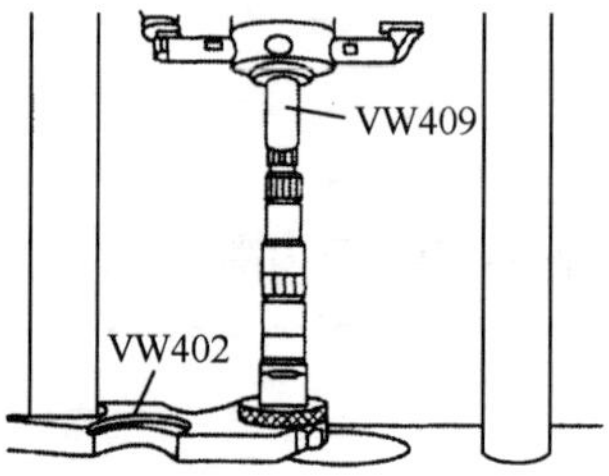

续表

拆装项目和内容	图 示 说 明
⑦ 拆下输出轴的前轴承，分解后的输出轴总成如右图所示	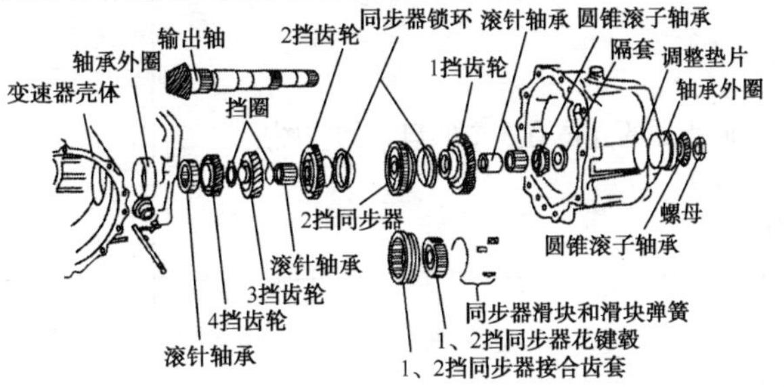
3．输入轴、输出轴的安装 （1）输入轴的装配 ① 装上中间轴承的挡圈 ② 将预先润滑过的 3 挡齿轮滚针轴承装上，将油槽朝向 2 挡齿轮 ③ 组装 3 挡和 4 挡同步器 ④ 安装 3 挡齿轮及 3 挡和 4 挡同步器 ⑤ 装上锁圈 ⑥ 装上同步器、滚针轴承和 4 挡齿轮，再装上有齿的锁圈 ⑦ 用 2kN 的力将 3 挡齿轮、同步器和 4 挡齿轮紧紧压在有齿的锁圈上，将总成固定好	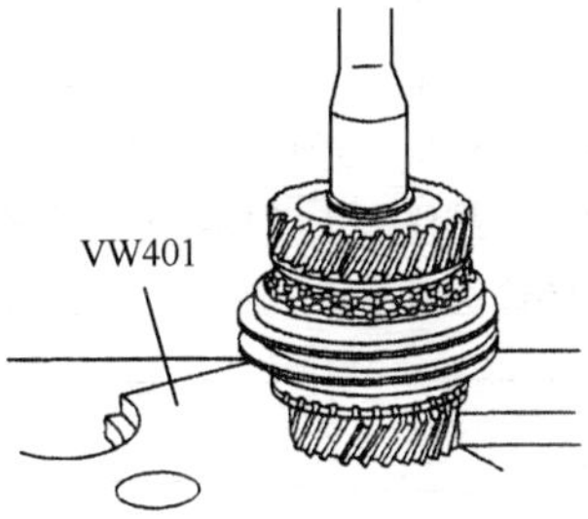
（2）输出轴的安装 ① 将前轴承装在输出轴上 ② 装上 4 挡齿轮，如右图所示，注意齿轮有凸缘的一边应朝向轴承	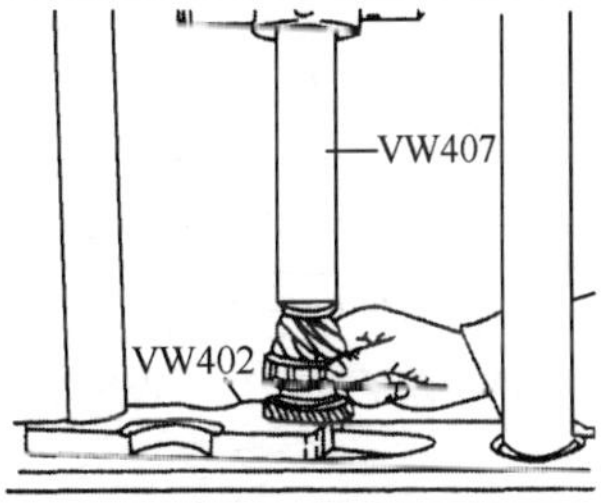
③ 利用可供使用的锁圈中的一个将 4 挡齿轮固定好，先从较厚的锁圈开始，锁圈厚度有 2.35mm、2.38mm、2.41mm、2.44mm、2.47mm 等几种 ④ 安装 3 挡齿轮，如右图所示，凸缘应朝向 4 挡齿轮	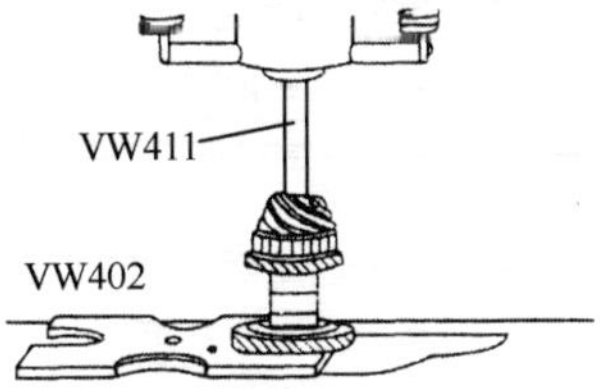
⑤ 安装滚针轴承、齿轮和 2 挡同步环 ⑥ 组装 1 挡和 2 挡同步器，注意花键毂的细槽应朝向接合套拨叉槽的对面一侧	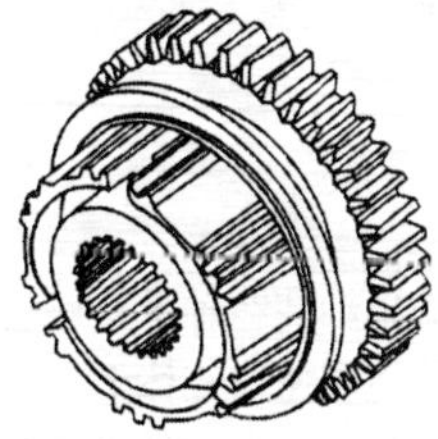

续表

拆装项目和内容	图示说明
同步器的壳体有3个凹口，如右图所示	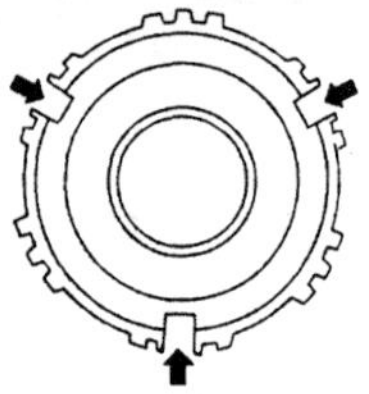
接合套上有3个凹陷的内齿，如右图所示	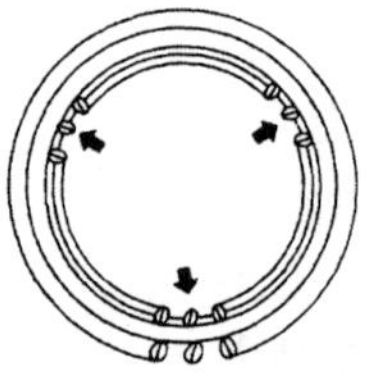
安装时，3个凹口和3个凹陷的内齿应吻合，这样可以安装滑块、锁环。然后安装止动弹簧，弯曲的一端应嵌入锁环扣的一个槽内，如右图中的箭头所示	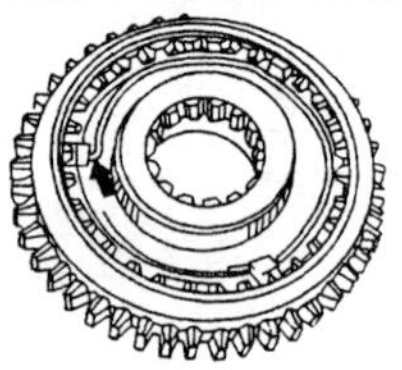
⑦ 装上1挡和2挡同步器，如右图所示，同步器花键毂上的槽应朝向1挡齿轮	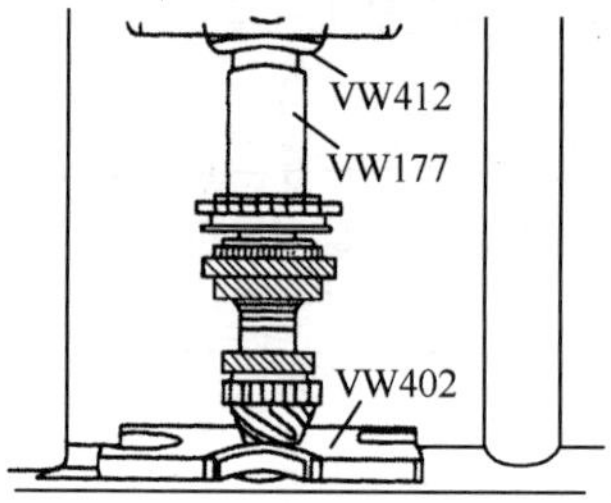
⑧ 装上1挡齿轮的滚针轴承内圈 ⑨ 装上1挡齿轮 侧的同步环，再装上1挡齿轮 ⑩ 装上1挡齿轮的滚针轴承	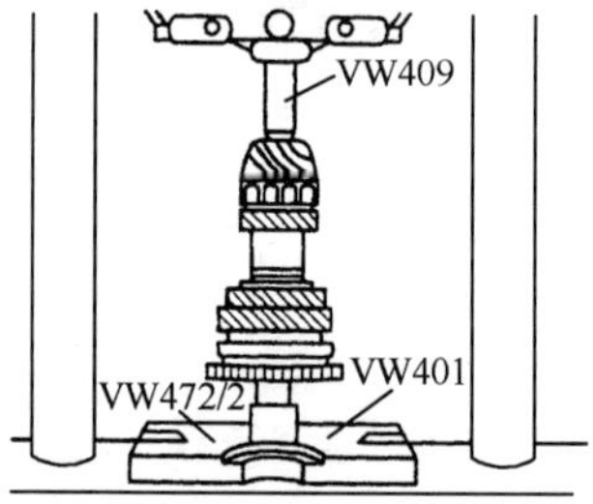
⑪ 装上内后轴承	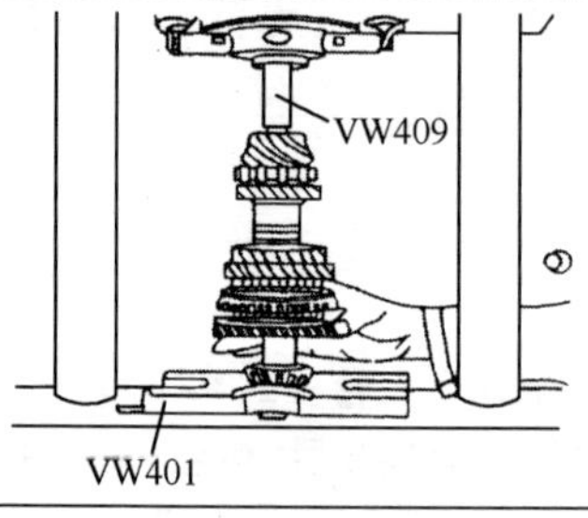
⑫ 将输入轴和输出轴装在轴承支座上 ⑬ 将轴承支座装在变速器壳体上 ⑭ 将变速器后盖装在变速器轴承支座上	

9.3.2　自动变速器的分解与装配

自动变速器的分解如图 9-44、图 9-45、图 9-46 所示。自动变速器的拆卸，见表 9-3。

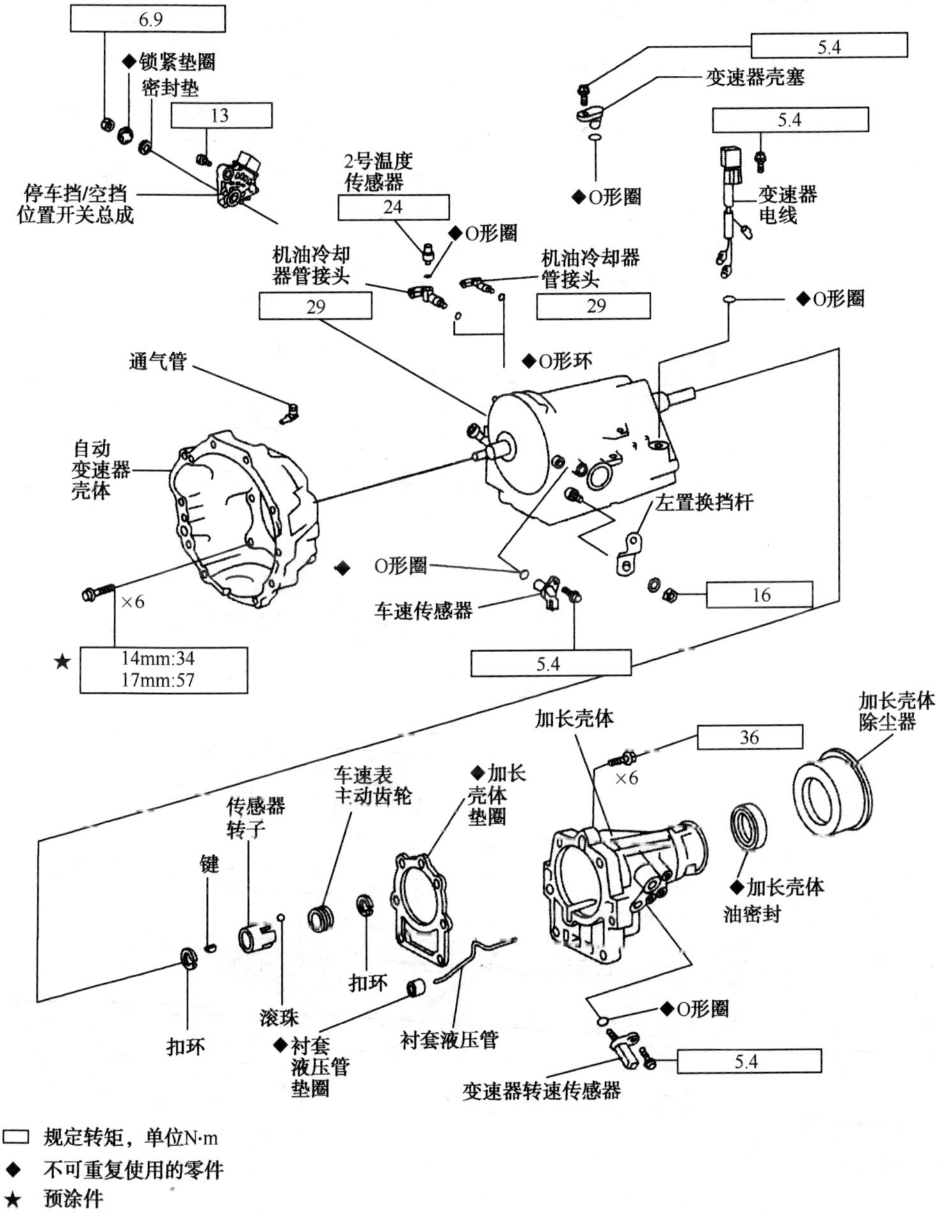

图 9-44　自动变速器的分解（一）

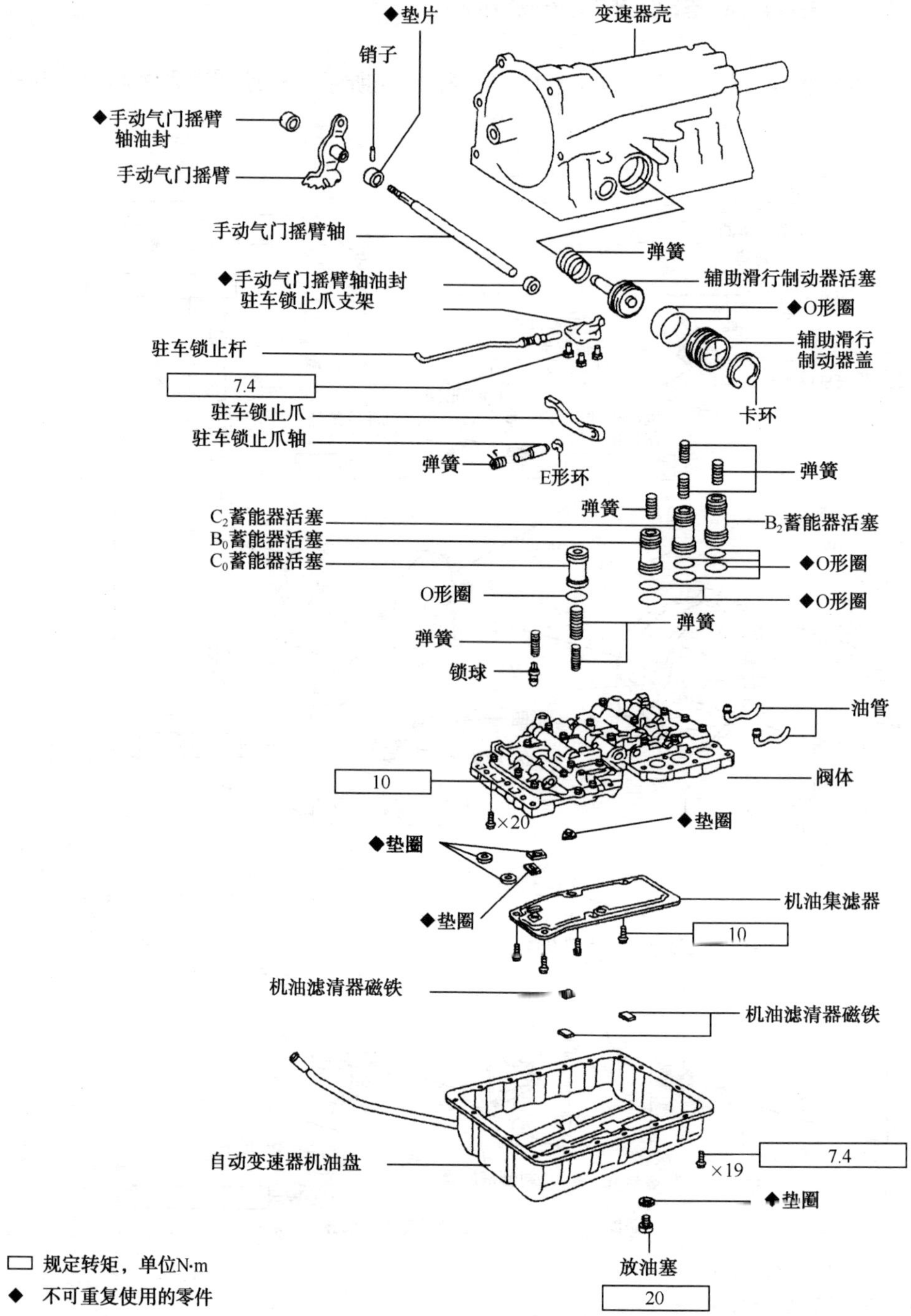

图 9-45 自动变速器的分解（二）

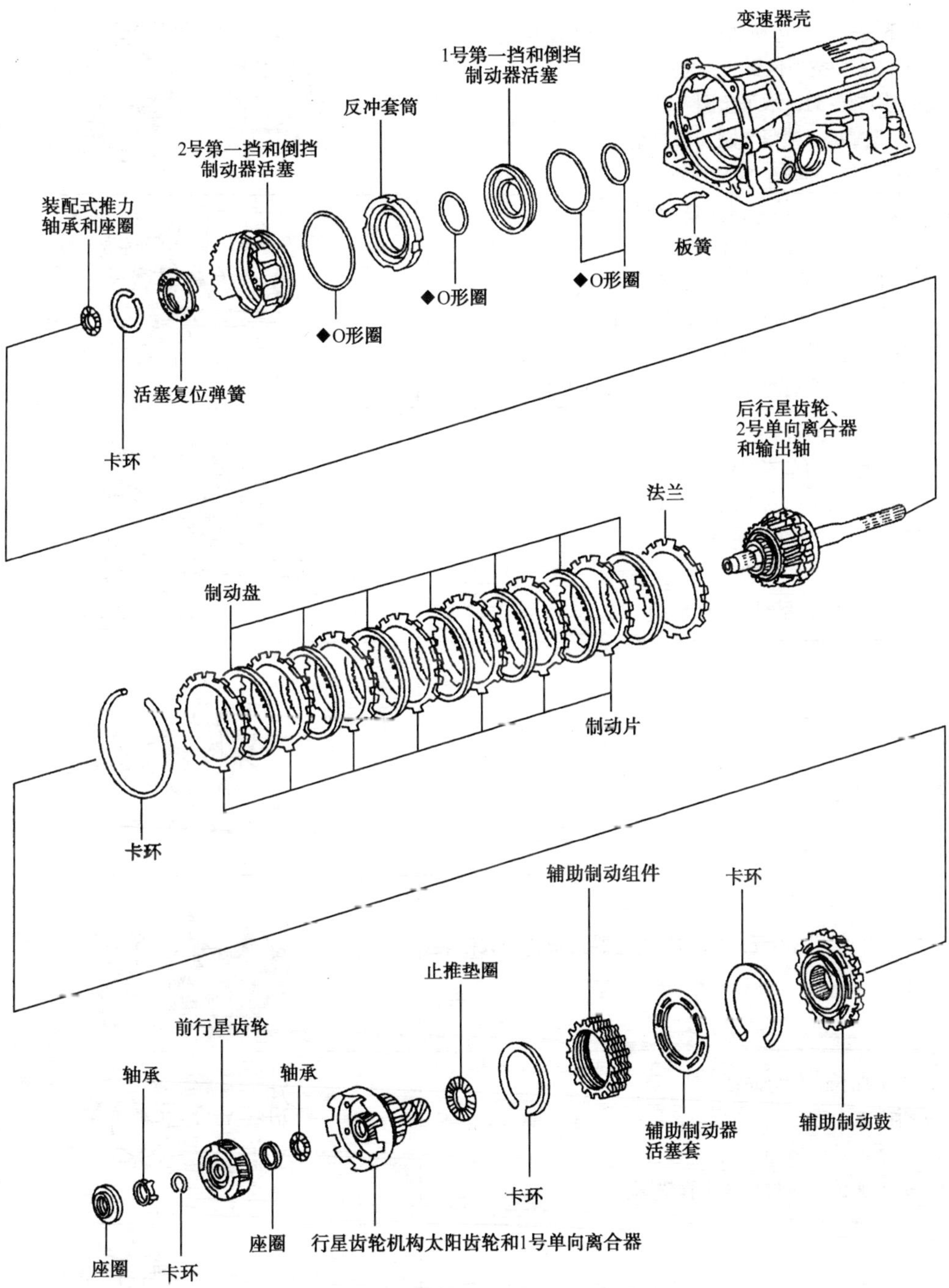

图 9-46　自动变速器的分解（三）

表 9-3　自动变速器的拆卸

步　骤	图 示 说 明
1．拆下变速器盖 2．拆下变速器左边换挡杆固定螺母、垫圈和换挡杆 3．拆下驻车/空挡位置开关总成 （1）使用螺丝刀，取下垫圈 （2）拆下螺母、锁紧垫圈和密封垫 （3）拆下螺栓和驻车/空挡位置开关	
4．拆下 2 号温度传感器及 O 形圈 （1）拆下 2 号温度传感器 （2）拆下 2 号温度传感器上的 O 形圈 5．拆下机油冷却器管接头及 O 形圈 （1）拆下 2 个机油冷却器管接头 （2）拆下每个机油冷却器管接头上的 O 形圈	
6．拆下车速传感器 （1）拆下螺栓和车速传感器 （2）拆下车速传感器上的 O 形圈 7．拆下变速器转速传感器 （1）拆下螺栓和变速器转速传感器 （2）拆下车速传感器上的 O 形圈	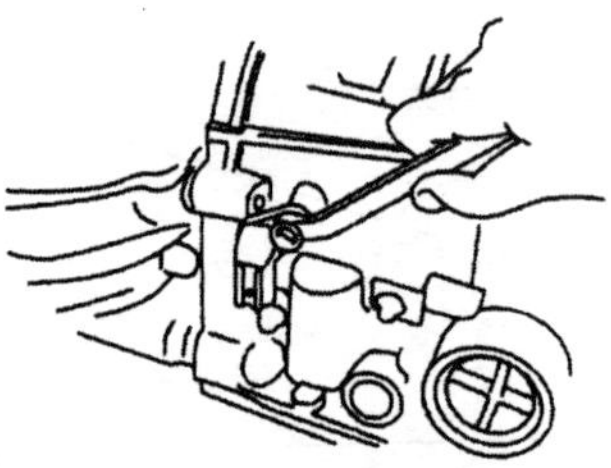
8．拆下自动变速器壳体 （1）拆下 6 个螺栓 （2）拆下变速器壳	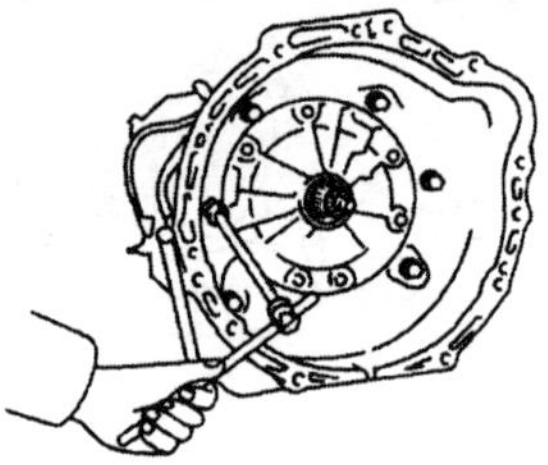
9　修复自动变速器壳总成，将变速器壳安装到大修装置上	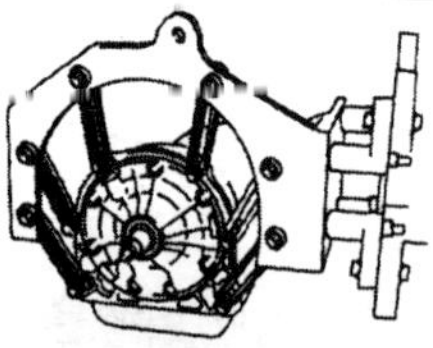
10．拆下加长壳体分总成 （1）拆下 6 个螺栓 （2）拆下加长壳体和垫圈 11．拆下加长壳体衬套液压管垫圈	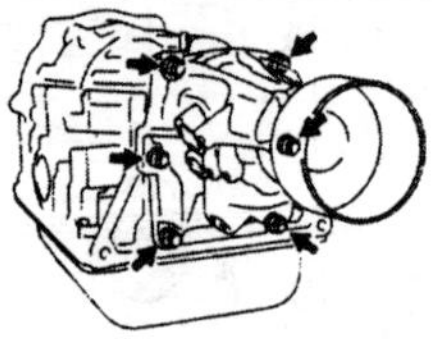
12．拆下加长壳体衬套液压管	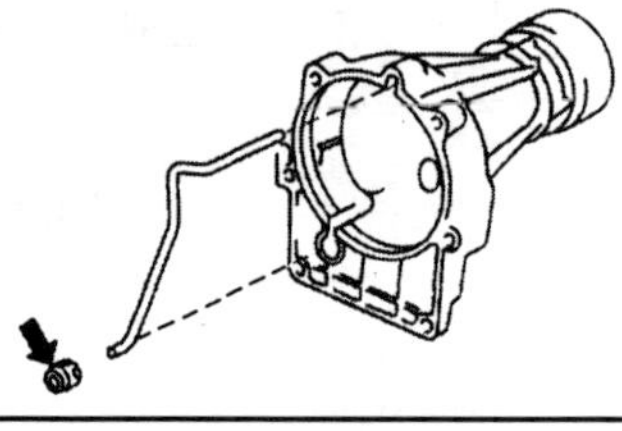

续表

步　　骤	图 示 说 明
13．拆下车速表主动齿轮 （1）使用卡环手钳，取下卡环 （2）移开车速表主动齿轮 14．拆下传感器转子 （1）拆下传感器转子和键 （2）使用卡环手钳，取下卡环	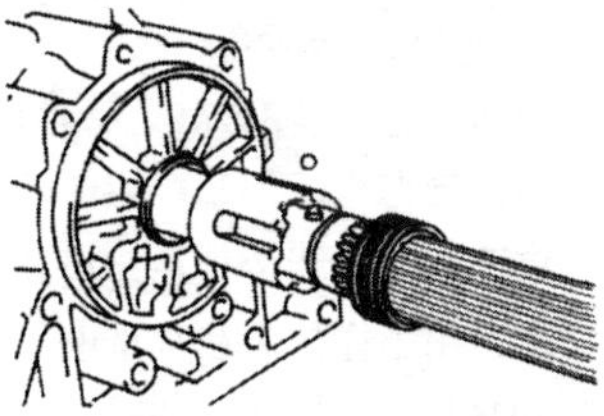
15．拆下自动变速器机油盘总成 注意：禁止翻转变速器，否则机油盘下面的污物会弄脏阀体 （1）拆下 19 个螺栓 （2）将专用维修工具的刀片放置在变速器壳和机油盘之间，切掉密封圈	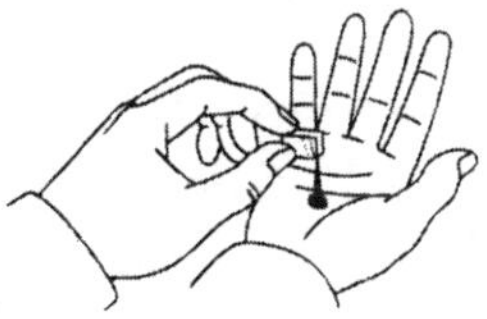
16．拆下阀体机油集滤器总成 （1）取下将机油集滤器固定在阀体上的 4 个螺栓 （2）拆下机油集滤器和 5 个垫圈	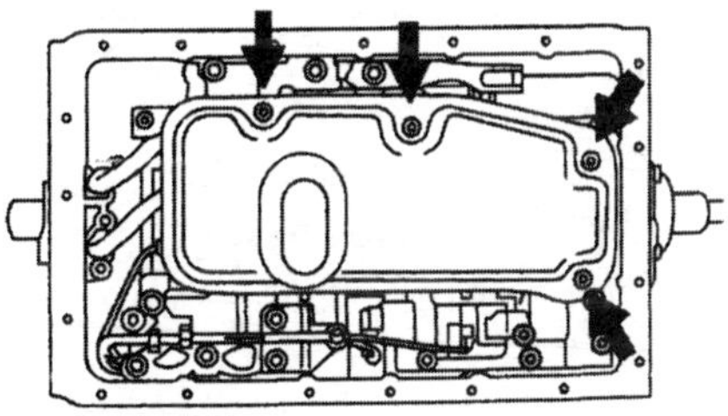
17．拆下变速器电线 （1）断开每个换挡电磁阀上的 4 个连接器 （2）从变速器壳上拆下螺栓和挡板 （3）从变速器壳上拉出电磁阀接线 （4）拆下电磁阀接线上的 O 形圈	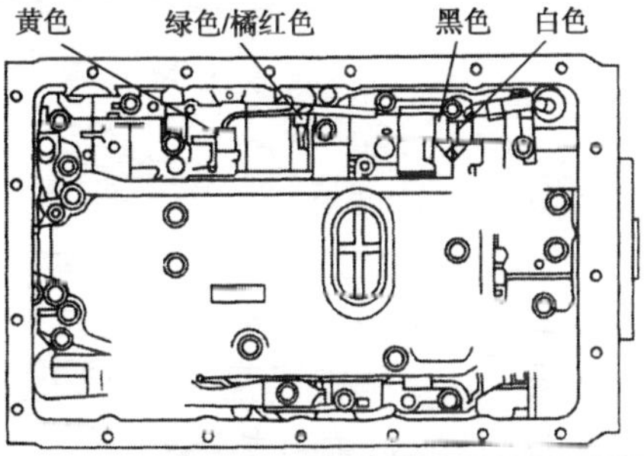
18．拆下变速器阀体总成	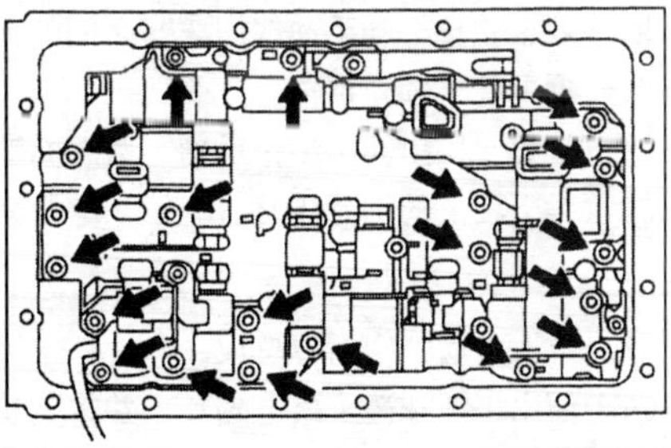
19．拆下锁球	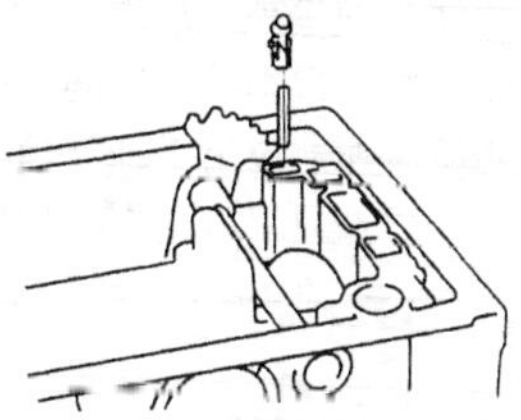

续表

步　　骤	图 示 说 明
20．拆下 B_2 蓄能器活塞 （1）使用压缩空气（392kPa），吹洗油孔，并拆下 B_2 蓄能器活塞和弹簧 注意：吹洗空气可能会使活塞弹出。在拆下活塞时，应使用一块废布用手抓住。在吹洗时不要溅出自动变速器液 （2）拆下 B_2 蓄能器活塞上的 2 个 O 形圈	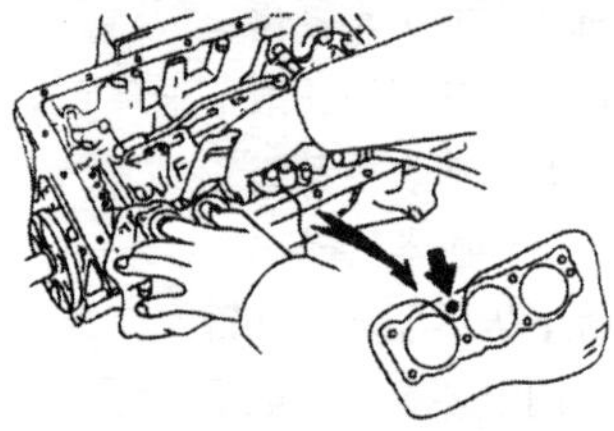
21．拆下 C_2 蓄能器活塞 22．拆下 B_0 蓄能器活塞 23．拆下 C_0 蓄能器活塞	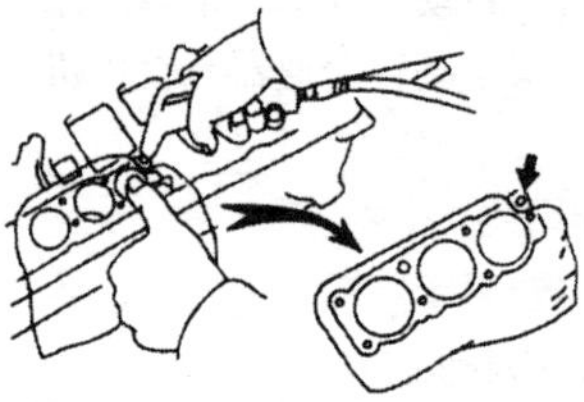
24．拆下变速器壳放油螺塞总成 （1）拆下螺栓，并拉出螺塞 （2）拆下螺塞上的 O 形圈	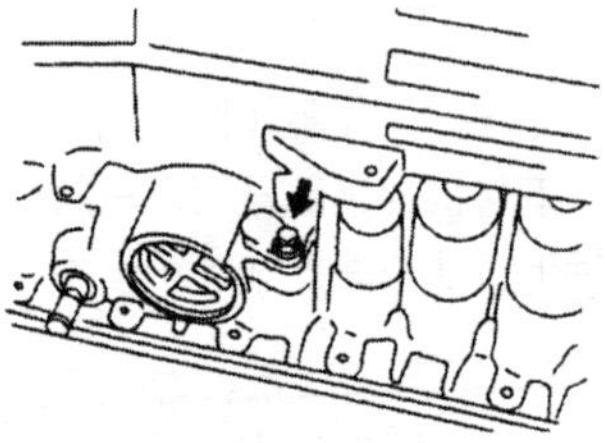
25．拆下驻车锁止爪支架	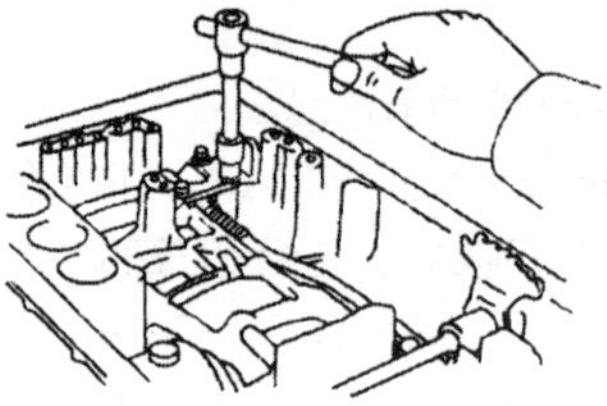
26．拆下驻车锁止杆总成 断开驻车锁止杆和手动气门摇臂之间的连接 27．拆下驻车锁止爪轴 （1）从前面拉出驻车锁止爪轴，然后拆下锁止爪和弹簧 （2）拆下轴上的 E 形卡环	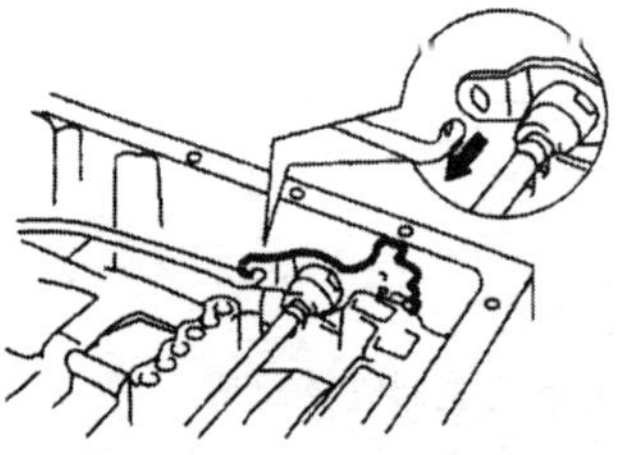
28．拆下手动气门摇臂总成 （1）使用小锤和凿子敲击隔片，并将其从轴上取下来 （2）使用冲头和小锤，拆下销子 提示：应慢慢敲打销子，以防其掉落在变速器壳中 （3）从变速器壳上拉出手动气门摇臂轴，并拆下手动气门摇臂	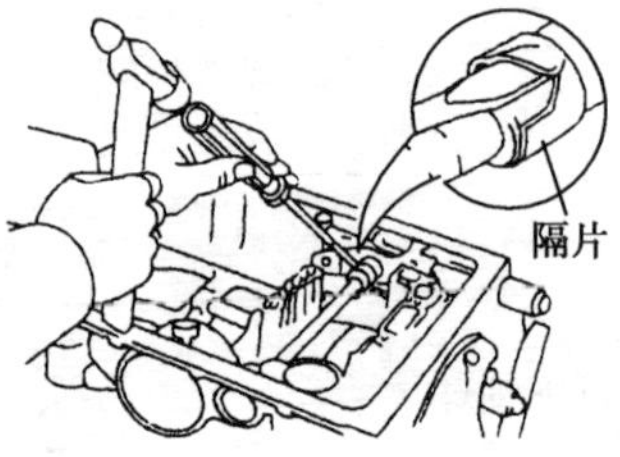

续表

步　　骤	图 示 说 明
29．拆下油泵总成 （1）提起变速器 （2）拆下将油泵固定在变速器壳上的 7 个螺栓	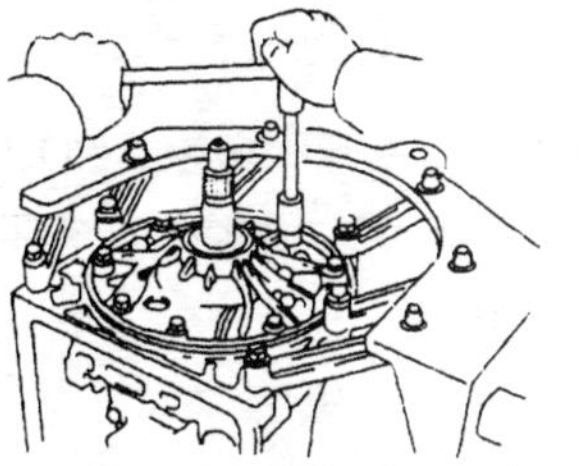
（3）使用专用维修工具，拆下油泵 （4）拆下车速传感器上的 O 形圈 （5）从油泵上拆下座圈	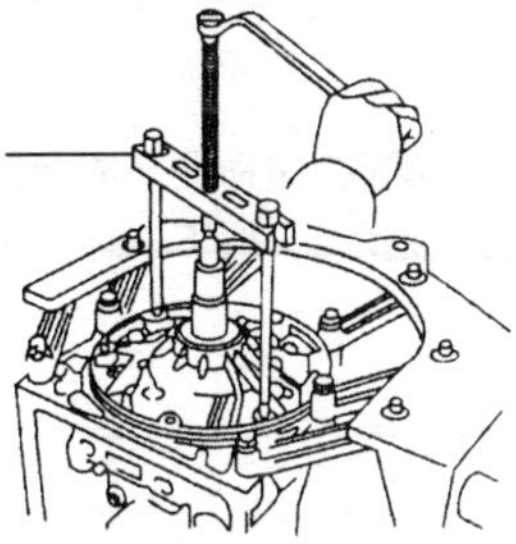
30．拆下超速行星齿轮总成 （1）从变速器壳上拆下超速行星齿轮、超速挡直接离合器和单向离合器	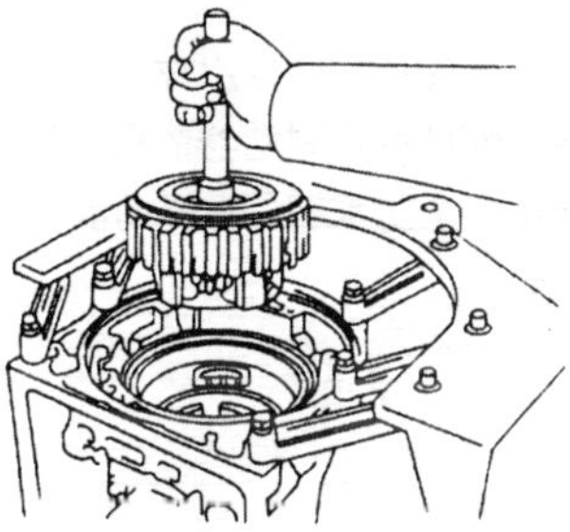
（2）拆下座圈以及装配式轴承和座圈	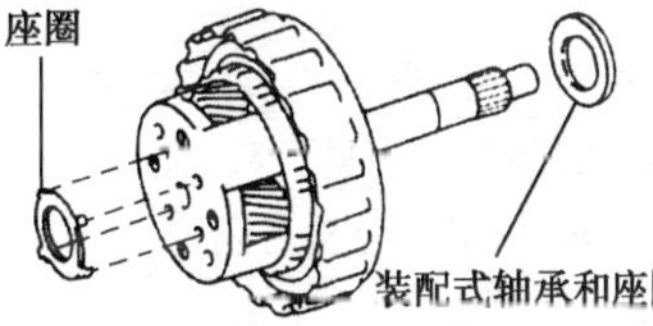
31．拆下超速行星齿圈 （1）从变速器壳上拆下超速行星齿轮齿圈 （2）从后行星齿轮齿圈上拆下轴承和 2 个座圈	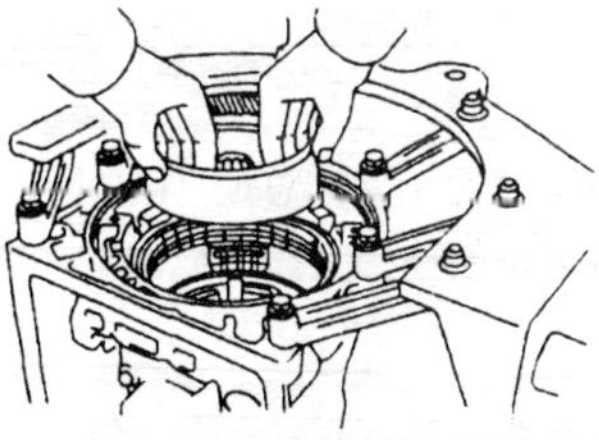
32．检查超速挡制动器活塞 （1）将专用维修工具和一个千分表安放在超速挡制动器活塞上	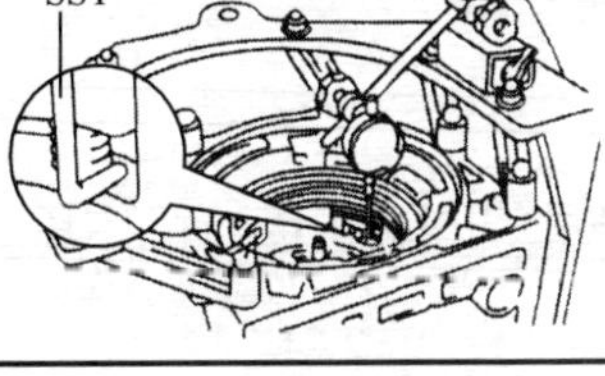

续表

步　骤	图 示 说 明
（2）在施加和断开压缩空气（392kPa）的同时，测量行程。活塞行程：1.75 ~ 2.05mm。如果行程超出标准，应检查离合器从动盘	
33．拆下超速挡制动器、离合器从动盘 （1）使用螺丝刀，取下卡环	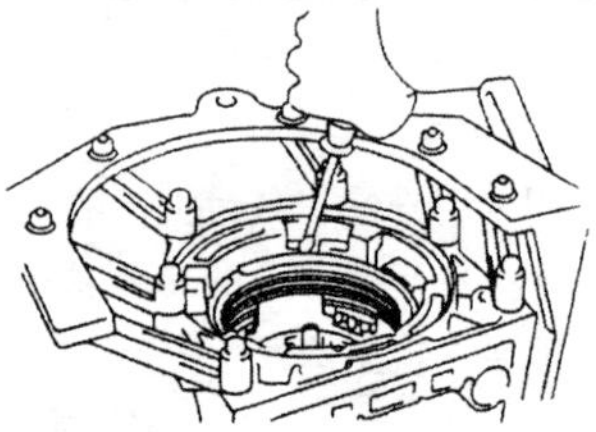
（2）拆下超速挡制动器组件 34．检查辅助滑行制动器的活塞行程 （1）使用一个防水笔，在辅助滑行制动器活塞杆上做一标记	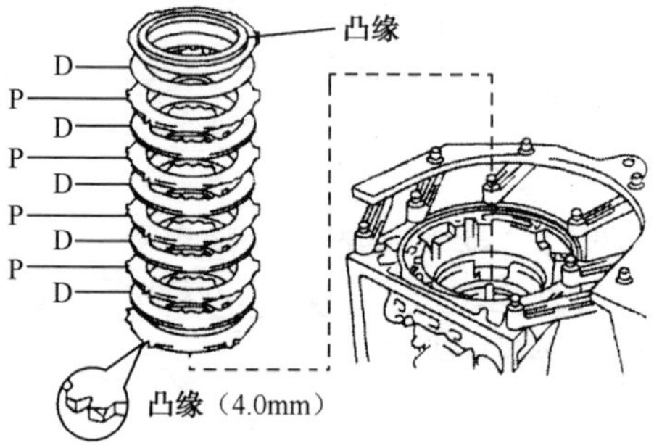
（2）使用专用维修工具，在施加和断开压缩空气（392kPa）的同时，测量行程。活塞行程：1.5 ~ 3.0mm。如果行程超出标准，应检查制动带	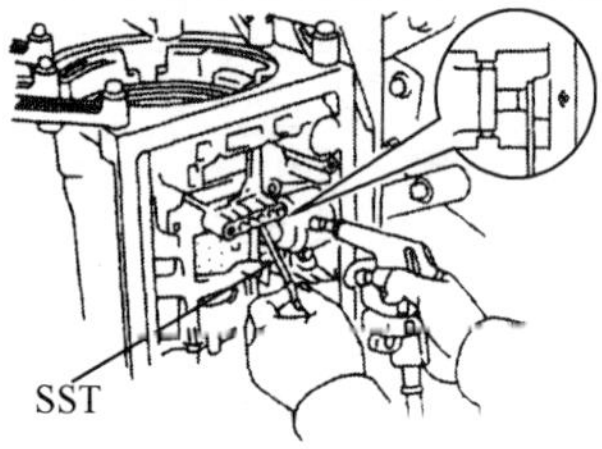
35．拆下超速挡支撑总成 （1）拆下将超速挡支撑总成固定在变速器壳上的 2 个螺栓	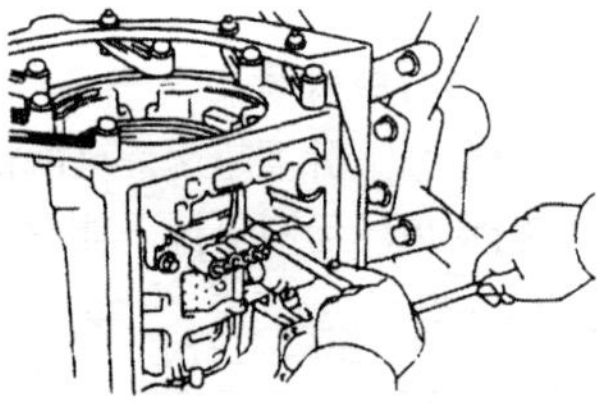
（2）使用专用维修工具，拆下卡环	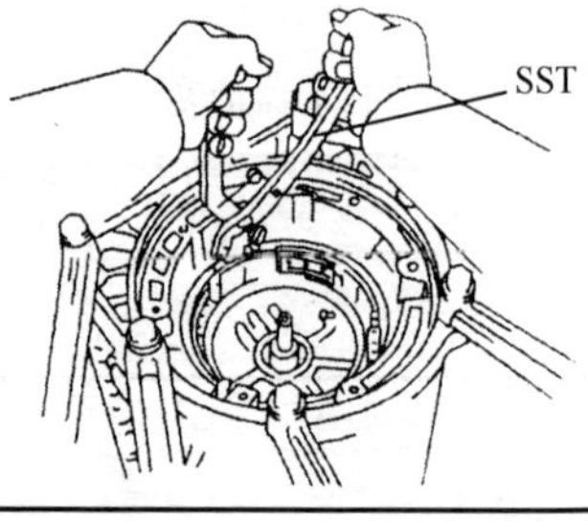

续表

步　骤	图 示 说 明
（3）使用专用维修工具，拆下超速挡支撑总成 （4）从超速挡支撑总成上拆下装配式轴承和座圈以及其他座圈	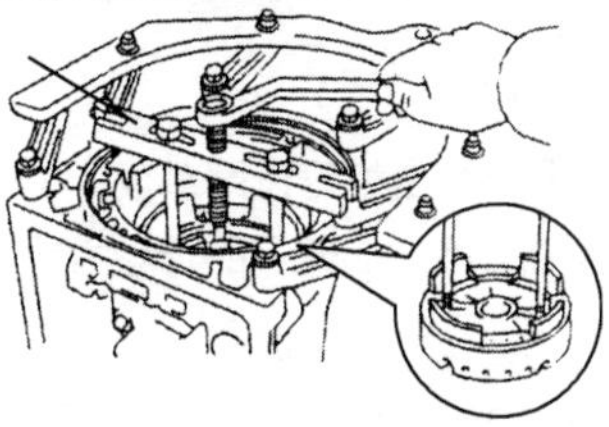
36．拆下辅助滑行制动器活塞 （1）使用专用维修工具，拆下卡环 （2）使用压缩空气（393kPa）吹洗油孔，并拆下辅助滑行制动器盖、活塞总成和弹簧 （3）拆下制动器盖上的 2 个 O 形圈	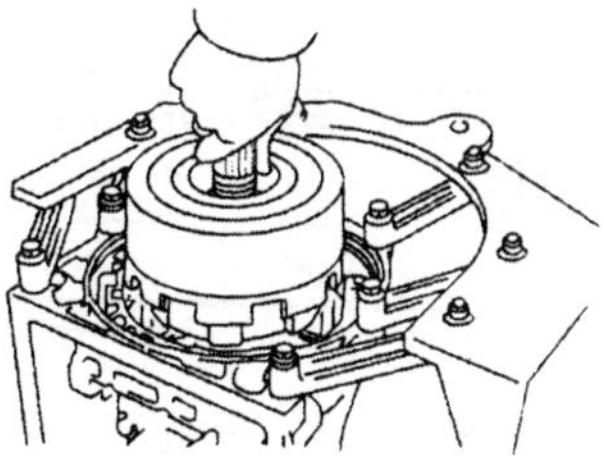
37．拆下直接离合器总成 （1）从变速器壳上拆下直接离合器（连同前进挡离合器） （2）从直接离合器上拆下轴承	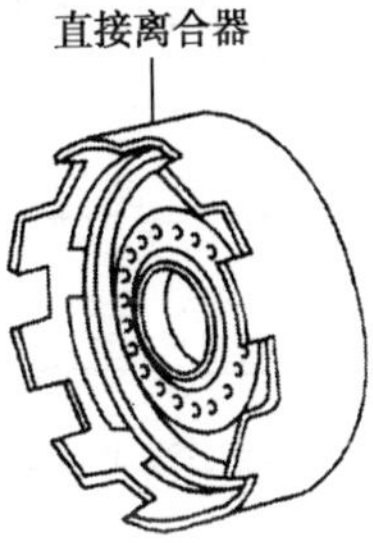
38．拆下前进挡离合器总成 （1）从前进挡离合器上拆下直接离合器	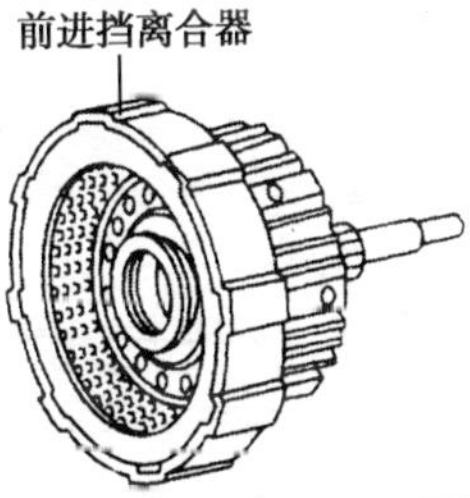
（2）从前进挡离合器上拆下装配式轴承和座圈、止推垫圈以及其他座圈	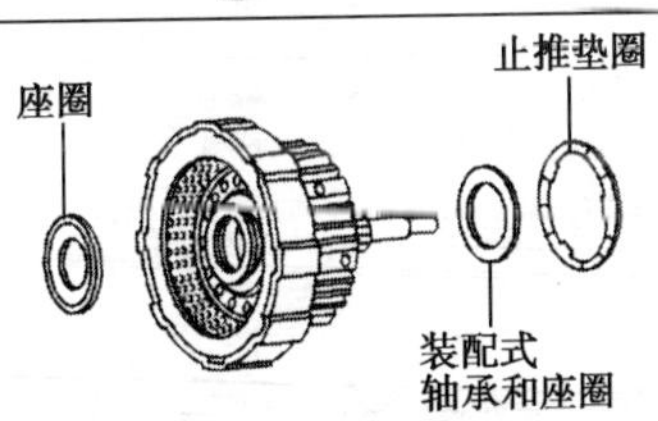
39．拆下辅助滑行制动带总成 （1）使用螺丝刀，取下销子上的 E 形环 提示：在进行下一步操作之前，应在 E 形环和销子上涂抹油脂，以防 E 形环飞出 （2）拆下制动带上的销子 （3）拆下轴上的 E 形卡环 （4）将辅助滑行制动带安装到变速器壳上	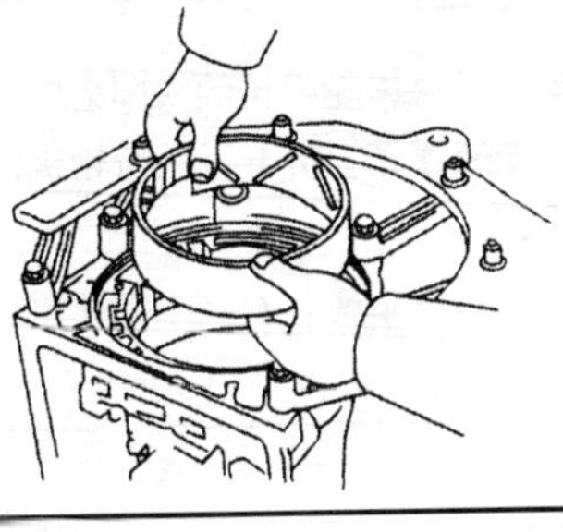

续表

步　骤	图示说明
40．拆下前行星齿轮齿圈总成 （1）从变速器壳上拆下前行星齿轮齿圈	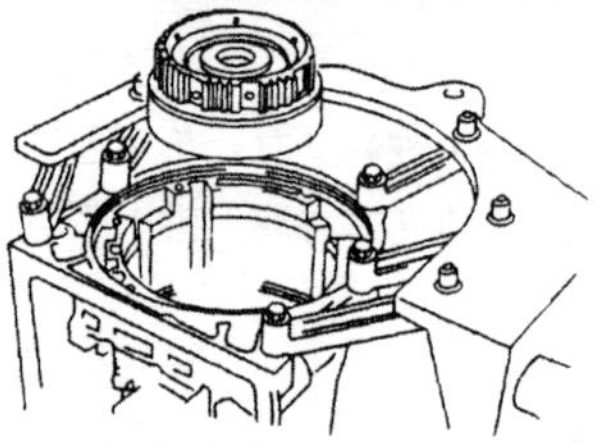
（2）从前行星齿轮齿圈上拆下装配式轴承和座圈、轴承以及其他座圈	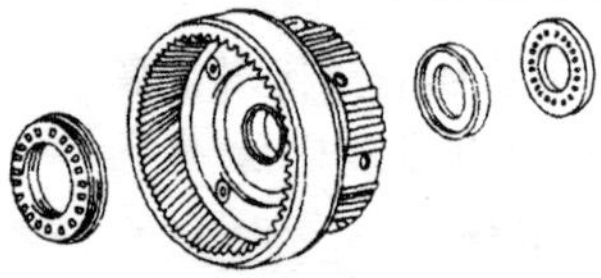
（3）从前行星齿轮齿圈上拆下座圈	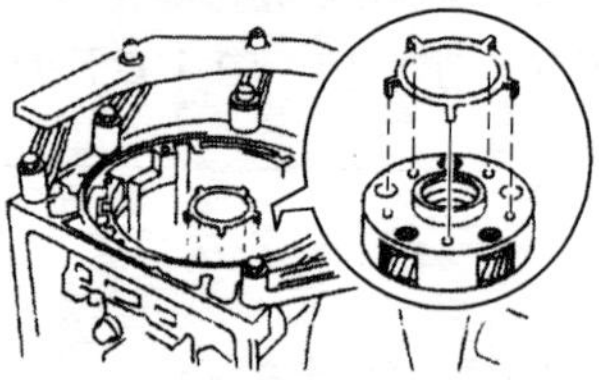
（4）将木块放在输出轴下面，使变速器位于输出轴上	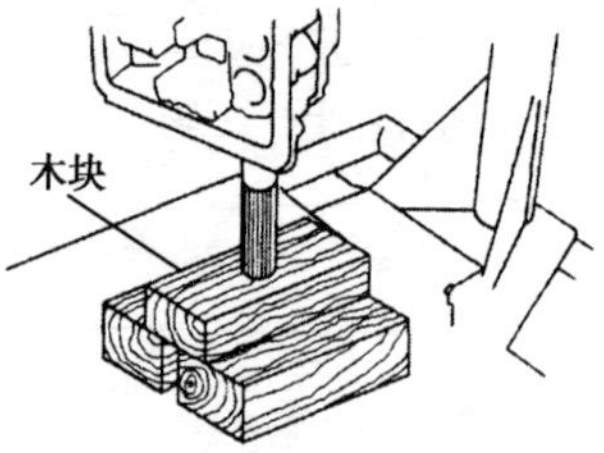
41．拆下行星齿轮 （1）使用专用维修工具，拆下卡环 提示：向前推输出轴，以便于拆下卡环	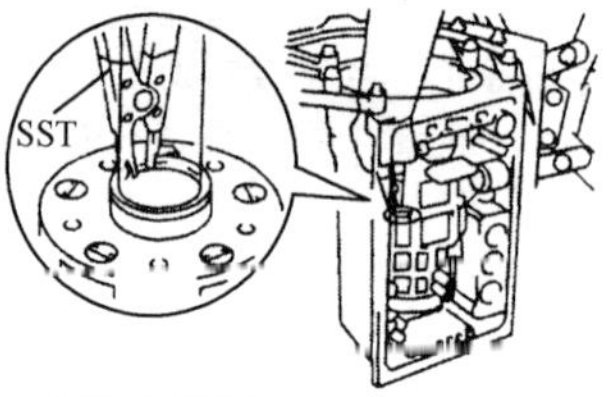
（2）从变速器壳上拆下行星齿轮	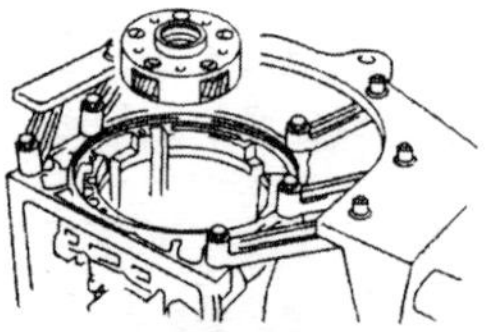
42．拆下行星齿轮机构的太阳齿轮总成 （1）从变速器壳上拆下行星齿轮机构的太阳齿轮和1号单向离合器 （2）拆下止推垫圈	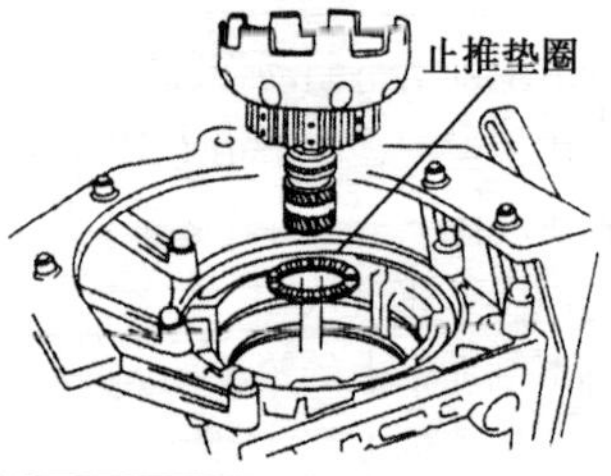

续表

步　　骤	图 示 说 明
43. 拆下第 1 挡制动器和倒挡制动器、离合器从动盘 （1）使用螺丝刀，取下卡环 （2）拆下应急制动组件	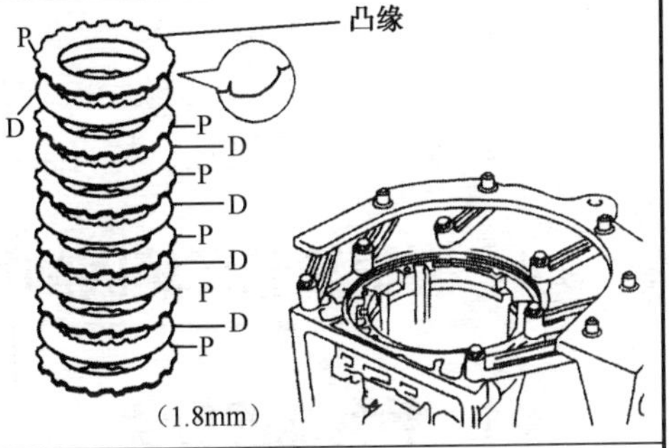
44. 拆下辅助制动器活塞套 （1）使用螺丝刀，取下辅助制动器活塞套 （2）拆下辅助制动鼓、第 1 挡和倒挡制动组件、后行星齿轮、2 号单向离合器以及输出轴 （3）从变速器壳上拆下装配式推力轴承和座圈	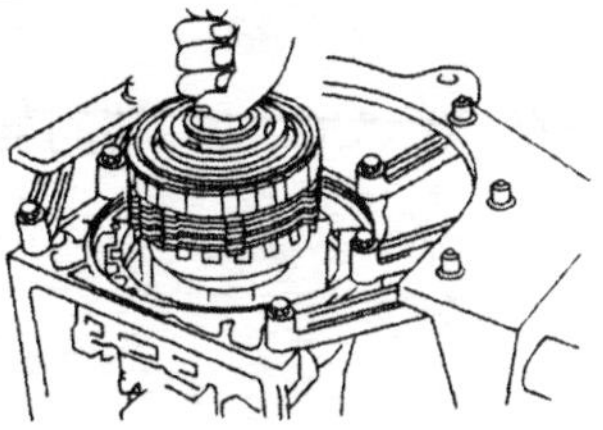
45. 拆下第 1 挡制动器和倒挡制动器复位弹簧总成 （1）将专用维修工具安放在弹簧座上，并压紧复位弹簧 小心：当弹簧挡板低于卡环槽 1～2mm 时，停止压紧，以防止弹簧挡板变形 （2）使用卡环手钳，取下卡环 （3）拆下活塞复位弹簧	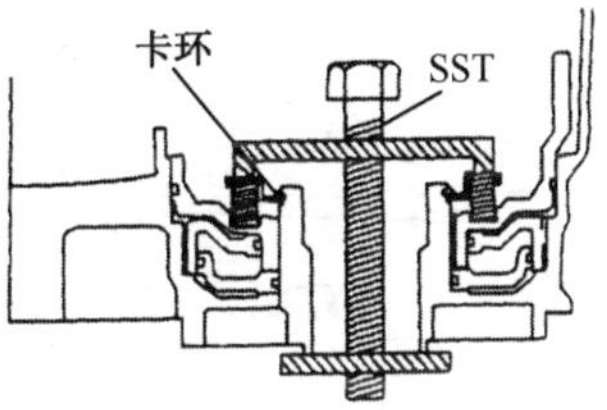
46. 拆下 1 号制动器活塞 （1）将专用维修工具安装在 1 号第 1 挡和倒挡制动器活塞的后面，并逐渐从变速器壳上提出 （2）拆下 1 号第 1 挡和倒挡制动器活塞上的 2 个 O 形圈	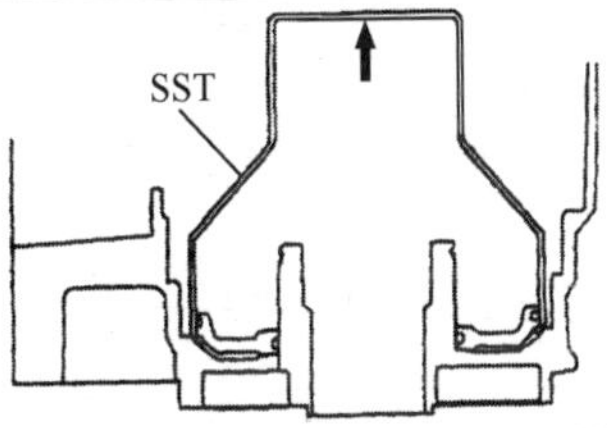

安装按照拆卸的相反顺序和规范要求操作即可。

自动变速器拆装注意事项：

（1）为防止各部件中外形相似的零件在拆装时出现混淆，在尽可能在一个元件组合（如离合器或某个行星齿轮机构）拆装完成后，再着手下一个元件组合。若某个元件组合因缺件等原因一时不能组装，须将从该组合上拆下的全部零件放在单独的容器中。

（2）零件须用自动变速液或煤油清洗干净。

（3）用压缩空气吹干零件。吹干零件时应注意：

① 吹出的清洗液不要溅到人脸上。

② 要吹通各机件上的孔洞。

（4）拆装过程中，要养成零件按正确顺序摆放的习惯，以提高效率并防止错装。拆卸阀体时要保证每个阀体与对应弹簧一起保存。

（5）用于更换的新制动器与离合器，在装配前要在自动变速液中浸泡至少 15min。

（6）所有油封环、离合器片、离合器盘、转动件及滑移件的表面，装前均要涂抹自动变速液。

（7）所有的垫片及 O 形橡胶圈均为一次性件，拆后要换新件。

（8）安装过程中可用凡士林将某些小件黏附定位。

9.4 桑塔纳轿车转向和行驶系的拆装

9.4.1 转向器的拆装

桑塔纳 2000GSi 动力转向器的分解，如图 9-47 所示。

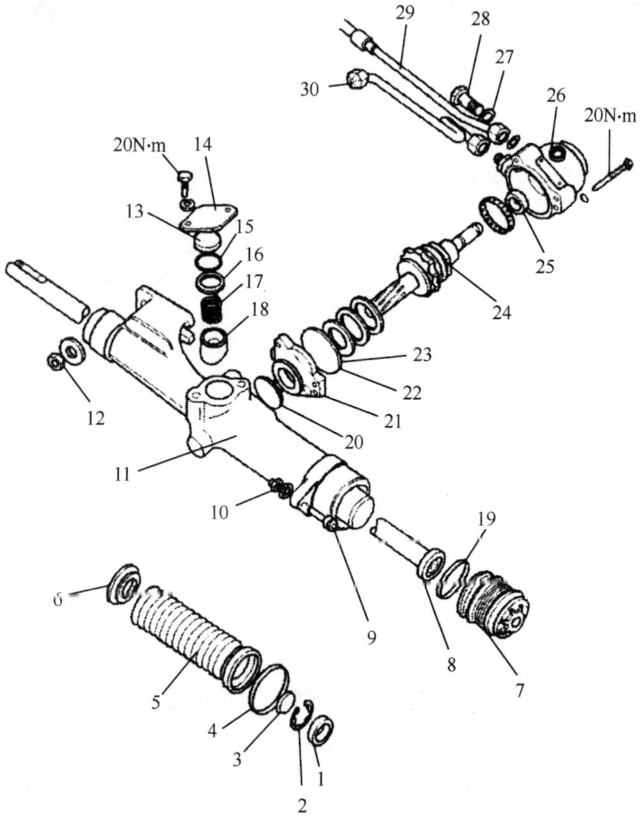

1—齿条密封罩；2—挡圈；3—齿形环；4—软管夹箍；5—防尘罩；6—固定环（推至齿条挡块）；7—密封罩（50N · m）；8—齿条；9—圆柱内六角螺栓；10—自锁螺母（拧紧力矩 20N · m）；11—转向器外壳；12—自锁螺母（拧紧力矩 35N · m）；13—密封压环（厚面朝上）；14—压盖；15、22、23—圆绳环；16—补偿垫片；17—压簧；18—压块；19—绳环（4.4mm×2.5mm）；20—圆绳环（42mm×2mm）；21—中间盖；24—转向齿轮；25—密封圈；26—阀门罩壳；27—密封圈（更换）；28—管接头螺栓（拧紧力矩 30N · m）；29—回油管；30—油管（拧紧力矩 40N · m）

图 9-47 动力转向器的分解

1．动力转向器的拆卸

桑塔纳 2000GSi 动力转向器拆卸步骤，见表 9-4。

表 9-4　桑塔纳 2000GSi 动力转向器拆卸步骤

拆卸步骤	图示说明
（1）支撑起车辆，排放动力转向油（ATF 润滑油） （2）拆下固定横拉杆的螺母	
（3）拆卸左前轮罩处的转向器固定螺栓	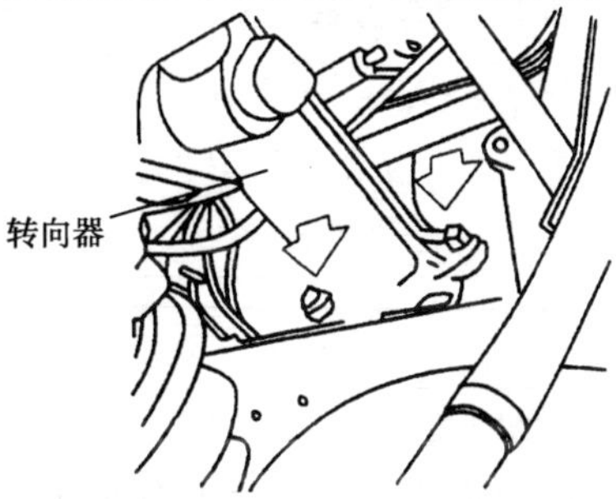
（4）松开在转向分配阀外壳上的进油管	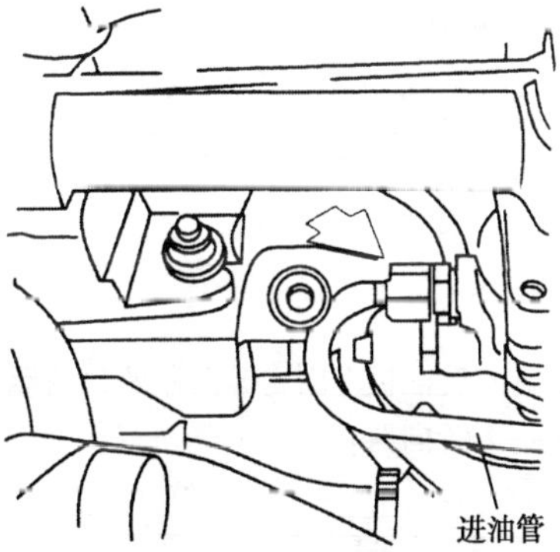
（5）拆卸后横板上固定转向器的左边自锁螺母	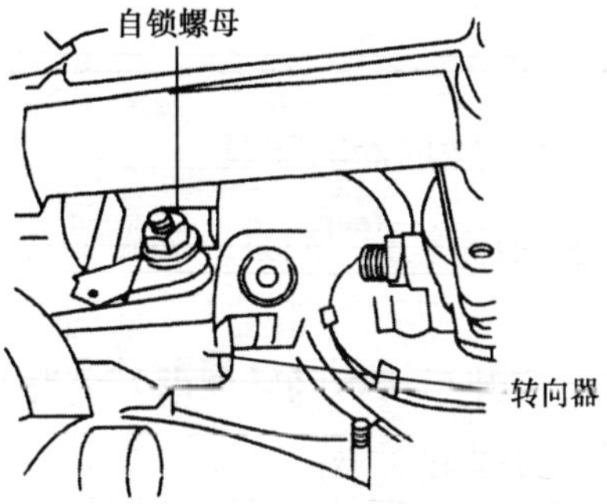

续表

拆 卸 步 骤	图 示 说 明
（6）把车辆放下，拆卸紧固齿条与转向横拉杆的螺栓	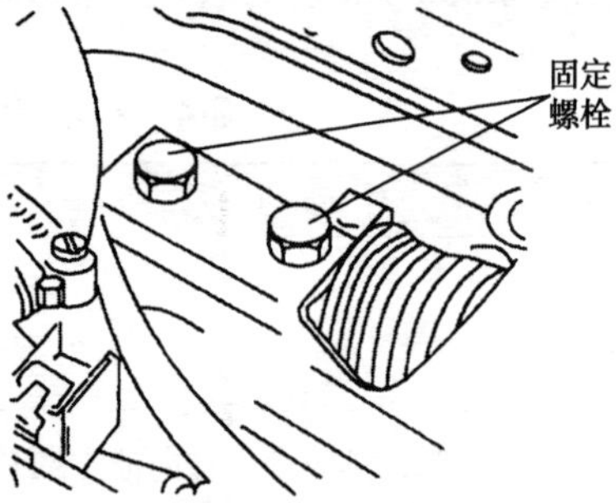
（7）拆卸仪表盘侧边下盖、通风管和踏板盖 （8）拆卸紧固转向齿轮与下轴的螺栓，并使各轴分开	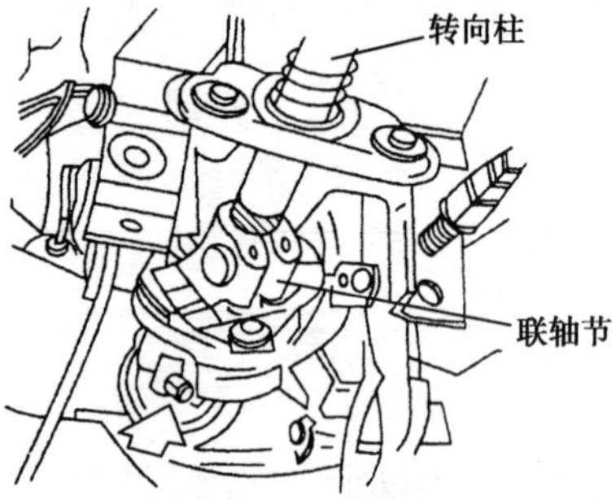
（9）拆卸防尘套 （10）从车厢内部拆卸固定转向分配阀外壳上回油软管的泄放螺栓	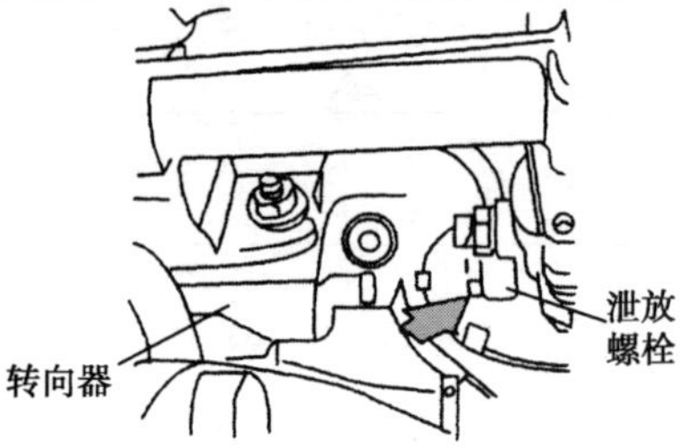
（11）拆卸后横板上固定转向器的自锁螺母 （12）拆下转向器	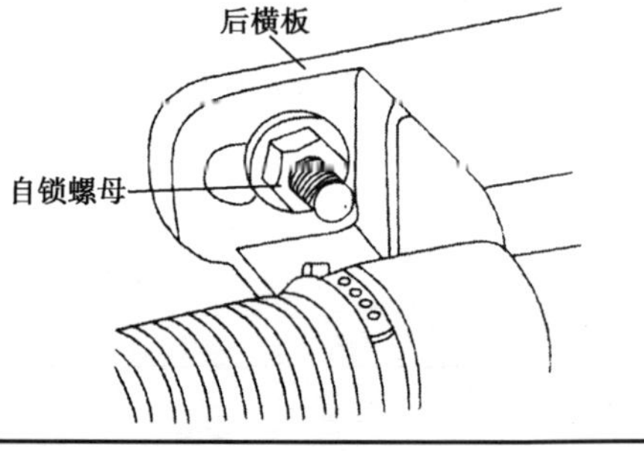

2．动力转向器的安装

安装时应注意，油泵上和转向控制阀上固定泄放螺栓的密封环只要被拆卸，就应该更换。

（1）安装后横板的转向器，安装自锁螺母但不必完全拧紧。

（2）支撑起车辆。

（3）在转向油泵上安装进油管和回油软管，并用 40N · m 的力矩拧紧螺栓，使用新的密封圈；安装左前轮罩上的转向器固定螺栓，并用 20N·m 的力矩拧紧螺母；安装后横板上转向器固定自锁螺母，并用 40N·m 的力矩拧紧螺母；把进油管固定在转向分配阀外壳上。

（4）把车辆放下。

（5）用 40N·m 的力矩拧紧在后横板上固定转向器的螺母；安装横拉杆支架固定螺栓，并用 45N·m 的力矩拧紧；从车厢内部把回油软管安装在转向分配阀外壳上；安装防尘套；连接联轴器，安装固定螺栓并用 25N·m 的力矩拧紧；安装踏板盖、通风管和仪表盘盖。

（6）吊起车辆。

（7）安装固定横拉杆支架的自锁螺母，并用 45N·m 的力矩拧紧。

（8）把车辆放下。

（9）向储油罐内注入 ATF 润滑油，直到达到“Max”标记处。注意：决不能再使用已排出的 ATF 润滑油。

（10）举升起车辆，在发动机停转的情况下转动转向盘数次，以便把系统中的空气排出，并补充 ATF 润滑油，使之达到“Max”标记处。

（11）起动发动机，完全向左和右转动转向盘，观察油面高度，一直操作到油面稳定在“Max”标记处为止。

9.4.2　悬架的拆装

上海桑塔纳 2000GSi 轿车后桥和后悬架的分解如图 9-48 所示。

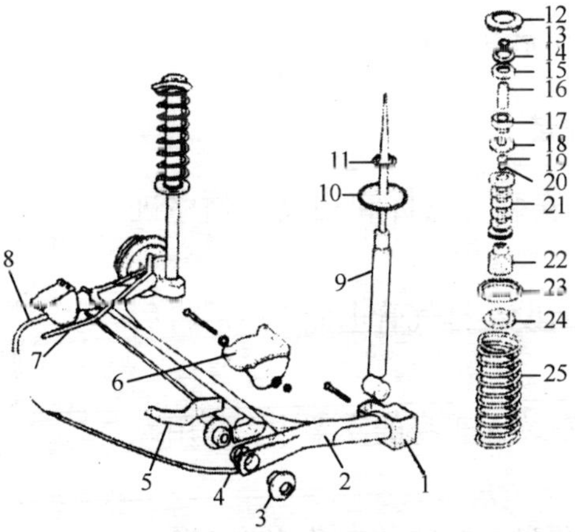

1—支撑杆座；2—后悬架臂；3—橡胶金属轴承；4—驻车制动拉索支架；5—调节弹簧支架；6—支撑座；7—制动管和制动软管；8—驻车制动拉索套管（固定弹簧钩在车身上）；9—减振器；10—下弹簧座圈；11、18—垫圈；12—塞盖；13—自锁螺母（拧紧力矩 35N·m）；14—衬盘（隔圈）；15—上轴承环；16—隔套；17—下轴承环（橡胶件）；19—隔圈；20—卡簧；21—缓冲块；22—波纹橡胶管；23—上弹簧座；24—护盖；25—螺旋弹簧

图 9-48　后桥和后悬架的分解

1．后桥和后悬架的拆卸

（1）将驻车制动拉索从拉杆上吊出。必要时脱开制动蹄。

（2）分开横梁上的制动管和制动软管。

（3）松开车身上的支撑杆座，仅留一个螺母支撑，如图 9-49 所示。

注意：如要把支撑座留在车身上，须拆出支撑座与横梁上的固定螺栓。安装时更要注意，为了避免橡胶金属支撑座在行驶中橡胶扭曲，在旋紧螺栓之前，横梁须平放。

（4）拆下排气管吊环。用专用工具撑住后桥横梁。

（5）取下车厢内减振器盖板，从车身上旋下支撑杆座螺母，如图 9-50 所示。

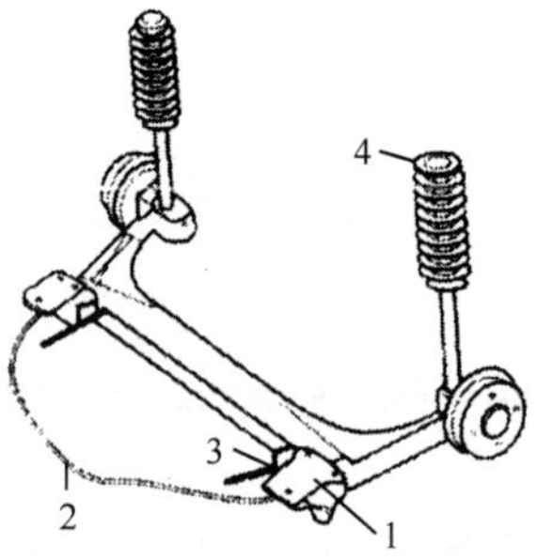

1—支撑座；2—驻车制动拉索；3—制动软管；4—支撑杆座

图 9-49　拆卸支撑杆座

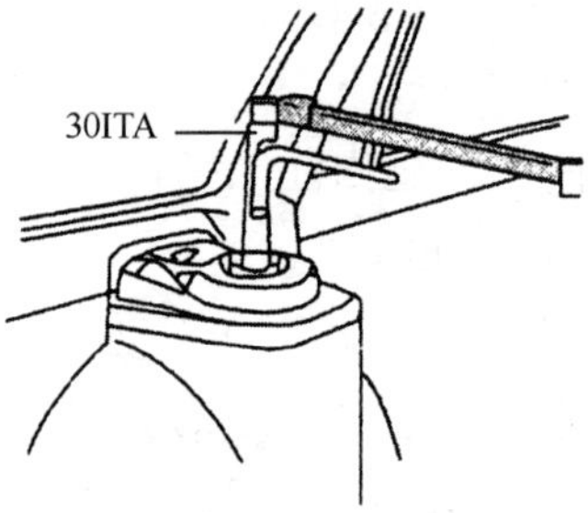

图 9-50　拆卸支撑杆座螺母

（6）拆卸车身上的整个支撑座。

（7）慢慢升起车辆。将驻车制动拉索从排气管上拉出。

（8）将后桥从车身底下拆出。

注意：维修时不允许对后桥进行焊接和整形。

2．后桥和后悬架的安装

后桥、后悬架总成的安装可按拆卸相反的顺序进行，但应注意以下事项。

（1）将驻车制动拉索铺设在排气管上面，然后将后桥装到车身上。

（2）将减振器支撑杆座装入车身的支架中，并用螺母固定。

（3）横梁必须平放，车身与横梁的夹角应为 17°±2°36′，如图 9-51 所示。

（4）更换所有自锁螺母，且按规定力矩拧紧。后桥螺母拧紧力矩，见表 9-5。

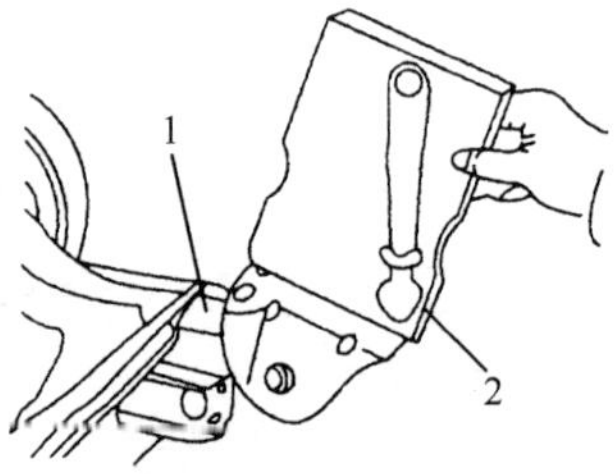

1—横梁；2—支撑座

图 9-51　测量车身与横梁的夹角

表 9-5　后桥螺母拧紧力矩

项　　目	拧紧力矩（N·m）
减振器下端至后桥固定螺母	70
减振器上端与车身固定螺母	35
支撑座与车身固定螺母	45
后桥金属橡胶衬套固定螺母	70
制动底板固定螺母	60
车轮固定螺母	90

9.5　桑塔纳轿车制动系的拆装

9.5.1　制动器的拆装

1. 鼓式制动器的拆装

1）制动器的拆卸

（1）拧松车轮螺栓、螺母，取下车轮。

（2）用专用工具 VW637/2 卸下轮毂盖，如图 9-52 所示。

（3）取下开口销，旋下后车轮轴承上的六角螺母，取出止推垫圈。

（4）用螺丝刀通过制动鼓螺孔向上拨动楔形件，使制动蹄与制动鼓放松，如图 9-53 所示。

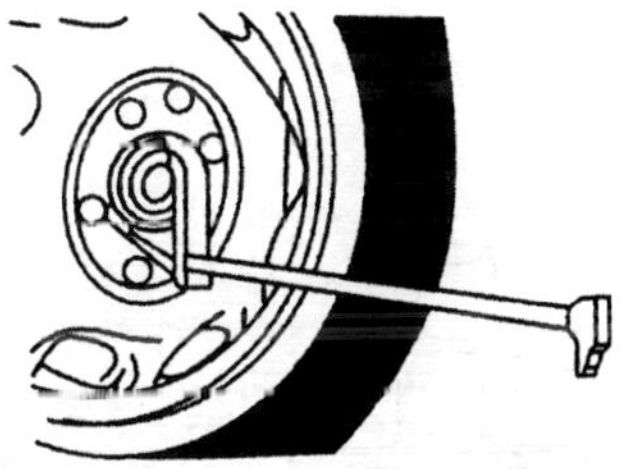

图 9-52　拆卸轮毂盖

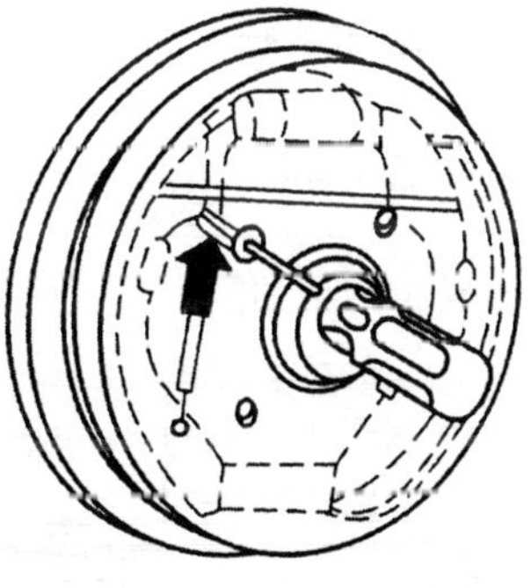

图 9-53　放松制动蹄与制动鼓

（5）用鲤鱼钳拆下压簧座圈。用手从后面的支架上提起制动蹄，取出下复位弹簧。

（6）取下制动杆上的驻车制动拉索。用鲤鱼钳取下楔形件的复位弹簧。

（7）卸下制动蹄。

（8）把带压力杆的制动蹄卡紧在台虎钳上，拆下定位弹簧，取下制动蹄，如图 9-54 所示。

（9）拆下制动轮缸。

2）制动器的安装

（1）装上复位弹簧，将制动蹄装在压力杆上。

（2）装上楔形件，凸块朝向制动器底板。

（3）将带有传动臂的制动蹄装在压力杆上，如图 9-55 所示。

（4）装入上复位弹簧，在传动臂上套上驻车制动拉索。

（5）把制动蹄装在车轮制动轮缸的活塞外槽上。

（6）装入复位弹簧，并把制动蹄提起，装到下面的支座上。

（7）装楔形件的复位弹簧，装压簧和弹簧座圈。

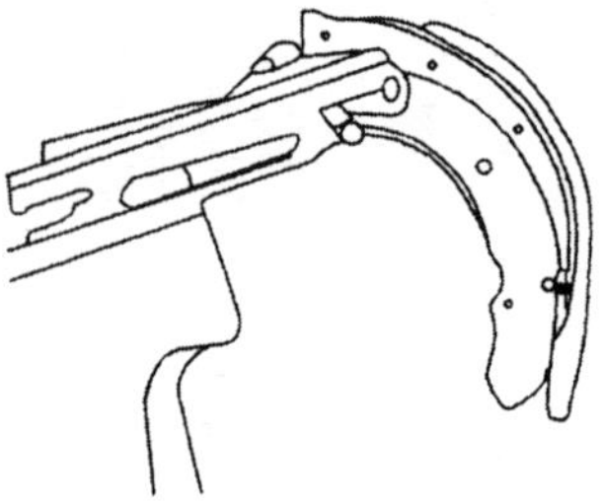

图 9-54　拆下制动蹄

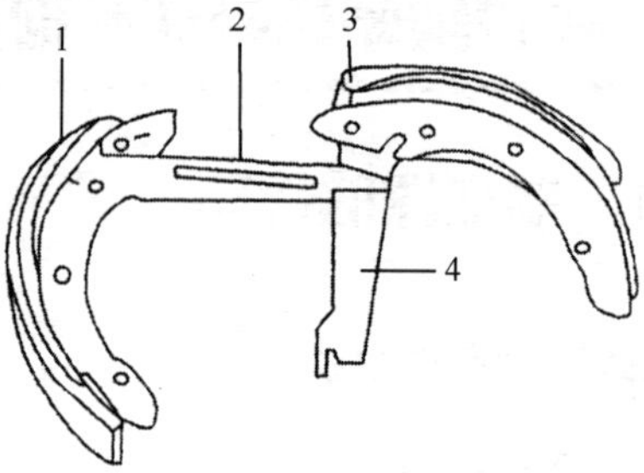

1—制动蹄；2—压力杆；3—销轴；4—制动杆

图 9-55　装制动蹄

（8）装上制动鼓及后轮轴承，然后调整轮毂轴承的间隙。

（9）用力踩一下行车制动器，使后车轮制动蹄片正确就位，摩擦片与制动鼓的间隙得到自动调整。

（10）安装轮盖和车轮，拧紧车轮螺栓、螺母（拧紧力矩 110N · m）。

2. 盘式制动器的拆装

1）盘式制动器的拆卸（图 9-56）。

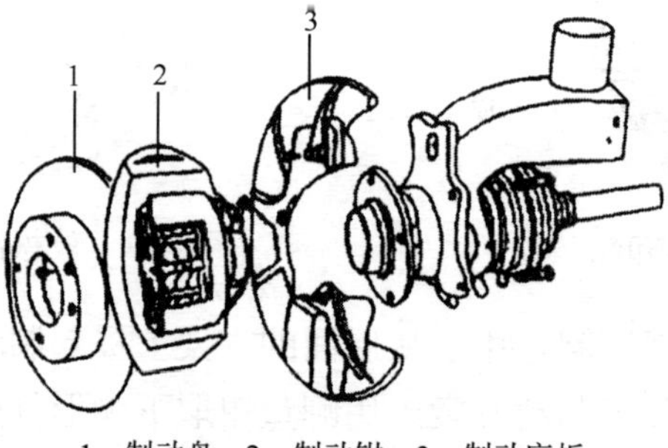

1—制动盘；2—制动钳；3—制动底板

图 9-56　盘式制动器的拆卸

（1）松开车轮螺栓、螺母。

（2）拆卸上、下定位螺栓，用手拆下上、下定位弹簧，如图 9-57 所示。

（3）取下制动钳壳体，再取下制动器底板上的制动摩擦片，如图9-58所示。

图9-57 拆卸上、下定位螺栓

图9-58 取下制动摩擦片

2）盘式制动器的安装

（1）装入新的摩擦片。安装制动钳壳体，用70N·m的力矩紧固定位螺栓。

（2）安装上、下定位弹簧。

（3）安装后，停车时用力将制动器踏板踩到底数次，以便使制动摩擦片正确就位。

（4）安装车轮，拧紧螺栓、螺母（拧紧力矩110N·m）。

9.5.2 制动主缸和助力器的拆装

1. 拆卸

（1）松开主缸安装罩壳在支架上的紧固螺母。

（2）松开安装罩壳上的紧固螺母。

（3）松开制动主缸与助力器连接的两个紧固螺母，使主缸和助力器分离。

（4）拧松真空橡皮管的卡箍和管接头，取下真空管。

2. 装配

（1）装上真空橡皮管的卡箍和管接头。

（2）拧紧制动主缸与助力器连接的两个紧固螺母（拧紧力矩20N·m）。

（3）拧紧安装罩壳上的紧固螺母（拧紧力矩20N·m）。

（4）拧紧主缸安装罩壳在支架上的紧固螺母（拧紧力矩15N·m）。

9.5.3 ABS控制器的拆卸与装配

1. ABS控制器的拆卸

（1）关闭点火开关，拆下蓄电池及支架。

（2）从ABS的ECU上拔下25针插头。

（3）踩下制动踏板，并用踏板架定位，如图 9-59 所示。

（4）在 ABS 控制器下垫一块布，用来吸干从开口处流出的制动液，如图 9-60 所示。

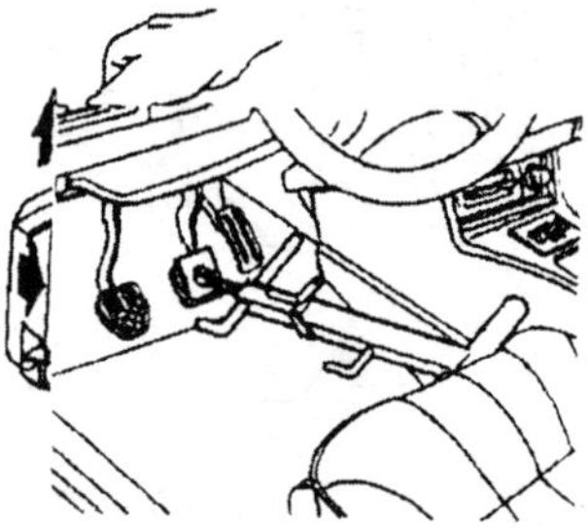

图 9-59 用踏板架定位

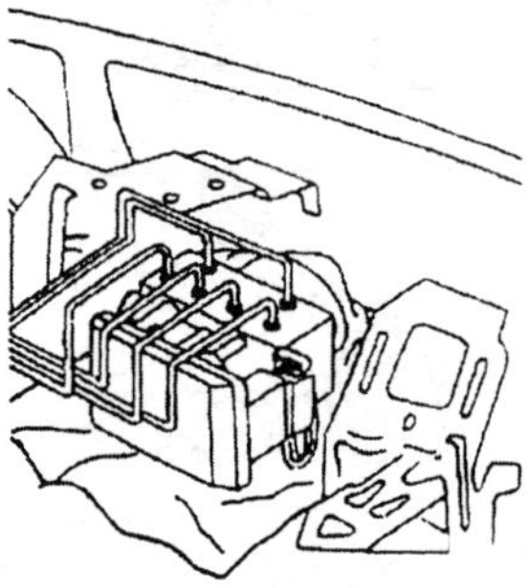

图 9-60 用布吸干从开口处流出的制动液

注意：拆下液压控制单元时要直拉，别碰坏阀体。

（5）拆下制动主缸到液压控制单元的制动油管，并做上记号，立即用密封塞将开口部塞住。

（6）用软铅丝把制动油管扎在一起，挂到高处，使开口处高于制动储油罐的油面。

2．ABS 控制器的装配

装配时按拆卸的相反顺序进行。

9.6 桑塔纳轿车汽车电气系主要部件的拆装

9.6.1 蓄电池的拆卸和安装

1．蓄电池的拆卸

（1）先拆下蓄电池的负极接线，再拆下正极接线，如图 9-61 所示。

（2）拆下蓄电池压板，从支架中取出蓄电池，如图 9-62 所示。

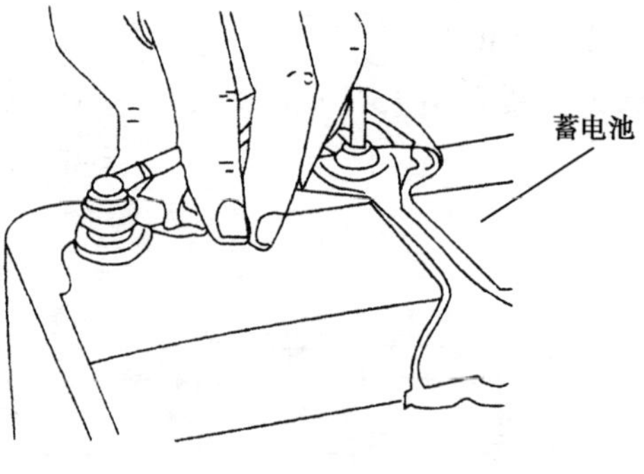

图 9-61 拆卸蓄电池接线

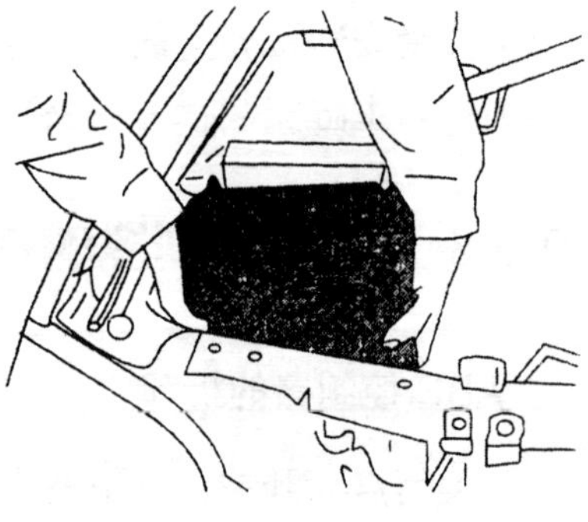

图 9-62 取出蓄电池

2. 蓄电池的安装

（1）将固定压板压在蓄电池底部凸缘上。

（2）先将蓄电池正极接线接上，然后接上搭铁线，如图 9-63 所示。

3. 蓄电池的清洁

为了防止蓄电池过多地自行放电，蓄电池的表面必须保持清洁。因此要经常清洗蓄电池表面，在清洗蓄电池时要注意以下几点。

（1）清洗时，要一边用水（最好用热水）冲，一边用刷子刷。

（2）蓄电池极柱由于有电解液漏出，容易被腐蚀，应仔细把电解液洗掉，直到裸露出金属，如图 9-64 所示。

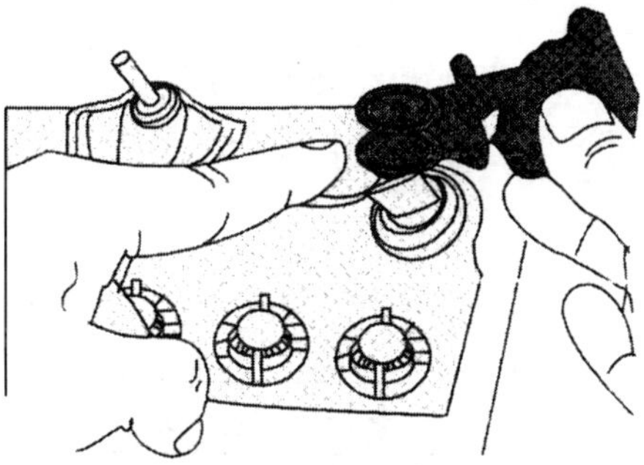

图 9-63　连接蓄电池接线

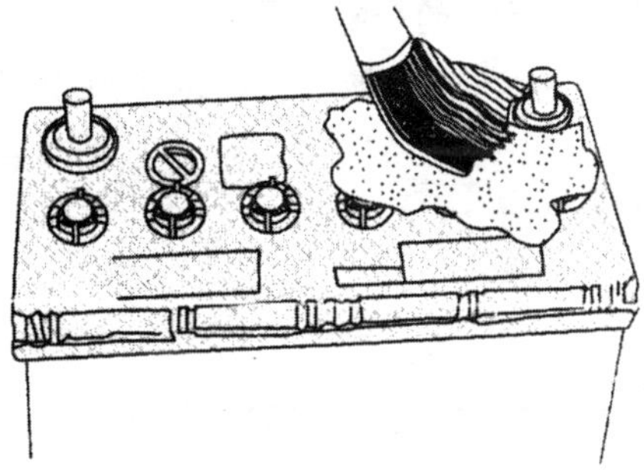

图 9-64　蓄电池的清洁

9.6.2　发电机的拆卸和安装

用专用扳手固定发电机 V 形带轮，旋下紧固螺母，即可拆下发电机，如图 9-65 所示。安装发电机时可按拆卸相反的顺序进行。

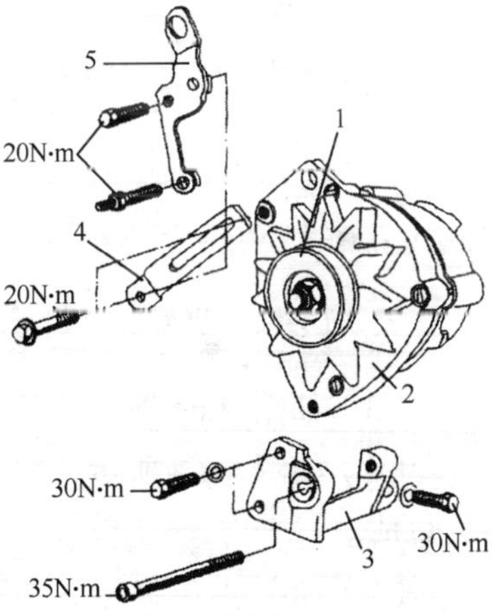

1—V 形带；2—发电机；3、4、5—支架

图 9-65　发电机的分解

1. 发电机的分解

（1）拆下前端盖连接螺栓，分解前端盖、带轮、转了、后端盖、整流调压器。

（2）拆下定子绕组端头，从后端盖上取出定子。

（3）拆下电刷架，取出电刷总成、二极管、整流器及电容器。

（4）拆下带轮固定螺母，取下带轮、半圆键、风扇、轴套，使转子和前端盖分离。

2. 发电机的装复

发电机可按分解的相反顺序装复，V 形带紧固螺母的拧紧力矩为 35N · m。

9.6.3 起动机的拆装

1．起动机的拆卸和安装

拆卸起动机时，应首先拆下蓄电池搭铁线，然后拆下起动机的各连接线。

起动机通过安装支架与发动机相连。安装时先将支架套在起动机上，装上垫片、弹簧垫和螺母（M5），并用力旋紧，然后将支架连同起动机一起装在发动机上。

检查起动机外壳的两个螺栓（M5）是否能在支架槽孔中活动，必要时用锉刀加工，调整起动机到最佳位置，最后以 20N · m 的力矩拧紧紧固螺母。

2．起动机的分解与组装

1）起动机的分解

（1）如图 9-66 所示，用扳手旋下电磁开关接线柱“30”及“50”的螺母，取下导线。

（2）如图 9-67 所示，旋下起动机贯穿螺钉和衬套螺钉，取下衬套座和端盖，取出垫片组件和衬套。

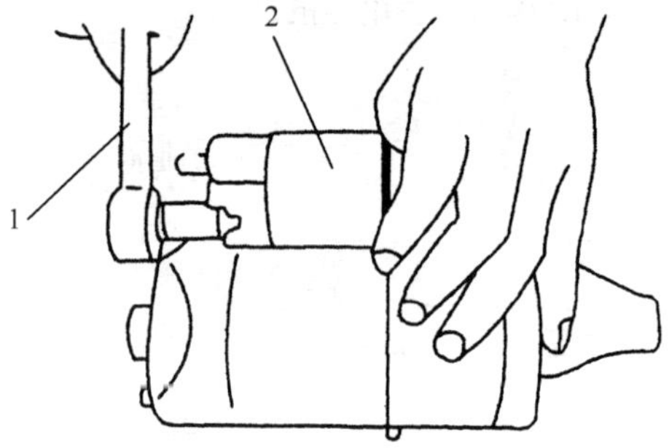

1—扳手；2—电磁开关

图 9-66　拆卸起动机导线

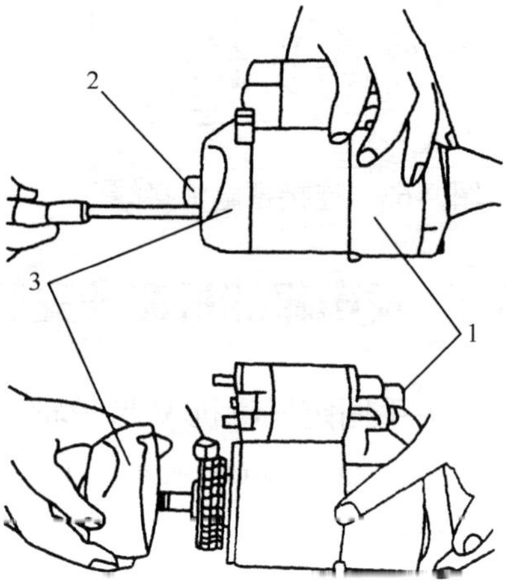

1—起动机；2—衬套座；3—端盖

图 9-67　拆卸起动机衬套及端盖

（3）如图 9-68 所示，用尖嘴钳将电刷弹簧抬起，拆下电刷架及电刷。

（4）如图 9-69 所示，取下励磁绕组后，用扳手旋下螺栓，从驱动端盖上取下电磁开关总成。

（5）如图 9-70 所示，在取出转子后，从端盖上取下传动叉，然后取出驱动齿轮与单向离合器，再取出驱动齿轮端衬套。

2）起动机的组装

起动机的组装可按起动机分解的相反顺序进行，但应注意以下事项。

（1）安装时，衬套中应涂上润滑脂。

（2）如图 9-71 所示，用止推垫圈调整驱动齿轮的轴向间隙（推到极限位置），标准值为 0.3 ~ 1.5mm。

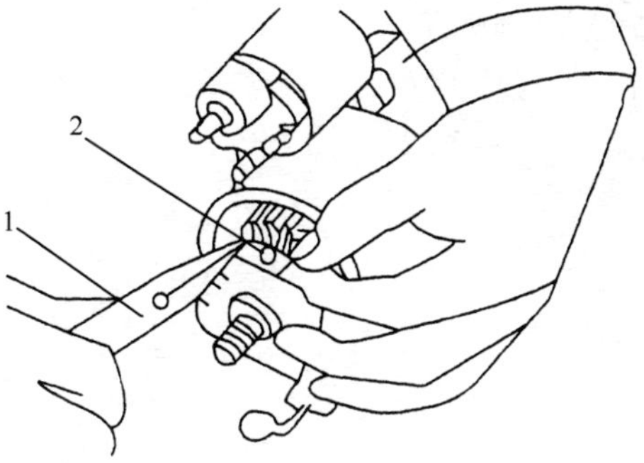

1—尖嘴钳；2—电刷弹簧

图 9-68　拆卸起动机电刷

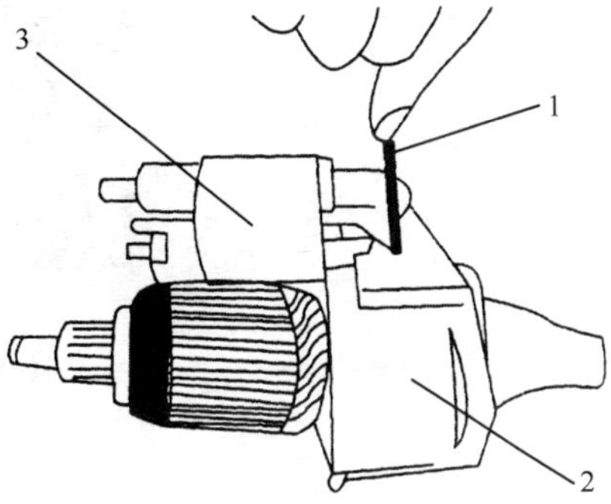

1—扳手；2—驱动端盖；3—电磁开关

图 9-69　拆卸起动机电磁开关

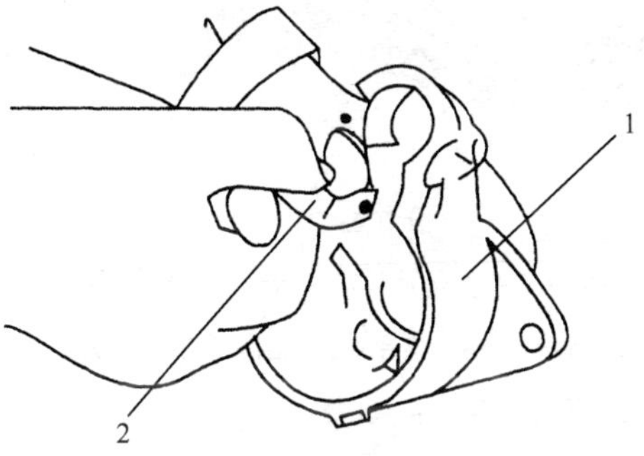

1—端盖；2—传动叉

图 9-70　拆卸起动机传动叉

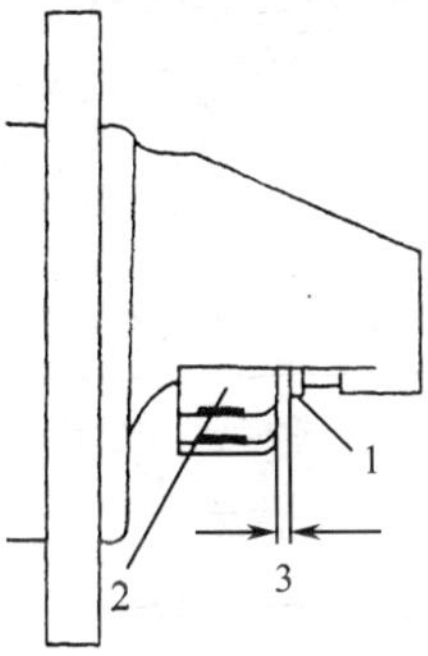

1—止推垫圈；2—驱动齿轮；3—驱动齿轮轴向间隙

图 9-71　调整起动机驱动齿轮轴向间隙

9.6.4　照明及信号装置的拆装

1．组合开关的拆装

组合开关安装在转向管柱上，包括点火开关、前风窗刮水及清洗开关、转向灯开关及变光开关等。组合开关的拆装如图 9-72 所示，转向管柱开关如图 9-73 所示。

2．前照灯、转向灯的拆装

前照灯、转向灯的拆装，如图 9-74 所示。前照灯安装后应进行调节，在拆卸前照灯时应防止空气进入。修理转向灯时，可以从前照灯上拆下固定弹簧。拆卸转向灯时不需要拆卸前照灯，只要卸下转向灯，即可更换灯泡。如图 9-75 所示，为前照灯分解与组装图。

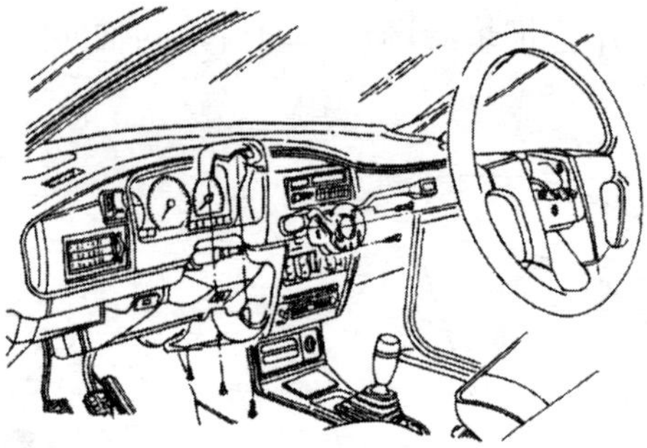

图 9-72　组合开关的拆装

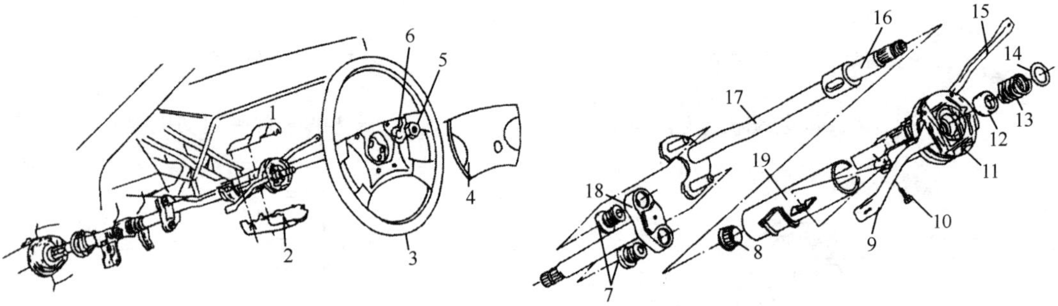

（a）结构图　　（b）分解图

1—上装饰罩；2—下装饰罩；3—转向盘；4—盖板；5—六角螺母 M16；6—弹簧垫片；7—衬套；8—支撑环；9—转向灯开关；10—圆头螺栓；11—喇叭簧片；12—接触环；13—压紧弹簧；14—垫片；15—刮水及清洗开关；16—转向管柱上端；17—转向管柱中部；18—转向管柱下端；19—套管

图 9-73　转向管柱开关

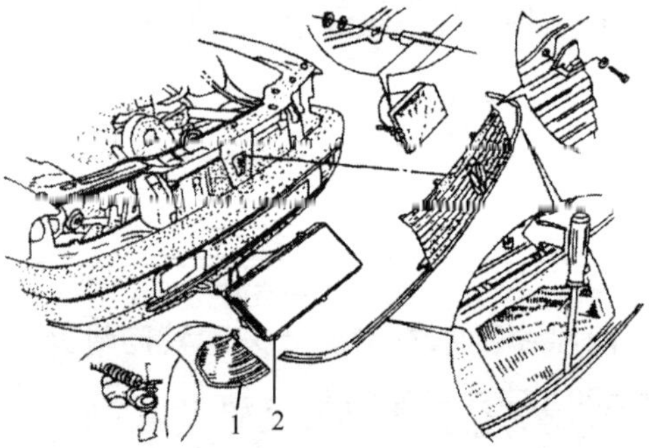

1—转向灯；2—前照灯

图 9-74　前照灯、转向灯的拆装

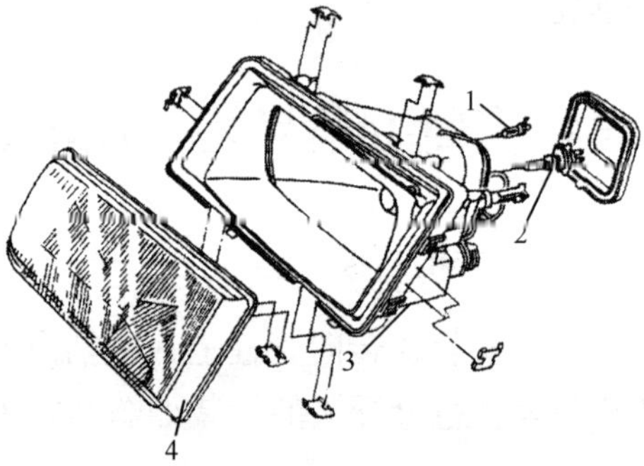

1—示宽灯灯泡；2—前照灯灯泡；3—前照灯壳体；4—前照灯灯罩

图 9-75　前照灯分解与组装图

3. 雾灯的拆装

雾灯的拆装如图 9-76 所示。

4．尾灯、牌照灯的拆装

尾灯、牌照灯的拆装如图 9-77 所示。

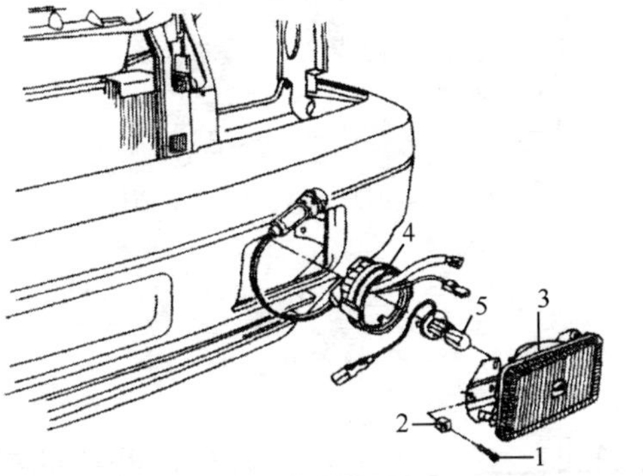

1—固定螺钉；2—固定螺母；3—雾灯灯罩；4—灯座；5—雾灯灯泡

图 9-76 雾灯的拆装

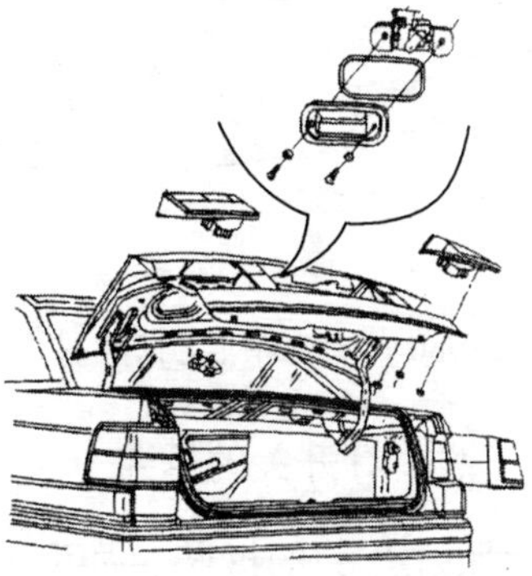

图 9-77 尾灯、牌照灯的拆装

5．行李舱灯的拆装

行李舱灯的拆装如图 9-78 所示。

6．发动机舱照明灯的拆装

发动机舱照明灯的拆装如图 9-79 所示。

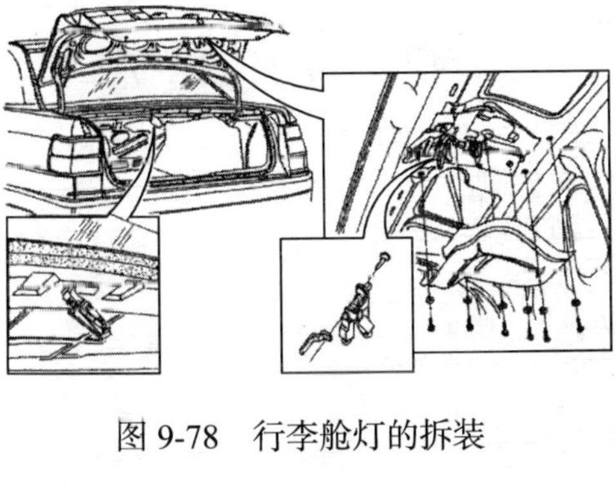

图 9-78 行李舱灯的拆装

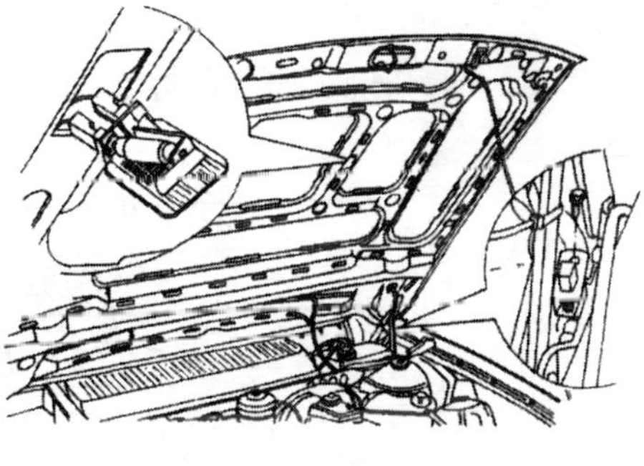

图 9-79 发动机舱照明灯的拆装

7．杂物箱照明灯的拆装

杂物箱照明灯的拆装如图 9-80 所示。

8．车内照明灯的拆装

车内照明灯的拆装如图 9-81 所示。

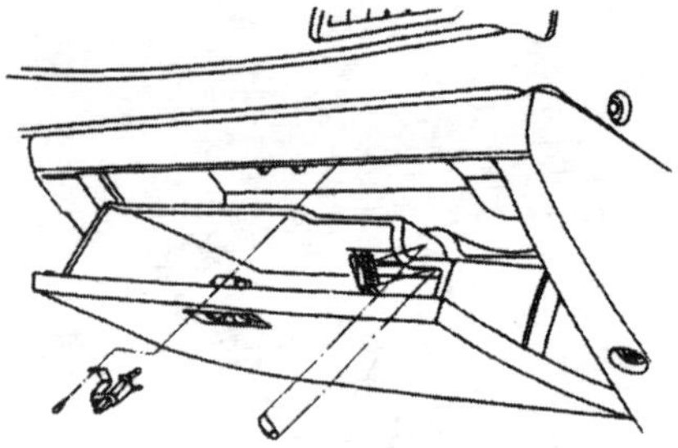

图 9-80　杂物箱照明灯的拆装

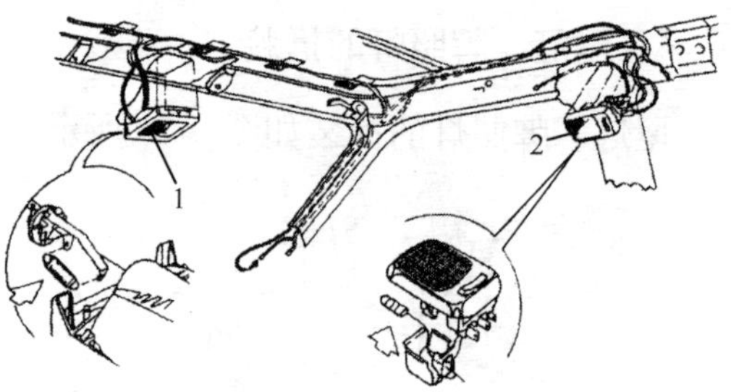

1—内照明灯；2—右侧顶灯

图 9-81　车内照明灯的拆装

9．照明灯开关的拆装

前照灯开关的拆装，如图 9-82 所示。拆卸时，要用力压住。制动灯开关的拆装如图 9-83 所示。雾灯开关、报警灯开关的拆装，如图 9-84 所示。

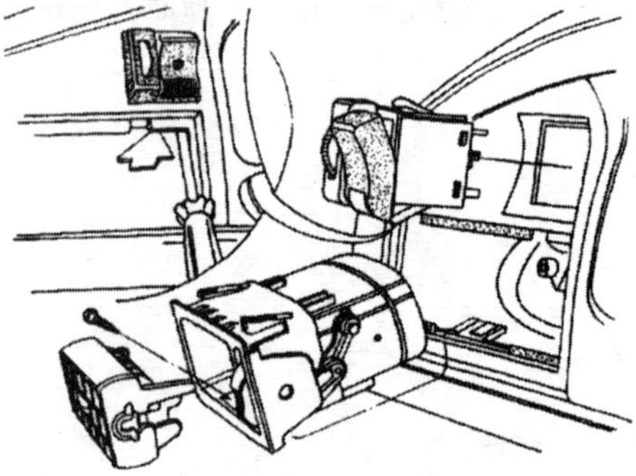

图 9-82　前照灯开关的拆装

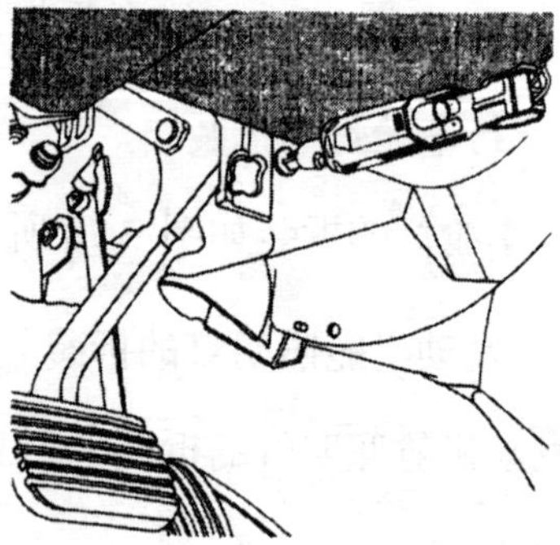

图 9-83　制动灯开关的拆装

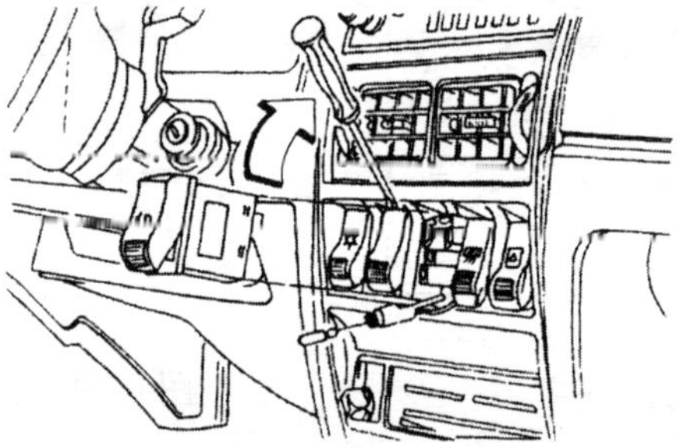

图 9-84　雾灯开关和报警灯开关的拆装

9.6.5　空调系统的拆装

1．压缩机的拆装

1）压缩机的拆卸

（1）拔下蓄电池插头。

（2）排放制冷剂。

（3）拆卸高、低压管，封闭管口，防止异物进入。

（4）拆卸电磁离合器导线。

（5）拆卸压缩机固定螺栓，取下压缩机。

2）压缩机的分解

压缩机和离合器的主要部件，如图 9-85 和图 9-86 所示。压缩机的分解与组装可参照图 9-85 进行。

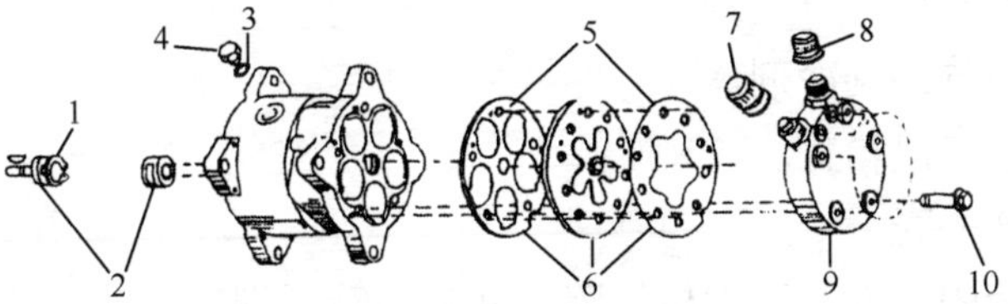

1—孔用弹性挡圈；2—毡圈密封组件；3—加油塞 O 形密封圈；4—加油塞；5—阀板组件和汽缸垫；6—阀板；7—进气口护帽；8—排气口护帽；9—缸盖；10—缸盖螺栓

图 9-85　压缩机的主要部件

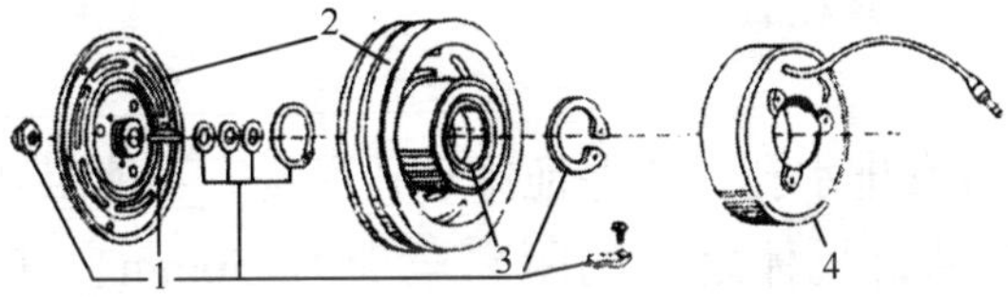

1—附件（螺母、键、垫片、挡圈、挡圈导线压板）；2—吸盘组件和带轮；3—轴承；4—线圈

图 9-86　离合器的主要部件

3）压缩机的安装

安装步骤与拆卸步骤相反，但应注意以下几点。

（1）安装压缩机时，必须使离合器带轮、发动机带轮的带槽对称面处在同一平面内，并保持传动带适当的张紧度。

（2）以规定力矩拧紧固定螺栓。

（3）冷凝器与风扇之间应保持一定间隙，一般不少于 20mm。压缩机及其托架和软管之间的间隙为 15mm。

（4）应更换高、低压管密封垫圈，检查发动机供油系统及冷却系统，防止渗漏。

2．冷凝器的拆装

1）冷凝器的拆卸

（1）排放制冷系统的制冷剂。

（2）拆下散热器。

（3）拆下冷凝器进口管和出口管。

（4）拧下固定螺栓，拆下冷凝器。

2）冷凝器的安装

（1）安装前应充分清洗冷凝器，确保有足够的空气流经冷凝器盘管，使其充分散热。

（2）安装时注意冷凝器下部的正确位置，上端与发动机罩的间隙不得小于5mm。

3．蒸发器的拆装

1）蒸发器的拆卸

（1）排放制冷系统的制冷剂。

（2）拆下新鲜空气风箱盖。

（3）拆下蒸发器外壳。

（4）拆下低压管固定件及压缩机管路，并封住管子端部。

（5）拆下高压管固定件及储液罐，并封住管子端部。

（6）拆下仪表盘右侧下部挡板及网罩。

（7）拆下蒸发器口的感应管。

（8）拆下蒸发盘，取出蒸发器。

2）蒸发器的安装

（1）蒸发器外壳下方有排水孔，应保证排水孔通畅，不能阻塞或遮挡。

（2）连接电线与发动机机体之间的距离至少为 50mm，和燃油管的间隙最少为100mm。

（3）安装蒸发盘时，应将边缘安置在横向盘网的凸缘上。

（4）蒸发器上插有感温开关的毛细管，安装时切勿将感温管扭曲，为防止将其拔出，应将其夹紧。

4．储液罐的拆装

1）储液罐的拆卸

（1）拔下蓄电池插头。

（2）排放制冷系统内的制冷剂。

（3）拆下管路接头，封住管子端部。

（4）拆下储液罐。

2）储液罐的安装

（1）储液罐应垂直安装，冷凝器的出口接储液罐入口。

（2）在抽真空之前方可将导管接至储液罐入口。

9.7　桑塔纳轿车车身组成的拆装

9.7.1　车门的拆装

1．前车门的拆装

1）前车门的拆卸和分解

（1）拧下车门铰链固定螺栓，卸下前车门。

（2）分解前车门及部分车门附件，如图 9-87 所示。

（3）分解前车门锁、门锁内扳手、车门外把手，如图 9-88 所示。

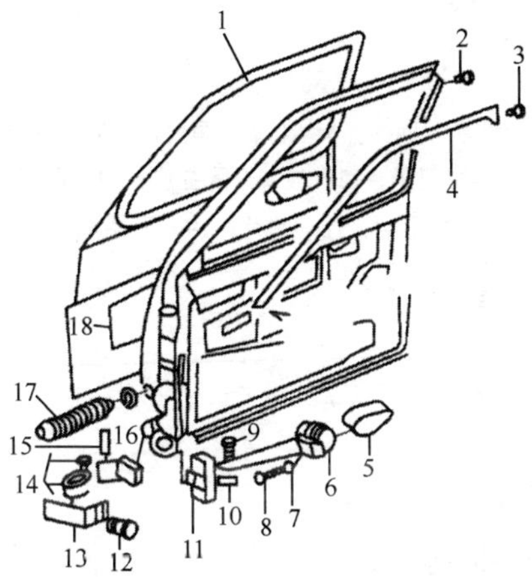

1—车门外板；2、11—防护软垫；3—夹子；4—车门密封条；5—车门限位器护套；6—车门限位器；7—盆形弹簧垫圈；8、12　六角螺栓；9—车门限位器销轴；10—夹紧垫圈；13—铰链固定板；14—半铰链；15—铰链轴销；16—堵塞；17　折叠式护套；18—减振毡垫

图 9-87　前车门的分解

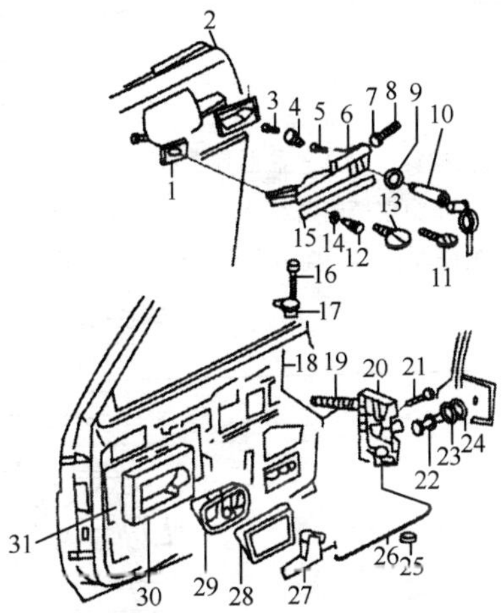

1—前橡胶衬垫；2—后橡胶衬垫；3—沉头螺钉；4—拨杆；5—扭簧；6—车门外把手；7、23—盆形弹簧垫圈；8—扁圆头螺栓；9—锁芯密封圈；10—门锁芯；11—主钥匙；12—扁圆头螺栓；13—副钥匙；14—弹簧垫圈；15—车门拉手饰条；16—门锁按钮；17—按钮座套；18—紧拉杆；19—杠杆；20—前门锁；21—沉头螺杆；22—门锁挺杆；24—塑料垫圈；25—电线扎带；26—横拉杆；27—内扳手；28—右车门内扳手饰框；29—车门内扳手底座；30—车门内扳手底座软垫；31—塑料面膜

图 9-88　前车门附件结构

（4）分解前车门玻璃升降器。手动前车门玻璃升降器结构如图 9-89 所示，电动前车门玻璃升降器结构如图 9-90 所示。

2）前车门的安装与调整

前车门的安装顺序与拆卸顺序相反。调整前车门的主要步骤如下。

（1）用专用工具拧松车身侧铰链螺栓，按图 9-91 中的箭头指示方向调整好车门的位置后，再拧紧车身侧铰链螺栓。

（2）拧松车门侧铰链螺栓，按图 9-92 中的箭头指示方向调整好车门的位置后，再拧紧车门侧铰链螺栓。

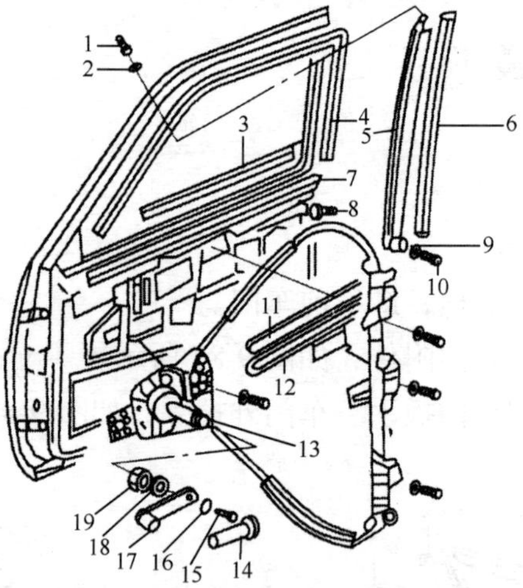

1—扁圆头螺钉；2、9—盆形弹簧垫圈；3—车窗玻璃外密封条；4—车窗玻璃导向槽；5—车窗玻璃导轨；6—车窗玻璃导向槽；7—车窗玻璃内密封条；8—夹子；10—六角螺栓；11—玻璃升降托座密封条；12—玻璃升降托座；13—前车窗玻璃升降器；14—摇窗手柄饰板；15—沉头螺栓；16—齿形垫片；17—摇窗手柄；18—垫片；19—手柄泡沫垫

图 9-89　手动前车门玻璃升降器结构

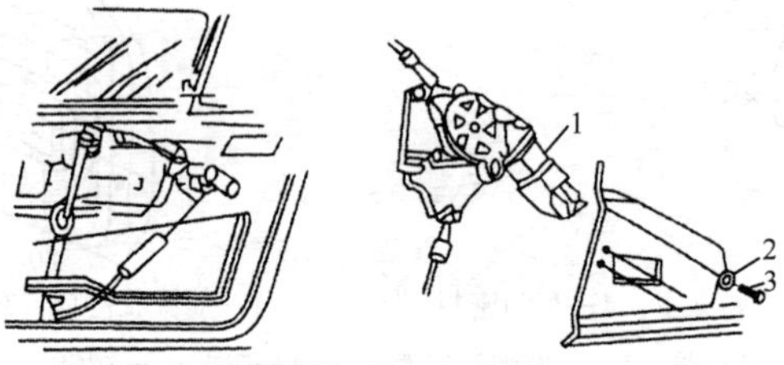

1—电动前车门玻璃升降器；2—垫圈；3—六角螺母

图 9-90　电动前车门玻璃升降器结构

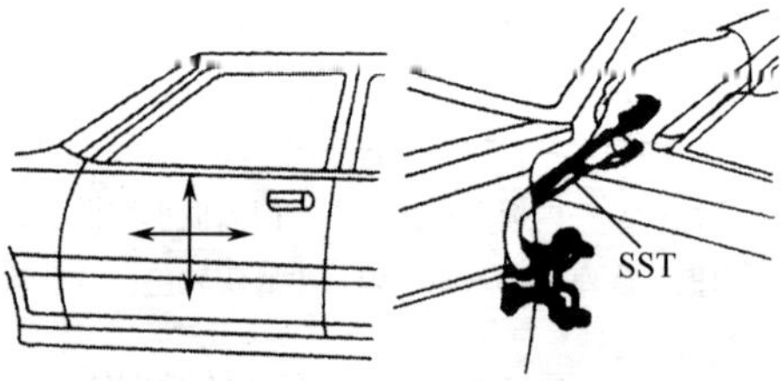

图 9-91　调整前车门位置（一）

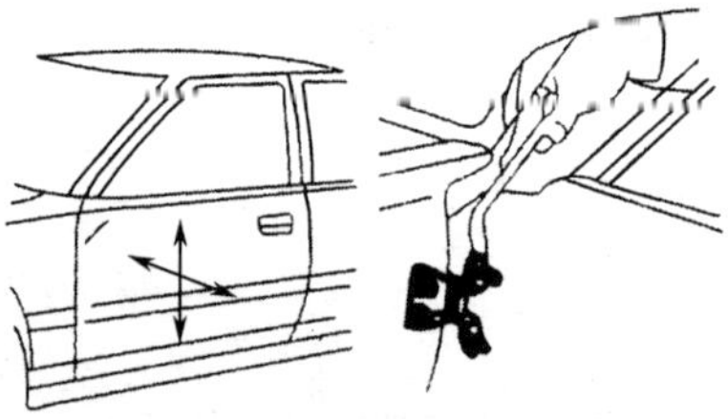

图 9-92　调整前车门位置（二）

（3）调整门锁闩眼，检查车门装配和门锁配合是否已调整好。轻轻地拧松闩眼安装螺钉，并用锤子敲打闩眼以调整其位置，然后拧紧闩眼固定螺钉，如图 9-93 所示。

2. 后车门的拆装

1）后车门的拆卸和分解

（1）拧下车门铰链固定螺栓，卸下后车门。

（2）分解后车门门锁等附件。

（3）分解后车门玻璃升降器。

2）后车门的安装与调整

后车门的安装顺序与拆卸顺序相反，调整后车门的主要步骤如下。

（1）用扳子拧松车身侧的铰链螺栓，按图 9-94 中箭头所指的方向调整好车门位置后，拧紧车身侧铰链螺栓。

（2）用扳手拧松车门侧的铰链螺栓，按图 9-95 中箭头所指方向调整好车门位置后，拧紧车门侧铰链螺栓。

（3）调整门锁闩眼，检查车门装配和门锁配合是否已正确调整好。轻轻地拧松闩眼安装螺钉，并用锤子敲打闩眼以调整其位置，然后拧紧闩眼固定螺钉。

图 9-93　调整门锁闩眼

图 9-94　调整后车门位置（一）

图 9-95　调整后车门位置（二）

9.7.2　车身附属设备的拆装

桑塔纳轿车的刮水器及清洗装置由熔断器、带间歇挡的前风窗刮水器开关、前风窗刮水器继电器、电动机、刮水器支座、连杆总成、定位杆，以及刮水橡胶条、喷水泵、储液罐、喷嘴等组成，如图 9-96 和图 9-97 所示。

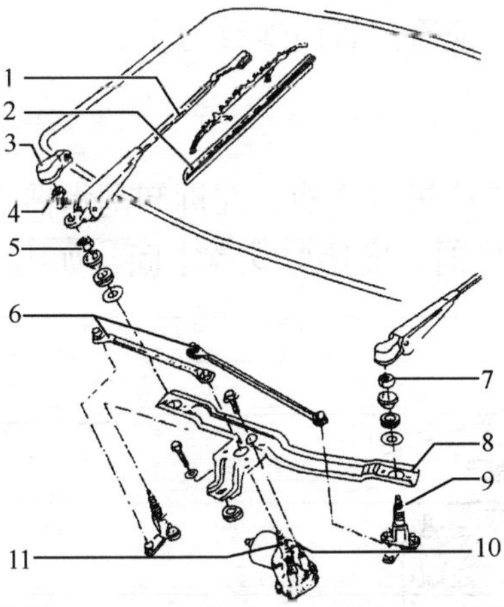

1—刮水臂；2—刮水橡胶条；3—防护罩；4、5、7—螺母；6—摆杆；8—支座；9—轴颈；10—电动机；11—曲柄

图 9-96　刮水器的结构

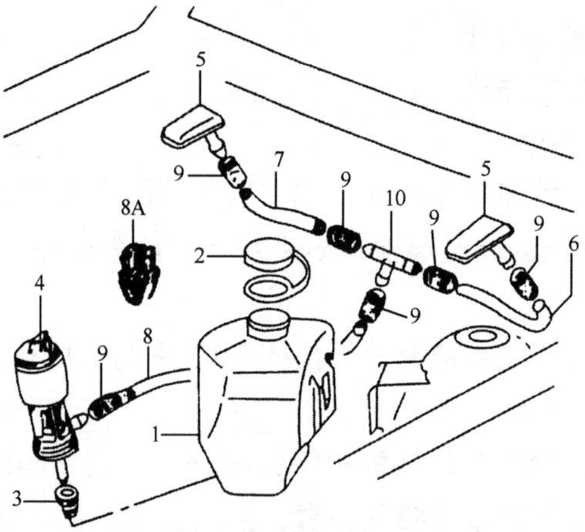

1—储液罐；2—加液口盖；3—密封垫；4—喷水泵；5—喷嘴；6、7、8—塑料管；8A—软管夹子；9—橡胶管；10—三通接头

图 9-97 清洗装置的结构

1. 刮水橡胶条的拆装

（1）用鲤鱼钳把刮水橡胶条被封住的一侧的两块钢片夹在一起，从上面的夹子里取出，并把橡胶条连同钢片从刮水片其余的几个夹子里拉出。

（2）把新的刮水橡胶条塞进刮水片下面的夹子里，并把它扎紧。

（3）把两块钢片插入刮水橡胶条第一条的槽口，对准橡胶条并进入槽内的橡胶条凸缘内。

（4）用鲤鱼钳把两块钢片与橡胶条重新夹紧，并插入上端夹子，使夹子两边的凸缘均进入刮水橡胶条的限位槽内。

2. 曲柄定位位置的调整

（1）使刮水器电动机转到极限位置。

（2）装上曲柄，并调整到能看见管内螺纹为止。

3. 刮水器支座的更换

刮水器支座一经拆卸，就应进行更换。在拆卸刮水器支座时，用割刀切断铆钉，如图 9-98 所示。安装刮水器支座时，支座应支撑牢固，如图 9-99 所示。

图 9-98 拆卸刮水器支座

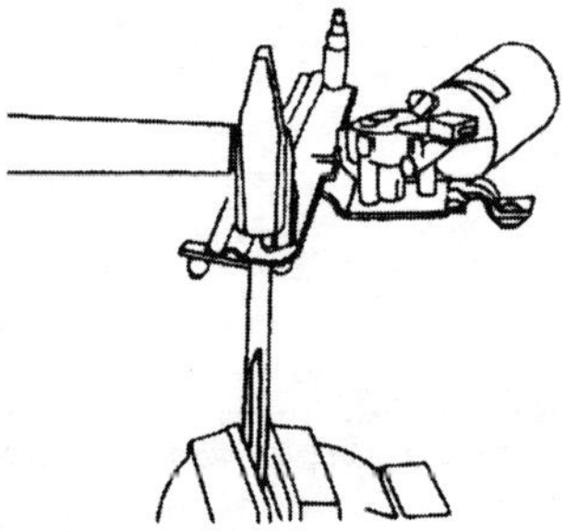

图 9-99 安装刮水器支座

参考资料

[1] 左适够．汽车结构与拆装（上）．北京：高等教育出版社，2007.

[2] 汤定国，周亚．汽车结构与拆装（下）．北京：高等教育出版社，2007.

[3] 刁毓亮．汽车发动机构造与维修．北京：中国社会劳动保障出版社，2007.

[4] 蒋勇．汽车结构与拆装．上海：复旦大学出版社，2008.

[5] 冷传广．汽车底盘构造与维修．北京：中国社会劳动保障出版社，2008.

[6] 潘伟荣，刘越琪．汽车结构与拆装．北京：人民交通出版社，2011.

读者意见反馈表

书名：汽车结构及拆装　　　　主编：左效波　　　　责任编辑：杨宏利

感谢您购买本书。为了能为您提供更优秀的教材，请您抽出宝贵的时间，将您的意见以下表的方式（可发 E-mail :yhl@phei.com.cn 索取本反馈表的电子版文件）及时告知我们，以改进我们的服务。对采用您的意见进行修订的教材，我们将在该书的前言中进行说明并赠送您样书。

个人资料

姓名____________电话__________手机______________ E-mail__________________________________

学校____________________________专业______________职称或职务_____________________________

通信地址____ 邮编_____________________________

所讲授课程_____________________所使用教材_______________________课时________________

影响您选定教材的因素（可复选）

□内容　□作者　□装帧设计　□篇幅　□价格　□出版社　□是否获奖　□上级要求

□广告　□其他_____________________________

您希望本书在哪些方面加以改进？（请详细填写，您的意见对我们十分重要）

____

____

____

____

____

您希望随本书配套提供哪些相关内容？

□教学大纲　□电子教案　□习题答案　□无所谓　□其他_______________________________________

您还希望得到哪些专业方向教材的出版信息？

____

您是否有教材著作计划？如有可联系：010-88254587

____

您学校开设课程的情况

本校是否开设相关专业的课程　□否　□是

如有相关课程的开设，本书是否适用贵校的实际教学________

贵校所使用教材_______________________________________　出版单位___________________________

本书可否作为你们的教材　□否　□是，会用于____________________课程教学

谢谢您的配合，请将该反馈表寄到下面地址，或发 E-mail :yhl@phei.com.cn 索取电子版文件填写。

通信地址：北京市万寿路 173 信箱　　杨宏利　收　　电话：010-88254587　　邮编：100036

反侵权盗版声明

举报电话：（010）88254396；（010）88258888
传　　真：（010）88254397
E-mail：　dbqq@phei.com.cn
通信地址：北京市万寿路 173 信箱
　　　　　电子工业出版社总编办公室
邮　　编：100036